KB040162

백범
김구
평전

백범 김구 평전

ⓒ 시대의창, 2004

초판 1쇄 2004년 8월 15일 발행
초판 7쇄 2016년 12월 15일 발행
2판 1쇄 2019년 8월 26일 발행
3판 1쇄 2024년 5월 22일 발행

지은이 김삼웅
펴낸이 김성실
사진제공 백범기념관
제작 한영문화사

펴낸곳 시대의창　　**등록** 제10 - 1756호(1999. 5. 11)
주소 03985 서울시 마포구 연희로 19 - 1
전화 02)335 - 6121　　**팩스** 02)325 - 5607
전자우편 sidaebooks@daum.net
페이스북 www.facebook.com/sidaebooks
트위터 @sidaebooks

ISBN 978 - 89 - 5940 - 843 - 6 (03990)

백범
김구
평전

———

김삼웅 지음

시대의창

백범의 진면목을 총체적으로 보여준 노작

우리 대한민국의 사회에는 모두의 뜻을 아우르는 큰 어른이 없고, 국가에는 나라의 미래를 방향지워 줄 지도자가 없고, 이 민족에는 역사적인 통일의 위업을 이룩하고 뭇세계의 마당에서 민족의 천년대계를 담보해 줄 영도자가 없다고 아쉬워하는 말이 많다. 이 강토에 팽배해 있는 그와 같은 한탄의 소리는 그럴 만한 이유가 있다. 우리에게는 지금 어른이 없고, 지도자가 없고, 영도자가 없다. 그럴수록 우리에게 있어 미래는 불확실해 보이기만 한다. 이것이 지난 수십년 동안 우리 한국 사회 누구에게나 큰 불행의 요소로 작용해 왔다.

"그런데 그렇게 미래를 두려워하고 불안해하면서 자기들을 이끌어줄 민족의 어른으로서 어떤 인물을 연상하는가?", 다시 말해서 "이 민족의 진정한, 위대한 지도자로서 추앙받는 인물이 누구인가?"라는 여론조사의 설문에 대해서, 사람들은 어김없이 "백범 김구 선생"이라고 대답하고 있다.

여론조사의 설문에서 질문하는 말의 구성은 다르다 하더라도 그 뜻에 대한 답변으로서의 인물은 어느 경우에나 한결같이 백범 김구 선생으로 일치한다는 것은 지극히 중요한 의미가 있다.

한민족의 앞길을 밝히는 등불, 백범정신

어느 민족, 어느 나라, 어느 시대의 역사에서나 그 시대를 사는 사람들이 자기들의 인간적, 개인적 삶의 가장 모범적 인물로 경외하며 전국민이 하나같이 국가와 국민의 행복하고 건전한 생존을 그 인물에 기대하는 다함없는 추앙으로 우러러보는 인물이 있다는 것은, 또는 적어도 있었다는 사실은 그 국민과 그 민족의 축복이 아닐 수 없다.

민주주의 제도와 사회에 있어서 반드시 어떤 한 사람의 '영웅'이 필요한 것은 아니다. 그렇지만 적어도 우리 민족의 자랑하는 시인 이육사가 "어느 훗날 백마를 타고 올", 그런 간절한 기다림의 대상인 인물은 마땅히 있어야 한다. 바로 그런 큰 어른이자 지도자이면서 분단된 민족의 통일까지를 담보할 민족의 영도자로서 백범 김구 선생의 이미지는 그가 민족을 떠난 지 반세기가 지나도록 이 민족 누구나의 가슴 속에 자리잡고 있다.

그런 인물이며 민족 희망의 상징인 백범 김구 선생을 우리는 얼마나 알고 있을까. 김구 선생에 관해서 쓰여진 글로 말하면, 거대한 도서관 하나를 채울 수 있을 만하다. 일제 식민지 하에서의 혁명 투사로서의 김구와 해방 후 환국한 뒤 민족의 지도자로서의 그에 관해서는 온갖 측면에서 연구되어 왔다.

씨줄과 날줄로 촘촘하게 짠 거대한 만화경

그의 성장 시절과 가족 배경, 그의 초기 독립운동과 상해 임시정부 수립, 윤봉길 의사를 비롯한 수많은 젊은 독립지사들로 하여금 일제를 공포에 몰아넣었던 적극적 폭력 투쟁의 사상과 전략을 비롯해, 해방 후 이승만 치하의 정치 이념 대립이나 국내의 친일 잔존 세력과의 투쟁 및 미국 군정과의 관계와 분열된 조국의 남한 단독 정부 수립에 반대한 좌우 합작 노력과 통일 정부 수립을 위한 평양에서의 남북 회의 참석에 이르는, 긴 세기에 걸친 온갖 시기와 문제의 특정 주제에 관한 연구 논문들은 그 이상 더 나올 수 있을까 싶을 만큼 철저하게 연구되어 왔다.

그와 같은 시기별, 문제별, 국면별 연구는 대개 김구 선생의 자필로 된 『백범일지白凡逸志』를 바탕으로 한 것이다.

이와 같이 장님이 코끼리를 알기 위해서 그 몸뚱이의 작은 부분만을 어루만지는 작업으로 말하면, 부족함이 없이 완결됐다고 할 만하다.

다음으로 필요한 것은 그 많은 부분적인 연구와 기술記述을 하나의 큰 살아있는 코끼리로 종합하고 재구성해서 우리들에게 제시해줄 작업뿐이었다.

바로 이와 같은 작업의 알찬 결과로서 제시된 것이 김삼웅씨의 노작인 『백범김구평전白凡金九評傳』이다. 책의 이름이 말하듯이 이것은 김구 선생에 관한 문제별, 사안별, 시대별 따위의 단편적 전기가 아니라, 긴 생애의 시·공간적 행적을 씨줄로 하고 그의 내면적 성찰과 정신·사상적 궤적을 날줄로 엮은 총체적 서술이다. 게다가 주인공의 평생에 걸친 함(行), 앎(知), 뜻(志), 글(書·文), 말(言)의 전부를 일단 문제·사안 별로 분해해서 그것을 다시 70여 년에 걸친 시간(시대)의 전후 맥락에 맞추어 재구성하는 '평전評傳'의 형식이다.

그뿐만 아니라 주인공과 동시대적 삶을 살았던 수많은 애국혁명지사들과의 파란만장한 상호 관계를 통해서 주인공뿐 아니라 그 시기 이 민족의 값진 선각자들이었던 많은 애국지사들을 아울러서 거대한 만화경萬華鏡으로 제시해 주는 놀라운 저술이다. 물론 저자는 백범에 대해 비판적으로 접근하는 노력도 잊지 않았다.

평전이 본인의 자서전이나 제3자에 의한 전기와 다른 것은 바로 이와 같이 주인공을 중심으로 하되 시·공간적으로 존재했던 모든 인물들과 객관적 상황, 관계의 전부를 큰 그물로 엮어서 상호의 존재 양식을 규명해 나가는 것이다.

민족의 먼 장래까지 내다본 사상의 선각자

저자 김삼웅씨는 김구 선생에 대해, 바로 이와 같은 복잡하고도 어려운 '평전'을 처음으로 완성하는 데 성공했다. 백범이라는 인간의 자연인, 혁명가, 정치인, 또한 교육자와 '문화주의' 신봉자로서의 면모가 총체적으로 약연하게 드러나 보인다. 백범을 주로 혁명가와 독립투사로만 이해하는 독자들은 이 평전을 통해서 백범의 교육자적 자질과 정신과 이상을 깨닫게 될 것이며, 그를 완강한 민족주의자로만 이해했던 많은 사람들은 민족의 장래와 국가의 미래로 문화·예술·평화의 실현을 궁극적 목표로 삼아 온 그 생애와 사상을 감동 깊게 발견할 것이다.

이 글의 서두에서 언급한 것처럼 우리 사회가 큰 어른을 필요로 하고, 국가와 국민이 한마음으로 따를 위대한 지도자를 필요로 하고, 남북으로 분단된 민족이 하나가 되는 어렵고 긴 여정에서 그 길잡이가 되어 줄 영도자가 어떤 인물인가 하는 것을 저자는 이 평전을 통해서 우리에게 제시하는 데 성공했다고 생각한다.

만시지탄晚時之歎을 금할 수 없으나 이제라도 이 평전이 세상에 나옴으로써 우리는 비로소 백범의 진면목을 총체적으로 접할 수 있게 되었다.

우리 사회와 민족의 건전한 발전을 원하고, 통일된 나라에서 행복된 삶을 원하는 모든 이들에게 백범의 생애와 사상을 담은 이 책을 읽기를 적극적으로 권한다.

리영희*

* 리영희(1929~2010): 평북 운산 출생, 언론사 기자를 거쳐 한양대학교 교수로 재직. 군부독재정권 시절 냉철한 현실 비판과 선구적 사상으로 젊은이들에게 커다란 영향을 끼침. 독재 권력에 의해 교수직에서 두 차례나 해직되었다가 복직됨. 1995년 정년 퇴직 후 2000년까지 한양대학교 언론정보대학원 대우교수. 『전환시대의 논리』『분단을 넘어서』『우상과 이성』『베트남 전쟁』『자유인, 자유인』『역설의 변증』『새는 좌우의 날개로 난다』『반세기의 신화』 등의 저서가 있음.

백범의 염원은 '남북 통일'

백범 김구 선생은 공적으로는 대한민국 독립운동의 상징으로 추앙받는 분이지만 개인적으로는 선친이시다.

선친의 독립운동과 관련하여 우리 집안에서는 할머니, 어머니, 형이 중국 망명지의 항일 전선에서 돌아가셨으며, 국내의 일가친척들도 숱한 고통을 겪었다. 그 핍박과 고통은 해방 이후에도 이어졌다. 이승만 정권은 선친의 묘소 앞에 막사를 설치해 놓고 방문객들의 참배를 막았을 뿐 아니라 제삿날에도 사람들의 참석을 막기 위해 온갖 해괴한 짓을 서슴지 않았다. 평소에도 집 주변에 감시원을 배치하여 드나드는 사람들을 일일이 조사하기도 했다.

일제가 패망하여 조국이 해방되었는데도, 여전히 일제의 주구走狗들이 독립운동 인사들을 핍박하는 세상이 계속되었다. 참으로 서글프고 분통터지는 현실이었다. 그 후 4·19혁명으로 이승만이 쫓겨나고, 10·26사태로 박정희가 비명횡사하는 등 일련의 과정을 거치면서 서서히 민주화가 진척되었다. 그리고 백범을 비롯한 독립운동 인사들에 대한 진정한 평가가 이뤄지고 친일 주구들의 진상이 밝혀지면서 우리 민족은 비로소 뒤늦게 '해방'의 실마리를 찾게 되었다.

이 책의 저자 김삼웅 교수는, 아직 군사독재정권의 서슬이 시퍼렇게 살아 있을 무렵에 『패배한 암살』이라는 책을 통해 백범의 암살에 따른 친일·분단 세력의 배후를 파헤친 바 있다. 그리고 『대한매일』(현 서울신문) 주필로 재직하는 바쁜 와중에도 여러 석학들과 더불어 『白凡金九全集』(전12권) 간행을 주관하였으며, 한국독립운동사 연구에도 크게 기여하였다. 아울러 백범기념관 건립에도 손수 참여하여 노고를 아끼지 않았다.

김 교수는 젊은 시절부터 지금까지 줄곧 부정한 권력의 횡포에 직필直筆로 맞서 왔으며, 친일 문제 연구에도 심혈을 기울여 숱한 논문과 저술을 남겼다. 아마도 그런 과정에서 자연스럽게 백범의 정신과도 통하였으리라 생각한다.

그동안 백범에 관해 적잖은 논문과 저서가 꾸준히 발표되었다. 또 백범의 자서전인 『백범일지』는 수십 종, 수백만

권이 발행되고 판매되었다. 하지만 아직까지 평전評傳은 출간되지 않아 아쉬워하고 있던 차에 마침 김 교수가 평전을 탈고하여 출간을 앞두고 있다는 소식을 듣고 반갑기 그지없었다.

모름지기 글이란 어떤 내용을 담느냐 하는 것도 중요하지만, 누가 썼느냐가 더 중요하다고 생각한다. 예를 들어, 평생을 곡학아세曲學阿世로 보신해온 사람이 제아무리 천하의 명문으로 「지조론志操論」을 지은들 무슨 가치가 있을 것인가. 아마도 소가 웃을 것이다.

그런 점에서, 민주·통일운동과 일제 잔재 청산, 친일 진상규명에 평생의 신명을 바쳐온 김 교수가 『백범 김구 평전』을 쓰게 된 것은 참으로 다행스럽고 기꺼운 일이 아닐 수 없다.

백범이 친일·분단 세력에 의해 시해당한 지 올해로 55년이다. 효창원 묘소 주변의 성역화 작업이 추진되고, 해방 60여 년 만에 친일반민족행위진상규명특별위원회가 구성되는 시점에서 『백범 김구 평전』의 출간은 그 의미가 자못 크다고 하겠다.

더욱이 백범이 생애 마지막 열정으로 통일 정부 수립을 기원하면서 북행을 마다하지 않았던 그 정신이 오늘에 되살아 통일을 향한 남북 화해협력이 여러 분야에서 진척되고 있는 마당에, 백범 평전이 남북을 막론하고 많은 사람들에게 읽혀 우리 민족의 염원이 하루라도 앞당겨지기를 바라마지 않는다.

항상 바쁜 가운데서도 각고의 노력을 기울여 평전을 완성한 김삼웅 교수님과 어려운 시기임에도 불구하고 평전 출간을 기꺼이 맡아준 시대의창 김성실 대표에게 경의를 표한다.

2004년 7월

백범김구선생기념사업협회 회장 김 신

백범의 높은 산 깊은 골짜기를 탐사하며

백범―거대한 산맥이다. 높은 산은 골짜기도 깊은 법, 나는 지난 수 년 동안 백범이라는 높은 산맥과 깊은 골짜기를 찾아 헤매었다. 백범의 일본인 밀정 스치다 살해 사건 후 남도 지역의 피신 길과, 중국 망명지 여러 곳을 찾아다녔다. 십수 년 전 『패배한 암살』이라는 책을 펴내면서 백범 암살에 관한 배경과 배후에 관심을 가져온 이래, 그리고 1999년 전문 연구자들과 『白凡金九全集』 12권을 출간하면서 백범의 거대한 산맥에 흠뻑 빠져들게 되었다.

백범은 독립운동 지도자로서의 명성에 걸맞는 철학과 사상의 깊은 내면을 지녔다. 『백범일지』와 각종 연설문, 성명서와 어록을 살펴보면 그가 결코 일제에 온 몸으로 맞선 행동주의 혁명가만은 아님을 이내 알 수 있다.

구한말에서 8·15해방 공간에 이르기까지 평민 출신이, 평민 의식으로 백성과 민족을 위해 몸을 던져 헌신한 지도자는 흔치 않았다. 백범은 태어날 때부터 상민의 가정에서 상민으로 출생하고 상민의 삶을 사는 상민이었다. 신분 질서가 무너져가는 시기이기는 했지만 반상의 위계가 엄존하던 사회에서 상민이 국가의 주석이 된 것은 백범이 처음이다. 그것도 변칙이나 책략이 아니라 '떠받들려서' 그 위치에 올랐다.

조선왕조 500년사에서 '가장 신하다운 신하'가 다산 정약용이었다면 망국에서 식민시대, 해방공간에 이르기까지 가장 평민다운 평민은 백범일 것이다. 나는 백범의 높은 산맥과 깊은 골짜기를 탐사하면서, 백범의 생애에 일관되게 흐르는 '수맥'을 찾게 되었다. 그것은 '정도론'正道論이다. 백범은 철저하게 사도邪道를 배격하고 정도를 택하였다. 그가 맞은 시대는 고단한 격동의 연속이었다. 그런 속에서도 평탄한 길도 있었고, 안일한 길도 있었다. 현실 노선도 있었고 비현실 노선도 있었다. 타협 노선도 있었고 원칙 노선도 있었다. 그때마다 백범은 망설이지 않고 정도를 택하고 그 길을 걸었다. 그 길이 비록 비현실적이고 고난의 길이라 해도 마다하지 않았다.

70평생에 걸쳐, 왕조시대, 망국, 독립운동, 임시정부, 해방, 분단, 신탁통치, 건국으로 이어지는 험난한 도정에서, 그는 한번도 민족적인 운명과 개인적인 운명을 분리시키지 않았다. 그리고 한번도 비현실적이라는 이유로 정도에서 비껴가지 않았다.

조선시대 가장 '신하다운 신하'였다는 다산은 유배지에서 "어느 정도 현실에 타협하면서 사는 것이 어떻겠느냐"는 아들의 편지를 받고 다음과 같이 썼다. "천하에는 두 가지 큰 기준이 있는데, 옳고 그름의 기준이 그 하나요, 다른 하나는 이롭고 해로움에 관한 기준이다. 이 두 가지에서 네 단계의 큰 평등이 나온다. 옳음을 고수하고 이익을 얻는 것이 가장 높은 단계이고, 둘째는 옳음을 고수하고도 해를 입는 경우이고, 세 번째는 그름을 추종하고도 이익을 얻음이요, 마지막 가장 낮은 단계는 그름을 추종하고 해를 보는 경우다."

백범은 환국 후 통일 정부 수립 불가론자들에게 이렇게 말하였다. "현실적이냐 비현실적이냐의 문제가 아니라 그것이 정도냐 사도냐가 생명이라는 것을 명기하여야 하는 것이다. … 외국의 간섭이 없고 분열이 없는 자주독립을 쟁취하는 것은 민족의 지상명령이니, 이 지상명령에 순종할 따름이다. 우리가 망명생활을 30여 년이나 한 것도 가장 비현실적인 길인 줄 알면서도 민족의 지상명령이므로 그 길을 택한 것이다."

예나 지금이나 '현실론'을 내세우는 영악한 기회주의자들이 판치는 세상에서 백범의 길은 원칙주의 노선이었다.

나라는 망하고 이미 왜놈의 세상이 된 마당에, 나라의 은덕을 입은 자들 대부분이 식민지 상전에 빌붙을 때, 은덕은커녕 핍박과 멸시만 받아온 상민 출신이 나라 사랑의 일념으로 왜놈을 죽이고, 감옥에 갇히고, 탈출하고, 망명하여 적과 싸웠다. 영악한 기회주의자, 치밀한 현실론자들이 '황국신민의 적자' 노릇을 하고 대일본제국 대신에 미국, 일본의 덴노헤이가(천황폐하) 대신에 미군정과 이승만을 섬기며 분단정권을 만들 때에, 그는 고립무원의 상태에서 통일 정부 수립을 추진하다가 총에 맞아 서거했다. 서거 후에도 그의 노선은 금기·타매의 대상이 되고 붉은 색깔로 덧칠되었다.

성 어거스틴은 "역사란 개가 꼬리를 물고 뱅뱅 도는 거와 같다"고 하였다. 우리 현대사도 여기서 크게 벗어나지 않았다. 하지만 역사가 그렇게 무원칙·무궤도하게 운행되는 것만은 아니다. 그래서 '역사의 장'場에서는 승자와 패자가 뒤바뀌고, 해석과 평가가 새로워진다. 독재자·반역자는 사필史筆의 부관참시가 따른다.

이승만의 동상은 오래 전에 무너지고 백범의 웅장한 기념관은 최근에 세워졌다. 분단과 냉전 세력은 쇠퇴하고 화해협력과 통일 세력은 번창한다. 백범의 길은 국민의 산 교재가 되고 역사의 이정표로 다가온다. 패배하는 것 같지만 결국 승리하는 길, 뒷사람을 위해서는 눈길도 함부로 걷지 않는 '정도'가 백범의 길이고 사상이며 철학이다.

정부 수립 50돌인 1998년 8월 서울의 한 신문사가 헌법

기관인 국회의원과 전문연구자인 학자(교수)들을 대상으로 '대한민국 50년, 위대한 인물 10인'을 조사한 결과 백범은 두 조사 집단에서 모두 가장 위대한 인물로 꼽혔다. 각종 여론조사에서 청소년들은 가장 존경하는 인물로 백범을 든다. 백범이 추구한 가치들이 시대 정신으로 유효하고 백범의 실존적 삶은 여전히 우리의 지표가 되고 있는데, 오늘 우리에게 백범은 박제된 이름으로, 화석화된 이미지로 굳어져가고 있지 않나 우려된다.

나는 이 책에서 심장이 뛰고 피가 흐르는 '인간 백범'의 본 모습을 그리고자 노력하였다. 하지만 작업은 쉽지 않다. 고달픈 상민의 젊은 날, 험난한 망명생활, 한 치의 방심도 허용치 않는 길고 긴 일제와의 싸움, 그리고 격동의 해방 정국에서 그의 삶은 온통 혁명적일 수밖에 없었고, 실제로 그는 불꽃 같은 세기의 혁명가였다.

이봉창·윤봉길 의사를 사지로 보내면서 보인 인간적인 고뇌, 중국의 처녀 뱃사공과 배를 타고 피난생활을 하면서 보여준 애환, 독립운동가들의 분열과 갈등을 지켜보면서 임시정부의 간판을 지켜나가던 고충, 어떤 일이 있어도 분단은 막아야 한다면서 삼팔선을 넘던 노혁명가의 애국충혼을 무딘 붓끝으로 그려내기에는 능력의 한계를 느낄 수밖에 없었다.

올해는 마침 미켈란젤로가 다비드상을 조각한 지 500년이 된다. 대리석을 깎아 숨결을 불어넣고 피를 통하게 만든 조각가의 예술혼이 부럽다.

　출판 환경이 지극히 어려운 때에 출판을 맡아 준 시대의 창의 김성실 대표와 직원 여러분께 감사의 말씀을 드린다.

2004년 백범 서거 55주년에

지은이 김삼웅

백범白凡 김구金九 [1876.7.11 ~ 1949.6.26]

▌차 례▐

白凡金九評傳

白凡金九評傳

白凡金九評傳

일 러 두 기

1. 이 책에서 인용한 『백범일지』는 1979년도에 출간된 교문사판이며,
   이 판본 이외에 인용된 『백범일지』는 따로 판본 표시를 했다.
2. 책표지, 본문 앞·중간에 배치한 사진은 모두 백범기념관에서 제공
   한 것이다.
3. 책·잡지·관보·신문은 겹낫표『 』로, 작품·논문·성명서·선언문·통신
   문·포고문·강령 등은 낫표「 」로 표시했다.
4. 중국 인명이나 지명은 신해혁명을 기준으로 표기를 달리한다는 외
   래어표기법이 있지만, 이 책의 특성상 일관성 있게 표기하기 위해
   그에 따르지 않고 한자의 한국어 독음 그대로 표기하였다. 반면
   일본의 경우 되도록이면 외래어표기법에 맞췄다.

제 1 장

출생과 가계

바슐라르의 불꽃

백범白凡 김구金九의 평전을 쓰기 시작하면서 느닷없이 프랑스의 사상가이자 철학자인 '가스통 바슐라르'Gaston Bachelard가 떠오른 것은 여러 해 전에 읽은 『초의 불꽃』이라는 책 때문이다.

팔딱거리며 흔들거리는 불꽃이여
오오, 입김이여! 하늘의 붉음의 반영이여
너의 신비를 푸는 자는 알 수 있으리라
이 세상의 모든 삶과 죽음이 무엇인가를.

백범 김구의 생애는 타오르는 불꽃과 한줌의 재로 상징할 수 있겠다. 불꽃은 위로위로 뻗어 올라간다. 그것은 현실에서 현실을 초월하려고 노력하는 인간 본래의 모습인 것이다. 바슐라르는 말한다. "불꽃은 탈 때 하나의 살아 있는 실체가 되며 그 실체는 거기에서 타오르고 화하게 된다. 실로 여러 가지 존재가 불꽃에서 그 실체를 얻고 있다." 그는 이런 말도 했다. "촛불은 원래 혼자이며 그렇게 되기를 원한다. 혼자서 타고 혼자서 꿈꾸는 것, 이것은 인간 본래의 모습이다." "불꽃은 하나의 꽃이다. 불꽃은 현실과 비현실 사이에 걸친 불의 다리이며, 존재와 비존재 사이의 끝없는 공전空轉이며, 철학자에 있어서는 형이상학의 아름다운 순간이다."

사육신의 한 사람인 이개李塏는 단종과 이별을 앞두고 자신의 처지를, 타서 녹아 흐르는 촛불에 비유하여 한 편의 시를 남겼다.

> 방 안에 혓는 촛불 눌과 이별하였관대
> 겉으로 눈물 지고 속 타는 줄 모르는고
> 저 촛불 날과 같아서 속 타는 줄 모르도다.

열혈 혁명가 백범을 '연약한' 촛불에 비유한다는 비판이 따를지는 모르겠다. 하지만 촛불은 연약하면서도 힘차다. 스스로를 태워 어둠을 밝히는 힘차고 강력한 존재이다. 따라서 백범의 상징성으로 삼을 만하다. 공교롭게도 백범이 돌아가셨을 때 시민들은 촛불을 켜 놓고 밤늦게 장례를 치렀다.

역사학계에는 조선왕조사에서 대표적인 군왕은 '영조'英祖이고 대표적 신하는 '다산 정약용'茶山 丁若鏞이라는 설이

전한다. 그럼, 구한말에서 해방 공간까지 연장하여 말한다면 대표적인 상민常民은 누구일까.

육당六堂 최남선崔南善은 1914년 자신이 실질적으로 주관하는 월간지『청춘靑春』창간호에서 특이한 기획을 한 바 있다. 우리나라 최초의 본격적인 월간 잡지인『청춘』에서 육당은 조선시대 각 분야의 대표적인 인물 100인을 뽑아 게재한 것이다.『백범 김구 평전』을 쓰면서 변절한 학자의 글을 인용하느냐 하는 질책이 따르겠지만, 백범이란 인물을 제대로 알기 위해서는 친일파뿐 아니라 필요할 때는 일본 측의 자료도 충분히 활용해야 한다는 것이 필자의 생각이다.

육당은 첫 항목의 '덕목'으로부터 각 분야에서 제1인자라 할 인물을 뽑았는데, 과연 육당다운 박학을 과시하는 내용이었다.

그런데 그 많은 분야 중에서 유독 '충의'에 대해서는 생략하였다. '충의' 항목 바로 다음에 '절개' 항을 두어 '성삼문'成三問을 뽑을 만큼 치밀하게 구성한 그가 충의의 인물을 생략한 데는 따로 이유가 있었을 것이다. 그것은 망국기에 충의의 지사, 열사를 섣불리 제시했다가 총독부 검열에 걸릴 것이라는 지레짐작에 겁을 먹었거나, 이미 흔들리고 있는 자신의 조국에 대한 바래진 '충의심' 때문에 굳이 충의지사忠義志士를 뽑지 않았을 것이다.

육당은 '조선시대 500년간 대표 100인'을 선정하게 된 동기를 "개구리의 씨름처럼 상황이 변하는 시대상이며, 강아지의 시비 같은 선비들의 쟁론을 대할 때에는 온몸에서 울분이 솟아오르지만, 어쩌다가 아주 드물게 시대의 특수한 인물의 행적이 눈에 띄면, 갑자기 마음이 명랑하고 넓어져, 뜨거운 모래에 지쳐 있다가 푸른 초원을 만난 듯하다"라고 밝혔다.

육당이 비록 자신의 행적 등이 이유가 되어 '충의지사'를 생략했지만, 조선시대 각 분야에서 우뚝 선 인물을 알아보는 것도 백범을 알기 위한 전 단계로 뜻있는 일이겠다.

〔덕목〕 이황李滉	〔충의〕 생략
〔절개〕 성삼문成三問	〔효행〕 조익趙翼
〔열녀〕 하씨河氏	〔우의〕 김봉상金鳳詳
〔의리〕 홍순언洪純彦	〔위신〕 허종許琮
〔용맹〕 남이南怡	〔관용〕 상진尙震
〔지혜〕 김시습金時習	〔민첩〕 이언진李彦瑱
〔경륜〕 유형원柳馨遠	〔이상〕 허생許生
〔자선〕 이호정李鎬貞	〔청렴〕 이약동李約東
〔풍류〕 임제林悌	〔호협〕 장오복張五福
〔오입장이〕 천흥철千興喆	〔사치〕 유목돌劉木돌
〔활달〕 정지윤鄭芝潤	〔광인〕 임희지林熙之
〔이학〕 서경덕徐敬德	〔법제〕 정약용丁若鏞
〔예법〕 김장생金長生	〔음악〕 박연朴堧
〔수학〕 김시진金始振	〔사학〕 안정복安鼎福
〔유학〕 조광조趙光祖	〔불가〕 휴정休靜

〔도학〕 정렴鄭磏　　　　　　〔천문〕 김영金泳

〔지리〕 김정호金正浩　　　　　〔시조〕 윤선도尹善道

〔한문〕 최욱崔昱　　　　　　　〔한시〕 박은朴誾

〔서예〕 이광사李匡師　　　　　〔그림〕 김홍도金弘道

〔소설〕 박지원朴趾源　　　　　〔조각〕 강윤姜潤

〔건축〕 김중군金中軍　　　　　〔의술〕 허준許浚

〔술법〕 전우치田禹治　　　　　〔점술〕 홍계관洪啓觀

〔풍수〕 남사고南師古　　　　　〔관상〕 김수金銖

〔예언〕 이지함李之涵　　　　　〔명궁〕 이지란李之蘭

〔소리〕 권삼득權三得　　　　　〔음곡〕 장우벽張友壁

〔춤〕 두양杜陽　　　　　　　　〔거문고〕 이마지李馬智

〔비파〕 김성기金聖基　　　　　〔음주〕 우육불禹六不

〔금석문〕 김정희金正喜　　　　〔바둑〕 김종귀金鍾貴

〔골계〕 김행金行　　　　　　　〔구변〕 김인복金仁福

〔재담〕 윤행임尹行恁　　　　　〔배우〕 귀석貴石

〔장수將帥〕 임경업林慶業　　　〔재상〕 황희黃喜

〔정치〕 이이李珥　　　　　　　〔외교〕 신숙주申叔舟

〔창작〕 정평구鄭平九　　　　　〔탐험〕 안용복安龍福

〔번역〕 최세진崔世珍　　　　　〔저술〕 최한기崔漢綺

〔개척〕 김종서金宗瑞　　　　　〔농업〕 김자점金自点

〔상업〕 임상옥林相玉　　　　　〔광업〕 이의립李義立

〔현모〕 김인성金麟聲의　　　　〔양처〕 신흠申欽의 아내

어머니	이씨
〔풍채〕 김인후金麟厚	〔미인〕 자동선紫洞仙
〔재원〕 허경번許景樊	〔여걸〕 박씨朴氏
〔여장부〕 강남덕江南德	〔기생〕 황진이黃眞伊
〔무당〕 일금一今	〔장수長壽〕 동팔백董八百
〔부자〕 변승업卞丞業	〔반란〕 이징옥李澄玉
〔의적〕 일지매一枝梅	

　　육당이 조선시대 대표적 인물 100명을 뽑을 때 백범은
아직 독립운동의 지도자로 우뚝 선 위치는 아니었다. 육당
은 '독립운동가'나 '애국자'의 항목을 설정하지도 않았다. 그
럼에도 근대 이후 현재까지 대표적 독립운동가나 애국자를
들라면 백범을 꼽는 데 주저하는 사람은 드물 것이다. 또한
같은 시기에 대표적 상민을 꼽는 데도 백범은 맨 앞자리를
차지할 것이다.

상민으로 태어나

백범은 대표적인 상민이다. 상민이란 양반이 아닌 보통 백성을 말한다. 갑오경장(甲午更張, 1894)으로 말미암아 제도 상으로는 문벌과 양반, 상민의 신분제는 타파되었다. 하지 만 백범이 태어나 자랄 때까지도 여전히 문벌과 반상제도는 강고한 신분질서로 유지되고 있었다.

갑오개혁이라고도 불리는 갑오경장은 동학농민혁명東學農 民革命을 계기로 조선에 출병한 일본이 조선에 대한 지배권을 확립할 요량으로 조선의 내정 개혁을 강요한, 제도 개혁이었 다. 일본공사 오토리 게이스케大鳥圭介는 광무 황제를 배알하 고 '내정개혁방안강령5개조'內政改革方案綱領五個條를 제출하는 한편, 군대를 동원하여 경복궁을 포위하고 민씨 정권을 무너 뜨린 후 흥선대원군興宣大院君을 내세워 친일적인 개화 정권을 세웠다. 김홍집·김윤식·유길준 등을 중심으로 하는 새 정권은 약 3개월 동안 중요한 개혁 방안을 마련하였다.

신분제 타파, 과거제 폐지와 능력에 따른 인재등용, 공사 노비법 폐지, 과부의 재가 허용, 고문과 연좌제 폐지, 조혼 금지 등 주요한 사회적 폐습을 철폐하는 일대 개혁 조치였다. 갑오경장은 멀리는 실학자의 개혁론과 가깝게는 갑신정변甲申政變, 동학농민혁명 등으로 이어져온 봉건 체제에 대한 근본적 개혁 요구가 밑받침되어 500년래 구제도를 일신하는 근대적 개혁이었지만, 그 과정에서 침략 목적을 지닌 일본의 힘이 작용함으로써 근대 민족국가 수립으로 연결되는 개혁이 되지 못한 채, 오히려 일본의 한반도 침략을 본격화하는 데 도움을 주고 말았다.

백범이 태어난 지 18년 후에 갑오경장이 단행되었으나 반상제도 등 구습이 크게 달라진 것은 없었다.

백범은 1876년 7월 11일(7월 11일은 1910년의 양력 8월 29일로 국치일에 해당한다) 새벽 자시子時에 황해도 해주읍 백운방 기동(텃골)의, 조부와 백부가 사는 집에서 아버지 김순영金淳永과 어머니 곽낙원郭樂園의 외아들로 태어났다. 아버지는 4형제 중의 둘째로 집이 가난하여 장가를 못가고, 당시로는 노총각 축에 드는 24세 때에 삼각혼이라는 기괴한 방법으로 장연長淵에 사는 현풍玄風 곽씨의 딸과 결혼하게 되었다. 이때 어머니 나이 14세였다.

두 사람은 결혼 후 종조부댁에서 살았는데 백범이 태어난 곳은 텃골에 있는 팔봉산八峰山 양가봉 기슭에 자리잡은 조그마한 초가집이었다. 아버지 순영은 겨우 이름 석자 쓸

정도밖에 되지 않는 농사꾼이었다. 그러나 허우대가 좋고 성격이 호방한데다가 술을 좋아하는 호주가豪酒家였다. 술에 취했을 때는 마을에서 양반 행세를 하는 강씨와 이씨들에게 행패를 부리기도 했다.

여러 형제들 중에 백범의 아버지와 숙부 준영俊永은 불평이 많고 반골 기질이 심하였다. 백범의 증조부가 가짜 암행어사 노릇을 하다가 해주 감영에 붙잡히는 등 백범 가문의 혈통에는 반골 기질이 연면하게 흘렀다.

김순영과 곽낙원이 결혼한 지 3년 만에 백범이 태어났다. 어릴 때의 이름은 창암昌巖이었다. 어머니가 17세여서 출산에 어려움을 겪었다. 대단한 진통 끝에 태어난 난산이었다. 백범은 후일『백범일지白凡逸志』에서 다음과 같이 썼다.

내 일생이 기구할 예조였는지, 그것은 유례가 없는 난산이었다. 진통이 일어난 지 6~7일이 되어도 순산은 아니되고, 어머님의 생명이 위태하게 되어 혹은 약으로, 혹은 예방으로 온갖 시험을 다해도 효험이 없어서, 어른들의 강제로 아버지가 소의 길마를 머리에 쓰고 지붕에 올라가서 소의 소리를 내고 나서야 비로소 내가 나왔다고 한다. 겨우 열일곱 살 되시는 어머님은 내가 귀찮아서 어서 죽었으면 좋겠다고 짜증을 내셨다는데, 젖이 말라서 암죽을 먹이고 아버지가 나를 품속에 품고 다니시며 동네 아기 있는 어머니 젖을 얻어 먹이셨다. 먼 촌 족대모

핏개댁이 밤중이라도 싫은 빛 없이 내게 젖을 물리셨단 말을 듣고 내가 열 살 갓 넘어 그 어른이 작고하신 뒤에는 나는 그 산소 앞을 지날 때마다 경의를 표하였다.

백범의 가계는 원래부터 상민은 아니었다. 선대는 안동 김씨로 서울에 살던 명문이었다. 1651년 김자점金自點의 역모로 멸문지화滅門之禍를 당할 때, 백범의 직계 선대는 방손이었지만 화가 미쳐 경기도 고양을 거쳐 황해도에 은신하였다. 김자점은 인조반정仁祖反正을 일으켜 영의정까지 오른 인물이었는데 효종孝宗의 북벌론北伐論에 반대하는 등 효종 정권과 맞서다가 불운에 빠졌다. 백범의 선조가 김자점의 방손이면서 은신할 정도였다면, 단순한 방손이 아니라 근친이든지 아니면 정치적으로 밀접한 관계에 있었다고 보아야 할 것이다.[1]

낙향한 백범의 선대는 신분을 숨기고 상민으로 가장하여 군역전軍役田을 경작하며 천민처럼 살았다. 200여 년을 상민 계급으로 살았으면 어김없이 상민인 것이다.

조선시대에는 아무리 좋은 가문으로 태어나도 3대에 걸쳐 등과를 하지 못하게 되면 비록 양반일지라도 상민의 생활과 별반 다르지 않았다. 백범의 가계가 200여 년이나 은신하고 살았다면 영락없는 상민일 수밖에 없고, 백범은 자

_____

[1] 조동걸, "백범의 청소년기 생활과 의병운동", 『백범과 민족운동연구』 제1집, 백범학술원. 등의 저서가 있음.

신의 출신 성분이 상민임을 스스럼없이 밝히곤 하였다.

백범은 그러나 상민 출신의 처지가 마음에 걸렸음인지 『백범일지』에서 '화려했던' 조상의 족보를 자식들에게 자상하게 설명한다.

우리는 안동 김씨 경순왕의 자손이다. 신라의 마지막 임금 경순왕이 어떻게 고려 왕건 태조의 따님 낙랑공주의 부마가 되어서 우리들의 조상이 되셨는지는 『삼국사기』나 『안동 김씨 족보』를 보면 알 것이다.

경순왕의 팔대 손이 충렬공, 충렬공의 현손이 익원공인데, 이 어른이 우리 파의 시조요, 나는 익원공의 21대 손이다. 충렬공, 익원공은 다 고려조의 공신이거니와 이조에 들어와서도 우리 조상은 대대로 서울에 살아서 글과 벼슬로 가업을 삼고 있었다. 그러다가 우리 방조 김자점이 역적으로 몰려서 멸문지화를 당하게 되매 내게 11대조 되시는 어른이 처자를 끌고 서울을 도망하여 일시 고양에 망명하시더니, 그곳도 서울에서 가까워 안전하지 못하므로 해주 부중에서 서쪽으로 80리 백운방 텃골 팔봉산 양가봉 밑에 숨을 자리를 구하시게 되었다. 그곳 뒷개에 있는 선영에는 11대 조부모의 산소를 비롯하여 역대 선산이 계시고 조모님도 이 선영에 모셨다.

호민으로 성장하다

조선시대의 문호 허균許筠은 「호민론豪民論」을 썼다. 그의 문집인 『성소부부고惺所覆瓿藁』에 실려 있다.

허균은 백성을 항민恒民, 원민怨民, 호민豪民으로 나누어 설명한다. '항민'은 일정한 생활을 영위하는 백성들로 자기의 권리나 이익을 주장할 의식이 없이 그냥 따라서 법을 받들며 윗사람에게 부림을 당하면서 얽매인 채 사는 사람들이다. '원민'은 수탈당하는 계급이라는 점에서 항민과 마찬가지이나 이를 못마땅하게 여겨 윗사람을 탓하고 원망한다. 그러나 이들은 원망하는 데 그칠 뿐이다. 그러므로 항민과 원민은 크게 두려운 존재가 못된다. '호민'은 남모르게 딴마음을 품고 틈만 엿보다가 시기가 오면 일어나는 사람들이다. 참으로 두려운 것은 호민이다. 그들은 자기가 받는 부당한 대우와 사회의 부조리에 도전하는 무리들이다. 호민이 반기를 들고 일어나면 원민들이 소리만 듣고도 저절로 모여들고, 항민들도 또한 살기를 구해서 따라 일어서게 된다는 것이다.

허균은 이렇게 「호민론」을 쓰면서 중국의 역사에서 구체적으로 호민을 지적한다.

진泰나라가 망한 것은 진승陳勝, 오광吳廣 때문이고, 한漢나라가 어지러워진 것은 황건적이 원인이었으며, 당唐나라도 왕선지王仙芝와 황소黃巢가 틈을 타서 난을 꾸몄는데 끝내 이 때문에 나라가 망하고 말았다. 이들은 모두 호민들로서 학정의 틈을 노린 것이다. 지금 조선의 경우를 보면 백성이 내는 세금의 대부분이 간사한 자에게 흩어지므로 일이 있으면 한 해에 두 번도 거둔다. 그래서 백성들의 원망은 고려 때보다도 더 심하다. 그런데도 위에 있는 사람들은 태평스럽게 두려워할 줄도 모르고 '우리나라에는 호민이 없다'고 한다. 견훤, 궁예 같은 자가 나와서 난을 일으키면 백성들이 이에 동조하지 않는다고 어찌 장담할 수 있는가?

이런 글을 쓴 허균 자신도 '호민'으로서 사회 개혁을 기도하다가 1618년 8월 반역죄로 몰려 참형을 당하였다.

백범은 상민이지만 혈통에 흐르는 피는 속일 수 없음인지 호민으로 성장한다. 문일평文一平이 "만약 조선사에서 반역아를 모조리 빼어 버린다면 발랄한 기백이 그만큼 사라질 것이요, 따라서 뼈 없는 기록이 되고 말 것이다"[2]라고 지적한 대로 상민 출신 백범은 호민으로서, 혁명아로서 해주 땅에서 태어났다.

부패한 정치를 개혁하고자 시도한 정여립鄭汝立, 지역 차별에 떨치고 일어난 홍경래洪景來, 반봉건·척왜척사의 깃발을 든 전봉준全琫準 등은 엄격한 의미에서 반역이 아닌 반체제의 선각들이었다. 군주(체제)가 하늘로부터 부여받은 권력을 정당하게 사용하지 않을 때는 이를 물리치는 것이 맹자의 '폭군방벌론'暴君放伐論이고 '천부인권사상'天賦人權思想이다. 이런 의미에서 정여립, 홍경래, 전봉준 등은 반체제의 지도자들이고 백범 또한 같은 맥락으로 볼 수 있겠다. 일제시대 백범의 존재가 아니었다면 우리 독립운동사는 주연이 없는 드라마처럼 황량했을 것이다.

흔히 역사상의 위인·용장들에게는 이른바 '탄생 설화'와 같은 것이 따르게 마련이다. 하늘에 성신星辰의 이상한 움직임이나 앞산에 무지개가 뜨고, 개천에서 용마의 울음소리가 들렸다는 등 가지각색이다. 그러나 백범의 경우는 상민 출신답게 너무나 평범한 출생이었다. 아버지가 소의 길마를 머리에 쓰고 지붕에 올라가서 소의 소리를 내고 나서야 출생할 만큼, 태어남부터 너무나 상민적이었다.

다만 어머니의 태몽이 특이했다면 특이한 꿈이었다. "푸른 밤송이 속에서 붉은 밤 한 개를 얻어서 감추어 둔 것이

2　문일평, "사상史上의 기인奇人", 『호암전집』 1, 1939.

태몽이라고 어머니는 늘 말씀하셨다"(『백범일지』)는 것이 전부다.

몰락한 양반, 거기에 반역으로 몰린 반체제 후예들의 삶이 얼마나 고달픈 것이었을지는 일제시대의 독립운동가와 해방 후 민주화운동가(가족)들의 신산辛酸한 삶을 보면 잘 알 수 있다. 백범은 어린 시절을 이렇게 회고한다.

그때에 우리 집이 멸문지화를 피하는 길은 오직 하나뿐이었으니, 그것은 양반의 행색을 감추고 상놈 행색으로 묵은장이를 일구어 농사를 짓다가 군역전이라는 땅을 짓게 되면서부터 아주 상놈의 패를 차게 되었다. 이 땅을 부치는 사람은 나라에서 부를 때에는 언제나 군사로 나서는 법이니, 그때에는 나라에서 문을 높이고 무를 낮추어 군사라면 천역, 즉 천한 일이었다. 이것이 우리나라를 쇠약하게 한 큰 원인인 것은 말할 것도 없다. 이리하여 우리는 판에 박힌 상놈으로, 텃골 근동에서 양반 행세하는 진주 강씨, 덕수 이씨들에게 대대로 천대와 제압을 받아왔다. 우리 문중의 딸들이 저들에게 시집가는 일은 있어도 우리가 저들의 딸에게 장가든 일은 없었다.

나라는 기울어가고

　백범이 출생할 즈음에 나라는 크게 기울어가고 있었다. 그의 말대로 "내 인생이 기구할 예조였는지", 백범이 태어나던 해 1월 일본 군함이 경기도 남양만에서 무력 시위를 벌이고, 면암勉庵 최익현崔益鉉이 일본과 조약 체결을 반대하는 상소를 올렸다가 전라도 흑산도로 유배당하는 등 사변이 일어났다. 결국 '강화도조약'江華島條約이 반강제로 체결되었다. 일본은 1875년 12월 운요호 사건雲揚號事件을 핑계로 구로다 기요타카黑田淸隆를 특명전권대신으로 삼아 8척의 군함과 600여 명의 병력을 조선에 보내 무력으로 협상을 강요하여 이듬해 강화도조약을 체결한 것이다.

　강화도조약은 조선이 외국과 맺은 최초의 근대적 조약이었다. 하지만 불평등 조약으로서 조선을 자주국으로 일본과 동등한 권리를 갖는 것처럼 했으나, 이는 청나라의 종주권을 부정하고 조선 침략을 쉽게 하려는 목적이었을 뿐이다.

이 조약으로 부산 외에 두 항구를 개항하여 일본인의 통상 활동과 개항장에서 일본인의 거주를 허용하게 되었다. 또 조선 연해의 자유로운 측량을 허가함으로써 단순한 통상 교역의 경제적 목적을 넘어 정치, 군사 면에서 거점을 마련하려는 일본의 침략 의도가 달성된 것이었다. 더욱이 개항장의 일본인 범죄는 일본 영사가 재판하는 영사 재판권(치외법권) 조항을 두어 일본인의 불법 행위에 대한 조선의 사법권을 배제시켰다.

국내적으로는 흉작이 심해서 비축미를 풀고 전국에 방곡령防穀令이 내려졌다. 그렇지만 일부 해안 지방에서는 공공연하게 질 좋은 쌀이 일본으로 실려 나갔다. 지방에서는 '명화적'明火賊이라는 도적 떼가 급증했다. 생활의 어려움으로 땅을 버리고 도적으로 변한 농민들이 몇십 명씩 모여 밤에 횃불을 들고 관청을 습격하여 알곡식을 탈취했다.

일생을 일제와 싸우며 독립운동을 벌이게 되는 백범이 일제가 한국 침략의 마각을 노골적으로 드러내는, 그 첫 번째 성과인 강화도조약으로 나타난 해에 태어난 것은 기연이라면 기연이다.

1881년 4월에는 신사유람단紳士遊覽團이 일본에 파견되었다. 강화도조약에 근거하여 일본의 문물제도를 둘러보게 한다는 시찰단이었지만, 일본의 목적은 따로 있었다. 이들을 친일파로 만들고자 하는 속셈이었던 것이다. 신사유람단은 박정양朴定陽, 엄세영嚴世永, 강문형姜文馨, 조병직趙秉稷,

민종묵閔種默, 조준영趙準永, 심상학沈相學, 어윤중魚允中, 홍영식洪英植, 이원회李元會, 김용원金鏞元헌, 이헌영李鑛永 등 당대의 실력자들을 정식 위원으로 하고, 그 밑에 상당수를 수행원, 통역원으로 하는 62명으로 구성되었다. 이들은 약 4개월 동안 주로 도쿄와 오사카 등지를 시찰하고 돌아왔다. 이후 이들 중 대부분은 친일파로 활동하게 된다.

1882년 6월 '임오군란'壬午軍亂이 일어나면서 민씨 일파와 개화파 관료는 청에 군대 파견을 요청했다. 이에 청은 4000여 명의 병력을 조선에 파견해 대원군을 반란 배후로 몰아 청으로 납치하고, 대원군 세력을 제거했다. 외세를 불러들인 민씨 정권은 더욱 자주성을 잃게 되었으며, 청은 강화도조약 이후 축소되었던 조선에 대한 영향력을 강화하는 계기로 삼았다.

1884년 10월에는 혁신파인 개화당開化黨이 주도하는 '갑신정변'甲申政變이 일어났다. 임오군란을 계기로 청나라의 내정 간섭이 심해짐에 따라 반청 기운이 높아지자 김옥균金玉均, 박영효朴泳孝, 홍영식洪英植을 중심으로 하는 개화당은 청에 의존하려는 수구당을 몰아내고 실질적인 독립과 개혁정치를 이룩하기 위해 일본공사 다케조에 신이치로竹添進一郎와 밀의하여 일본 병력을 동원하여 쿠데타를 일으켰다.

이들은 민영목閔泳穆, 민태호閔台鎬, 조영하趙寧夏 등의 사대당事大黨 거두를 죽이고 집권하여 새 정부를 구성하고 혁신정강으로 문벌 폐지와 인민 평등권 확립, 관제의 개혁, 지

조법地租法의 개혁과 재정의 일원화 등 14개 항목을 내세웠다. 그러나 미처 공포하기도 전에 원세개遠世凱의 청국군이 출동하여 창덕궁(광무 황제 임시 거처)을 공격하는 바람에 집권은 3일 천하로 끝나고, 김옥균, 박영효 등은 인천을 거쳐 일본으로 망명했다. 독립당을 제거한 사대당 정부는 더욱 보수적으로 되었고, 조선에서 청, 일 두 나라의 조선 쟁탈전은 더욱 격화되었다.

같은 해에 '한성조약'漢城條約이 체결되었다. 개화파가 갑신정변을 일으켰다가 청국 군대의 개입으로 일본으로 망명하자 흥분한 민중이 서울에 있는 일본 공사관을 불태우고 일본 거류민을 죽였다. 이에 일본은 이노우에 가오루井上馨 전권대신에게 2개 대대의 병력을 주어 조선에 파견하여 좌의정 김홍집金弘集을 전권대신으로 한 조선 측과 협상케 했다. 협상 과정에서 양측은 사건의 책임 문제를 두고 격론을 벌였으나 일본 측의 무력 위협에 조선 측이 굴복함으로써 한성조약이 맺어지게 되었다. 조약의 내용은 조선 측의 사과와 손해 배상, 일본인 살해 사건의 범인 처벌, 일본 공사관 신축부지 제공과 신축비 지불 등이었다. 이 조약의 결과로 일본은 조선 침략의 기초를 다지게 되었다.

1885년 3월에는 거문도 사건巨文島事件이 벌어졌다. 영국 극동함대 군함 3척은 거문도를 불법으로 점령한 뒤 영국기를 게양하고 포대와 병영을 쌓는 등 요새를 만들기 시작했다. 영국은 점령 사실을 청과 일본에는 곧 통고한 반면, 조선 정부에는 한 달이 지난 4월에야 통고했다. 뒤늦게 외신을 통해 거문도사건을 알게 된 정부는 엄세영을 정부의 외교 고문 묄렌도르프Paul Georg von Möllendorf와 함께 거문도에 보내 영국 함대에 항의했으나 효과가 없었다.

청나라는 처음에 러시아의 진출을 막고 조선에 대한 종주권을 국제적으로 보장받고자 영국의 거문도 점령을 묵인하려고 했다. 그러나 이 사건을 계기로 러시아와 일본이 조선 내의 영토 점령을 요구할 경우 국제 분쟁으로 커질 것을 걱정한 북양대신 이홍장李鴻章의 의견에 따라 반대로 돌아섰다. 결국 이홍장의 알선으로 조선을 제외한 러시아, 청국, 영국이 교섭을 벌여 러시아는 조선의 어떠한 영토도 점령하지 않을 것을 약속하자 영국 함대는 1887년 2월 철수했다.

이처럼 주변 정세가 심히 어지러운 가운데 조정이 자주성을 잃고 외세에 휘말리는 국망지추國亡之秋에 창암(昌巖, 백범의 아명)은 상민의 아들로 태어나 자라난다.

● 개구쟁이 소년

  창암의 어린 시절은 당시 대부분의 상민 어린이들의 삶과 크게 다르지 않았다. 가난과 양반들의 학대 그리고 돌림병을 숙명처럼 안고 자라나야 했다.

  다섯 살 때에 부모를 따라 강령康翎 삼거리로 이사를 갔다. 지주들의 횡포와 관官의 포악에 견디지 못하여 해변 산간으로 들어간 것이다. 마을의 뒤는 산이요, 앞은 바다인, 바닷가 마을이었다. 함께 살았던 종조, 재종조, 삼종조 여러 집이 모두 이사를 떠나서 창암의 집안도 그리로 이사를 간 것이다.

  창암의 집안은 이 마을에서 2년을 살았다. 『백범일지』에서 창암은 이 외딴 마을의 생활을 이렇게 기억한다.

  우리 집이 어떻게나 호젓한지 호랑이가 사람을 물고 우리 문전으로 지나갔다. 산 어귀 호랑이 길목에 우리 집이 있었던 것이다. 그러므로 밤이면 한 걸음도 문 밖에는 나가지 못하였다.

창암의 어린 시절은 『백범일지』 외에는 달리 자료가 없다. 호랑이가 사람을 물어가는 호젓한 해변 산간의 상민의 아들에 관해 누가 관심을 갖고 기록을 남겼겠는가. 그래서 어린 시절의 기록은 자서전 『백범일지』에 의존할 수밖에 없다.

그의 어린 시절은 개구쟁이 그것이었다. 『백범일지』는 자신을 미화하지 않고 사실을 그대로 쓴 기록문학으로도 높은 평가를 받고 있다. 백범은 언제 죽게 될지 모르는 항일 전선의 맨 앞에서 누구에게 읽히기 위해서가 아니라 자식들에게 유언 대신 쓴 글이기 때문에 가감하거나 미화, 왜곡할 이유가 없었을 것이다.

어린 창암은 아버지를 닮아 허우대는 컸지만 몸이 병약했고, 네 살 때 천연두를 심하게 앓았다. 아직 치료약이나 예방약이 없을 때라 창암은 여러 날째 앓다가 겨우 생명만은 건졌다. 그때 얼굴에 돋은 것을 어머니가 부스럼으로 알고 죽침으로 고름을 뺐는데, 그 때문에 그의 얼굴에는 어른이 된 뒤에도 굵은 곰보 자국을 남기게 되었다.

백범의 파란만장한 생애는 일본과 '운명적'으로 얽힌 곡절을 자주 찾게 된다. 젊은 시절에 자신의 얼굴 때문에 마음 고생을 많이 했던 곰보 자국도 일본산 천연두 때문이었다.

창암은 새로 이사간 마을에서 이웃집 아이들과 곧잘 어울렸다. 그러나 '텃세'가 적지 않았다. 부모가 일하러 나가면 신풍 이 생원 집에서 그 집 아이들과 어울렸는데, 그 집 아이들이 "이놈 해줏놈 때려 주자"고 하며 무지하게 몰매를 때렸다. 매를 맞은 창암은 "나는 분해서 집으로 돌아와 부엌에서 큰 식칼을 가지고 다시 이 생원 집으로 가서 기습으로 그놈들을 다 찔러 죽일 생각으로 울타리를 뜯고 있는 것을 열여덟 살 된 그 집 딸이 보고 소리소리 질러 오라비들을 불렀기 때문에 나는 목적을 이루지 못하고 또 그놈들에게 붙들려 실컷 얻어맞고 칼만 빼앗기고 집으로 돌아왔다. 식칼을 잃은 죄로 부모님께 매를 맞을 것이 두려워서 어머니께서 식칼이 없다고 찾으실 때에도 나는 시치미를 떼고 있었다."(『백범일지』)

개구쟁이 창암의 어린 시절의 일화는 아버지의 멀쩡한 숟가락을 분질러 엿을 바꿔먹은 일이다.

나는 엿을 먹고 싶으나 엿장수가 아이들의 자지를 잘라 간다는 말을 어른들께 들은 일이 있으므로 방문을 꼭 닫아걸고 엿장수를 부른 뒤에 아버지의 성한 숟가락을 발로 디디고 분질러서 반은 두고 반만 창구멍으로 내밀었다. 헌 숟가락이라야 엿을 주는 줄 알았기 때문이다. 엿장수는 내가 내미는 반 동강 숟가락을 받고 엿을 한 주먹 뭉쳐서 창구멍으로 들이 밀었다. 내가 반 동강 숟가락을 옆에 놓고 한참 맛있게 엿을 먹고 있을 즈음에 아버지께서 돌아오셨다. 나는 사실대로 아뢰었더니, 다시 그런

일을 하면 경을 치겠다고 꾸중만 하시고 때리지는 아니
하였다. (『백범일지』)

또 다른 일화가 있다. 아버지가 엽전 스무 냥을 방 아랫
목 이부자리 속에 넣어 둔 것을 보고는 동네 거릿집에 가서
떡이나 사 먹을 요량으로 스무 냥 꾸러미를 전부 꺼내어 허
리에 감고 문을 나섰다가 삼종조三從祖에게 붙들린 것이다.
삼종조는 돈을 빼앗다가 그의 아버지에게 돌려 주었다.

창암은 먹고 싶은 떡은 사먹지도 못한 채 아버지에게 붙
들려 혼쭐이 났다. 아버지는 창암을 꽁꽁 묶어서 들보 위에
매달아 놓고는 회초리로 후려갈겼다. 어머니는 들에 나가고
도와주는 사람은 아무도 없었다. 때마침 이곳을 지나던 재
종조 할아버지가 창암이 악을 쓰고 우는 소리를 듣고 달려
왔다. 할아버지는 들보에 달린 창암을 내려놓고는 회초리를
빼앗아 아버지를 후려치면서 나무랐다. 백범은 이때 아버지
가 재종조 할아버지에게 매를 맞은 것을 고소해했다고 두고
두고 회상했다.

1882년 창암의 나이 일곱 살 때 친척들이 해주 선영으로
옮겨오자 창암도 부모 등에 업혀 텃골 본향으로 돌아오게 되
었다. 창암은 호랑이가 지나다니던 강령 삼거리 외딴 집에서
2년을 지냈다. 다섯 살 때까지 어린 시절을 부모가 들에 나가
는 사이 혼자 집을 지키면서 살아야 했다. 아버지 4형제 중 유
일한 외아들이었기 때문에 함께 놀 친척 아이들도 없었다.

그는 어릴 때부터 말동무나 같이 놀아줄 벗이 없는 탓에 혼자 힘으로 고독감을 해소시킬 수밖에 없었다. 그 결과로 나타난 것은 자연 '통이 큰'—바꾸어 말하면 이해타산이 없는—행동일 수밖에 없었다. 그가 순박하고 솔직한 태도를 가졌던 것도 그 때문이었을 것이다. 그리고 이러한 고독감은 양반들의 압제와 가난의 굴레로부터의 영향과 겹쳐 훗날 그의 과묵한 성격 형성에 기본적인 요인으로 작용했을 것이며, 그의 강한 기질과 대담성은 선천적인 체질의 강인함과 함께 그의 일생—사상과 행동—에 극히 중요한 내적 요인으로 작용하였으리라 생각된다.[3]

3 백범김구기념사업협회 백범전기 편찬위원회, 『백범 김구 : 생애와 사상』, 교문사, 1982.

● 성정 곧은 아버지, 결기 있는 어머니

창암의 성격이나 기질은 아버지 순영을 많이 닮았다. 순영은 허우대가 좋고 성격이 호방한 데다가 무척 술을 좋아했다. 술에 취했을 때에는 양반 행세를 하는 강씨, 이씨들을 마구 때려주었다. 이들이 마을에서 횡포를 부렸기 때문이다.

양반 가문이면서도 상민 취급을 받아온 순영의 형제들은 강, 이씨들에 대한 불만과 양반들의 횡포에 순종하지 않고 저항했다. 특히 순영은 술을 마시면 그들에게 사정없이 폭력을 휘둘렀다. 그 대신 약한 사람들에게는 관대하였다.

"아버지는 당신께 아무 상관도 없는 사람일지라도 양반이나 강한 자들이 약한 자를 능멸하는 것을 볼 때면 참지 못하시고 『수호지』에 나오는 호걸들 식으로 친불친을 막론하고 패어 주었다. 이렇게 아버지가 불 같은 성정이신 줄을 알므로, 인근 상놈들은 두려워 공경하고 양반들은 무서워서 피하였다."(『백범일지』)

　이러한 순영의 위인됨을 잘 아는 양반들은 그를 달래려 함인지 그를 도존위都尊位에 천거하였다. 도존위가 되고 나서도 그는 양반에게는 엄격하고 상민들에게는 관대한 평소의 태도를 버리지 않았다. 이런 관계로 순영은 도존위 3년이 채 못 되어 공금 횡령 혐의로 파면되고 말았다.

　백범이 1926년 12월 상해 임시의정원 이동녕李東寧 의장으로부터 국무령에 천거되었을 때 "해주 서촌의 일개 도존위 아들인 나 같은 미천한 사람이 한 나라의 원수가 된다는 것은 국가와 민족의 위상에 큰 관계가 있다"면서 겸양했던 것은 이런 이유 때문이었다.

　순영은 대단한 효자로도 인근에 널리 알려졌다. 별명이 '효자'였던 데는 그럴 만한 까닭이 있었다. 그것은 모친께서 돌아가실 때에 왼손 무명지를 칼로 잘라 어머니의 입에 피를 흘려 넣어 소생하여 사흘을 더 사셨기 때문이다.

　충신 집안에 충신이 나고 효자 집안에 효자가 나온다는 옛말대로, 이러한 가정에서 자라난 백범은 후일 아버지의 임종을 맞아 허벅지의 살을 베어 피를 아버지의 입에 떠 넣어서 생명을 연장시켰다고 한다.

　창암의 어머니에 대해서는 알려진 것이 많지 않다. 후일 신민회 사건으로 체포되어 17년의 징역형을 선고받고 복역할 때에 서대문 감옥으로 면회 온 그의 어머니가 "나는 네가 경기 감사나 한 것보담 더 기쁘게 생각한다. 면회는 한 사람 밖에 못한다고 해서 네 처와 화경(딸)이는 저 밖에 와 있다. 우리 세 식구는 잘 있으니 염려 말아라. 옥중에서 네 몸이나 잘 보중保重하여라. 밥이 부족하거든 하루 두 번씩 사식을 들여 주랴?"라고 말하는 등 어머니 곽낙원의 대범한 면모를 살필 수 있다.

사진으로 보면 창암의 어머니는 체구가 작았다. 그런 어머니가 남달리 몸이 큰 아들을 낳느라 산고가 컸을 것으로 여겨진다. 어머니의 아들 옥바라지는 백범의 고난과 궤를 같이 한다. 백범이 일본인 밀정 스치다土田讓亮를 죽이고 사형선고를 받고 인천 감영에서 수형생활을 하고 있을 때에 어머니는 인천항의 물상 객주집 침모로 일하면서 그 품삯으로 아들 옥바라지를 했다.

백범이 출옥한 지 며칠 뒤에 친구들이 위로 잔치를 베풀고 기생을 불러 가무를 시켰는데, 도중에 어머니에게 불려나왔다. 어머니는 "내가 여러 해 동안 고생을 한 것이 오늘 네가 기생을 데리고 술 먹는 것을 보려고 한 것이냐!" 하고 호통을 쳤다고 한다. 어머니는 엄격하면서도 한없이 자애로웠다.

백범이 중국으로 망명하여 임시정부에 참여하고 있을 때에 특별한 생활 수단이 없었던 그의 가정생활은 궁색하기 이를 데 없었다. 상해 시대 백범의 어머니는 이미 환갑이 넘었는데, 중국인들의 쓰레기통을 뒤져 버려진 배춧잎을 주워다가 반찬을 만들기도 했다.

독립운동가들이 백범 어머니의 생신날을 알고 잔치를 준비한다는 소식을 전해들은 어머니는 그 돈을 자기에게 주면 입맛에 맞는 음식을 만들어 먹겠다 하여 돈을 받고, 막상 생일날에는 음식 대신 권총 두 자루를 내놓으며 "이역만리에서 독립운동을 한다는 사람들이 생일잔치가 다 무엇이냐!"고 나무랐다고 한다.

　　창암은 성정이 호방하고 의협심이 강한 아버지와 자애로우면서도 결기 있는 어머니의 정신을 이어받은 것이다.

　　시인 고은은 「곽낙원」이란 한 편의 시를 썼다.

　　　물론 낫 놓고 기역자 알 리 없는
　　　황해도 텃골 군역전 부쳐먹는 쌍놈의 집 아낙입니다.
　　　그런 아낙이 제 자식 창수가
　　　대동강 치하포 나루에서 왜놈 한 놈 때려죽이고
　　　물 건너 인천 감리영 옥에 갇히니
　　　초가삼간 다 못질해버리고
　　　옥바라지 객주집 식모살이 침모살이 해가며
　　　차꼬 물린 살인죄 자식 면회 가서
　　　나는 네가 경기감사 한 것보다 더 기쁘다
　　　이렇게 힘찬 말 했습니다.

　　　몇십 년 뒤 여든 살 바라보는 백발노모
　　　중국에 건너와

낙양군관학교 사람들이 생신날 축하하려고
돈 몇 푼씩 걷은 걸 알고
그 돈 미리 받아내어
생신날 단총 두 자루 내놓으며
자네들 걷은 돈으로 샀으니
내 생일 축하의 뜻으로 이 총 쏴
부디 부디 독립운동 이루어주시게
그 뒤 그녀는 여든 두 살로 중경땅에서 눈감았습니다
나라 독립 못 보고 죽는 것 원통하다
이 말이 그녀가 남긴 말 한마디 아니고 무엇입니까.

−「곽낙원」, 고은

상놈의 글공부, 열정과 좌절

창암이 글공부를 시작한 것은 그의 나이 열두 살 때부터이다. 글공부라고 하지만 양반 자식들이나 다니는 서당에 가거나 독선생을 초빙하여 공부할 처지는 못 되었다.

텃골에는 서당이 없었다. 글공부를 하려면 이웃 마을에 있는 양반의 서당에 다녀야 했지만 창암은 양반들로부터 심한 차별과 모멸을 받아온 터라 그들의 서당에 다닐 엄두를 내지 못하였다.

창암은 그 무렵 국문(한글)을 배워서 이야기책은 읽을 줄 알았고, 천자문도 이 사람 저 사람에게 얻어 배워서 다 떼었다. 그가 글공부를 하려고 결심한 데는 남다른 동기가 있었다.

하루는 어른들에게 이러한 말씀을 들었다. 몇 해 전 일이다. 문중에 새로 혼인한 집이 있었는데, 어느 할아버지가 서울 갔던 길에 사다가 두었던 관을 밤에 내어 쓰고 새 사돈을 대하였던 것이 양반들에게 발각이 되어서 그 관은 열파를 당하고 그로부터 다시는 우리 김씨는 관을 못 쓰게 되었다는 것이다. 나는 이 말을 듣고 몹시 울었다.

그리고 그 사람들은 어찌해서 양반이 되고, 우리는 어찌해서 상놈이 되었는가라고 물었다. 어른들이 대답하는 말은 이러하였다. 방아메 강씨도 그 조상은 우리 조상만 못하였지마는 일문에 진사가 셋이나 살아 있고, 자라소 이씨도 그러하다고, 나는 어떻게 하면 진사가 되느냐고 물었다. 진사나 대과나 다 글을 잘 공부하여 큰 선비가 되어서 과거에 급제를 하면 된다는 대답이었다. 이 말을 들은 뒤로 나는 부쩍 공부할 마음이 생겨서 아버지께 글방에 보내 달라고 졸랐다. (『백범일지』)

창암이 글공부를 하고자 한 데는 절박한 신분 상승의 동기가 배어 있었다. 양반 세도가들에게 부모와 일가가 당하고 있는 학대와 모멸을 지켜보면서 창암은 글공부를 해서 양반이 되고자 한 것이다.

김구의 불우했던 교육과정이 그의 주도 하에 있던 후기의 임시정부에서 장래의 건국원리로서 정치 및 산업과 더불어 교육의 균등을 주장한 이른바 삼균제도의 이념 창출에 적잖이 작용하지 않았나 추측되기도 하는데 실제로 김구는 상해 시절에도 교포 어린이들을 위한 인성학교仁成學校 운영을 도왔고, 3·1절에는 그 어린이들과 태극기 밑에서 하루종일 놀기도 했으며, 1945년 귀국 후의 총망중에도 불우한 아동들을 위한 사립학교를 두 개나 세웠다.[4]

창암의 아버지는 마을 아이들과 이웃 마을 상민의 아이들을 모아서 새로 서당을 만들었다. 서당 선생으로는 이 생원을 모셔왔다. 그는 양반이었지만 지식이 얕아서 양반 서당에서는 데려가지 않았던 사람이다.

창암의 아버지는 자기 집 사랑을 글방으로 정한데 이어 스스로 선생의 식사를 받들기도 하면서 서당문을 열었다. 소년 창암의 글공부에 대한 의지와 더불어 아버지의 열정을 엿 볼 수 있다.

서당이 문을 열게 되면서 창암은 열심히 공부를 하여 실력이 크게 향상되어 언제나 최우등이었다.

밤에도 어머니의 밀매가리하시는 것을 도와드리면서 자꾸 외웠다. 새벽에는 일찍 일어나 선생님 앞에 나가서 누구보다도 먼저 배워 밥그릇 망태를 메고 먼데서 오는 동무들을 가르쳐 주었다.(『백범일지』)

그러나 안정된 글공부는 오래가지 못하였다. 6개월쯤 뒤에 서당은 '신존위'라는 사람의 집으로 옮겨가고 선생과 신존위 사이에 반목이 생겨서 선생을 내보내게 되었다. 신존위의 아들이 둔재여서 공부를 잘 못하는데, 창암은 일취월장 하는 것을 시기하여 선생을 쫓아낸 것이다.

창암은 그 후에도 다른 선생을 모셔다가 글공부를 계속하게 되었으나 이번에는 아버지가 갑자기 중풍으로 쓰러지면서 공부를 중단하고 아버지의 병간호 심부름을 하게 되었다.

가산을 탕진한 끝에 아버지는 반신불수가 되어 겨우 한쪽 팔과 다리를 쓰게 되었다. 어머니는 어떻게 해서라도 아버지의 병을 고치고자 병신이 된 아버지를 모시고 문전걸식을 하며 고명한 의사를 찾아 이곳저곳을 떠돌아다녔다. 집도 가마솥도 다 팔아 없어지고 창암은 백모댁에 맡긴 몸이 되어 종형과 소고삐를 잡고 산과 들로 다니며 세월을 보냈다.

어머니의 정성과 억척으로 아버지의 병환은 신기하게도 차도가 생기고 못쓰던 팔다리도 어느 정도 회복되었다. 창암은 다시 서당에 다닐 수 있었다. 어머니가 길쌈 품을 팔아서 지필묵을 사주셨다.

창암은 2년여 동안 실의와 고난 속에서도 열심히 글공부를 하여 서당 선생의 실력과 인격을 평가할 수 있게 되었다. 창암의 눈에 비친 선생은 모두 고루해서 마음에 차지 않았다. 글만 부족한 것이 아니라 마음씀이 남의 스승이 될 자격

---

4 손세일, 『이승만과 김구』, 일조각.

이 보이지 아니하였다.

이 기간에 창암은 『동몽선습童蒙先習』이나 『명심보감明心寶鑑』을 배우고, 이를 밑천 삼아 '토지문·솟장·축제문·혼서·서한문' 등의 실용 문서를 읽어 글장사처럼, 대작代作으로 명성을 얻게 되었다. 제문과 서한문까지 대작했으며 문중 서생으로는 충분했다.

장성하면서 창암은 체격도 좋아졌고 소년답지 않게 장중한 체모도 갖추어져, 신언서판身言書判으로 보아도 시골 서생으로 행세할 정도는 충분했다. 그 소문이 퍼지자 이웃 마을 정문재鄭文哉 선생의 호의로 면비免費로 다시 글을 더 배울 수 있게 되었다. 『통감通鑑』 『사략史略』 『대학大學』 『한시漢詩』 『당시唐詩』 그리고 과거 예문을 배우고 열심히 외웠다. 그 때 정 선생의 권유로 해주 과거장에 나갔다.[5]

■■■ 5   조동걸, "백범의 청소년기 생활과 의병운동", 『백범과 민족운동연구』 제1집, 백범학술원.

부패한 과거에 낙방, 관상쟁이로

　세월은 하수상하여 조정은 수구파와 개화파의 정치적 암투가 격화되어 일본과 청국의 조선 진출을 가속화시키고 있었다. 국정은 갈수록 문란하여 매관매직賣官賣職이 판치고 민생은 도탄에 빠져들었다.

　1892년 창암의 나이 17세에 해주에서 임진경과王辰慶科를 실시한다는 과문科文이 나붙었다. 우리나라에서 마지막 실시된 과거였다.

　오랫동안 글공부를 하며 꿈을 키워온 창암은 과거에 큰 기대를 걸었다. 영웅심도 있고 공명심도 있고 평생에 한이 되었던 상민의 껍질을 벗고, 양반이 되어도 월등한 양반이 되어 집안을 멸시하던 이씨, 강씨들을 압도하고 싶었다. 과거 날이 다가오자 창암과 그의 아버지는 돈이 없으므로 과거를 치를 동안 먹을 좁쌀을 등에 지고 정 선생을 따라 해주로 갔다. 여관에 들 형편이 못되어 전에 아버지가 사귀어 온

분의 사처에 글방을 정하였다.

과거장은 엉망이었다. 이미 진사 급제자나 장원은 정해지고 과거 행사는 형식에 불과한 것이었다. 당시 과거가 얼마나 문란한 것이었는지는 백범의 기록에서 그 편린을 알수 있다.

> 내 글은 짓기는 정 선생이 하시고 쓰기만 내가 하기로 하였으나 내가 과거를 내 이름으로 아니 보고 아버지의 이름으로 명지名紙를 드린다는 말에 감복하여 접장 한분이 내 명지를 써 주기로 하였다. 나보다는 글씨가 낫기 때문이었다. 제 글과 제 글씨로 못하는 것이 유감이었으나 차작으로라도 아버지가 급제를 하셨으면 좋을 것 같았다. 차작으로 말하면 누구나 차작 아닌 것이 없었다. 세력 있고 재산 있는 사람들은 다들 글 잘하는 사람에게 글을 빌고 글씨 잘 쓰는 사람에게 글씨를 빌어서 과거를 하였다. 그러나 이것도 좋은 편이었다. 어찌 되었던지 서울 권문세가의 청편지 한 장이나 시관의 수청기생에게 주는 명주 한 필이 진사 급제가 되기에는 글 잘하는 큰 선비의 글보다도 빨랐다. 물론 우리 글 따위는 통인의집 식지감이나 되었을 것이요, 시관의 눈에도 띄지 아니하였을 것이다. 진사 급제는 미리 정해 놓고 과거는 나중보는 것이었다. (『백범일지』)

창암은 아버지의 한을 풀어드리고자 아버지의 이름으로 과거를 보았던 것이다. 이런 일은 일반적이었다. 그러나 과거는 요식 행위에 불과하고 창암은 크게 실망하면서 양반이 되고자 하는 꿈을 접어야 했다. 9세 때부터 8년 동안 온갖 어려움을 이겨내면서 공부해온 이유가, 조상 대대의 상민의 한을 풀고자 했던 것이 처참하게 좌절된 것이다. 이 무렵에 이승만 李承晩도 몇 차례 과거를 보았지만 번번이 낙방이었다. 이승만은 13세 때부터 과거에 응시했다가 쓴 맛을 보아야 했다. 창암의 경우처럼 부패한 과거 시험에서 떨어진 것이다.

낙방의 경험은 김구와 이승만에게 삶에 대한 인식을 새롭게 한 계기가 되었다. 이승만은 20세(1894) 때에 그의 친구인 신흥우申興雨의 형 신긍우申肯雨가 미국 선교사가 세운 배재학당에 입학하여 이승만에게도 입학을 권유하자 그는 배재학당 입학을 결심하게 되었다.

과거에 낙방한 창암은 이승만의 '영어와 미국 학문의 길'과는 달리 '관상과 풍수의 길'로 들어섰다. "너 그러면 풍수 공부나 관상 공부를 하여 보아라. 풍수를 잘 배우면 명당을 얻어서 조상님네 산소를 잘 써서 자손이 복록을 누릴 것이요, 관상에 능하면 사람을 잘 알아보아서 성인군자를 만날 수 있을 것이다"라는 아버지의 권유를 받아들인 것이다.

독립운동과 해방 후 건국 과정에서 '동지적 적대 관계'를 맺게 된 백범과 이승만의 길은 이렇게 갈라지게 되었다. 당시의 과거제도가 문란하지만 않았더라도 대단히 유능했던 두 사람은 대한제국의 관리로서 전혀 다른 생애를 살게 되었을 것이다.

창암은 아버지께 청하여 『마의상서麻衣相書』를 빌어다 독방에서 석 달 동안 꼼짝도 아니하고 관상 공부를 하였다. 거울을 앞에 놓고 자신의 얼굴을 보면서 얼굴 여러 부분의 이름을 배우고 내상內相의 길흉을 연구하는 것이었다. "아무리 내 얼굴을 관찰해 보아도 귀격이나 부격과 같은 좋은 상은 없고 천격賤格, 빈격貧格, 흉격凶格뿐이었다. 전자에 과장에서 실망하였던 것을 상서에서나 회복하려 하였더니, 제 상을 보니 그 보다도 더욱 낙심이 되었다. 짐승 모양으로 그저 살기 위해서 살다가 죽을까. 세상에 살아 있을 마음이 조금도 없었다"(『백범일지』)라고 고백하였다.

여기서 청년 창암의 인간적 고뇌를 살피게 된다. 8년 동안 갈고 닦은 과거에서 낙방하고 얼굴은 어릴 적에 앓은 마마로 얽어서, 관상 책을 놓고 거울에 비친 자신의 얼굴을 아무리 들여다봐도 천격, 빈격, 흉격일 뿐이었다. 신분에 대한 분노, 썩을 대로 썩은 사회에 대한 적개심, 여기에 자신의 얼굴에서까지 심한 열등감을 갖게 된 것이다.

창암은 서당에서 공부를 하면서 『사략』을 즐겨 읽었다. 여기에서 "제왕, 제후, 장수, 재상의 씨(혈통)가 따로 있는 것이 아니다"라는 진승陳勝의 말이나, 칼을 빼어서 뱀을 베었다는 유방劉邦, 빨래하는 여인에게 밥을 빌어먹은 한신韓信의 사적을 읽을 때에는 자신도 모르게 신바람이 나는 것이었다.

창암의 저항정신, 반항심은 켜켜이 쌓여만 갔다. 유일한 구원의 방도이던 관상의 직업에서도 멀어지는 듯하였다. 그러나 전혀 구원의 길이 없었던 것은 아니다.

절망에 빠진 그에게 한 가지 희망을 주는 것은『마의상서』의 운명철학 한 구절이었다.

相好不如身好(상호불여신호)

身好不如心好(신호불여심호)

얼굴 좋음이 몸 좋음만 못하고, 몸 좋음이 마음 좋음만 못하다.

이 글귀를 보고 창암은 마음 좋은 사람이 되기를 굳게 결심하였다.

『마의상서』는 중국 당나라 시대에 마의선인麻衣仙人이 화산석실華山石室 속에 살면서 겨울에도 항상 삼베옷麻衣을 입고 있었으므로 사람들이 '마의 선생'이라 불렀을 뿐 출신을 아는 사람은 없었다. 다만 제자 중에 희이希夷가 종래의 비전으로 전수돼 온 것을 처음으로 상학相學 전부를 세상에 발표하면서 사람들은 다투어 연구하게 되고 오래 전부터 조선에서도 관상학의 교본처럼 널리 이용되었다.

『마의상서』에 이어『지가서地家書』와『손자孫子』『오기자吳起子』『삼략三略』『육도六韜』등의 병서도 읽어 보았다. 병서

중에,

> 태산이 무너지더라도 마음을 동치 말고
> 사졸로 더불어 달고 씀을 같이 하며
> 나아가고 물러감을 범과 같이 하며
> 남을 알고 저를 알면 백 번 싸워도 지지 아니하리라.

라는 글귀가 마음을 끌었다. 창암의 마음은 이런 병서를 통해 어느 정도 안정을 되찾았으나 장래에 대해서는 여전히 불안하고 막연하기만 했다. 일가 아이들을 모아 훈장질을 하면서 1년의 세월을 보낸다.

서울에서는 신질서가 태동하면서 여러 가지 변혁의 물결이 밀어닥치고 있었지만 해주 시골에서는 여전히 봉건유제가 그대로 남아 있었다. 창암은 답답한 마음을 병서와 관상서 등으로 달래면서 열일곱 살 젊음을 내연시키고 있었다.

백범의 중년 이후의 얼굴은 근엄하면서도 인자한 모습이다. 미국 대통령 링컨Abraham Lincoln이 "사십이 넘으면 자기 얼굴에 책임을 져라"고 하였다. 사십 이전은 부모가 만들어 준 얼굴이지만 사십이 넘으면 스스로 얼굴을 만들어 나가야 한다는 뜻이다.

백범은 젊어서는 마마 자국과 상민으로 자라난 야성으로 인하여 거칠고 다소 험상스러웠지만 '마음 좋음'의 정신적 수련과 행동, 그리고 항상 대의大義를 좇으면서 사십 세 이

후에 온후하고 위엄 있는 얼굴을 갖게 되었다. 링컨의 말이 백범에게 적중했다고 하겠다.

링컨은 대통령이 된 후에 수염을 기르는 편이 좋겠다는 한 어린이의 충고를 받아들여 수염을 길렀다고 한다. 그의 얼굴상은 위엄 있고 의지가 보인다. 노예해방을 강행한 결단성을 지니면서도 서민적 친근감을 보여주는 얼굴이다.

공자는 만상불여심상萬相不如心相이라 하였고 인상人相은 형상形象이 있으나 마음은 형상이 없으므로 유형有形의 상像은 무형無形의 마음에 지배되어 변한다고 하였다.

공자의 인품을 제자들은 "온유하면서도 추상같고 위엄이 있으면서도 무섭지 않고 공경스러우면서도 부드럽다"고 평하였다. 백범이나 링컨의 인품도 이와 비슷하다고 할 수 있겠다.

조선시대 실학자 최한기崔漢綺는 우리 조상들이 외모보다 그 얼굴이 풍기는 도덕적 이미지에 의미를 부여한 사실을 주시했다. 그는 특히 팔품八品이라 하여 얼굴을 여덟 가지로 분류하여 위威, 후厚, 청淸, 고古, 고孤, 박薄, 악惡, 속俗으로 인물의 됨됨이와 장래성까지를 그 사람의 얼굴에서 내다본 것은 탁견이었다.

제 **2** 장

동학운동과 구국활동

●동학에 입도하고

창암의 나이 18세 때인 1893년 2월 11일, 서울 광화문 앞
에서 동학교도들이 3일간 복합상소伏閤上疏를 올리고 2월에
는 '척양척왜'斥洋斥倭을 알리는 벽보가 외국 공관과 한양 곳
곳에 나붙었다. 각국 외교관이 본국에 군대 파견을 요청하
는 등 갈수록 정세가 소연해졌다.

이에 앞서 1890년에는 경기도 안성과 경상도 함창에서,
1891년에는 제주에서, 1892년에는 함흥에서 각각 민란이 일
어났다. 1892년 11월에는 동학교도들의 '삼례집회'가 열렸다.

동학의 교세가 1880년대 중반부터 크게 확대되면서 정부
의 탄압을 불러왔다. 교도들은 재산을 빼앗기고 체포된 자들
이 늘어났다. 이에 동학 내부에서는 억울하게 처형된 교조 최
제우崔濟愚의 죄명을 벗고 원을 풀어달라는 '교조신원'敎祖伸
寃과 포교의 자유를 얻기 위한 움직임이 활발히 전개되었다.

1892년 11월 1일 전북 삼례에서 대규모 동학교도들의 집

회가 이루어졌다. 몇천 명이 모여 정부에 탄압을 중지할 것을 요구했다. 며칠 후에는 대표자 40여 명이 왕궁 앞에 엎드려 국왕에게 진정하는 복합상소가 이루어졌다. 1893년 1년 동안 전국 각지에서 65건의 민란이 발생하고 3월에는 동학교도의 보은報恩집회가 결행되었다. 동학농민전쟁의 '전야제'는 이렇게 급속히 불타올랐다.

창암이 과거에 낙방하고 아이들을 모아 훈도를 하고 있을 때, "그때 마침 사회의 구조 모순과 현실 모순에 대하여 개혁을 제창한 동학이 해주 지방에 전도되고 있었다. 소년 창암도 그에 끌려 1893년(18세) 정초에 이웃 포동의 동학도 오응선을 찾아가 동학에 입도했다. 창암은 동학에 대하여 첫째, 하눌님을 모시고 도道를 행한다. 둘째, 존비귀천을 없앤다. 셋째, 조선왕국을 끝내고 새 국가를 건설한다는 혁명 논리에 전적으로 동감하였다. 그때 이름을 창암에서 창수昌洙로 고쳤는데, 그것은 새로운 삶을 뜻하는 것이었다. 그리고 동학을 포교하자, 창수가 축지법을 하고 하늘을 나는 '애기접주'라는 소문이 퍼져, 따르는 무리가 처음에는 수백 명, 다음에는 평안도에 이르기까지 수천 명이 운집하였다. 그리하여 황해도 접주 15명이 교주 최시형崔時亨이 머무는 충청도 보은 장내리로 가서 정식으로 접주 첩지를 받았다. 백범은 '팔봉접주'가 되었다."[1]

━━ 1 조동걸, "백범의 청소년기 생활과 의병운동", 『백범과 민족운동연구』제1집,
백범학술원.

동학에 입도한 창수는 열심히 공부를 하는 동시에 포덕(전도)에 힘을 썼다. 아버지도 입도하였다. 양반들은 동학에 가담하는 이가 적고 상민들이 많이 모여들었다. 창수에게 동학이 표방하는 평등주의는 상민의 한을 풀 수 있는 구원의 사상, 바로 그것이었다.

동학은 1860년 최제우가 서학인 천주교의 국내 침투와 제국주의 세력의 국내 진출에 대한 민족적 위기의식을 바탕에 깔고 창도한 '반침략사상'反侵略思想이며 봉건적 신분질서를 부정하고 만민평등을 주장하는 '반봉건사상'反封建思想이었다.

종래의 풍수 사상과 유儒, 불佛, 선仙의 교리를 바탕으로 하여 인내천 사상人乃天思想, 즉 인간의 주체성을 강조하는, 지상천국의 이념과 만민평등의 이상을 내걸었다. 신분, 적서제도嫡庶制度 등 사회적 모순에 비판적인 동학의 교리는 민중에게 큰 호응을 받아 사회적 모순과 질병으로 크게 시달리던 삼남 지방에 빠른 속도로 퍼져나갔다.

정부에서는 동학을 서학과 마찬가지로 사교邪敎라 하여 탄압하기 시작했고, 1863년 포교를 시작한 지 3년 만에 최제우는 혹세무민惑世誣民의 죄로 체포되어 이듬해 대구에서 처형당했다.

최제우가 순교하자 2대 교주 최시형은 지하에서 교조의 유문遺文인 『동경대전東經大全』을 간행하고 교리를 체계화하는 한편 교회 조직을 확립하여 교세를 크게 확장하였다.

이런 시점에서 창암은 이름을 창수로 바꾸고 동학에서 적극적으로 활동하였다. 동학에 입도한 후 몇 달 만에 창수를 따르는 신도가 수천 명에 이르렀다. 평안도, 황해도 지역의 동학당 중 창수의 나이가 가장 어린데도 '포덕하여 얻은 신도'는 뜻의 연비聯臂는 가장 많아서 '애기접주'라는 별명을 얻게 되었다.

'접주'接主란 동학 하부 구조의 책임자를 말한다. 동학은 전국 각지에 세포 조직인 '포'包를 두고, 포를 다스리는 포주包主, 접주, 도접주 등을 두었으며, 포주, 접주 밑에는 교장教長, 교수教授, 도집강都執綱, 집강, 대정大正, 중정中正 등 육임六任을 두었다. 따라서 접주는 군郡·면面 단위의 책임자급을 말한다.

1893년 갯골의 오응선과 최유현 등은 2대 교주 최시형으로부터 연비의 명부를 보고하라는 지령을 받고 교주를 찾아갈 도유道儒 15명을 선발하면서, 비록 나이는 어리지만 동학에 열성적이고 그를 따르는 연비가 많은 창수를 포함시켰다.

창수 일행은 연비들이 모아준 여비와 교주에게 드릴 예물을 가지고 해주를 떠난 지 수일 만에 충청도 보은군 장안에 도착하여 대도주大道主 해월海月 최시형을 만나게 된다.

우리가 불원천리하고 온 뜻은 선생의 선풍도골도 뵈오려니와, 선생께 무슨 신통한 조화 줌치나 받을까 함이었으나 그런 것은 없었다. 선생은 연기가 육십은 되어 보이는데 구레나룻이 보기 좋게 났으며 약간 검게 보이고 얼굴은 여위었으나 맑은 맵시다. 크고 검은 갓을 쓰시고 동저고리 바람으로 일을 보고 계셨다. 방문 앞에 놓인 수철 화로에서 약탕관이 김이 나며 끓고 있었는데 독삼탕 냄새가 났다. 선생이 잡수시는 것이라고 했다. 방 내외에는 여러 제자들이 옹위하고 있었다. 그 중에도 가장 친근하게 모시는 이는 손응구, 김연구, 박인호 같은 이들인데, 손응구는 장차 해월 선생의 후계자로 대도주가 될 의암 손병희로서 깨끗한 청년이었고, 김은 연기가 사십은 되어 보이는데 순실한 농부와 같았다. 이 두 사람은 다 해월 선생의 사위라고 들었다. 손씨는 유식해 보이고 '천을천수'라고 쓴 부적을 보건대 글씨 재주도 있는 모양이었다. (『백범일지』)

창수가 본 최시형과 그의 참모들의 모습이다. 창수 일행은 최시형으로부터 접주 첩지를 받아 해주로 발길을 재촉하였다. 돌아오는 길에 곳곳에서 평소에 농민들을 학대하던 양반들이 동학교도들에게 붙잡혀 와서 짚신을 삼고 있는 것이나, 평복에 칼을 차고 활동하는 동학도들의 모습을 지켜보면서 세상이 바뀌고 있음을 확인할 수 있었다.

애기접주 동학군 선봉이 되다

창수 일행이 해주로 돌아왔을 즈음에는 전라도 고부에서 시작된 동학농민전쟁東學農民戰爭이 삼남으로 번지고 황해도 동학도들도 크게 들먹거리고 있었다. 호남에서 시작된 혁명의 열기가 황해도 지역까지 불어닥친 것이다. 이미 삼남의 동학도들이 동학군에 호응하라는 공함公函을 받은 터이고 양반과 관리들의 압박으로 도인들의 신변이 불안한 상태여서 황해도 지역의 봉기는 때만 기다리고 있는 실정이었다.

15명의 접주와 이 지역 지도급 도인들은 긴급 회합을 갖고 거사에 뜻을 모았다. 해주 죽천장竹川場을 총소집의 장소로 정하고 각처 도인들에게 이 뜻을 알렸다.

창수는 팔봉산 밑에 산다고 하여 접의 이름을 팔봉접이라 짓고 푸른 갑사에 '팔봉도소'라고 크게 쓴 기를 만들었다. 표어로는 '척양척왜'斥洋斥倭의 넉자를 써서 높이 달았다. 그리고 서울에서 토벌하러 내려올 경군京軍, 일본군과 맞서 싸우기 위하여 연비 중에서 총기를 가진 사람들을 모아 군대를 편성하였다. 창수는 "본시 산협상장이요 또 상놈인 까닭에 산포수 연비가 많아서 다 모아본, 즉 총을 가진 군사가 700명이나 되어 무력으로는 누구의 접보다도 나았다. 인근 부호의 집에 간직하였던 약간의 호신용 무기도 모아들였다."(『백범일지』)

여기저기에 격문이 나붙고 소문에 소문이 꼬리를 이으면서 삽시간에 많은 군사가 모여들었다. 며칠 후 총사령부를 설치하고 우선 황해도의 중심부인 해주성을 공격하여 탐관오리와 왜놈을 죽이기로 하였다. 그리고 창수를 선봉장으로 삼기로 결정하였다. 창수가 평소 병서에 대한 조예가 깊고 또 부대 내에 포수가 많다는 이유가 들어 있었지만, 오히려 다른 접주들이 앞장서서 총알받이가 안 되려고 젊은 창수를 내세웠던 것이다.

백범은 후일 "이것은 내가 평소에 병서에 소양이 있고 내 부대에 산포수가 많은 것도 이유겠지마는 자기네가 앞장을 서서 총알받이가 되기 싫은 것이 아마 가장 큰 이유일 것이다"(『백범일지』)라고 썼다. 그러나 그는 선봉되기를 꺼리지 않고 '선봉'이라 쓴 사령기를 들고 말을 타고 선두에 서서 해주성 공격에 나섰다. 총지휘부에서는 작전 계획을 창수에게 일임하였다.

창수는 성내에 아직 경군은 도착하지 않고 오합지졸의

수성군 200명과 일본군 7명이 있을 뿐이니, 선발대로 하여금 먼저 남문을 공격케 하여 수성군을 그쪽으로 유인한 후에 자신이 서문을 공격할 때에 총사령부에서는 허약한 편을 도우라는 작전 계획을 세웠다. 그리고 이 계획대로 한 부대를 이끌고 서문을 공격했다.

이 때에 수명의 일본군이 성 위에서 사격을 하자 선봉대는 도망하기 시작했다. 일본군은 동학군이 도망하자 기회를 놓칠세라 더욱 심하게 총질을 하여 동학군 3~4명이 총에 맞아 죽었다. 오합지졸일 수밖에 없는 동학군은 몇 명이 쓰러지면서 전의를 잃고 산으로 들로 달아나기에 바빴다.

창수는 퇴각 명령을 내리고 해주에서 서쪽으로 80리나 되는 회학동 곽감역 댁에 유진留陣하기로 하였다. 다행히 사상자는 많지 않았다.

창수는 이번 계획의 실패를 분석하면서 우선 잘 훈련된 군대를 만들기로 결심했다. 제대로 훈련받지 못한 오합지졸로는 경군이나 일본군과 싸워 이기기 어렵다는 인식이었다. 그래서 동학교도가 아닌 사람도 전에 장교의 경험이 있는 자는 초빙하여 군사를 훈련하는 교관으로 삼아 훈련을 시켰다. 그러던 중 구월산 밑에 사는 정덕현鄭德鉉, 우종서라는 사람이 찾아와 동학군이 갖춰야 할 몇 가지 헌책獻策을 제시하였다.

첫째, 군기를 정숙히 하되 비록 병졸을 대하더라도 절

하거나 경어를 쓰는 것을 폐지할 것.

둘째, 인심을 얻을 것이니, 동학군이 총을 가지고 민가로 다니며 곡식이나 돈을 빼앗는 강도적 행위를 하는 것을 엄금할 것.

셋째, 어진 이를 구하는 글을 돌려 널리 경륜 있는 사람을 모을 것.

넷째, 전군을 구월산에 모아 훈련할 것.

다섯째, 재령, 신천 두 고을에 왜(일본)가 사서 쌓아 둔 쌀 수천 석을 몰수하여 구월산 패엽사에 옮겨 군량으로 삼을 것.

창수는 이 계획을 받아들이고 두 사람을 중용하면서 전군을 구월산으로 옮길 준비를 서둘렀다. 그러던 어느 날 밤 신천 청계동 안 진사라는 사람으로부터 밀사가 왔다.

안 진사는 청계동에 의려소義旅所를 두고 산포수 수백 명을 모집하여 동학군을 토벌한다는 바로 그 장본인이기 때문에 동학군과는 적대 관계에 있었다. 창수는 일단 정덕현에게 밀사를 만나보게 하였다. 이 사건은 향후 백범의 생애에 큰 전기가 되었다. 한국독립운동사에서 샛별같이 찬연히 빛나는 두 인물, 백범과 안중근安重根 가家의 만남은 이렇게 이루어진다. 안중근의 아버지 안 진사, 안태훈安泰勳은 당대에 글 잘하고 글씨를 잘 쓰고, 지략이 뛰어난 사람으로 그 명성이 널리 알려진 인물이었다.

슬하에 중근, 정근定根, 공근恭根 등 세 아들을 두었다. 맏아들 중근은 나중에 국적 이토 히로부미伊藤博文를 하얼빈에서 처단한 바로 그 사람이다. 정근과 공근도 항일 독립운동 전선에서 혁혁한 공을 세워, 안태훈의 가문은 한국 독립운동사에서 가장 많은 사람이 독립유공자로 서훈을 받게 된다.

안태훈은 해주 사람으로 난세를 피하여 1880년부터 신천군 청계동에 은거하고 있었다. 동학농민전쟁이 일어나자 아들 안중근과 함께 의려를 일으켜 동학군을 토벌하여, 팔봉부대도 경계할 정도로 명성을 떨치고 있었다. 때마침 20리 상격하여 회학동과 청계동 군사가 대진하고 있었던 그 때, 동학군 토벌대장인 그가 해주 출신이므로 백범의 집안이나 애기접주로서의 명성을 듣고 있었을 것이다.[2]

안 진사의 밀사를 만나본 정덕현은 창수에게 다음과 같이 보고하였다. 내용은 "안 진사는 안목이 높은 사람으로 인재를 아낄 줄 알며 전부터 김 접주(창수)님을 매우 아끼고 있다는 점, 그런데 회학동과 청계동 사이의 거리가 20리 밖에 안 되니 만약 김 접주가 무모하게 청계동을 치려다가 실패하면 김 접주의 생명과 성명을 보장하기 어려울 것이다. 그리되면 아까운 인재를 하나 잃게 될 것인즉 거동을 신중히

---

2 조동걸, "백범의 청소년기 생활과 의병운동", 『백범과 민족운동연구』 제1집, 백범학술원.

하라는 호의의 충고를 전하더라"는 것이다.

정덕현은 이어서 "안 진사는 인재를 아낄 줄 아는 사람입니다. 안 진사의 됨됨이가 보통이 아니니 그의 호의를 받아들이는 것이 좋을 것 같습니다"라고 진언하였다.

창수는 참모 회의를 열어 의논한 결과 저편에서 이편을 치지 아니하면 이쪽도 저쪽을 치지 아니할 것, 피차에 어려운 지경에 빠질 경우에 서로 도울 것이라는 밀약이 성립되었다. 이와 같은 공수동맹의 밀약은 19세 팔봉접주 창수로서는 대단한 모험이었다.

동학농민전쟁 과정에서 동학군은 호남의 요충지인 전주성을 장악하고서도, 정부가 청군과 일본군을 끌어들이자 '뿔을 바로잡으려다가 소를 죽이는' 우를 범할 위기감에서 1894년 6월 11일 '전주화약'全州和約을 맺게 되었다. 이는 자칫 동족끼리 싸우다가 외적을 끌어들이는 '개문납적'開門納賊을 막고자 하는 동학지도부의 고육책이었다.

그렇지만 전국 여러 곳에서 동학군과, 일본군이 조종하는 관군은 동족상쟁을 벌여야 했다. 동학군은 최신 병기로 무장한 일본군과 관군에 의해 30~40만 명이 살상되는 희생을 치러야 했다. 이런 와중에 안태훈의 혜안과 '애기접주'의 결단으로 동족살상을 막고, 이후 구국운동과 독립전쟁의 끈끈한 인연으로 발전하기에 이른다.

창수는 구월산으로 근거지를 옮겼다. 재령과 신천에 있는 일본군의 쌀도 모두 옮겼다. 매일 군사 훈련을 시키고 송종호, 허곤과 같은 학자를 모셔오고 패엽사에서 하은당荷隱堂이라는 이름 높은 학자에게서 설법을 듣는 일도 게을리하지 않았다.

이 무렵 일본군은 동학당을 수색하기 위해 구월산 주변에까지 파견되었으나 창수 부대와의 교전은 이루어지지 않았다. 그렇지만 해주 서쪽에서 동학군은 일본군과 싸우다가 15명이 사망하고 2명이 포로가 되는 격전이 벌어졌다.

당시 황해도의 전황을 일본군의 보고는 다음과 같이 전한다.[3]

황해도 지방 동학당 진압을 위해 파견된 각 부대는 평양에서 파견된 일군一群의 수비대와 연락을 취하고 재령·안악·신천·해주 부근을 수색하였으나 적(동학군)은 이미 해산하고 이상이 없으므로 모두 병참지로 돌아왔음. 용산에서 파견된 1소대는 지난 11월 14일 강릉현 부근에 집합된 적을 격투하고 목하 개성에 머물러 적장수색중賊將搜索中.

창수가 동족과의 살상을 막고 구월산에서 일본군과 싸울 군대를 훈련시키고 있을 때 엉뚱하게 다른 동학군의 공격을 받게 되었다. 이 해 섣달, 창수는 때늦은 홍역으로 앓아눕게

■■■ **3** "병참감 복원福原이 병참총감 천상川上에게 한 보고", 『한국현대사』, 신구문화사.

되었다. 그런데 같은 동학접주로서 구월산 일대에서 큰 세력을 잡고 있던 이동엽李東燁의 군사가 불의의 습격을 해왔다. 이동엽의 군사들은 그 전에도 몇 차례나 창수 부대 진영 가까이까지 침입하여 노략질을 하였다. 그때마다 노략질을 하는 패거리를 붙잡아다가 가혹한 벌을 내려서 그쪽의 감정이 상할 대로 상해 있었다. 또 이쪽의 군사 중에서도 죄를 짓거나 노략질을 하다가 그쪽으로 도망친 자가 늘어서 이동엽의 세력은 날로 늘어나고 창수의 군세는 줄어들고 있었다.

창수가 병석에 누워있는 12월 어느 날, 이동엽이 전군을 이끌고 패엽사로 쳐들어왔다. 어지러이 총소리가 나며 순식간에 절 경내에서 양군의 육박전이 벌어졌다. 장수를 잃은 창수의 부대는 불의의 습격을 받아서 크게 패하고 본진은 적에게 제압되고 말았다.

이에 앞서 창수는 동학접주의 칭호를 버리기로 하고 군대지휘권을 허곤에게 맡긴 터였다. 라이벌로 인식해온 이동엽 측으로부터 자신을 제거하려는 명분을 없애기 위한 고육책이었다. 이렇게 되자 창수의 군대는 '장수 잃은' 부대가 되고 사기가 크게 저하되기에 이르렀다. 창수의 부대가 일패도지一敗塗地한 상태에서 이동엽이 소리를 질렀다.

"김 접주에게 손을 대는 자는 사형에 처한다. 영장領將 이종선李鐘善만을 잡아 죽여라."

이 말을 들은 창수는 "이종선은 내 명령을 받아서 무슨 일이나 한 사람이니 만일 이종선이가 죽을죄를 지었거든 나를 죽여라!"고 맞고함을 쳤다. 이종선은 함경도 출신으로 장사하러 황해도에 와서 살던 사람이었다. 총사냥을 잘하고 유덕하여 사람을 거느리는 재주가 있었다. 그래서 화포영장火砲領將으로 임명되어 창수 부대의 핵심이 되었다.

이동엽이 대의명분상 창수를 죽이지는 못하고 그의 핵심 참모를 제거하려 한 것이다. 결국 그들은 이종선을 끌어다가 총을 쏴서 죽이고 말았다. 왜병을 지척에 두고 벌어진 어처구니없는 골육상쟁이었다.

창수는 이종선의 시체를 안고 통곡하면서 어머니가 남의 윗사람이 되었다고 지어 보낸, 평생에 처음 입어보는 명주 저고리를 벗어 그의 머리를 감싸주었다. 동네 사람들은 창수가 백설 위에서 벌거벗고 통곡하고 있는 것을 보고 의복을 가져다가 입혀 주고 이종선의 시체를 매장하였다.

창수는 이제 돌아갈 곳이 없었다. 그래서 부산동 정덕현의 집으로 갔다. 정덕현은 창수가 이종선의 원수를 갚겠다는 것을 막으면서 이동엽이 패엽사를 친 것은 제 손을 친 것과 마찬가지라고 위로하였다.

실제로 얼마 후 경군과 왜군이 이동엽 군대를 공격하고 이동엽은 잡혀가서 사형을 당하였다. 이로써 구월산의 창수 군사와 이동엽의 군사가 소탕되니 황해도의 동학당은 전멸이 되고 말았다. 골육상쟁이 남긴 처참한 결과였다. 황해도의 동학당뿐 아니라 일본군의 참전으로 동학혁명은 좌절되었다. 그렇지만 '애기접주' 백범의 동학전쟁 참여는 척양척왜와 만민평등의 사상적 배경과 민족주의 사상 형성에 절대적인 영향을 미치게 되었다. 그리고 동학접주와 동학군의 선봉장 경험은 그에게 정치적 리더십을 발휘하게 할 기회를 주었다.

몽금포 근처에서 석 달을 숨어 지내던 창수는 정씨와 텃골에 가서 부모님을 찾아뵙고 정씨의 의견대로 안 진사를 찾아 의탁하기로 하였다. 창수는 패군지장敗軍之將으로 적군이었던 안 진사 밑으로 들어가는 것을 주저하였으나, 정씨는 안 진사의 높은 인품과 그가 밀사를 보낸 것도 이런 경우를 당하면 자기에게 오라는 뜻일 것이라고 설득하여 그의 말을 따르게 된 것이다.

두 사람은 청계동 안 진사 댁을 찾아 그곳에 의탁하면서 안 진사의 배려로 텃골에 계시는 부모님까지 모셔오게 되었다. 창수가 20세 되던 1895년 2월의 일이었다. 창수는 이때의 일을 다음과 같이 썼다.

내가 청계동에 머문 것은 불과 4~5개월이었지만, 그동안은 내게 가장 중요한 시기였다. 그것은 첫째로는 내가 안 진사와 같은 큰 인격에 접한 것이요, 둘째로는 고산림 (高山林, 마을 사람들은 고능선을 '고산림 선생'이라고 불렀다)과 같은 의기 있는 학자의 훈도를 받게 된 것이었다. (『백범일지』)

창수는 자신의 생애에 가장 큰 영향을 미친 안 진사와 고능선高能善을 만나게 된 과정을 다음과 같이 기술했다.

안 진사는 해주 부중에 10여 대나 살아오던 구가의 자제였다. 그 조부 인수가 진해 현감을 지내고는 세상이 차차 어지러워짐을 보고 세상에서 몸을 숨기고자 하여, 많은 재산을 가난한 일가에게 나누어 주고 약 300석 추수하는 재산을 가지고 청계동으로 들어오니 이는 산천이 수려하고 족히 피난처가 될 만한 곳을 취함이었다. 이때는 장손인 중근이 두 살 때였다. 안 진사는 과거를 하려고 서울 김종한의 문객이 되어 다년 유경하다가 진사가 되고는 벼슬할 뜻을 버리고 집으로 돌아와서 형제 여섯 사람이 술과 시로 세월을 보내고 뜻있는 벗을 사귀기로 낙을 삼고 있었다. 안씨 6형제가 다 문장재사文章才士라 할 만하지마는 그 중에서도 셋째인 안 진사가 눈에 정기가 있어 사람을 누르는 힘이 있고 기상이 뇌락하여 비록 조정의 대관이라도 그와 면대하면 자연 경외하는 마음이 일어났다. 그는 내가 보기에도 퍽 소탈하여서 비록 무식한 하류들에게까지도 조금도 교만한 빛이 없이 친절하고 정중하여서 상류나 하류나 다 그에게 호감을 가졌다. 얼굴이 매우 청수하나 술이 과하여 코끝이 붉은 것이 흠이었다. 그는 율시律詩를 잘하여서 당시에도 그의 시가 많이 전송되었고 내게도 그가 득의의 작을 흥 있게 읊어 주는 일이 있었다.

안중근 형제와 처음 만났을 때 그들의 인상에 대해서도 소상히 적었다.

그때에 안 진사의 맏아들 중근은 열세 살로 상투를 짜고 있었는데 머리를 자주색 수건으로 질끈 동이고 돔방총이라는 짧은 총을 메고 날마다 사냥을 일삼고 있어, 보기에도 영기가 발발하고 청계동 군사들 중에 사격술이 제일이어서 짐승이나 새나 그가 겨눈 것은 놓치는 일이 없기로 유명하였다. 그의 계부 태건과 언제나 함께 사냥을 다니고 있었다. 그들이 잡아오는 노루와 고라니로는 군사들을 먹이고 또 진사 6형제의 주연의 안주를 삼았다. 진사의 둘째 아들 정근과 셋째 공근은 다 붉은 두루마기를 입고 머리를 땋아 늘인 도련님들로 글을 읽고 있었는데, 진사는 이 두 아들에 대해서는 글을 읽지 않는다고 걱정도 하였으나 중근에 대해서는 아무 간섭도 아니 하는 모양이었다.

백범이 제대로 지켜 본 대로 안중근은 그로부터 18년 후 하얼빈에서 국적國賊 이토 히로부미에게 권총을 쏴 3발을 명중시키고, 이토를 수행하던 가와카미 하얼빈 총영사와 모리 미야우지 대신 비서관, 다나카 만철 이사 등에게 부상을 입히는 사격술을 과시한다. 안중근의 사격술은 어릴 적부터 익혀온 것이었음을 알 수 있다.

창수는 안 진사 댁에서 후조後凋 고능선 선생을 만나게

된다. 고능선은 해서지방에서는 손꼽히는 학자이며 의기가 넘치는 이름 높은 선비였다. 안 진사의 초청으로 청계동에 와 살고 있었다.

고능선은 창수의 사람됨을 알아보고 자기 사랑으로 초청하였다. 그가 거처하는 방은 책으로 둘러싸여 있었다. 창수는 매일 선생을 찾아가 세상사를 이야기하며 학문을 토론하였다. 선생은 창수에게 고금의 위인을 비평해 주거나 자기가 연구한 학문의 가치를 가르쳐 주고『화서아언華西雅言』이나『주서백선朱書百選』중에서 중요한 내용을 깨우쳐 주었다. 선생이 특히 역설한 것은 '의리'에 관해서였다. "비록 뛰어난 재능이 있더라도 의리에서 벗어나면 그 재능이 도리어 화단이 된다"고 가르쳤다.

선생은 창수의 결단력이 부족하다고 여겼음인지 결단력을 유독 강조하였다. "아무리 명확히 보고 잘 판단하였더라도 실행할 과단력이 없으면 모두가 쓸데없다"고 하면서 "나뭇가지를 잡아도 발에는 힘주지 않고 언덕에 매달려도 손에 힘주지 않는 것이 대장부이다"라는 글귀를 강조하였다.

이때에 고능선의 "사내대장부는 모름지기 기개를 갖고 결단력이 있어야 한다"는 가르침은 훗날 백범이 중대한 결정을 내려야 할 때마다 그의 뜻을 굳혀 주는 역할을 하였다.

고능선은 이런 말도 하였다. "예로부터 천하에, 흥하여 보지 아니한 나라도 없고 망해 보지 아니한 나라도 없다. 그런데 나라가 망하는 데도 거룩하게 망하는 것이 있고, 더럽게 망하는 것이 있다. 어느 나라 국민이 의로써 싸우다가 힘이 다하여 망하는 것은 거룩하게 망하는 것이요, 그와는 반대로 백성이 여러 패로 갈라져 한편은 이 나라에 붙고 한편은 저 나라에 붙어서 외국에는 아첨하고 제 동포와는 싸워서 망하는 것은 더럽게 망하는 것이다. 이제 왜의 세력이 전국에 충만하여 궐내에까지 침입하여서 대신도 적의 마음대로 내고들이게 되었으니 우리나라가 제2왜국이 아니고 무엇인가. 만고에 망하지 아니한 나라가 없고 천하에 죽지 아니한 사람 있던가. 이제 우리에게 남은 것은 일사보국의 일건사가 남아 있을 뿐이다"는 말씀이었다.

스승은 비감한 뜻으로 말하고 제자는 비분을 못 이겨 울면서 들었다. 제자는 나라를 망하지 않도록 붙들 방법을 물었고, 스승은 청국과 서로 (뜻을) 맺는 것이 좋겠다면서 그 이유를 설명하였다.

"청국이 갑오년 싸움(청일전쟁, 1894년)에 진 원수를 반드시 갚으려 할 것이니 우리 중에서 상당한 사람이 그 나라에 가서 그 국정도 조사하고 그 나라 인물과도 교의를 맺어 두었다가 후일에 기회가 오거든 서로 응할 준비를 하여 두는 것이 필요하다"고 하였다.

이리하여 창수는 청국으로 떠날 결심을 하기에 이른다.

청국행, 북행견문과 의병단 활동

창수의 나이 스무 살이 되었다. 조선 초기 연소기예年少氣銳한 남이南怡장군이 "남아이십미평국男兒二十未平國 이면 후세수칭대장부後世誰稱大丈夫"라는 시구를 읊었다가 유자광이란 놈이 평平자를 득得자로 고쳐 역모로 몰아 때려 죽였다는 사력을 아는지 모르는지, 스무 살이 된 창수는 청국으로 떠날 결심을 한다.

갈등인들 왜 없었을까. 출국에 앞서 창수는 스승께 물었다. "저와 같이 어린 것이 한 사람 (청국으로) 간다고 해서 무슨 일이 되겠습니까?" 스승이 말하기를 "누구나 제가 옳다고 믿는 것을 혼자만이라도 실행하는 것이 필요하니 저마다 남이 하기를 바랄 것이 아니라 저마다 제 일을 하면 자연 그 일을 하는 사람이 많아지는 것이라. 어떤 사람은 정계에 또 어떤 사람은 학계나 상계에 이처럼 자기가 합당한 방면으로 활동하여서 그 결과가 모이면 큰 일이 이루어진다"는 것이었다.

떠나기 전에 안 진사에게 출국 사실을 알릴까를 두고 고심을 한다. 안태훈은 그때 천주학에 관심을 보이고 있었다. 고 선생은 후일 큰일을 도모할 때에 알려도 된다는 의견이었다. 청국으로 떠나기로 작정하고 마지막으로 안 진사를 한 번 보고 속으로라도 하직 인사를 드리려고 안 진사 댁 사랑에 갔다가 참빗장수 김형진을 만났다. 그는 보통 장사꾼이 아니었다. 전주 사람으로 척양척왜를 실천하고자 전국을 주유하다가 안 진사가 대문장가라는 소문을 듣고 찾아왔다고 한다. 나이는 창수보다 15살 위였다. 그를 길동무로 삼기로 하고 집에서 기르던 말 한 필을 팔아 여비를 만들어 청국으로 떠나게 되었다.

두 사람은 평양까지 가서 거기서부터 창수도 김형진처럼 참빗과 황아장수로 차리고는 참빗과 붓, 먹과 기타 산골에서 팔릴 만한 물건을 사서 한 짐씩 짊어졌다. 두 사람은 백두산을 보고 동삼성(만주)을 돌아서 북경까지 갈 목적으로 출발하였다. 평양을 떠나서 을밀대와 모란봉을 구경하고 강동, 양덕, 맹산을 거쳐 함경도로 넘어서서 고원, 정평을 지나 함흥에 도착하였다. 고원 함관령에서 이태조李太祖가 말갈을 쳐 물린 승전비를 보고, 함흥에서는 남대천 나무다리와 우리나라에서 제일 크다는 장승도 보았다.

함경도의 홍원, 북청을 지나고 단천 마운령을 넘어 갑산읍을 거쳐 혜산진에 이르렀다. 혜산진은 압록강을 사이에 두고 만주를 바라보는 곳, 즉 이곳은 우리나라 산맥의 조종이 되는 백두산 밑에 있어 예로부터 나라에서 제관을 보내어 하늘과 백두산 신께 제사를 드리는 곳이다. 백두산으로 가는 길은 험산준령으로 삼림이 우거지고 만주 향마적이 출몰한다고 만류하여 백두산 참례를 포기하고 서대령을 넘어 삼수, 장진, 후창을 거쳐 중국 땅인 마울산에 도달하였다. 두 사람은 통화, 환인, 관전, 임강 등지를 방랑하며 근방에 사는 조선 동포들에게 고국의 소식을 들려주고 관전에 있는 임경업林慶業 장군의 비석을 보고 조상의 기개를 마음속으로 새기기도 하였다.

임 장군의 비문에는 '三國忠臣林慶業之碑'(삼국충신 임경업의 비)라고 새겨져 있었다. 근처에 사는 중국인들 중 병든 사람이 있으면 이 비각에 와서 낫게 해 달라고 비는 풍속이 있다고 하였다. "임경업은 철저한 친명배청親明排淸 정신으로 일관하다가 명나라와 내통하였다는 죄명으로 인조의 친국을 받고 죽었다. 백범의 선조인 김자점은 임경업의 후원자였으나, 마지막에는 자신이 연루될까봐 죽일 것을 주장하였다"[4]고 하는 바대로, 창수가 임경업 장군의 비석을 보면서 어떤 생각을 하였을지는 가늠하기 어렵다.

창수 일행이 청국행 길에서 가장 가슴 아프게 느낀 일은 갑오년 난리(청일전쟁)를 피해 중국인들도 살지 않는 산속 험한 곳에서 화전을 일구고 사는 우리 동포들을 갈취하는 호

▄▄▄ 4 도진순 주해, 『백범일지』, 돌베개.

통사胡通辭들이었다. 그들은 조선 사람으로 중국어 몇 마디 배워가지고 중국 사람들에게 빌붙어서 동포들을 갈취해 먹고 사는 자들이었다.

두 사람은 이 지방을 지나면서 김이언金利彦이란 사람의 소문을 듣게 되었다. 그는 힘과 용기가 남달리 뛰어나고 학식도 풍부하여 심양자사瀋陽刺史가 그의 용력을 높이 사서 준마 한 필과 『삼국지三國志』한 질을 주었고, 청나라 고급 장교들에게도 융숭한 대우를 받고 있다고 하였다.

"자사는 중국의 지방관리로 주州의 지사知事에 해당하지만, 당시에 이 지역에 자사라는 관직은 없었다. 그런데 당시 심양 지역에서는 연왕燕王 의극당아依克唐阿가 유력자로 반일운동을 후원하였다. 『노정약기路程略記』(김형진 지음)에 따르면 김창수, 김형진 등은 중국의 힘을 빌리기 위해 연왕에게 상소를 올렸고, 연왕은 서경장과 의논하여 이들에게 진동참의사라는 직위를 주고 지원을 약속하였다"[5]라고 하여 김형진은 『백범일지』와는 달리 쓰고 있다.

두 사람은 김이언을 찾아보기로 하고 헤어져 다니면서 결국 그의 비밀 주소를 알아내게 되었다. 김이언은 강계군에서 80여 리 더 가서 압록강 건너 삼도구三道構라는 곳에 살고 있다고 하였다.

김이언을 찾아갈 때에는 두 사람이 같이 가는 것보다 서로 모르는 사람인 것처럼 따로 가기로 하였다. 김이언의 사람됨을 알아보고, 그가 정말 의병을 거사할 뜻이 있는지를 관찰하자는 것이었다. 김형진이 먼저 출발하고 창수는 며칠 후 떠났다. 길을 가던 중 하루는 압록강을 100여 리 앞둔 곳에서 청나라 무관을 만났다.

창수는 청나라 말을 알지 못하여 항상 품안에 '취지서' 한 장을 써서 간직하고 다녔다. 어쩌다가 청나라 사람 가운데 문자를 아는 사람을 만나면 그 취지서를 내보이곤 했다. 그런데 그 무관은 글을 채 읽기도 전에 갑자기 길바닥에 주저앉더니 엉엉 소리 내어 우는 것이었다. 창수가 놀라서 이유를 물었더니 무관은 글 가운데,

"통탄할 바, 왜적은 나와 함께 같은 세상에 살 수 없는 원수이다."痛彼倭敵與我 不共戴天之讐

라는 구절을 가리키며, 다시 창수를 붙들고 통곡하는 것이었다. 두 사람이 필담을 하여 알아본 즉, 그 사람은 청일전쟁에서 전사한 서옥생徐玉生의 아들로서 강계 관찰사에게 부탁하여 부친의 시체를 찾아 헤매고 있다는 사연이었다. 자기 부친은 가병 1000명을 인솔하고 출전하여 모두 전사하고 자기 집에는 아직 500명이 남아 집을 지키고 있다는 것이다. 창수는 자기 집으로 함께 가자는 군관의 후의를 물리치고 대엿새 후 삼도구에 도착하여 김이언을 만났다.

▬▬▬ 5　도진순 주해, 『백범일지』, 돌베개.

김이언은 의병운동의 수령이 되어 많은 의병을 모집하였다. 압록강을 사이에 두고 초산, 강계, 위원, 벽동 등에서 몰래 포수를 모집하였고 청나라 쪽 강 근처 일대에서 이주민 포수를 모집하여 그 수가 300여 명에 이르렀다.

김이언의 의병 부대에 두 사람도 참여하였다. 김이언은 당시 50여 세로 500근이나 되는 대포를 들 수 있을 정도의 장사였으나, 창수의 눈에는 결단력이 부족하고 남의 의견을 수용하지 않는 독선적 인물로 보였다. 그 사이에 창수는 비밀리에 강계성에 들어가서 화약을 매입하고 초산, 위원 등지에 잠입하여 포수를 모집하는 등 거병에 여러 가지 힘을 보탰다.

거사 날짜는 1895년 11월 초순으로 잡혔다. 압록강이 얼어붙어 있을 때 삼도구에서 행군하여 강계성까지 쳐들어간다는 전략이었다. 이 무렵 창수는 혼자서 삼도구를 다녀오다가 그만 강물에 빠지고 말았다. 얇은 얼음을 밟았다가 강속에 빠진 것이다. 익사 직전에 고함소리를 듣고 동네 사람이 나와서 자기집으로 끌고 가 구호하여 살아났다.

강계성 공격날이 다가오자 김이언 의병 부대는 먼저 고산리高山里를 쳐서 그곳의 무기를 빼앗아 무기 없는 군사에 나누어 주었다. 이 작전은 강계성의 수비를 엄중하게 할 것이라는 이유로 창수와 여러 참모들이 먼저 강계성을 칠 것을 건의했지만 김이언은 끝내 자기 고집을 내세워서 실행한 것인데 결과는 크나큰 실책이었다.

두 번째 전략도 김이언은 자기 고집대로 밀어붙였다. 창수가 강계성을 공격할 때 군사 중 몇 명을 청국군 장교로 위장시켜 선두에 세울 것을 제안했지만 이마저도 거부되었다. 김이언 부대가 강계로 진군할 때 강계성 장교 몇 명이 마주나와 김이언을 찾아 군사 중에 청군이 있느냐고 물었다. 이에 김이언이 이번에는 청군이 안 왔으나 강계성만 점령하면 청군도 호응할 것이라고 정직하게 대답하였다. 청군이 합세하지 않은 것을 간파한 강계성 장교들은 일제히 화승총을 발사하여 의병단은 제대로 싸워보지도 못한 채 패주하고 말았다. 강계성을 지키고 있던 병사들은 청군이 오지 않는다는 사실에 사기백배하여 총공세에 나선 것이다.

김이언의 독선과 재기할 능력이 없음을 간파한 두 사람은 그 길로 부대를 떠났다. 창수의 두 번째 의병전쟁도 이렇게 어처구니없이 끝나게 되었다.

두 사람은 잠시 강계성 부근에서 몸을 피했다가 고향으로 돌아가기로 하고 한 촌락으로 들어갔다. 이때 참으로 우스꽝스러운 일이 벌어졌다. 한 마을이 전부 피난을 가 사람을 찾아볼 수 없었다. (다음은 도진순 교수의 주해 『백범일지』를 인용한 것이다.)

한 집에 들어가니 집 바깥문이나 안문이나 다 열어둔 채였으나, 주인을 불러봐야 역시 한 사람도 없는 빈집이었다. 안방에 들어가니 방구석 화덕에 불이 피어 일렁일렁하고 있었다. 우리 두 사람은 우선 화덕 옆에 앉아 손발을 녹였다. 가만히 앉아 있노라니 방안 가득히 기름 냄새와 술 냄새가 났다. 시렁 위에 광주리를 꺼내보니 온갖 고기가 가득하였다. 우선 닭다리와 돼지갈비를 숯불에 쬐여 먹고 있는데, 백두건을 쓴 사람이 문을 가만히 열고 방안을 들여다보았다. 나는 거짓 책망을 했다.

"웬 사람인데 야반에 남의 집을 묻지도 않고 침입하는가?"

그 사람이 놀라고 두려운 빛을 띠고 머뭇거리며 말했다.

"이것은 내 집인데요."

"누가 주인이든지 이렇게 눈 오는 밤인데 들어와 몸이나 녹이시오."

그 사람이 들어오는 것을 보고 나는 물었다.

"그대가 이 집 주인이라면 집을 비우고 어디를 갔던 게요? 내가 보기에 주인 같아 보이지는 않으나 추울 터이니 여기 와서 고기나 자시오." 그 사람도 하도 어이가 없어 이야기를 한다.

"오늘이 내 어머님 대상입니다. 각처에서 조객이 와서 제사를 지내려는데, 갑자기 동구에서 포성이 진동하지 않겠습니까? 조객들이 뿔뿔이 흩어져 도망가고 나도 식구들을 산속으로 피신시켜 두고 잠시 왔던 길이오."

나는 한편으로 실례했다고 말하고 한편으로는 위로를 했다.

"우리도 장사차 성내에 왔는데, 당도하자마자 난리가 났다고 소동을 하기로 촌으로 피난을 나온 것이오. 와서 보니 당신 집 문이 열려 있기로 들어왔고, 들어와 보니 음식물이 있기로 요기를 하던 중이오. 난리 때라 이런 일도 있는 법이니 용서하시오."

주인은 그제야 안심을 했다. 나는 주인을 권하여 산속에 피하여 숨은 식구들을 다시 돌아오게 하라고 일렀다. 주인은 겁이 나서 말했다.

"지금도 보니 동구 밖에 군대가 밀려가던데요."

"군대가 무슨 일로 출발하는지 들으셨소?"

주인은 청나라 쪽을 가리키며 말했다.

"강 건너 쪽에서 의병이 밀려와 강계를 치려다가 군대에게 몰려간다고 합디다. 그렇지만 멀리서 자꾸 포성이 들리니 알 수 있습니까? 승부가 어찌 될지는 아무도 모르지요."

우리는 이렇게 말했다.

"의병이 오나 군대가 오나 촌사람들에게야 무슨 관계가 있겠소? 부녀자와 어린 아이들이 눈 속에서 밤을 지내다가 무슨 위험이 있을지 모르니 속히 집으로 돌아오게 하시오."

주인은 오히려 자기 집을 우리에게 부탁하였다.

"내 집 식구뿐 아니라 온 마을이 거의 다 산 위에서 밤을 보낼 준비를 하였으니, 손님은 과히 염려치 마시고 이왕 내 집에 오셨으니 집이나 지켜주시오. 나는 산에 있는 식구들을 가서 보고 오리라."

‘주객전도’主客顚倒란 이런 때에 쓰이는 말일 것이다. 두 사람은 그 집에서 잠을 자고 다음날 아침 일찌감치 출발하여 수일 만에 신천으로 돌아왔다. 청계동을 떠난 지 수개월 만이었다.

제 3 장

고난의 길 - 제1차 투옥과 탈옥

깨어진 첫 혼사

백범의 생애, 그 고난에 찬 삶의 역정은 어디서부터 시작되었을까. 민족적인 운명과 개인적인 운명을 분리시키지 않는 삶을 살기로 결심하고 또 그렇게 살아온 백범에게 고난의 근원은 어디일까.

부패하고 기울어가는 나라國와 상민의 아들로 태어난 가정家, 즉 민족적인 운명國과 개인적 운명家인 '국가'國家의 운명이 겹치는 고난이었다.

백범이 태어나고 자랄 적에 나라의 사정이 그렇게 부패하고 어렵지 않았더라면, 비록 나라의 사정이 어렵더라도 상민의 가정 출신만 아니었다면, 그의 삶은 크게 달라졌을지도 모른다.

신천에서 청계동으로 돌아오는 길에 고능선 선생의 맏아들 원명元明 부부가 콜레라로 죽었다는 소식을 들었다. 그래서 집에 들르기 전에 고 선생 댁을 찾았다. 선생은 오히려 태연자약하면서 장손녀와 성례를 치르도록 하자고 말하였다. 창수는 집으로 돌아와 부모님께 그간의 경위를 들었다. 선생이 아버지를 사랑으로 불러 "창수가 범의 상을 가졌으며, 장차 범의 냄새를 피우고, 범의 소리를 내며 천하를 놀라게 할 인물"이라고 칭찬하며 자신의 장손녀와 약혼할 것을 청하여 두 사람의 약혼이 이루어졌다는 말씀이었다.

이 얘기를 들은 창수는 선생이 자기를 그토록 생각해주신 것에 대해 형언하기 어려운 기쁨과 무거운 책임감을 느끼게 되었다. 자기와 같은 상민의 자식을 학덕이 높은 양반이 손녀사위로 맞아들이겠다는 것은 꿈같은 일이었다. 이후에 선생댁에서는 창수를 예비 사위로 대접해주었다.

이 해가 저물녘에 창수는 선생을 찾아가 여행에서 보고 느낀 점을 얘기하면서 단발령斷髮令에 반대하는 의병을 일으킬 것을 제의하였다. 두만강·압록강 건너편의 땅이 비옥하고 지세도 요새로 삼을 만하며 동포를 이민하여 양병도 할 수 있을 것이라는 점을 보고하였다. 서옥생의 아들과 만나게 된 사정과 김이언을 만나 의병에 동참하였다가 실패한 일 등을 소상하게 말씀드렸다.

김홍집 내각은 을미사변 이후 내정 개혁에 주력하여 개국 504년인 1895년 11월 17일을 건양建陽 원년 1월 1일로 하여 양력을 채용하는 동시에 전국에 단발령을 내렸다. 고종은 태자와 함께 머리를 깎았으며 내부대신 유길준兪吉濬은 고시를 내려 군인, 관리들로 하여금 칼, 가위를 가지고 거리나 성문에서 강제로 백성의 머리를 자르도록 하였다. 이 같은 조처는 고종의 자의가 아니었기 때문에 백성들은 크게 반감을 가지게 되었다. 일본군은 궁성을 포위하고 대포를 설치하여 단발로 인한 분노의 폭발에 만반의 준비를 갖추고 있었다.

단발 강요에 대한 반감은 개화 그 자체를 증오하는 감정으로 발전하였고, 이것은 곧 반일 감정으로 이어졌다. 백성들은 단발령을 인륜을 파괴하여 문명인을 금수로 전락하게 하는 조처로 받아들이게 되었다.

김홍집 내각은 오랜 유교적인 전통과 관습을 무시한 채 졸속으로 단발령을 강제하려다가 국정 개혁을 결집시킬 대중적 지지기반을 상실하고 끓어오르는 반일의 분위기 속에서 전국 각지에서 의병운동이 일어나게 하는 기폭제 구실을 하게 되었다.

창수는 단발령으로 인한 민중들의 반일 감정을 지켜보면서 고 선생에게 의병을 일으킬 것을 상의하였다. 곧 이어 안 진사, 고 선생, 창수는 이 문제를 상의하기 위해 한 자리에 모였다. 그러나 안 진사는 예상 외로 이길 가망이 없는 거사는 실패할 수밖에 없으니 천주교나 믿으면서 때를 기다리다가 봉기하도록 하자고 하였다. 단발령에 대해서도 머리를 깎이게 되면 깎겠다고까지 말하였다.

안 진사의 이 같은 발언으로 고 선생은 절교 선언을 하며 자리를 박차고 일어섰으며 창수도 섭섭한 마음을 감추지 못하였다. 안 진사와 같은 인격자가 의병 봉기를 망설이고 온

백성이 반대하는 단발령에 미온적인 태도를 보인 것에 적지
않게 실망하였다.

　이 광경을 보고 나도 안 진사에 대하여 섭섭한 마음이
났다. 안 진사 같은 인격으로서 되었거나 못 되었거나 제
나라에서 일어난 동학은 목숨까지 내어 놓고 토벌까지 하
면서 서양 오랑캐의 천주학을 한다는 것부터도 괴이한 일
이거니와, 그는 그렇다 하더라도 목이 잘릴지언정 머리를
깎지 못하겠다는 생각은커녕 단발할 생각까지 가졌다는
것은 대의에 어긋나는 일이라고 생각하였다. (『백범일지』)

　젊은 시절 창수에게 가장 많은 정신적·사상적 영향을 끼
친 안 진사와 고 선생은 여기에서 갈라서게 되었다. 안 진사
는 주자학에서 개화파로, 고 선생은 주자학에서 척사위정파
로 사상과 노선이 갈리게 되었다. 이들뿐 아니라 조선의 지
식인 사회가 온통 이와 같은 갈등 관계에서 싸우게 되면서
망국의 길로 치달았다.
　창수는 선생의 견해를 따르게 되었다. 그래서 혼인을 한
후 선생과 함께 청계동을 떠나 만주 서옥생의 아들을 찾아
가서 의병봉기를 하기로 작정하였다. 그러나 혼사에 마가
끼어들었다. 김치경이라는 사람이 선생을 찾아와 자기의 딸
과 창수가 이미 정혼한 사이라고 하여 창수의 첫 혼사는 깨
지고 말았다. 창수는 첫사랑의 여인을 무척 사랑하였으므로

여간 섭섭한 것이 아니었다. "나는 그 처녀를 깊이 사랑하고 정이 들었던 것이다."(『백범일지』)

파혼의 배경에는 엉뚱한 사연이 따른다. 10여 년 전 창수의 아버지가 함경도 정평에 사는 김씨에게 취중 농담으로 김씨의 딸과 혼사시킬 것을 언약하고, 그 후 이 언약을 지켜 사주를 보내고 김씨의 딸이 창수의 집에 놀러오기도 하였다는 것이다. 그러나 창수는 이 처녀에게 전혀 마음을 주지 않아서 약혼은 파기되고 김치경의 딸은 다른 데로 혼약한 상태였는데, 창수가 양반의 손녀와 결혼을 한다는 소문을 듣고 돈이라도 뜯어낼까 하는 마음에서 고 선생을 찾아와 행패를 부린 것이었다.

혼사는 깨지고 창수는 만주 서옥생의 아들을 찾아 다시 외로운 방랑의 길을 나섰다. 1896년 초 창수의 나이 스물한 살 때이다.

●국모 시해에 대한 보복

청계동을 떠난 창수는 평양을 거쳐 안주에 도착하였다. 가는 곳마다 단발령과 의병봉기로 민심이 심히 어지러웠다. 이때는 단발령과 의병봉기로 반일 감정이 높아져 어수선한 틈을 타서 이범진李範晉, 이완용 등 친러파가 러시아 공사 베베르와 짜고 신변에 위험을 느끼던 고종과 왕세자를 비밀리에 서울 정동의 러시아 공사관으로 옮겼다. 이 아관파천俄館播遷으로 친일 내각이 무너지고 박정양을 수상으로 하는 친러파 정권이 수립되어 단발령 조처가 철폐되고 '의병해산조칙'이 발표되었다.

창수는 이렇게 변하는 정세를 살피면서 청국으로 가는 것보다 본국에 머물러 정세를 관망하기로 하고, 발길을 되돌려 용강을 거쳐 안악으로 가던 도중 대동강 하류의 치하포를 건너게 되었다.

이 치하포에서 두 가지 큰 사건이 벌어졌다.

아직 2월 하순경이라 치하포에는 많은 얼음덩이가 떠내려 오고 있었다. 창수를 비롯한 남녀 15~16명을 태운 나룻배는 빙산에 걸려 갈 길을 잃고 떠다니게 되었다. 선객과 선원들은 추운 날씨에 사색이 되어 불안에 떨었다. 창수는 위기를 벗어나기 위해 일행에게 허둥대지 말고 힘을 합하자고 제의하면서 큰 빙산 위에 뛰어올라 작은 빙산을 밀어내어 간신히 활로를 열어서 무사히 치하포에서 5리쯤 내려간 지점에 당도하였다. 용기와 지도력을 보여주는 대목이다.

　　흔히 '치하포 사건'으로 불리는 일본인 스치다 살해 사건은 백범의 생애와 사상에 큰 전기를 가져다주었다. 빙산에서 간신히 살아남아 새벽길을 걸어 주막에 도착하니 풍랑에 뱃길이 막힌 길손들이 머물고 있었다. 그 중 수상한 사람이 창수의 눈에 띄었다. 자신은 황해도 장연에 사는 정씨라고 하였다. 말씨는 장연 사투리가 아니고 서울말이었으며 조선말에는 능숙하였지만 창수가 보기에는 분명 왜놈이었다. 더 자세히 살펴보니 두루마기 밑으로 군도軍刀 집이 보였다. 가는 길을 물으니 진남포로 간다고 하였다.

　　창수는 '보통 장사꾼이나 기술자 같으면 굳이 조선 사람으로 위장하지 않아도 될 터인데, 그렇다면 혹시 국모를 시해한 미우라 고로三浦梧樓가 아닐까? 미우라가 아니더라도 미우라의 공범일 것 같다. 여하튼 칼을 차고 숨어 다니는 왜인이 우리나라의 독버섯일 것은 분명한 사실, 저놈을 죽여서라도 국가의 치욕을 씻어 보겠다'는 결심을 한다. 아무리 국모의 원수라지만 사람을 죽이는 일, 더욱이 왜인은 칼을 차고 있고, 일행이 몇 명인지도 알 수 없는 상황이었다. 심신이 혼란한 상태에 빠지고 갈등이 겹칠 때 홀연히 고능선 선생의 가르침이 떠올랐다.

得樹攀枝無奇
懸崖撒手丈夫兒
가지 잡고 나무를 오르는 것은 기이한 일이 아니나
벼랑에 매달려 잡은 손을 놓는 것이 가히 장부로다

마침내 백범의 생애에 가장 드라마틱한 일대 사건이 벌어졌다. 왜인의 종자인 듯한 아이가 밥값을 계산하는 것을 지켜보고 있다가 갑자기 몸을 일으켜 "이놈!" 하고 크게 호령하여 그 왜놈을 발길로 차서 계단 밑으로 떨어뜨렸다. 소란에 놀란 사람들이 일제히 방문을 열고 내다보거나 몰려오고 있었다. 창수는 이들을 향해 "누구든 이 왜놈을 위해 감히 나에게 범접하는 놈은 모조리 죽일 터이니 그리 알아라" 하고 소리를 지르며 그 왜놈의 목을 눌렀다. 왜놈은 어느새 칼을 뽑아 휘둘렀다. 창수는 칼을 피하면서 발길로 왜놈의 옆구리를 차서 거꾸러뜨리고 칼 잡은 손목을 힘껏 밟으니 칼이 땅바닥에 떨어졌다.

창수는 땅에 떨어진 칼을 집어 왜놈의 머리로부터 발끝까지 난도질했다. 손으로 왜놈의 피를 움켜 마시고, 그 피를

얼굴에 바르고, 피가 떨어지는 칼을 들고 방안으로 들어가 호통을 쳤다.[1]

"아까 왜놈을 위하여 내게 달려들려고 한 놈이 누구냐?"

창수는 벌벌 떨며 용서를 구하는 길손들을 용서하고 주막 주인 이화보李和甫에게 왜인이 타고온 배에서 그 자의 소지품을 갖고 오도록 명령하였다. 선원들이 가져온 소지품을 조사해보니 죽은 왜인은 스치다란 자로서 직위는 일본 육군 중위였다.[2] 가진 돈이 엽전 800냥 남짓 되어, 이화보에게 그 돈으로 뱃삯을 지불하고 나머지는 동네 극빈한 집에 나눠주도록 하였다.

규장각 자료에는 창수가 75냥으로 타고 갈 당나귀를 구입하고, 나머지 800냥은 동민에게 나눠주라고 이화보에게 맡긴 것으로 돼 있다. 이 800냥은 나중에 일본 경찰에 의해 거의 전액 회수되었다.

창수는 이화보에게 "왜놈들은 우리 조선의 사람들뿐 아니라 모든 생물의 원수니, 바다 속에 던져서 물고기와 자라들까지 즐겁게 뜯어먹도록 하라"고 지시하고, 그에게 필구筆具를 갖고 오게 하여 "국모보수國母報讐의 목적으로 이 왜인을 죽였노라. 해주 백운방 텃골 김창수"라고 포고문을 써서 길거리 벽에 붙이도록 하였다.

아울러 이화보에게 "네가 동장이니 안악 군수에게 사건의 전말을 보고하라. 나는 내 집으로 돌아가서 연락을 기다리겠다. 왜놈의 칼은 내가 가지고 가겠다"고 말하고 태연자약하게 동네사람 수백 명이 쳐다보는 사이를 지나 귀로에 올랐다.

며칠 만에 집으로 돌아와서 부모님께 그동안 있었던 일을 상세하게 보고하자 피신할 것을 권하였다. 그러나 창수는 왜놈을 죽인 것은 사사로운 감정으로 한 일이 아니라 국가적인 수치를 씻기 위해 행한 일이니 정정당당하게 대처하겠다고 말씀드렸다. 거듭 피신을 권하자,

"나는 나라를 위하여 정당한 일을 한 것이니 비겁하게 피하기를 원치 않을 뿐더러, 내가 잡혀가 목이 떨어지더라도 이로써 만인에게 교훈을 준다 하면 죽어도 영광"이라 말하며 오히려 집에서 잡히기를 원했다.

뒤늦게 신고로 평양 주재 일본 경찰이 현장에 도착해 조사했지만 시체를 찾지는 못하고 용의자와 현장 목격자 등 7명을 체포하여 신문하였다. 일본 공사는 여러 차례에 걸쳐 해주부에 이 사건을 조회하였고, 이에 응해 외부대신 이완용, 내부대신 박정양 등은 김창수를 조속히 체포해 법부로 압송할 것을 지시하였다. 치하포 사건은 한일 간의 중요한 이슈로 떠올랐다.[3]

■■■ 1　도진순 주해, 『백범일지』, 돌베개.
■■■ 2　일본 외무성 자료에 따르면 스치다는 나가사키현 대마도 이즈하라 항 상인으로 1895년 10월 진남포에 도착한 후 11월 4일 황해도 황주로 가서 활동하였고, 1896년 3월 7일 진남포로 귀환하던 길이었다. 도진순의 앞의 책에서 재인용.
■■■ 3　도진순, "민족의 큰 스승 백범 김구―치하포 사건", 『문화일보』 1995. 8. 25.

석 달이 지난 5월 11일 새벽 창수는 순검과 사령 30여 명에 의해 체포되어 13일 해주옥에 수감되었다. 옥에 갇힌 지 한 달이 지난 후 옥에 큰 칼을 쓴 채 선화당 뜰에 끌려가 감리監吏 민영철에게 첫 신문을 받게 되었다. 가혹한 고문으로 정강이 살이 터지고 뼈가 하얗게 드러났다. 이 때의 상처는 매우 깊어서 훗날까지도 흉터가 남게 되었다.

기절을 하면 냉수를 끼얹고 다시 고문하기를 되풀이해도 창수는 끝내 혐의를 부인했다. 서울에 가기 전까지는 왜인을 죽인 사실을 밝히지 않을 작정이었다. 두 달이 지난 7월 초순 인천 감영으로 후송되었다. 아버지는 가산을 정리하여 옥바라지를 하고자 집으로 돌아갔고, 어머니는 끌려가는 아들의 뒤를 따랐다.

이튿날 나진포로 가는 도중 어느 무덤 옆에 쉬게 되었는데, 그 무덤에는 "효자—이창매지묘"라 쓰인 비석이 있었고 비석 뒤에는 그 사적이 새겨져 있었다. 효심이 남달랐던 창수는 효도는커녕 끌려가는 자신을 허둥지둥 따라오시는 어머니에 대한 송구스러움에 피눈물을 삼켜야 했다.

인천으로 가기 위해 나진포에서 배를 탔다. 캄캄한 밤, 호송하던 순검들이 잠이 든 틈에 어머니는 창수에게 "네가 이제 가서는 왜놈 손에 죽을 터이니 차라리 맑고 맑은 이 바다에 너와 나와 같이 죽어서 귀신이라도 모자가 같이 다니자"라고 말씀하시고는 창수의 손을 이끌고 뱃전으로 가까이 나가셨다. 가슴이 찢어지는 아픔을 느끼면서 창수는 어머니

를 위안하였다. "어머니 저는 결코 죽지 않습니다. 자식이
국가를 위하여 하늘에 사무치게 정성을 다하여 원수를 죽였
으니 하늘이 도우실 테지요. 자식은 죽지 않습니다."

창수가 인천 감옥에 수감된 것은 1896년 7월 26일이다.
처음에 갇힐 때는 일반 도적으로 취급되어 9명이 갇힌 방에
수감되었다. 이곳에서 치하포 주막집 주인 이화보를 만났는
데 그는 한 달 전에 살인범을 놓아 보냈다는 이유로 잡혀와
있었다.

가혹한 시련, 첫 투옥

  2003년 10월 20일 오전 대한민국 국회, 이날 국회 과거
사진상규명에 관한 특별위원회는 '일제강점하친일반민족행
위자진상규명에관한특별법안' 공청회를 열고 있었다. 1949
년 반민특위가 해체된 이래 친일파에 대한 진상규명을 위한
국회의 특별법 제정 활동은 이번이 처음이었다.

  그래서 공청회에 대한 국민의 관심이 적지 않았다. 이날
공청회의 진술인으로 나온 김완섭(『친일파를 위한 변명』 저자)은
"김구는 민비의 원수를 갚는다면서 무고한 일본인을 살해한
뒤 중국으로 도피한 조선왕조의 충견이다. 이 같은 자들에
의해 주도된 독립운동은 조선 백성들의 이해관계를 대변하
는 것이 아니라 조선 지배층의 이해를 대변하는 것이었음이
분명하다"[4]라고 백범의 '치하포 사건'을 비난하다가 참석한
방청인들로부터 심한 성토를 당하고 쫓겨난 적이 있었다.

  인천 감옥에 갇힌 창수는 신문하는 감리사 이재정李在正

에게 왜인 장교 살해의 동기를 이렇게 말했다.

나 김창수는 하향下鄕 일개 잔생殘生이언마는 백성의
의리로 국가가 수치를 당하고, 청천 백일하에 내 그림자
가 부끄러워서 왜구 한 놈이라도 죽였소. 그러나 우리 사
람으로서 아직 왜왕을 죽여 국모폐하의 원수를 갚았다는
말을 듣지 못하였소. 이제 보니 당신네가 몽백(夢白, 국상
으로 백립을 쓰고 소복을 입었다는 말)을 하였으니 춘추대의에
군부君父의 원수를 갚지 못하고는 몽백을 아니한다는 구
절을 잊어버리고 한갓 영귀榮貴와 총록叢錄을 도적질하려
는 더러운 마음으로 임금을 섬긴다는 말이오?(『백범일지』)

창수의 치하포 의거는 국모 시해에 대한 보복이고 응징
이었다.

"21세 청년의 이러한 말에 감리사는 한참 동안 말을 못
했고 배석했던 관원들도 얼굴을 붉히고 더러는 고개를 숙였
다. 이때부터 김구는 옥중의 왕王이 되었다."[5]

---

4 이날 공청회에는 특별법 제정의 찬성 측에 한상범(의문사진상규명위원장), 김
삼웅(성균관대 교수), 반대 측에 김익한(명지대 교수), 김완섭이 진술인으로 참
석했다.
5 손세일, 『이승만과 김구』, 일조각.

인천 감옥은 불결하기 그지없었다. 여름이라 악취까지 심하여 창수는 옥중에서 장티푸스에 걸려 극심한 고통을 겪게 되었다. 다른 죄수들이 모두 잠든 틈을 타서 이마 위에 손톱으로 '충'忠 자를 새기고 허리띠로 목을 졸라 질식하고 말았다. 자살을 시도했으나 숨이 끊어진 것은 아니고 얼마 후에 깨어난 것이다. 그 후로는 여러 사람이 주시하여 자살할 기회도 없었지만, 창수는 스스로 병으로 죽거나 원수가 자신을 죽이는 것은 어쩔 수 없다 하더라도 스스로 자살을 하지는 않으리라고 결심하였다.

어머니는 창수가 옥에 갇힌 후 인천의 물상객주 집에서 아들에게 하루 세끼 밥을 넣어준다는 조건으로 식모살이를 하면서 끼니마다 식사를 차입해 주었다. 그러나 창수는 전혀 음식을 먹지 못해 탈진한 상태에서 8월 31일 옥사정에게 업혀 경무청으로 가서 신문訊問을 받았다.

창수는 자신을 도적으로 취급하여 다른 잡범들처럼 차꼬着鋼(2개의 토막나무 틈에 가로 구멍을 파서 죄인의 두 발목을 그 구멍에 넣고 자물쇠를 채우는 형구)에 채워 가두는데 크게 분개하여, "내가 아무 의사도 발표하기 전에는 나를 강도로 대우하거나 무엇으로 대우하거나 잠자코 있었지만, 이제 내가 할 말을 다한 지금도 나를 이렇게 홀대한단 말인가. 내가 당초에 도망할 마음이 있었다면 그 왜놈을 죽인 자리에서 내 주소와 성명을 갖추어서 포고문을 붙이고 집에 와서 석 달이나 잡으러 오기를 기다렸겠느냐. 너희 관리들은 왜놈을 기쁘게 하기 위하여 내게 이런 나쁜 대우를 한단 말이냐"고 호통을 쳤다.

이런 소동에 경무관이 달려와 창수를 도적 취급한 데 대해 옥사정을 책망하고 즉시 다른 방으로 옮기도록 하고 차꼬도 풀어주었다. 이후 창수는 특별 대우를 받게 되었다.

두 번째 신문날부터 옥문 밖과 주변에 사람들이 구름처럼 몰려들었다. 창수의 신문 때에 한 발언이 널리 알려지면서 사람들이 몰려들고 의기를 존경한다는 면회객이 줄을 이었다. 김윤정 경무관이 어머니에게 보약을 사먹이라고 돈을 보낸 것을 비롯하여 어머니가 일하는 집 주인, 무명인들까지 음식을 차입시켰다. 이 덕택으로 다른 죄수들이 배불리 먹게 되어 창수는 '감옥의 왕'이 되었다.

다시 신문이 시작되었다.

"네가 안악 치하포에서 모월 모일 일본인을 살해하였느냐?"

"내가 그날 그곳에서 국모의 원수를 갚기 위해 왜구 한 명을 때려죽인 사실이 있다."

창수의 대답을 들은 경무관을 비롯한 신문관들은 묵묵히 서로를 쳐다보았고 법정 안은 조용해졌다. 창수는 옆자리에 앉아서 신문 과정을 감시하고 있는 와타나베라는 일본 순사를 향해 "이놈! 지금 소위 만국공법이니, 국제공법 어디에 국가 간에 통상, 화친조약을 체결한 후 그 나라 임금을 시해

하라는 조문이 있더냐? 이 개 같은 왜놈아. 너희는 어찌하여 우리 국모를 시해하였느냐? 내가 죽으면 귀신이 되어서, 살면 몸으로 네 임금을 죽이고 왜놈을 씨도 없이 다 죽여 우리 국가의 치욕을 씻으리라"고 통렬히 꾸짖었다.

창수의 호통에 놀란 와타나베는 "칙쇼우! 칙쇼우!"하고 도망하여 숨고 말았다. '칙쇼우'는 '빌어먹을' '개새끼'라는 뜻의 일본 욕이다.

신문은 세 차례에 걸쳐 진행되었다. 한인 신문관들은 창수에게 호의적이었다. 김윤정은 창수 곁을 지나가면서 오늘도 왜놈이 왔으니 더 힘껏 호령을 하라고 일러주기도 했다. 관헌들이나 민중들이 직접 일본에 드러내놓고 대항할 수는 없었으나 자신들의 울분을 대변하여 저항하는 창수에게 격려를 아끼지 않은 것이다.

일본 영사관에서는 창수에게 수갑을 채우든지 포승으로 얽는 사진을 찍겠다고 나섰다. 한인 관리들이 이를 거부하여 길에 앉아 사진을 찍게 되었다. 수많은 구경꾼이 몰려들었다. 이때 창수는 앉았던 자리에서 일어나, "여러분, 왜놈들이 우리 국모 민 중전을 죽였으니 우리에게 이런 수치와 원한이 또 어디 있겠소. 왜놈의 독이 궐내에만 그칠 줄 아시오? 바로 당신들의 아들과 딸이 필경은 왜놈의 손에 다 죽을 것이오. 그러니 여러분! 당신들도 나를 본받아서 왜놈들을 죽여야 우리가 사오!"하고 일장 연설을 하였다. 젊은 창수의 굽힐 줄 모르는 반일 투혼을 여실히 보여준 대목이다.

신문을 마치고 다시 감옥에 들어와 김윤정에게 아무 죄 없는 이화보를 석방해줄 것을 요청하여, 그는 곧 석방되었다. 이화보는 집으로 돌아가면서 창수를 찾아 고마움을 잊지 않았다.

일본의 영사대리는, 김창수는 대명률大明律의 '인명모살죄'人命謀殺罪에 의해 참형을 원한다는 전문을 인천항 재판소에 보냈다.[6] 일본은 창수를 죽이기 위해 한국 정부에 여러 가지 압력을 가해왔다.

---

6 도진순, "민족의 큰 스승 백범 김구―치하포 사건", 『문화일보』 1995. 8. 25.

사형수 사형수

감옥 안뜰 포석 위로 내 마음을 모는 바람
나뭇가지 걸리인 채 흐느끼며 우는 천사
대리석에 칭칭 감긴 하늘나라 둥근 기둥
나의 밤에 찾아와서 구원의 문 열어주네

죽어가는 가여운 새 다 타버린 재의 향취
담장위에 잠든 듯한 눈망울에 담긴 추억
하늘 나라 위협하는 고통스런 그 주먹손
나의 손에 찾아와서 그대 얼굴 내려주네

가면박 가비얍고 탈보다도 강한 얼굴
장물아비 손보다도 나의 손에 더 무거운
그 얼굴에 지닌 보석 온통 눈물 범벅되어
어둡고도 강렬하게 청 꽃다발 투구 썼네.[7]

사르트르가 거침없이 '악의 성자'라 부르고, 장 콕토는 '프랑스의 위대한 작가의 한 사람'이라고 평가한 장 주네는 사형선고를 받고 옥중에서 장시 「사형수」를 썼다.

창수는 몇 차례 신문이 끝나고 판결을 기다리는 동안 아버지가 넣어준 『대학』을 읽었다. "아침에 도를 깨우치면 저녁에 죽어도 좋다"는 구절을 여러 차례 읽었다. 또 감리서 직원 중에서 신서적들을 읽어보라면서 구해다 주어 열심히 읽었다.

사형수 김창수는 감옥에서 신서적을 접하면서 새롭게 인식을 전환했다. 그런 의미에서 '치하포 사건'은 창수에게 두 가지 큰 변화를 가져다주었다. 황해도 동학의 '애기접주'에서 전국적인 의열 청년으로 발돋움하고, 신서적을 통해 척양척왜만이 나라를 구하는 길이라는 생각에서 벗어나게 되었다. "왜놈 한 놈이라도 때려 죽여야 우리가 산다"는 신념은 "저마다 배우고 사람마다 가르치는 것이 우리에게 가장 절실한 것이다"라는 것으로 바뀌게 되었다. 전통적인 주자학의 인식 범위를 넘어 열린 세계관을 갖게 된 것이다. "이 점은 백범에게 또 하나의 사상적 비약을 예비하는 중요한 경험이었다. 즉 백범은 유학, 동학, 불교 등 동양적, 한국적 사상을 기초로 하면서도 배타적, 복고적 세계에 침윤되는 것이 아니라, 근대적, 공화주의적 안목으로 나아가게 된다."[8]

■■■ 7   장 주네, 『사형수』, 오세곤 역, 앞 부분.
■■■ 8   도진순, "민족의 큰 스승 백범 김구―치하포 사건", 『문화일보』, 1995. 8. 25.

창수는 어떤 판결이 내릴지도 모르는 불안한 형편에서
도『대학』을 비롯하여 젊은 관리들이 넣어준『태서신사泰西
新史』『세계역사世界歷史·지지地誌』등을 읽고 또 읽었다. 그리
고 자신의 변화는 행동으로 말미암아 감옥 안에 있는 죄수
들에게 틈틈이 글을 가르쳐 주기도 하고 억울한 죄수들의
소장訴狀을 대필해 주기도 했다. 이런 사실이 외부에 알려
지면서『황성신문』은 "인천 감옥이 아니라 학교가 되었다"
는 보도를 하였다.

창수는 7월 27일자『황성신문』에서 자신의 사형 집행 기사
를 읽었다. 다른 살인범, 강도범과 함께 처형한다는 것이다.
사형 집행 소식을 알고도 아무렇지도 않았다면 위선일까.

어찌된 일인지 내 마음은 조금도 경동驚動되지 않았
다. 교수대에 오를 시간이 반일半日밖에 남지 않았지만,
음식과 독서와 사람 만나는 일을 평상시처럼 하였다. 그
것은 고 선생 말씀 중에 박태보의 보습 단근질 일화가 있
었는데, 그는 보습으로 단근질을 당하면서도 끝까지 굴
하지 않고 오히려 '이 쇠가 식었으니 다시 달구어 오너라'
고 했다. 그 일화와 더불어 삼학사三學士에 관한 이야기
를 힘 있게 들었는데, 그 효험으로 안다. (『백범일지』)

사형 선고를 받고, 집행 예정 시간을 반일밖에 남겨두지
않은 시각에 박태보와 삼학사를 생각하면서 평소와 다름없

이 『대학』을 읽고 있었다는 창수는 확실히 비범한 청년이었다. 이런 창수를 지켜 본 어머니와 관헌, 면회를 온 사람들이 애통해 하며 혹시나 소식(사형 집행)을 듣지 못한 것이 아닌가 하고 의아해 할 정도였다.

사형 선고를 받고 집행 직전에 황제의 특사로 풀려난 도스토예프스키는 소설 『백치白痴』에서 말한다. "선고문이 낭독되면 이젠 도저히 죽음을 면할 수 없다고 생각합니다. 바로 여기에 무서운 고통이 있습니다. 이보다 더 혹독한 고통은 다시 없을 것입니다."

제인 그레이 후작 부인이 왕위에 올라야 한다는 주장을 하다가 화형대에 올라 죽은 리를리 사교는 타오르는 연기 속에서 "불꽃이 내 몸에 닿게 해 다오. 탈 수가 없구나. 주여, 나에게 자비를 베푸소서"라고 기원하면서 죽었다.

영국인 러더퍼드 윌리엄스는 살인죄로 사형 선고를 받았다. 형이 집행되는 날, 그는 조금도 겁내지 않고 뚜벅뚜벅 처형장을 향하여 걸어갔고, 다시 마지막 소원이라고 하며 제 손으로 목에다 밧줄을 걸 것을 소망했다. 소원이 받아들여지자 그는 조금도 주저함이 없이 목에다 밧줄을 걸어 스스로 목숨을 끊었다.

A. 까뮤는 "절망이 순수한 경우는 하나밖에 없다. 그것은 사형 선고를 받은 경우이다"라는 역설을 제기하였지만, 누구라도 사형 선고를 받고 죽임을 기다릴 때는 평상심을 잃게 될 것이다.

창수는 신문 기사를 읽고도 아무런 동요도 없이 운명의 시간을 기다렸다. 저녁때가 되어 식사가 들어오기까지 아무런 소식도 없다가 저녁 6시경이 되어 밖이 떠들썩하며 인기척이 들려왔다. 다른 방 죄수들은 마치 자기가 죽으러 가는 것처럼 겁에 질려 있을 때, 그러나 운명의 여신은 사태를 완전히 반전시키고 말았다. 고종 황제의 사형 집행 정지령이 내려진 것이다. 사형 직전에 운명이 역전된 도스토예프스키처럼 창수도 그랬다.

감옥 문이 열리기도 전에 감옥 뜰에서,

"김창수는 어느 방에 있소? 아이고, 이제 김창수는 살았소! 우리 영감과 감리서 전직원과 각 청사 직원이 아침부터 지금까지 밥 한 술 먹지 못하고 창수를 어찌 차마 우리 손으로 죽인단 말이냐고 서로 말없이 얼굴만 물끄러미 바라보며 한탄하였소. 그랬더니 대군주 폐하께옵서 대궐에서 전화로 감리 영감을 불러 계시옵고, 감리 영감은 김창수의 사형을 정지하라는 친칙親則을 받잡고 밤중에라도 감옥에 내려가 창수에게 알려주라는 분부를 내리셨소. 오늘 하루 얼마나 상심하셨소?"(『백범일지』) 하는 것이다.

맹자는 말했다. "하늘은 그 사명이 끝나지 않은 사람을 함부로 데려가지 않는다"고. 하늘의 뜻이었는지, 역사의 의지였는지 창수는 죽지 않고 살아났다. 훗날 드러난 바는 이렇다. 법부대신이 몇몇 사형수의 이름을 갖고 입궐하여 황제의 재가를 받았는데, 당시 입직중이던 승지가 창수의 죄명이 '국모보수'(국모의 원수를 갚기 위해)란 구절을 보고 이상히 여겨 이미 재가된 안건을 다시 황제에게 품신하여 '사형 집행 정지'의 어명을 내리게 된 것이다.

승지의 눈에 '국모보수'의 죄명이 눈에 띄게 된 것도 극적이지만, 서울과 인천 간 공공기관에 전화가 가설된 바로 직후였고, 창수의 사형 집행 수시간 전에 인천 감옥에도 전화가 가설되어, 황제가 감리(이재정)에게 바로 명령한 것 역시 극적이었다. 반전과 극적인 요인이 겹치면서 창수는 사형을 면할 수 있었다.

탈옥과 방랑의 길

창수가 구사일생으로 사형 집행은 모면하였지만 옥중에서 풀려나지는 못하였다. 주한일본공사 하야시가 한국 정부에 강력히 항의하고 압력을 가하여 석방되지 못한 것이다. 그러나 창수가 '국모보수'의 대의를 내걸고 일본인 밀정을 죽이고, 신문 과정에서 당당하게 소신을 밝히고, 황제의 특명으로 사형 집행이 모면되면서 그의 명성이 인천은 물론 전국에 널리 알려졌다.

창수의 사형 집행이 보도되자 인천의 물상객주 32명은 통문通文을 작성하였는데, 첫째는, 우각동牛角洞에서 처형될 때 인천 사람들은 한 집에 한 명씩 우각동 처형장으로 집합할 것. 둘째, 모일 때는 반드시 엽전 한 냥씩을 가지고 와서 그 돈으로 창수의 몸값을 치를 것. 셋째, 만일 그 돈으로도 몸값이 모자라면 물상객주 32명이 부족액을 충당할 것 등이었다.

이런 사실은 창수의 명망이 얼마나 높았던 것인가를 말

해준다. 사형 집행이 중지되었다는 소식이 퍼지면서 조상하러 왔던 사람들이 이번에는 축하객으로 바뀌어 줄을 이어 면회를 청하였다. 얼마나 면회인이 많았던지 옥내에 자리를 깔고 앉아 며칠 동안 이들을 맞을 정도였다.

특히 김주경이란 사람은 돈 200냥을 창수 어머니에게 전달하고, 법부대신 한규설韓圭卨을 찾아가 창수를 석방시키도록 힘써 달라고 부탁하였다. 이에 한규설은 "일본공사 하야시가 벌써부터 김창수를 죽이지 않았다는 것을 문제 삼아 트집을 부리고 있어서 폐하에게 이 문제를 가지고 도저히 진언할 수가 없다"고 저간의 사정을 설명해주었다. 김주경은 이후에도 7~8개월 동안 계속하여 창수의 석방운동을 하느라 여유가 있었던 재산도 어느새 다 날리게 되었다.

김주경은 감옥으로 창수를 면회하여 "새는 조롱을 벗어나야 좋은 상이며 고기가 통발(고기잡는 기구)을 벗어나니 어찌 예사스러우랴"는 시의 구절을 주면서 탈옥을 권유하였다. 창수는 심한 갈등에 직면하게 된다. 구차스럽게 살기 위해 생명보다 귀중한 광명을 버릴 것인가, 망설이면서 신학문 공부에 열중할 때에 이번에는 10년 형을 선고받은 조덕근 등 같은 방 죄수들이 탈옥할 것을 권유하였다. 창수는 석방을 위한 청원운동이 성공할 가능성이 없자 생각이 바뀌었다. 일단 탈옥을 결심한 창수는 면회 온 아버지에게 철창 하나를 들여보내 달라고 하고 당번 옥사정을 불러 돈을 주며 쌀과 고기를 사다 줄 것을 부탁하였다. 자신이 죄수들에게 한 턱 내겠다면서, 그리고 면회 온 어머니에게 아버지와 함께 고향으로 돌아가 연락을 기다리시라고 말씀드렸다. 이날 저녁 간수들이 준비해온 음식과 술과 고기를 먹고 취흥에 빠져 있을 때를 탈옥의 기회로 삼은 것이다.

1898년 3월 9일 늦은 밤. 창수는 감방 마루 바닥으로 들어가 땅을 파고 옥 밖으로 통로를 냈다. 옥 밖으로 나와서 담장을 넘기 위해 줄사다리를 매어 놓고나니 문득 딴 생각이 났다. 다른 사람을 끌어내려다가 무슨 일이 일어날지 모르니, 이 길로 나 혼자만 탈출하자 하는 것이었다. 순간 양심이 심하게 갈등을 일으켰다. 그리고 얼른 돌려 생각하였다.

'사람이 현인 군자에게 죄를 지어도 부끄럽거늘 하물며 저들과 같은 죄인에게 죄인이 되고서야 어찌 하늘을 이고 땅을 밟으랴. 종신토록 수치가 될 것이다.' 이렇게 생각하고 다시 발길을 돌려 여전히 흥에 겨워 놀고 있는 조덕근의 무리를 하나씩 눈짓으로 불러서 나가는 길을 일러주어 다 내보내고 자신은 맨 나중에 나왔다.

죄수들이 감옥의 높은 담을 넘다가 넘어지는 소리에 경무청과 순검청에서 비상소집의 호각소리가 나고 옥문 밖에서는 벌써 이들이 급히 달려가는 소리가 들렸다. 그때까지 옥담 밑에 있던 창수는 다시 감방으로 들어갈 수도 없고 하여 운명을 하늘에 맡기고 간신히 몸을 날려 담을 뛰어 넘어 피하는 데 성공하였다. 이들은 탈옥에 성공했으나 조덕근은 5개월 만에 체포되고 말았다.

1896년 5월 11일부터 1898년 3월 9일까지 약 1년 8개월 동안의 제1차 옥살이는 이렇게 하여 마감이 되고, 창수는 탈옥수의 쫓기는 신세가 되기에 이르렀다. 천신만고 끝에 죽음의 문턱에서 벗어난 창수는 남쪽 지방으로 유랑길을 나섰다.

남도 유랑길에서 창수는 많은 것을 보고 배울 수 있었다. 궁핍한 시대의 백성들이 살아가는 모습과 이들을 갈취하는 양반 계층의 탐학을 지켜볼 수 있었다. 자신이 태어나 자란 황해도 지방의 양반들보다 남도 지역 양반들의 토색討索질이 훨씬 더 심한 것을 보고 그나마 그쪽에서 태어나지 않은 것을 다행이라고 생각하였다.

남도 유랑은 충청·전라 지역이 거의 망라되었다. 탈옥한 이후 부평, 시흥을 거쳐 양화나루에 도착하고, 공주, 은진, 강경포를 거쳐 무주에 이어, 몇 해 전 북행길에 동행했던 김형진을 만나고자 그의 고향 남원을 찾아갔다. 그러나 그는 이미 죽고 젊은 과수寡守가 살고 있었다. 다시 발길을 돌려 광주, 나주, 금산, 무안, 목포, 해남, 강진, 고금도, 완도, 장흥, 보성, 화순, 동복, 순창, 대명, 하동, 공주를 거쳤다.

고금도에서 충무공 이순신의 전적을 둘러보고, 아산에서는 충무공 기념비를 우러르고, 금산에서는 조중봉趙重峰의 패적유지를 살펴보았으며, 공주에서는 임진왜란 때의 승병장 영규靈圭의 비碑를 보고 많은 느낌을 받았다. 하동 쌍계사에서는 칠불아자방(七佛亞字房, 한 번 불을 때면 온기가 49일 간다는 亞자 형상의 구들을 놓은 선방)을 둘러보고 우리 조상들의 지혜

에 감탄하였다. 백범의 겨레 사랑과 국가 사랑의 민족주의
는 이때 남도 유랑길에 보고 느끼면서 체득한 것이 크게 도
움이 되었을 터이다. 또 이 시기에 불교에 입문하면서 성리
학·동학에 이어 불학을 배우게 되어 백범의 민족주의 사상
의 폭넓은 이념적 토대가 되었다.

남도 방랑이 6~7개월째에 접어든 그 해 늦가을 창수는
갑사에서 길동무를 만나 공주 마곡사를 찾았다. 그리고 고
뇌를 거듭한 끝에 마침내 머리를 깎고 스님이 되기를 결심
한다. 세속의 잡념을 썻고 출가를 단행한 것이다.

호덕삼 스님에 의해 머리가 깎일 때는 세상의 인연을 끊는
다는 생각에서 설움에 북받쳐 눈물을 흘렸다. 용담화상龍潭和
尙으로부터 계戒를 받고 하은당이 원종圓宗이란 법명을 지어
주었다. 창암에서 창수로, 다시 원종으로 바뀌었다. 창수가
탈옥하여 남도 지방을 방랑할 때에 그의 부모가 모두 잡혀가
신문을 받았고, 아버지는 1년여 동안이나 아들 대신 감옥생
활을 하였다. 어머니가 남편의 석방을 두 번이나 청원하여 풀
려날 수 있었다. 이런 사정을 알 수 없는 창수가 잠시라도 세
속의 인연을 끊는다고 생각할 때 어찌 아픔이 없었을까.

스물세 살의 창수는 이제 원종 스님이 되어 쫓기는 몸을
마곡사의 불전에 의탁하고 법도에 정진하였다. 그에게 "절
은 결코 낯선 곳은 아니었다. 그는 동학농민전쟁 실패 후 구
월산의 패엽사로 후퇴하였고, 해주 청룡사에서 산포수를 동
원하여 거사하고자 하였다. 젊은 김창수에게 절은 거사에

실패할 때 퇴각하는 은거지요. 다시 세상을 향해 발진하는 일종의 기지였다."⁹

다른 승려들은 보경당이나 하은당이 다 고령이라 이 분들이 입적하면 많은 재산을 물려받을 것이라고 원종을 부러워하였지만 고향의 부모님, 인천의 김주경, 청계동의 안 진사와 고능선 선생의 일도 궁금하고 나라의 사정도 염려스러웠다. 그래서 원종은 "1899년 마곡사를 떠나 서울 서대문 밖에 있는 새 절로 옮겼다가 얼마 후 해주 수양산 신광사 부근의 북암北庵이라는 암자에 머물렀다. 그 후 평양으로 가서 학문으로 이름 높은 극암 최재학의 소개로 대보산 영천암의 주지가 되어 부모와 함께 생활하였다. 그러나 백범은 승려생활이 맞지 않아 1899년 늦가을 상투를 올리고 환속하여 부모님과 함께 해주 텃골로 귀향하였다."¹⁰ 피신생활의 일환으로 절에 들어온 지 1년 만에 다시 속세로 돌아온 것이다.

2 도진순, "민족의 큰 스승 백범 김구—치하포 사건", 『문화일보』 1995. 8. 25.
10 신용하, 『백범 김구의 사상과 독립운동』, 서울대학교출판부.

제 4 장

기독교에 입교하고 애국계몽운동에 나서

국가의 큰 변화, 열강의 이권 침탈

창수가 옥고와 승려생활을 하며 힘겨운 젊은 날을 보내고 있을 때 국가적으로는 여러 가지 큰 변화가 일어나고 있었다. 1897년 10월 정부는 국호를 '대한제국'으로 바꾸고 황제 즉위식을 거행하였다.

우리나라가 청나라의 제후국과 같은 위치에서 벗어나 자주독립 국가임을 내외에 선포하고, 이제껏 쓰던 청나라 연호를 버리고 독자적인 광무光武라는 연호를 사용하고, 임금의 칭호도 대왕에서 황제로 격상하는, 이른바 건원칭제建元稱帝를 단행했다. 황제권을 강화하고 자위군대의 강화에 역점을 둔 개혁이 이루어졌다. 그러나 '광무개혁'이 총체적인 국정개혁을 이루지 못한 채 황제의 권한 강화에 중점을 두고, 일본이 조선을 청나라에서 떼어내고자 하는 책략이 바탕에 깔리면서, 독립협회와 황국협회가 충돌을 빚고 친일파와 친러파가 투쟁을 벌이는 극한 상황으로 전개되었다.

1896년 7월에는 갑신정변 때에 미국으로 망명했던 서재 필이 귀국하여 독립협회를 결성하였다. 외국 의존 정책에 반대하는 개화지식층 30여 명이 우리나라의 자주독립과 내 정개혁을 표방하면서 결성한 독립협회는 서재필을 중심으 로 이상재李商在, 이승만, 윤치호尹致昊 등이 적극 참여했으 며, 발족 당시에는 이완용, 안경수 등 정부 요인들도 참가했 다. 이들은 모화관을 독립관으로 개수하여 집회장으로 사용 했으며, 영은문 자리에 '독립문'(독립문 편액은 매국노 이완용의 글씨다)을 세워 독립정신의 상징으로 삼는 한편 『독립신문』 을 발행하여 개화 사상을 고취하였다.

아관파천으로 러시아 공사관에 머물고 있는 고종에게 환 궁할 것을 호소하여 이를 실현시키는 등 정부에 대해 강한 비판 기능을 발휘하여 사회단체 가운데 지도적 역할을 담 당하였다. 우리나라 최초의 민중대회라 할 수 있는 '만민공 동회'를 개최하여 국정의 자주노선을 요구하는 '헌의獻議 6 조'를 결의하고, 이의 실행을 고종에게 주청했다. 고종도 처 음에는 6조의 실행을 약속했으나, 이권에 눈이 어두운 정부 대신들의 방해로 약속이 지켜지지 않자, 독립협회에서는 정 부를 강하게 탄핵하기 시작했다. 이에 불안을 느낀 정부 수 뇌들은 고종에게 독립협회가 황제를 폐하고 공화제를 실시 한다고 거짓으로 고하여 이상재 등 17명을 체포케 했다.

독립협회 회원들이 이들의 석방을 요구했으나 정부는 어 용단체인 황국협회를 시켜 보부상 수천 명을 동원하여 회원들에게 테러를 가했다. 청나라와 일본이 조선의 지배권을 둘러싸고 벌인 청일전쟁의 결과 청나라의 세력이 약화되면서 조정에서는 친일파와 친러파가 크게 득세하기 시작했다.

조선 말기에 극동으로 진출하려는 러시아는 한반도에 진출할 기회를 엿보고 있었다. 청일전쟁 후 조선에서 청나라 세력을 제거하고 김홍집 중심의 친일 내각을 조직케 하는 등 조선 침략에 열을 올리던 일본에 대해, 러시아가 이른바 삼국 간섭을 주도하여 일본의 기세를 꺾음으로써 조선에는 친러적인 기운이 고개를 들기 시작했다. 이러한 기운에 편승하여 친러파로 돌아선 이범진, 이완용 등이 명성황후의 동의를 얻어 정권을 장악하고 친러파 내각을 성립시켰다.

이에 일본은 이노우에 공사를 소환하고 군 출신 미우라를 공사로 파견하여 세력을 만회할 기회를 노리다가 1895년 8월 20일 일본인 정치 깡패들을 동원하여 명성황후를 살해하고 대원군을 내세워 친일 내각을 조직케함으로써 친러파를 몰아냈다. 그러나 명성황후 시해 사건은 국제적으로도 커다란 물의를 일으켜 일본은 미우라를 소환하여 사태를 수습하려 했다.

이 틈을 타서 친러파인 이범진, 이완용 등은 러시아 공사 베베르와 짜고 1896년 2월 러시아 수병 100명을 서울로 끌어들인 후 갑자기 황제와 황태자를 러시아 공사관으로 옮기는 이른바 아관파천을 감행했다. 뒤이어 이들은 윤용선尹容善을 총리대신으로 하는 친러파 내각을 수립하고 친러 정책을 펴나갔다. 이 기간에 러시아는 조선으로부터 압록강 유역과 울릉도의 삼림 채벌권, 경원·종성의 광산 채광권, 목포·고하도의 조차권 등 많은 이권을 챙겼다. 그러나 1904년 러일전쟁을 일으켜 승리한 일본이 '포츠머스 강화조약'으로 조선에서 우월권을 확립하게 되면서 친러파는 다시 친일파로 돌아서 을사조약과 한일합방을 주도하였다.

1898년 2월 흥선대원군이 죽었다. 친러파가 정권을 잡게 되자 정계에서 밀려났다가 파란 많은 생애를 접은 것이다. 이와 같은 상황에서 열강의 이권 침탈이 극성을 부렸다. 무력을 앞세운 불평등 조약에서 조선은 관세 협정권, 외국 화폐 통용권 내지 통상권, 연안 해운권을 비롯한 상권과 경제주권을 침탈당했다.

일본은 경부철도 부설권, 평양 탄광 석탄 전매권, 경인철도 부설권, 충남 직산 금광 채굴권, 경기도 연해 어업권, 인삼 독점 수출권, 충청·황해·평안도 연해 어업권을 독점하고, 미국은 평북 운산 금광 채굴권, 경인철도 부설권(일본에 이권을 팔았다), 서울 전기·수도 시설, 서울 전차 부설권을 차지했다.

러시아는 함북 경원·종성 금광 채굴권, 인천 월미도 저탄소 설치권, 압록강 유역과 울릉도 삼림 채벌권, 동해안 포경권, 부산 절영도 저탄소 설치권을 움켜쥐게 되고, 영국은 평남 은산 금광 채굴권을, 프랑스는 경의철도 부설권(일본에 이권을 넘김), 평북 창성 금광 채굴권, 평양 무연탄 광산 채굴권을, 독일은 강원도 금성 당현 금광 채굴권을 각각 차지하게 되었다. 국가의 주요 자원이 속속 외국에 넘겨지고 있었다.

아버지 여의고 약혼녀마저 세상 떠나

창수가 환속하여 고향에 도착한 것은 1899년 늦은 가을
이었다. 감옥살이와 승려생활을 하는 동안 벌어진 국내외의
큰 변화를 거의 알지 못한 채 고향에 돌아왔지만 동네 사람
들의 경계하는 눈초리와 창수를 농사꾼으로 만들어야 한다
는 숙부의 주장 때문에 어느 곳에도 마음을 붙일 수가 없었
다. 여전히 탈옥수로서 쫓기는 몸이기도 했다.

얼마 후 창수는 다시 고향을 떠나기로 작심하고, 강화도
로 김주경을 찾아갔다. 인천 감옥에 있을 때 자신의 석방을
위해 애써준 데 대해 감사를 드리고 앞으로의 계획을 의논
하기 위해서였다. 이름을 김두래金斗來라고 소개하고 김씨
의 집을 찾아갔지만 그의 아우가 맞으며 김주경은 3, 4년째
집을 떠나 형의 소식을 몰라 궁금하다면서 반겨주었다.

창수는 김주경의 집에서 그의 아들과 조카들에게 글을
가르치면서 김주경이 돌아오기를 기다리기로 했다. 얼마 후

김두래 훈장이 글을 잘 가르친다는 소문이 퍼져 인근에서 모여온 학동이 30여 명이나 되었다. 강화도에서 석 달 동안 의 훈장생활을 하던 창수는 김주경의 친구를 통해 학자 유완무柳完茂의 소개로 전라도 무주에 사는 이시발을 만난 데 이어 무주 유완무의 집에서 한동안 머물렀다.

유완무는 학식이 풍부하고 품격이 있는 사람이어서 배울 바가 많았다. 어느 날 유완무와 그의 벗 성태영成泰英 작명으로 이름을 창수에서 거북 구龜로 바꾸고 자를 연상蓮上, 호를 연하蓮下로 하였다. 아명인 창암에서 창수로, 다시 구로 바뀐 것이다. 창암과 창수가 아버지의 작명이었다면 구는 타인이 지은 이름이다. 무슨 의미로 이름을 거북 구자로, 자와 호를 연꽃 연자로 썼는지는 알려진 바가 없다.

김구는 유완무의 소개로 강화도에 사는 주윤호 진사집을 찾아갔다. 강화도에 도착하여 김주경의 소식을 물었으나 알 길이 없었다. 주 진사는 김구를 반가이 맞으면서 백동전 4000냥을 노자로 내놓았고 김구는 이 돈을 지니고 서울로 향하였다.

서울을 거쳐 해주읍 비동에 살고 있는 고능선 선생을 5 년 만에 찾아 인사를 올렸다. 선생은 김구에게 만주에 건너가 의병에 참가할 것을 권유하였지만, 더 이상 유교 사상으로는 서양 문명의 힘에 대항할 수 없으며 이제 서양 문명을 받아들여 신교육을 실시하고 모든 제도를 서양식으로 개혁해야 국난을 극복할 수 있다고 믿었기 때문에 선생의 권유를 받아들일 수 없었다.

김구가 텃골 본가에 도착했을 때는 아버지의 병환이 위중한 상태였다. 지극정성으로 아버지의 병간호를 하였으나 병세는 별 차도가 없었다. 1년여 동안 아들 대신에 감옥살이를 하느라 몸이 극도로 쇠약해진데다가 빈한貧寒한 가세로는 명의나 명약을 쓸 처지도 못 되어 병을 얻자 쉽게 위독해진 것이다. 김구는 할머니가 돌아가시게 되자 아버지가 손가락을 잘라 피를 흘려 넣어 드렸더니 얼마를 더 사셨다는 말을 생각하고, 선뜻 자기 넓적다리 살을 베어서 피를 받아 아버지의 입에 흘려 넣고 살은 구워서 약으로 드시도록 했으나 아버지의 병세는 호전되지 않았다.

오늘에 와서 부모의 병환에 자식이 단지斷指하여 피를 먹이거나 살을 베어 구워 먹이는 행위가 야만스럽지만 당시에는 효자들에게서 가끔 나타나는 미담이고 효행이었다.

김구는 아버지의 병세가 별 차도를 보이지 않자 피와 살의 분량이 너무 적은 탓이라 생각하고 전보다 더 크게 살을 베어만 놓고 너무나 아파서 떼지는 못하였다. "단지나 할고割股는 효자나 할 일이지, 나 같은 불효로는 못할 것이라고 자탄自歎하였다. 독신상제로 조객을 대하자니 상청을 비울 수는 없고 다리는 아프고 설한풍은 살을 에이고 하여서 나는 다리 살을 벤 것을 후회하는 생각까지 났다"(『백범일지』)는 내용에 이르면 김구의 효심과 인간적인 고뇌를 짐작할 수 있다.

조선시대의 퇴계 이황은 "효孝와 자慈의 도리는 모든 선의

으뜸으로, 하늘의 본성에서 나온 것이다. 그 은혜가 지극히 깊고, 그 윤리가 지극히 무겁고, 그 점이 가장 간절한 것이다"라고 『퇴계집』에서 가르쳤다. 남달리 효성이 지극했던 김구는 집에 돌아온 지 14일 만에 자신의 무릎을 베고 세상을 떠난 아버지를 붙들고 하염없이 눈물을 흘리며 전율했다. 김구의 아버지 김순영은 누대로 이어진 가난과 상놈이라는 멸시를 받아가면서 외아들 하나를 잘 키워보려는 일념 하나로 험한 세상을 어렵게 살다가 50세를 일기로 숨졌다. 김순영뿐 아니라 당시 이 땅의 민중 대부분이 그렇게 살다가 죽었다.

아버지가 돌아가신 후 숙부를 도와 농사일에 열중할 때 주위에서 혼삿말이 오갔다. 숙부가 돈 200냥을 주고 이웃 동네 상민의 딸과 결혼시키려 하자 김구는 돈을 쓰고 하는 결혼은 하지 않겠다고 단호히 이를 거절하였다.

상중에 농사를 지으면서 한 해를 보내고 김구의 나이 27세가 되었다. 1902년 정월, 일가댁에 세배를 드리러 갔다가 친척 할머니로부터 친정 당질녀 되는 한 처녀를 소개받았다. 17세의 여옥如玉이라는 이 처녀는 딸만 넷을 둔 과수댁의 막내딸이었다. 김구는 "돈에 대한 말이 없어야 하며, 학식이 있어야 하며, 당자와 서로 만나 말을 해보는 것"을 조건으로 처녀를 만나기로 하였다.

당시 상민 출신의 총각들은 같은 상민 처녀에게 장가를 들더라도 적지 않은 돈을 지불하는 관습이 있었다. 또 혼인 전에 맞선을 본다는 것은 상상할 수도 없는 일이었다. 그러나 처녀 쪽에서는 이를 받아들였다. 그래서 김구는 친척 할머니와 그 처녀의 집으로 가서 처녀와 만났다. 김구는 처녀에게 "내가 지금 상중이라 1년 후에나 성례를 할 텐데 그때까지 나를 선생님이라 부르고 글을 배울 수 있겠는가"라고 묻고, 처녀가 이에 응하여 약혼이 성립되었다.

김구는 이 약속을 지켜 틈나는 대로 여옥에게 글을 가르쳤다. 비록 10살의 나이 차이지만 김구에게 여옥은 정다운 약혼녀였다. 해가 바뀌어 1903년이 되자 어머니는 김구에게 2월 아버지의 탈상이 끝나면 혼인을 해야 한다고 준비를 서둘렀다. 그러던 중 여옥이 병으로 위독하다는 기별이 와서, 김구가 달려가 간호를 했으나 보람도 없이 사흘 만에 숨지고 말았다. 김구는 손수 여옥의 주검을 염하여 장사지냈다. 두 번째 약혼녀까지 떠나보낸 김구의 상심은 짐작이 가고도 남을 일이다.

새로운 신앙과 교육사업

젊은 김구가 20대에 겪은 고난은 보통 사람이 일생 동안에 겪는 고난보다 덜하지 않았을 것이다. J.R. 맥도날드는 이렇게 말했다. "능숙한 선장은 폭풍을 만났을 때에 폭풍에 반항하지 않으며 절망하지도 않는다. 늘 확고한 승산을 가지고 최후의 순간까지 전력을 다해서 활로를 열고자 한다. 여기에 인생의 고난을 돌파하는 비결이 있다."

김구는 여옥이 죽은 보름 후 교육사업에 뜻을 두고 장련읍 사직동으로 거처를 옮겼다. 오인형 진사가 초청한 것이다. 오 진사는 전답 20여 마지기와 과수원을 교육사업에 쓰도록 김구에게 주었다. 오 진사의 사랑에 학교를 세워 오 진사의 아우이며 독실한 예수교 신자인 오순형과 함께 아동교육에 전념하였다. 이 학교에는 오 진사 집안의 아이들과 근처의 아이들이 모여들었다.

학교 문을 연 지 1년이 못되어 학교와 교회는 크게 확장되었으며, 김구는 기독교를 믿으면서 공립학교 교원으로 아동교육과 전도사업에 힘쓰게 되었다. 김구는 고능선에게서 전통 유학을 배우면서도 일찍부터 서구문명에 눈을 떴다. 그래서 "의리는 학자에게 배우고 일체 문화와 제도는 세계 각국에서 채택하여 적용하면 국가에 복리가 되겠다"(『백범일지』)는 인식을 하게 되었다. 그래서 교육사업에 나서고 기독교인이 되어 전도사업을 벌인 것이다.

"김구가 기독교에 정신적으로 입교한 것은 1903년 가을이고, 아마도 1903년 11월 한 달간 헌트W. B Hunt 목사가 황해도 지방을 방문하고 110명에게 세례를 줄 때, 김구도 세례를 받았을 가능성이 높다고 한다. 그렇다면 1902년 기독교에 관심을 가지고 1년여 만에 세례를 받은 것이었다. 그리고 1903년 12월 31일부터 2주일간 열린 평양의 겨울 사경회 등에 참석하여 성경을 공부하였는데, 정식으로 기독교 교리와 성경을 공부하였음을 알 수 있다."[1]는 주장은 신빙성이 있다.

김구는 1894년 동학접주 시절 농민군의 종사從事 우종서를 만나게 되고, 1902년 우종서는 기독교를 전교하면서 김구에게 기독교의 신봉을 권하여, 부친상 탈상 이후에는 기독교를 믿고 신교육을 장려하기로 결심하였다. 김구는 당시 황해도 지역을 중심으로 전개된 신교육운동의 배경에 기독교가 있음을 인식하였다.

평안도는 물론이고 황해도에도 신교육의 풍조가 야

소교로부터 계발이 되고 신문화 발전을 도모하는 자는
거개 야소교에 투신하여 폐관자수閉關自守하든 자들이 겨
우 서양 선교사들의 설두舌頭로 문외門外 사정을 알게 되
었다. 야소교를 신봉하는 사람이 대부분 중류 이하이나
실제 학문으로 배우지를 못하고 우부우부愚夫愚婦들이 선
교사의 숙달치도 못한 반벙어리 말이라도 문명족인 때문
에 그 말을 많이 들은 자는 신교심 외에 애국사상도 생겨
전 민족에 대다수가 이 야소교 신봉자임은 은위치 못할
사실이다. (『백범일지』)

김구에게 기독교로의 개종은 매우 중요한 의미가 있다.
그가 국권 회복을 위한 본격적인 활동을 시작한 것도 바로
기독교와 연관되기 때문이다. 조동걸은 백범기념관에 전시
된 설명문 가운데 '백범 사상의 뿌리'를 다음과 같이 기술하
였다.[2]

백범 사상의 뿌리는 유가·도가·도참가·무가·동학·주
자학·불교 등 동양 사상을 망라한 위에 기독교와 계몽주
의가 정착한 다원적이요, 중층적이요, 포괄적이라는 특
성을 보이고 있다. 그렇게 다양한 변화는 전환기를 살았

1 　최기영, "백범 김구의 애국계몽운동", 『백범과 민족운동연구』제1집, 백범학
　　술원.
2 　조동걸, 『백범과 민족운동연구』제1집, 백범학술원.

던 젊은이가 보여준 지성적 고민의 단면으로 이해된다. 거기에 평민 사상과 행동주의 생활 철학이 마지막 숨질 때까지 백범을 지켰다.

마치 야생마와도 같은 김구의 정신적 편력은 마침내 기독교 사상의 초원에 이르렀다. 유가, 도가, 도참가, 무가, 동학, 주자학, 불가를 거쳐 다다른 정신사의 기착지였다. 그러나 이와 같은 다양한 변화는 외양이었을 뿐, 외양의 한 꺼풀 밑에 켜켜이 쌓인 본질은 나라 사랑의 애국심이었다. 이 애국심은 흔히 민족주의라는 당의정糖衣錠으로 포장되기도 하지만 김구의 민족주의는 그가 거쳐 온 종교와 사상의 편력만큼이나 넓고, 깊고 다양하다. 그의 정신사에서 오랫동안 발효되어온 애국심은 평생의 고난 속에서도 마르거나 줄어들지 않는 샘물이었다.

신교육과 기독교 전도사업에 매진한 김구는 그 해 여름 평양에서 예수교 주최로 열린 사범 강습회에 참석하였다. 여기서 평양 숭실학교 학생으로 교육계몽사업에 종사하던 최광옥崔光玉을 만나게 되었다. 서로 의기투합하여 많은 토론을 하던 중에 최광옥은 김구가 아직 미혼이란 사실을 알고 안신호安信浩라는 신여성을 소개하였다.

안신호는 도산島山 안창호安昌浩의 여동생으로 미모의 20세 재원이었다. 김구는 최광옥 등과 함께 안신호를 만나 얘기를 나누었고, 최광옥을 통해 결혼 승낙을 받게 되었다. 그러나 안신호와의 약혼도 곧 깨지고 말았다. 도산이 미국 가는 길에 상하이 어느 중학교에 다니는 양주삼梁柱三이라는 사람에게 자기 동생과 혼인할 것을 권하고, 자기 누이에게도 양주삼이 졸업한 후 결혼하자고 편지를 썼던 일이 있는데, 공교롭게도 김구와 안신호의 혼담이 있을 때 양주삼에게서 결혼을 허락해 달라는 편지가 왔다는 것이다.

안신호는 고민 끝에 두 사람을 다 버리고 한 마을에서 자란 김성택과 혼인하기로 결정하였다. 김구에게는 또 한 번 여성과의 혼담이 깨지게 된 것이다. 정신적 충격이 적지 않았을 것이다.

김구가 섭섭한 마음을 달래고 있을 때 안신호가 찾아와 사과하면서 앞으로 오라비라고 부르겠다고 하였다. 김구는 서운한 생각도 금방 사라지고 그녀의 활달한 성격과 결단에 감동받았다. "이 안신호라는 여성은 훗날 백범이 남북협상을 위해 북한에 갔을 때 백범의 안내역을 맡게 된다."[3] 안신호와 결혼한 김성택은 후에 진남포에서 목사를 지냈고, 혼담이 있었던 양주삼은 일제시대 기독교 목사로서 친일 활동에 앞장섰다.

여러 차례의 곡절 끝에 김구에게 나타난 새로운 여성은 신천 사평동에 사는 최준례崔遵禮라는 18세의 처녀였다. 최준례는 서울에서 태어났다. 어머니 김씨 부인이 청상과부로

---

3 백범김구기념사업협회 백범전기 편찬위원회, 『백범 김구 : 생애와 사상』, 교문사, 1982.

서 세브란스 병원의 고용원으로 근무하며 두 딸을 키웠다. 큰 딸은 의사에게 시집보내고 사위가 신천에서 개업하여 따라와 살게 되었다. 김구의 이 혼담도 순탄하게 이루어지지는 않았다. 중매는 교회의 영수 양성칙이 섰는데, 그 전에 김씨 부인은 둘째 딸을 강성모라는 사람에게 허혼을 한 상태였다. 그러나 최준례가 그쪽을 반대하고 자유 결혼을 주장하여 김구에게 허혼한 것이 문제의 발단이었다.

어머니와 미국인 선교사들도 강성모와 결혼해야 한다고 설득했으나 최준례는 자유 결혼의 뜻을 굽히지 않았다. 김구의 능력과 인품을 알아 본 것이다. 두 사람은 자유 의사로 약혼을 하고 김구는 곧 최준례를 서울의 경신학교로 유학을 보냈다. 이로 인해 두 사람은 교회에 반항하였다는 이유로 교회의 책벌을 받았지만, 얼마 후 미국인 목사 군예빈이 혼례서를 작성해주고 책벌責罰도 해제하여 곡절 많았던 김구의 결혼은 성사되었다. 이 때 나이 김구 29세, 최준례는 18세였다.

최초의 벼슬, 종상위원

　김구에게 왕조시대의 '벼슬'이라면 농상공부 소속 종상위원種桑委員에 임명된 일이다. 종상위원이란 뽕나무 종묘를 관리하는 하급 관리였다. 소시 적에 벼슬을 얻고자 과거에 응시하였다가 부패하고 문란해진 제도 때문에 관직을 포기하고 구국운동에 들어선 김구가 종상위원이라는 하급관리가 된 것은 운명이라면 운명이라 하겠다.

　어느 날 군수 윤구명이 김구를 불러 200냥의 노자를 주면서 해주에 가서 농상공부에서 보낸 뽕나무 묘목을 찾아와 달라고 요청하였다. 김구는 이를 흔쾌히 승낙하고 해주로 떠났다. 정부에서는 양잠을 장려하기 위해 일본에서 뽕나무 묘목을 수입하여 각 지방에 나누어 주고 있었다. 그런데 김구가 해주에 가서 묘목을 보니 말라빠진 것이 많았는데도 관리들은 그냥 가져가라고 명령하는 것이었다.

　김구가 "이런 말라빠진 묘목은 가져갈 수 없다"고 단호하게 수령을 거부하자 담당 관리는 대노하며 상부의 지시를 거역한다고 호통을 쳤다. 그러나 김구는 이에 굴할 사람이 아니었다. 당당하게 사리를 따졌다. "누가 이렇게 비싼 돈을 주고 외국에서 들여온 묘목을 말라빠지게 잘못 관리했는지 알아내서 책임자를 고발하겠다"고 맞섰다.

그러자 관리는 김구에게 생생한 것을 골라 가라고 하였고, 김구는 묘목 수천 본을 골라 말에 싣고 돌아왔다. 노자 200냥 중에서 70냥을 쓰고 나머지는 돌려주었다. 여비 지출 세목서를 받아 본 관서에서는 김구의 정직함을 극찬하였다. 이 일이 계기가 되어 종상위원에 임명된 것이다.

부패한 왕조 말기에 상부의 바르지 못한 것을 따지고, 남은 여비를 지출 세목서를 작성하여 반납하는 일은 결코 쉬운 일이 아니었다. 김구는 이렇게 작은 일에도 정직성을 보여주었다.

제 **5** 장

기우는 나라의 한 줌 버팀목 되어

을사조약 반대 상소투쟁

500여 년 사직이 무너지고 있었다. 무너지는 국가를 버티는 기둥도, 대들보도 보이지 않았다. 김구가 늦장가를 들어 보금자리를 꾸미고 있을 무렵에 나라의 운명은 돌이키기 어려운 나락으로 빠져들고 있었다.

1904년 1월 정부는 러일전쟁의 기미가 보이기 시작하자 국외 중립을 선언하였다. 적절한 조처였다. 하지만 조선에 대한 지배권을 차지하고자 기지개를 켜기 시작한 일본과 러시아가 국외 중립 선언 따위를 존중할 리 없었다. 전쟁이 시작되자 일본군이 서울에 진주하여 '한일의정서'를 강제로 체결하였다. 외부대신 이지용李址鎔과 일본 공사 하야시곤스케林權助의 명의로 체결된 6개항의 '한일의정서'는, 제1항 한국 정부는 일본을 굳게 믿고 시정의 개선에 관한 충고를 받아들일 것, 제4항 제3국의 침략이나 내란으로 한국이 위험에 처할 때 일본은 신속히 필요한 조치를 취하며, 한국 정부는 이러한 일본의 행동을 쉽게 하기 위해 충분한 편의를 제공하고 일본 정부는 이 같은 목적을 달성하기 위해 전략상 필요한 지역을 언제든 사용할 수 있다, 제5항 한국과 일본은 서로의 승인을 거치지 않고는 이 협정의 취지에 위반되는 협약을 제3국과 맺지 못한다는 등의 내용이었다.

이 조약을 빌미로 일본군은 광대한 토지를 군용지로 수용했으며 "대한제국 정부는 일본의 시설 개선에 관한 충고를 용인한다"는 조항을 근거로 '한일협약'을 강요했다. 한일협약에서는 일본이 추천한 재정·외교 고문의 동의 없이는 재정과 외교상의 일을 처리할 수 없도록 규정했다. 또 외국과의 사이에 조약 체결과 이권 양도, 계약 등도 반드시 일본과 협의토록 했다. 이로 인해 대한제국은 재정권과 외교권을 빼앗겼고, 재정·외교 이외의 각 부에도 고문을 두도록 하여 한국의 국정 전반이 일본이 간섭하는 이른바 '고문 정치'가 시작되었다.

정부에서는 무기력하게 일제에 끌려 다니며 일제의 술책에 놀아나고, 송병준宋秉畯·이용구李容九 등 일진회一進會 간부들이 일본의 앞잡이가 되어 쓰러져가는 왕조의 기둥뿌리를 흔들어댔다. 1905년 11월 17일 마침내 '을사보호조약'乙巳保護條約이 체결되고, 이 조약으로 외교권을 완전히 일제에게 빼앗겨 사실상 일본의 '보호국'이 되었다.

참정대신 한규설이 조약의 불가를 외치며 맞섰지만 일제의 무력과 친일파 을사오적의 흉계를 막을 수 없었고, 고종 황제는 "정부에서 협상 조처하라"고 무책임하게 국가 명운이 걸린 문제를 내각에 떠넘겼다. 조약 체결의 소식이『황성신문』의 사설, '시일야방성대곡'是日也放聲大哭을 통해 알려지자 조약 체결에 대한 반대운동과 반일운동이 전국에서 일어났다. 시종무관장 민영환閔泳煥을 비롯하여 특진관 조병세趙秉世, 법부주사 송병찬宋秉瓚, 전참정 홍만식洪萬植, 주영공사 이한응李漢應, 학무주사 이상철李相哲 등의 중신·지사들이 을사조약의 폐기를 주장하며 자결하고, 충청도에서는 전참판 민종식閔宗植, 전라도에서는 전참찬 최익현, 경상도에서는 신돌석申乭石, 강원도에서는 유인석柳麟錫이 각각 의병을 일으켰다. 을사오적을 암살하려는 개인적인 의거도 일어났다.

'을사조약' 폐기운동이 전국적인 상소 투쟁으로 전개되었다. 망국조약의 폐기를 주장하는 소리가 드높아지고 있을 무렵에 김구는 서울 상동교회에서 열린 '을사조약' 폐기를 위한 '엡윗청년회' 회합에 진남포 대표로 참가하였다. 김구가 기독교인으로서 적극적인 구국운동에 참여하게 된 것은 '을사조약'의 반대 투쟁에 참여하면서 시작되었다.

김구는 이에 앞서 진남포 감리교회 청년회의 총무직을 맡고 있었다. 이때 서울 상동교회에 모인 사람은 전덕기全德基, 정순만鄭淳萬, 이준李儁, 이동녕李東寧, 계명육桂明陸, 옥관빈玉觀彬, 이승길李承吉, 김인집金仁潗, 차병수車炳修, 신상민, 김태연金泰淵, 표영각表永珏, 조성환曹成煥, 서상팔徐相八, 이환식李桓植, 기산도奇山濤, 전병헌全炳憲, 유두환柳斗煥, 김기홍金

基弘 등이었다. 이들 중에는 장로교 신자도 여럿이었다.

장로교인인 김구가 별 연고가 없던 진남포의 감리교회 청년회의 총무직을 맡아 어떻게 이 모임에 참석했는가에는 다소 의문이 따른다. 이에 대해 최기영(서강대 교수)은 "김구가 진남포 엡윗청년회의 총무직을 맡았다고 하지만, 그것이 혹 이 모임에 참가하기 위한 일시적인 조치였을 가능성도 있다. 이 즈음에 장로교, 침례교, 감리교가 공동으로 '위국 기도문'爲國祈禱文을 작성하였다는 것도 이 모임과 유관한 일일지도 모르겠다"[1]라고 분석했다.

상동교회에 모인 기독교 인사들은 4, 5명씩 연명으로 '을사조약'이 폐기될 때까지 상소하기로 하였다. 이준이 작성한 상소문을 가지고 대표자들이 대한문 앞에서 시위를 하다가 일본 헌병들에게 해산당하고 그 중 몇 사람은 경무청에 끌려갔다. 일제의 탄압에도 기독교인들은 며칠 동안 「경고! 2천만 동포」라는 격문을 인쇄하여 종로 일대에 살포하고 조약 파기를 연설하다가 일본 경찰, 헌병을 향해 기와 조각을 던지며 접전이 시작되었다. 이때 일본 보병 1개 중대가 포위하며 공격했다. 왜놈들이 총을 쏘며 한인을 잡히는 대로 포박하니 수십 명이 체포·감금되었다. 이런 상황에서 상소투쟁을 중지하고 각기 민중계몽과 신교육을 실시하기로 전략을 바꾸었다. 김구도 해주로 돌아왔다.

---

1 최기영, "백범 김구의 애국계몽운동", 『백범과 민족운동연구』 제1집, 백범학술원.

김구가 "기독교계의 을사조약 파기 투쟁에 적극 참여할 수 있었던 것은 그가 이미 관서 지방의 지도적인 기독교인이기 때문에 가능한 일이었다. 김구에 있어 기독교는 신교육운동에 그치지 않고 국권회복운동으로 나가는 계기가 되었으며, 1907년 결성된 국권회복 비밀결사인 신민회新民會에 참여하게 된 것도 기독교와 무관하지 않았을 것이다. 더욱 이때부터 형성된 기독교계의 인맥은 뒤에 그의 독립운동에 있어서도 중요한 배경이 되었다."[2]

■■ 2   최기영, "백범 김구의 애국계몽운동", 『백범과 민족운동연구』 제1집, 백범학술원.

교육만이 살길이다, 교육구국활동

　고향에 돌아온 김구는 "지식을 업신여기고 애국심이 박약한 이 나라가 국민으로 하여금 나라가 곧 자기 집이라는 것을 깨닫게 하기 전에는 무엇으로도 나라를 구할 수 없다"는 생각으로 더욱 교육사업에 정진하기로 하였다.

　이 같은 뜻에서 문화군 초리면에 설립한 서명의숙西明義塾의 교원으로 들어가 아동들을 가르치다가 이듬해 안악 김용제金庸濟의 초청으로 양산학교楊山學校로 자리를 옮겼다. 당시 안악에는 김용제·김용진의 종형제와 그들의 자질子姪 김홍량金鴻亮과 최명식崔明植 같은 지사들이 있어서 신교육에 열중하였다. 안악뿐 아니라 각처에 학교가 많이 세워졌으나 신지식을 가진 교원이 부족한 상태에서 당시 교육가로 이름이 높은 최광옥崔光玉을 평양에서 초빙하게 되었다.

　김구는 1907년 여름 최광옥 등이 만든 면학회勉學會가 주최하는 시범 강습소의 강사로 초빙을 받았다. 면학회는

1906년 11월 최광옥이 김용제, 김홍량, 최명식, 송종호 등 애국지사들과 교육구국의 기치를 내걸고 조직한 단체이다. 면학회는 교육뿐 아니라 출판과 서적 보급에도 힘쓰고 있었다. 1907년, 여름 교육구국활동의 일환으로 제1회 하기 시범강습회가 안악읍 소천리 향청지에서 열렸다. 이 강습회에는 안악군 내는 물론 신천, 재령, 송화, 봉산, 은율, 장연군 등의 소학교 교사와 교사가 되기를 희망하는 70여 명의 젊은이가 모여 들었다.

강사진은 최광옥을 비롯하여 고정화, 이보경(춘원 이광수), 김구 등이 맡았다. 이광수李光洙는 당시 재기 발랄한 17세의 소년이었다. 이들의 열띤 강의는 널리 명성을 떨치게 되고 이에 안창호는 "우리 삼천리 강토 13도마다 안악과 같은 고을이 하나씩만 생겨도 이 나라의 문명은 10년 안에 일본을 따라잡게 될 것이다"[3]라고 격찬하였다.

김구와 이광수의 만남은 이렇게 시작되었다. 김구는 32세의 청년이고 이광수는 17세의 소년이었다. 1919년 김구가 상해 대한민국 임시정부의 경무국장으로 있을 때 이광수는 임시정부의 기관지 『독립신문』의 주필 겸 사장으로 항일 독립운동을 함께 하였다. 그러나 이광수는 곧 변절하여 친일 반민족 행위자로 종신하면서 김구와는 더 이상 상면하지 못하였다.

해방 후 김구가 환국하여 『백범일지』 국사원판國土院版을 간행할 때, "안악 출신의 김선량金善亮이 이광수의 재주와 문장을 빌리려고 이광수에게 윤문의 일부 도움을 위촉했다고 한다. 당시 윤문은 백범의 허락을 받아 행했으나, 백범은 윤문자가 춘원 이광수인 줄은 몰랐다고 전해지고 있다"[4]고 하는 것처럼, 김구와 이광수의 인연은 질기게 이어졌다.

강습회는 1908년 여름의 제2회와 1909년 여름의 제3회 모임으로 계속되었다. 강습회에는 300여 명의 청년지사들이 모이고 제3회 모임에는 널리 소문이 퍼지면서 전국에서 700여 명이 모여들었다. 이들 중에는 백발이 성성한 노인이나 서당 훈장들까지 모여 강사들의 신지식을 경청하였다. 이때 김구가 단발을 강권하여 청강생 전원이 단발을 하였다고 한다.[5]

황해도 지방에 신교육의 일대 선풍을 일으킨 김구는 오랜만에 고향에 들렀다. 세월이 흘러서 많은 노인들이 세상을 떠나고 아이들은 성장하여 어른이 되었다. 그러나 고향의 문명 수준은 거의 달라지지 않았다.

양반들은 머리를 깎는다는 이유로 자녀들을 학교에 보내지 않았다. 그들은 김구를 옛날처럼 하대하지는 않았지만 어물어물하는 태도를 보였다. 상민의 자식으로 취급하여 하대를 받던 청년이 의로운 투쟁으로 전국적인 명성을 얻고, 신교육의 선구자로서 안악 지방의 교육 열풍을 주도할 만큼 성장했으니, 그런 김구를 맞은 양반들의 심사는 여간 난감

3 안악군민회, 『안악군지安岳郡誌』, 1976.
4 신용하, 『백범 김구의 사상과 독립운동』, 서울대학교출판부.
5 최명식, 『안악사건과 3·1 운동과 나』.

한 것이 아니었을 것이다.

예전에 양반이라는 사람들도 찾아보았으나 다들 정신을 차리지 못하고 효몽한 중에 있어서 자녀들을 학교에 보내라고 권하면 머리를 깎으니깐 못한다 하고 있었다. 내게 대하여서는 전과 같이 아주 하대는 못하고 말하기 어려운 듯이 어물어물하였다. 상놈은 여전히 상놈이요, 양반은 새로운 상놈이 될 뿐, 한번 민족을 위하여 몸을 바쳐서 새로운 양반이 되리라는 기개를 볼 수 없으니 한심한 일이었다. (『백범일지』)

이런 중에서도 김구를 가장 기쁘게 한 것은 준영 숙부의 달라진 태도였다. 숙부는 항상 김구를 집안을 망칠 난봉으로 알고 있다가 장련에서 오 진사의 신임과 존경을 받는 것을 직접 지켜보고는 태도가 바뀌었다.

고향에 온 김구는 마을 사람들을 불러 모아서 가지고 온 환등기幻燈器를 보이면서 새로운 문명의 사조를 설명하였다. 그리고 "양반도 깨어라, 상놈도 깨어라. 3000리 강토와 2000만 동포에게 충성을 다하여라"고 외쳤다. 환등기는 황제의 진영을 비롯하여 동서양 영웅의 유상과 서양의 개화상 등을 담은 것이었다.

황해도 일대 교육 지도자로 발돋움

김구의 교육열은 멈출 줄을 몰랐다. 망하는 나라를 살리는 길은 교육구국의 길밖에 없다고 굳게 믿었기 때문이다. 최광옥과 함께 해서교육총회海西敎育總會를 발족한 것도 신교육을 좀더 체계적으로 실시하기 위해서였다. 황해도 일대의 저명한 교육자와 애국지사들을 회원으로 하고, 구한군 정령舊韓軍正領 노백린盧伯麟과 교육계의 장로격인 은율의 정의택을 고문으로 추대하였다.

회장에는 송종호, 학무총감에는 김구와 백남훈白南薰 등이 선출되었다. 해서교육총회는 황해도 일대의 모든 교육기관이 유기적으로 연대하여 교육문화 보급운동을 적극 지원하며, 황해도의 모든 면마다 학교를 하나씩 짓는다는 것을 목표로 삼았다. 경비는 면학회에서 조달한다는 방침이었다.

이 사업을 추진하는 김구의 노력은 각별하였다. 황해도 일대를 순회하며 지방 유지들을 만나 설득하고 학교에는 교재 구입을 알선해주었다. 교육에 관심이 낮은 마을에 가서는 직접 신교육의 필요성에 대해 연설을 하거나 최광옥 등을 초빙하여 강연회를 열기도 하였다.

하루는, 교육열이 높아 해주에 정내학교를 세우는 등 선각적인 활동을 벌여온 배천군수 전봉훈의 초청을 받아 배천읍에 당도하였을 때, 군수 이하 많은 사람이 환영을 나와 군수의 선창으로 "김구 선생 만세!"하고 외쳤다.

김구가 깜짝 놀라 군수의 입을 막으며 "만세라는 것은 오직 황제에 대해서만 부르는 것이요, 황태자도 천세라고 밖에 못 부르는데, 이게 무슨 망발이오" 하고 꾸짖었다. 그러자 전군수는 김구의 손을 잡고 웃으며 "개화시대에는 친구의 환영에도 만세를 부르는 법이니 안심하시라"고 하였다.

이 일은 어찌보면 하나의 해프닝일 수도 있지만, 당시 김구의 의식 구조를 살피게 하는 '사건'이기도 하다. 김구는 여전히 유교의 실천 형식으로서의 예禮에 젖어 있지 않았는가 하는 점이다. 이때까지도 봉건군주주의적 의식에서 벗어나지 못하고 있었음을 보여준다는 지적이다.

이와는 달리 "단순한 봉건적 신분의식의 잔재라고만 볼 수 없을 것이다. 만약 그가 그렇게 생각하였다면 을사조약에 항의하는 형식에서 당시의 유생들이나 관료와 같은 형식을 취했을 것이다. 다만 백범은 고종 황제를 대외적인 자주독립의 상징으로서 생각하였기 때문에 그런 행동을 취하였다고 생각할 수 있겠다"[6]는 분석도 따른다.

순회 강연회는 재령·장연·송화 지역으로 이어지고, 가는 곳마다 김구의 집회는 대성황을 이루었다. 송화는 각별한 곳이었다. 일제 헌병, 경찰이 해서 지방의 의병을 학살하고 자 이곳에 주둔하면서, 수비대·경찰서·헌병대·우체국 등 우리 관사를 전부 점거하고, 군수 등 관속들은 민가를 빌려 사무를 보고 있었다.

이런 실정을 지켜 본 김구는 분한 마음에 환등회를 열어 고종 황제의 사진을 정면에 내걸고 그 자리에 모인 수천 명의 청중과 군수 그리고 일본군 장교와 경찰에게 절을 하게 한 후 '한인이 배일하는 이유가 무엇인가'라는 연제로 강연을 하였다.

과거 러일, 중일 두 전쟁 때에는 우리는 일본에 대하여 신뢰하는 감정이 극히 두터웠다. 그 후에 일본이 강제로 우리나라 주권을 상하는 조약을 맺음으로 우리의 악감이 격발되었다…. 또 일본군이 촌락을 횡행하며 남의 집에 막 들어가고, 닭이나 달걀을 막 빼앗아서 약탈의 행동을 함으로써 우리는 배일을 하게 된 것이니, 이것은 일본의 잘못이요, 한인의 책임이 아니다. (『백범일지』)

이 강연으로 환등회는 중단되고 김구는 경찰서에 연행되

━━ 2 백범김구기념사업협회 백범전기 편찬위원회, 『백범 김구 : 생애와 사상』, 교문사, 1982.

어 한인 감독순사 숙직실에 구류되었다. 각 학교 학생들의 위문대가 밤이 새도록 김구를 찾아와 격려하였다.

이튿날 이토 히로부미가 '은치안'이라는 한인의 손에 죽었다는 소식을 들었다. 은치안이 누구인가, 궁금하게 여기다가 이튿날 신문에서 그가 안중근인 줄을 알고 1894년 청계동에서 만난 총 잘 쏘던 소년을 회상하였다.

안중근 의거로 한 달 동안 구속당해

김구는 안중근 사건 관련 혐의를 받고 한 달이나 구금되었다가 해주 지방 법원으로 압송되었다. 검사가 지난 행적을 적은 기록을 내놓고 여러 가지로 신문하였으나 지난 날 안 의사의 아버지와 세의世誼가 있었을 뿐 직접적인 연루가 없다고 부인하여 불기소로 풀려났다.

석방된 김구는 보강학교保强學校의 교장을 맡게 되었다. 재령군 북율면 무상동에 소재한 이 학교에는 반교사인 장덕준張德俊이 학생인 동생 장덕수를 데리고 학교에서 숙식하고 있었다. 김구는 여기서 후에 동양척식회사를 폭파한 나석주羅錫疇와 노백린을 만나게 되고 이완용을 칼로 찌른 이재명李在明도 만났다. 이곳 출신인 나석주는 청년들에게 독립 사상을 고취하고 교육에 힘쓰고 있는 신망받는 청년이었다.

이재명은 당시 20여 세의 청년으로 하와이로 노동 이민을 갔다가 나라를 일제에 빼앗겼다는 소식을 듣고 돌아와 매국노들을 처단하려는 준비를 하고 있었다.

김구와 노백린이 이재명에게 그가 지니고 다니는 권총과 칼을 맡기라고 설득하자 이재명은 마지못해 무기를 노백린에게 내어 놓았다. 그 후 이재명은 서울에서 군밤장수로 변장하고 천주교당에서 나오는 이완용을 단도로 몇 차례 찔렀으나 죽이지 못하고, 서대문 감옥에서 사형을 당하였다. 이 소식을 전해들은 김구는 자신과 노백린이 이재명의 총과 단도를 보관하였다가 이완용을 죽이지 못하게 된 것을 크게 후회하며 가슴아파하였다.

김구가 보강학교 교장에 취임하면서 하나의 사건이 일어났다. 학교에서 세 번이나 도깨비불이 난 것이다. 이 학교를 지을 때에 고목을 베어 불을 때어서 도깨비가 불을 놓는 것이니 이것을 막으려면 치성을 드려야 한다는 것이었다. 직원들과 숨어서 이를 지켜보는 도중, 이틀 만에 불을 놓는 '도깨비'를 붙잡았다. 붙잡힌 것은 동네 서당의 훈장이었다. 신식학교 때문에 서당이 없어져서 직업을 잃게 된 것이 분하여 학교에 불을 놓은 것이라고 자백하였다. 김구는 그를 경찰서에 보내지 않고 타일러서 마을을 떠나도록 명령하였다.

김구의 교육에 대한 의지는 대단하였다. 기울어져 가는 국가를 바로잡는 길은 몽매한 민중을 깨우치는 신교육밖에 없다는 신념이었다. 그의 교육정신은 양반·상놈의 반상을 넘어서고 남녀의 차별도 극복해야 한다는 것이었다. 양반들을 찾아가 자제들을 학교에 보내게 한 것이나 약혼녀 여옥을 직접 가르치고자 한 것, 또 결혼한 최준례를 서울의 여학교에 유학케 한 것에서도 이런 정신은 잘 드러난다.

황해도에서의 기독교 신앙과 구국계몽·교육활동은 김구에게 독립운동의 동지들을 만나게 하고, 유학과 불교의 침체된 학문의 영역에서 벗어나 근대적인 서양문명을 체득하는 기회가 되었다. 그가 "교육구국활동에 전력하는 과정에서 자연스럽게 접촉한 인사들이 신민회로 연결될 수 있었고, 그 바탕이 독립운동에 있어 김구의 큰 자산이 되었다."[7]

7 최기영, "백범 김구의 애국계몽운동", 『백범과 민족운동연구』 제1집, 백범학술원.

제 **6** 장

거듭되는 옥고, 국가 지도자로 단련

나라는 망하고

나라의 사정이 급속도로 어려워졌다. 1636년(인조14) 병
자호란의 결과 명나라와의 관계를 끊고 청의 영향 아래 놓
이게 된 이래 1905년 을사조약과 함께 266년 만에 대청종속
對淸從屬 관계가 대일종속對日從屬으로 바뀌게 되었다.

그나마 청나라에 종속되었을 때에는 내치·외교가 보장
되고 동양권 전체의 관행처럼 되었던 조공朝貢 관계이던 것
이 을사조약으로 외교권을 박탈당하고 서울에 통감부가 설
치되어 사실상 지배 아래 놓이게 되었다. 헤이그 사건을 구
실로 광무 황제를 퇴위시킨 일제는 조선에 대한 통치를 더
욱 강화하기 위해 1907년 '한일신협약'韓日新協約을 강제 체
결하였다.

정부가 중요한 행정상의 처분을 할 때에는 통감의 승인을
받아야 하고, 고등 관리의 임명은 통감의 동의를 받고 통감이
추천한 일본인을 한국 관리에 임명할 것 등을 규정한 한일신

협약은 내정의 박탈이었다. 특히 이 조약의 시행 규칙에 대한 비밀 협정에서 한국 군대의 해산, 사법권과 경찰권의 위임, 일본인 차관의 채용 등이 들어 있어서 사실상 한국의 내정은 일제에게 넘어갔다. '신문지법'의 제정으로 신문 발행 허가제, 신문 기사의 사전 검열이 규정되면서 언론이 통제·장악되고, 보안법이 제정되어 항일운동에 대한 탄압과 함께 결사·집회가 제한당하고, 무기의 휴대가 금지되었다.

광무 황제의 강제 퇴위와 한일신협약, 군대 해산 등에 반발하여 1907년 의병활동이 활발하게 전개되었다. 1908년에는 전국에 의병장이 241명, 의병수는 3만 1245명에 이르렀다. 상당한 전과를 거두었고 의병부대를 연합하여 서울에 진격하려던 계획까지 수립하였다.

일제는 한국의 재정을 장악하고 식민 지배를 위한 준비 작업으로 한국에 차관을 반강제적으로 제공하여 1907년에는 총 차관액이 한국의 1년 예산과 맞먹는 1300만 원에 이르렀다. 이에 대구에서 시작된 '국채보상운동'國債報償運動이 전국적으로 퍼져나갔다. 일제의 이익을 대변하여 을사조약을 찬양하던 통감부 외교고문 미국인 스티븐스가 샌프란시스코에서 한국인 전명운田明雲·장인환張仁煥에 의해 살해되고, 1909년 10월 26일 국적 이토 히로부미가 안중근에 의해 하얼빈에서 처단되었다.

1909년 일제는 현대식 병기로 무장한 2200여 명의 군대를 동원하여 '남한 대토벌 작전'을 전개했다. 전라도 지방에는 의병으로 이루어진 수많은 소부대와 200명이 넘는 여러 부대가 활발한 항일 투쟁을 벌이고 있었는데 일제의 집중적인 학살 만행이 자행되면서 인명·재산이 초토화되었다.

신민회新民會가 결성된 것은 1907년 11월 29일이다. 안창호, 이동녕, 양기탁梁起鐸, 조성환, 이동휘李東輝, 신채호申采浩, 노백린, 전덕기, 이갑, 김구 등이 국권 회복을 목적으로 조직한 비밀결사이다. 국권 회복과 공화제 국민국가 수립을 궁극 목적으로 하여 조직된 신민회는 그 방법으로 국민계몽, 인재 양성, 경제적 실력 양성을 추구하는 한편 해외 독립군 기지 건설, 무관학교 설립 등을 목적으로 하였다.

당수에 해당하는 총감독에는 양기탁, 총서기에 이동휘, 재무에는 전덕기 등이 선출되었다. 회원은 애국심이 강하고 헌신적이며 자기의 생명과 재산을 바칠 수 있는 사람에 한해 엄격한 심사를 거쳐 입회할 수 있었다. 회원 조직은 종적인 점 조직으로서 횡적인 조직을 전혀 알 수 없도록 철저한 비밀을 유지하였다. 1908년에는 800여 명의 회원을 확보하고 평양에 대성학교, 정주에 오산학교를 창설하여 인재를 양성하는 한편 기관지로 『대한매일신보』를 발행하고, 대구에 태극서관을 설립하여 문화운동에 힘쓰는 한편 평양에 도자기 회사를 만들어 산업 부흥에 노력하였다.

1910년 8월 29일 한일합방조약이 체결되고 국권이 완전히 일제에게 넘어갔다. 한국의 내각총리대신 이완용과 일본의 조선통감 데라우치 마사타케寺內正毅 사이에 조인된 합방조약으로 대한제국이라는 국호가 없어지고 500년 사직이 무너졌다. 개국 이래 처음으로 나라가 완전히 멸망한 것이다.

김구는 신민회에 가입하여 구국운동에 열중하던 1909년 어느 날 양기탁으로부터 비밀회의에 참석하라는 연락을 받았다. 양기탁의 집에 모인 사람은 주인을 비롯하여 이동녕, 안태국安泰國, 이승훈李昇薰, 이회영李會榮 등이고, 논의된 내용은 두 가지였다. 첫째는 일제가 서울에 조선총독부를 설치하였으니 우리도 서울에 도독부를 두고 각도에 총감이라는 대표를 두어 국맥을 이어 나라를 다스리게 하자는 것과, 둘째는 만주에 이민 계획을 세우고 무관학교를 창설하여 독립군 장교를 양성하자는 것이었다.

이 계획을 진행시키기 위하여 각도에 책임자를 선발하여 기금을 할당하고 모금을 하기로 하였다. 김구는 황해도를 맡았다. 평남 안태국, 평북 이승훈, 강원도 주진수朱鎭洙, 경기도 양기탁이 책임자로 선정되고, 각기 고향으로 내려가 지역 실정에 따라 10만~20만 원까지 자금을 마련하기로 결정하였다.

김구는 이때부터 전국적으로 명망 있는 애국지사의 반열에 오르게 되었다. 그가 큰 사명을 띠고 안악으로 돌아왔을 때에는 이미 나라가 경술국치를 당하여 일제에 합방되고 말았다. 김홍량을 만나 서울에서 있었던 비밀회의 내용을 알려주자 선뜻 자기 가산으로 자금을 마련키로 하고, 장연의 이명서와 그 가족을 먼저 서간도로 보내 이민 준비를 하도록 결정하였다.

● 안명근 사건에 연루돼 체포

그러던 어느 날 안중근 의사의 사촌동생 안명근이 찾아왔다. 안악 부호들이 독립자금을 낸다고 약속하고도 내놓지 않으니 권총으로 위협하여 본때를 보이겠다면서 김구에게 협조를 당부하였다. 안명근은 부호들로부터 자금을 받아 동지를 규합하여 황해도 내의 전선·전화를 절단하여 왜적의 연락망을 끊은 후 항일운동을 일으킬 계획이라고 설명하였다.

김구는 안명근을 붙잡고 이제 독립운동의 전략전술이 바뀌어야 함을 지적하였다. 독립운동은 왜놈의 전선이나 전화를 끊는 방식의 일시적인 설원雪冤으로 되는 것이 아니라 인재를 가르쳐서 국력을 기르는 것이 급선무라고 설명하였다. 그러나 안명근은 매우 불만스러운 표정으로 돌아갔다.

며칠 후 안명근이 사리원에서 체포되어 서울로 압송될 때까지 김구의 신변에는 아무 일도 없었다. 해가 바뀌어 1911년 1월 5일 새벽, 헌병이 나타나 김구를 헌병분견소로 연행하였다. 헌병분견소에는 이미 김홍량金鴻亮, 도인권都寅權, 이상진李相晉, 양성진楊成鎭, 박도병, 장명선張明善 등 양산학교 직원들이 연행되어 와 있었다.

이들은 며칠 후 재령, 사리원을 거쳐 서울로 압송되었다. 김구는 차중에서 남강南岡 이승훈李昇薰을 만나게 되었다. 그도 도중에 체포되어 김구 일행과 함께 끌려가게 되었다. 이를 전후하여 황해도 일대의 애국지사와 일부 부호들이 속속 체포되었다. 이른바 '안악 사건' 또는 '105인 사건'은 이렇게 하여 시작되었다.

일제는 '남한 대토벌 작전'을 벌여 남쪽 지방의 의병·항일지사들을 학살·체포한 데 이어 북쪽 지방에서 기독교인을 중심으로 신교육과 항일운동을 하는 애국지사들을 일망타진하고자 안악 사건을 조작하였다. 1901년을 전후하여 평안도와 황해도 등 서북 지역에서는 신민회와 기독교인들이 신문화운동을 통한 독립운동을 폭넓게 전개하고 있었다.

총독부는 서북 지역의 배일운동을 뿌리뽑기 위해 군자금을 모금하다가 잡힌 안명근 사건을 확대·날조하여 배일 기독교인과 신민회원을 체포한 것이다. 안명근이 서간도에 무관학교를 세울 계획으로 황해도 지역 부호들을 찾아다니며 자금을 모으고 있던 중, 민모 갑부가 자금 염출을 거부하면서 이 사실이 재령 헌병대에 밀고되고 안명근이 붙잡혔다. 그와 함께 무관학교 설립 문제를 의논한 배경진裵京鎭, 박만순朴晩淳, 한순직이 잡히면서 사건은 엉뚱한 방향으로 확대

되었다. 이것이 이른바 안명근 사건이다.

그러나 최근 자료와 연구에 따르면 밀고자는 '민모'가 아닌 뮈텔 주교로 밝혀졌다. 당시 서울 천주교 본당 신부였던 뮈텔 주교는 1911년 1월 안악, 재령 등 황해도 일대에서 전교 활동을 하고 있던 빌렘 신부로부터 "총독부에 대한 조선인들의 음모가 있으며 그 중에는 '안야고보'(안명근)가 반일 활동자임을 알리는 편지를 받았고 그의 요청에 따라" 뮈텔 주교는 아카시 장군(경무총감)에게 알렸다는 것이다.[1]

빌렘은 안중근 집안과는 각별한 관계가 있었다. 안중근 집안을 천주교로 개종시킨 신부이자 안중근의 대부로서 사형 집행 전 마지막 고해성사를 집전하였다. 이런 관계로 빌렘 신부에 대한 안씨 집안의 믿음과 존경은 남달랐고, 그래서 안명근은 신뢰하던 빌렘에게 자신의 계획을 마치 김구를 찾아가 털어놓듯 말했던 것 같다.

빌렘과 뮈텔이 이 정보를 일본 측에 알렸던 데는 까닭이 있었다. 당시 천주교 측은 '안중근 사건'과 명동수녀원 입구 진고개 땅의 소유권 문제 등으로 총독부와 알력이 있었던 것으로 추측된다.[2]

안명근은 신민회 회원은 아니었다. 그러나 서북 지역의 배일운동을 뿌리 뽑으려던 총독부 경무총감부는 이 사건을 기회로 안명근 사건과 연관시켜 신민회의 황해도 일대 지식층과 자산가 등 유력 인사 600여 명을 검거하였다. 일제 경무총감부는 안악 사건으로 김홍량, 김구, 최명식崔明植, 이승길李承吉, 도인권, 김용제 등을 체포하고, 이와 병행하여 신민회 중앙 간부와 지방 회원을 대거 구속하였다. 양기탁, 안태국, 이동휘, 이승훈 등이 서간도에 독립군 기지를 건설하여 국권 회복을 도모하였다는 이유였다.

이들에게는 혹독한 고문이 자행되었다. 서울 남산 기슭에 자리잡은 경무총감부는 고문에 못 이겨 울부짖는 신음소리와 비명소리로 해가 지고 날이 밝았다. 김구도 극심한 고문을 받기는 마찬가지였다.

나는 생각하였다. 평소에 나라를 위하여 십분 정성과 힘을 쓰지 못한 죄로 이 벌을 받는 것이라고. 이제 와서 내게 남은 일은 고후조 선생의 훈계대로 사육신과 삼학사를 본받아 죽어도 굴치 않는 것뿐이라고 결심하였다. 고문실에 끌려 나가는 날이 왔다. 신문하는 왜놈이 나의 주소, 성명 등을 묻고 나서, "네가 어찌하여 여기 왔는지 아느냐" 하기로 나는, "잡아오니 끌려왔을 뿐이요, 이유는 모른다" 하였더니 다시는 묻지도 아니하고 내 수족을 결박하여 천정에 매달았다. 처음에는 고통을 깨달았으나 차차 정신을 잃었다가 다시 정신이 들어보니 나는 고요한 겨울 달빛을 받고 신문실 한 구석에 누워 있는데 얼굴과 몸에 냉수를 끼얹은 감각뿐이요, 그동안 무슨 일

1 『뮈텔Mutel 일기』, 1911. 1. 11.
2 신용하, 『백범 김구의 사상과 독립운동』, 서울대학교출판부.

이 있었는지 기억이 없었다. 내가 정신을 차리는 것을 보고 왜놈은 비로소 나와 안명근과의 관계를 묻기로 나는 안명근과는 서로 아는 사이나 같이 일한 것은 없다고 하였더니, 그놈은 와락 성을 내어서 다시 나를 묶어 천정에 달아맨다. 처음에는 고통을 느꼈으나, 마지막에는 눈내리는 밤 달빛 적막한 신문실 한 모퉁이에 가로누워 있게 되었다. 얼굴과 전신에 냉수를 끼얹는 느낌만 날 뿐 그전에 무슨 일이 있었는지 알 수 없었다. 세 놈이 나를 끌어다가 유치장에 누일 때에는 벌써 훤하게 날이 밝은 때였다. 어제 해질 때에 시작한 내 신문이 오늘 해 뜰 때까지 계속된 것이었다. (『백범일지』)

105인 사건 조작, 반일 세력 뿌리뽑아

조선총독부는 안악 사건을 계기로 비밀결사인 신민회의 존재를 알아내면서 더욱 자신감을 갖게 되고 앞으로 독립운동을 일으킬 가능성이 있는 애국지사들을 일망타진하고자 105인 사건을 조작하였다. 혐의 내용은 1910년 12월에 압록강 철도 준공 축하식 때에 총독 데라우치 마사타케가 신의주를 향하여 출발하는 날과 준공식을 마치고 서울로 돌아오는 날을 이용하여 총독 이하 요인을 암살하려는 음모가 있었다는 '총독 암살 음모' 사건을 조작한 것이다.

이러한 각본에 따라서 전국적으로 600여 명의 애국지사를 검거·투옥하고 야만적인 고문으로 허위자백을 강요하는 한편 사상 전향을 시도하였다. 일제의 혹독한 고문으로 김근형金根澄 등 두 명이 사망하고 많은 사람이 불구가 되었다.

김구는 동지들을 보호하고자 일제의 신문에 입을 열지 않는 관계로 더 심한 고문에 시달려야 했다. 고문을 당하면서 김구는 스스로 자신을 돌아보았다.

　　처음에 성명부터 신문을 시작하던 놈이 불을 밝히고 밤을 새우는 것과 그놈들이 온 힘을 다해 직무에 충실한 것을 생각할 때에 자괴심을 견딜 수가 없었다. 나는 평소에 무슨 일이든지 성심껏 보거니 하는 자신도 있었다. 그러나 나라를 남에게 먹히지 않게 구원하겠다는 내가, 남의 나라를 한꺼번에 삼키고 되씹는 저 왜구와 같이 밤을 새워 일한 적이 몇 번이었던가? 스스로 물어보니, 온몸이 바늘방석에 누운 듯이 고통스런 와중에도, 내가 과연 망국노亡國奴의 근성이 있지 않은가 하여 부끄러운 눈물이 눈시울에 가득 찼다.[3]

　　나라를 판 매국노와 나라를 잃은 망국노에게 똑같은 노예 노奴 자를 쓰는 데는 까닭이 있다. 나라를 잃은 데는 매국노는 물론 필부까지도 책임이 있다는 '필부유책'匹夫有責의 책임론에서 그렇게 쓰이게 된 것이다. 이를 두고 김구는 고문실에서 혹독한 고문을 자행하는, '직무에 충실한' 일인들을 지켜보면서 자신에게도 망국노의 근성이 있지 않는가, 부끄러워한 것이다. 형언하기 어려운 고문에서도 김구의 신문에 응하는 태도는 누구보다도 당당하였다.

　　어느 날 또 끌려 신문실에 갔다. 왜경이 물었다.

"네 평생 친구가 누구냐?"

"평생 친구는 오인형이오."

왜놈이 반가운 낯으로 물었다.

"그 사람은 어디서 무엇을 하는가?"

"오인형은 장련에서 살았으나 연전에 사망하였소."

하니, 그놈들이 또한 정신을 잃도록 가혹하게 고문하였다.

"학생 중에는 누가 너를 가장 사랑하더냐."

하는 말에, 졸지간에 내 집에 와서 공부를 하던 최중호를 말하고선 혀를 끊고 싶었다. "젊은 것이 또 잡혀오겠구나"고 생각하였으나, 눈을 들어 창 밖을 보니 벌써 언제 잡혀왔는지 반이나 죽은 것을 끌고 지나가는 것이 보였다. (『백범일지』)

김구가 총독부 경무총감부에서 신문을 받을 때에 가장 큰 위기의 순간은 와타나베와 마주앉게 된 일이다. 와타나베는 17년 전 김구가 인천 경무청에서 신문을 받을 때 방청을 하다가 김구가 호령하자 "칙쇼우! 칙쇼우" 하면서 후문으로 피신했던 바로 그 일본 순사놈이었다.

와다나베는 전과 같이 수염을 길러 늘어뜨리고 약간 노쇠한 빛을 띤 채 총감부 기밀과장의 제복을 입고 엄숙하게

3 도진순 주해, 『백범일지』, 돌베개.

김구 앞에 나타나 신문을 시작하였다.

"내 가슴에는 X광선을 대고 있어서 너의 일생 행적과 비밀을 모두 알고 있으니, 터럭만큼이라도 숨기면 이 자리에서 때려죽일 터이다."

나는 연전에 여순 사건에 대한 혐의로 해주 검사국에서 『김구』라는 제목이 쓰인 책자를 앞에 두고 신문당하던 일을 생각하였다. 각 지방의 보고를 수집한 그 책에는 치하포에서 왜놈 죽인 일과 인천에서의 사형 정지, 그리고 탈옥 도주한 일은 반드시 게재되었으리라 생각하였다. 왜냐하면 그 사건은 당시에 전국을 떠들썩하게 하였고, 더욱이 황해·평안도에서는 배일 연설의 소재가 되었고 평상시에도 이야깃거리가 되었기 때문이다.

그러나 와타나베가 자발적으로 "네가 17년 전에 인천 경무청에서 나에게 질욕을 하던 일을 기억하느냐?" 하는 말을 하기 전에는 입을 열지 않고, 와타나베의 X광선이 확실히 맞는가를 시험할 생각으로 이렇게 대답하였다.

"나의 일생은 구석진 곳에서 은사隱士 생활을 한 적 없고, 일반 사회에서 헌신적 생활을 한 탓으로 말 하나 행동 하나가 다 공개적이고 비밀은 없소."(『백범일지』)

다행히 와타나베는 17년 전에 인천 경무청에서 있었던 김창수와 지금의 김구가 같은 인물이라는 사실을 알지 못하였다. 그의 'X광선'도 별다른 신통력을 갖지 않았던 것이다.

고문과 회유가 거듭되었다. 여덟 번째 신문 때는 각 과장과 주임 경시 등 7, 8명이 나타나 자백을 강요하였다. "동료 대부분이 자백하였는데, 너 한 놈이 자백을 않으니 심히 어리석고 완고하다. 토지를 사들인 지주가 뭉우리돌을 골라내는 것은 당연한 일이 아니냐? 네가 아무리 입을 다물고 혀를 묶어 한 마디도 발설하지 않으려 하지만, 여러 놈이 네 죄를 증거하였으니, 지금 당장 말하지 않으면 이 자리에서 때려 죽이겠다" 하는 협박이었다.

김구는 "나를 논밭의 자갈돌로 알고 파내려는 그대들의 노고보다, 파내어지는 나의 고통이 더욱 심하니 내가 자결하는 것을 보라!"면서, 머리를 기둥에 들이받고 정신을 잃고 쓰러졌다. 예닐곱 놈들이 놀라서 인공호흡을 하고 얼굴에 냉수를 끼얹어서야 정신이 돌아왔다.

김구는 인천 감영에서 심한 고문과 질병에 시달리면서 허리띠로 목을 매어 자살을 시도한 적이 있었다. 그때 살아나면서 앞으로 병으로 죽거나 적에게 죽임을 당하기 전에는 결코 자살을 하지는 않으리라고 다짐했었다. 그런 김구가 여기서 다시 머리를 기둥에 들이받고 쓰러진 것이 과연 자살을 기도한 것인지, 일본 수사관들에게 본때를 보이고자한 기백이었는지는 가늠하기 어렵다.

아내가 몸을 팔아서라도 음식을 차입했으면

이 사건으로 수사관들의 처우는 달라졌다. 한 놈이 능청스럽게 "김구는 조선인 중에서 신망을 받는 인물인데, 이같이 대우하는 것이 적당하지 않으니 저에게 위임하여 신문하게 해 달라"고 하여 그 자가 승낙을 받아 자기 방으로 데리고 가서 담배도 주고 존댓말을 쓰는 등 특별 대우를 하며 다시 신문하였다.

고문 중에서도 가장 견디기 어려운 것이 우대하는 것이었다. 김구가 당한 고문에는 채찍과 몽둥이로 난타하는 것, 두 손을 등 뒤에 포개고 오랏줄로 결박하여 천장의 쇠고리에 끌어올리고 공중에 매달아 질식시키는 것, 화로에 벌겋게 달군 쇠막대기로 온몸을 지지는 것, 손가락 크기의 능목(마름모꼴의 나무) 세 개를 세 손가락 사이에 끼우고 나무 양끝을 노끈으로 동여매는 것, 거꾸로 매단 후 콧구멍에 냉수를 부어넣는 것 등이었다.

이와 함께 견디기 어려운 것은 굶기는 일이었다. 밥이라야 껍질 절반, 모래 절반에, 반찬은 소금이나 쓴 장아찌 꽁다리를 주는데 구미가 없어서 그냥 내보내는 날이 많았다.

근 석 달 동안 아내가 아침저녁으로 밥을 가지고 유치장 앞에 와서 "김구의 밥을 가지고 왔으니 들여 주시오"하고 소리를 질렀으나 왜놈들은 매번 돌려보냈다.

김구의 신체는 말이 아니게 달라졌다. 극심한 고문과 조악한 식사 때문이었다.

그놈들이 달아매고 때릴 때는, 박태보(박팽년―사육신 중의 한 사람)가 보습 단근질 당할 때에 '이 쇠가 식었으니 다시 달구어 오라'고 한 구절을 암송하였다. 겨울철이라 그리하는지 겉옷만 벗기고 양직洋織 속옷은 입힌 채로 결박하고 때릴 때, "속옷을 입어서 아프지 않으니 속옷을 다 벗고 맞겠다"며 매번 알몸으로 매를 받아서 살이 벗겨질 뿐 아니라 온전한 살가죽이라곤 없었다. (『백범일지』)

1456년(세조 2년) 6월, 어느날 세조의 친국이 시작되고 성삼문 등 사육신이 새 임금 세조 앞에 끌려나왔다. 그리고 이들은 형언하기 어려운 고문을 받고 숨졌다.

불의가 주는 녹은 입에 넣을 수 없다 하여 한 알 다치지 않고 곳간에 쌓아 두었으며, 승지의 안방에 거적자리 하나

밖에 없었으니, 이것이 한 얼의 맑음이 아니며, 부젓가락으로 다리를 뚫고 배꼽을 쑤시며, 칼로 팔을 끊어도 낯빛이 까딱 없었으니, 이것이 한 얼의 기셈이 아니냐? 마음이 바다같이 너그러우니 그 모진 형벌도 더 뜨거웠으니 나를 죽이는 사람을 보고도 "나으리가 선조의 이름 있는 선비를 다 죽이니 이 한 사람이 남았고 사실 이 모계謀計에는 참여치 않았으니 두어 두고 쓰시오, 이는 참 어진 사람이오" 하고 알뜰하게 전하였다. 조선 사람이 아무리 약해졌기로서니 내 살을 지지는 무사를 보고 "철편鐵片이 식었구나, 다시 달구어 오너라" 하는 그 혼이 제 속에 들어 있음을 안 다음에 근심할 것이 무엇이며, 조선 사람이 아무리 비겁해졌기로서니 내 등껍질을 산 채로 세워 놓고 벗기는 귀신을 향하여 "내가 한 자루 칼을 가지고 자네를 내쫓고 내 옛님을 도로 모시려다가 불행히 간사한 놈이 일러바쳐 버렸으니 다시 무엇을 할꼬?" "연회하는 그 날 내가 칼을 쓰겠다는 것을 너희 놈들이 만전지계萬全之計가 아니라 하여 못하게 하여 오늘날의 화를 만들었으니… 짐승과 다름이 무엇이냐? 다시 물을 것 있거든 저 선비 아이들한테 물어라" 하는 기개가 자기 안에 있음을 안 다음에야 두려워 할 것이 무엇일까. 5000년 역사에 이 한 귀절이 없으면 빛이 한층 떨리는 일이요, 500년 부끄러움의 시대에서도 이 한 사실이 있으면 다 갚고도 남을 수가 있다. 육신은 우리를 위해 만장의 기염을 토하는 산 영들이다.[4]

김구는 정확히 그로부터 445년 후에 '500년 부끄러움의 시대'를 '다 갚고도 남을' 사육신을 되살리면서 "매번 알몸으로 매를 받아서, 살이 벗겨질 뿐 아니라 온전한 살가죽이라곤 없었"던 고문을 견디고 이겨낼 수 있었다. 그러나 사육신과 삼학사의 의기에도 조선 왕조의 정신은 쇠퇴하고 왜곡되어 외적에게 나라를 빼앗기고, 애국지사들이 참혹한 고문을 받게 되었다. 왜정시대 온 국토가 감옥이고 온 백성이 죄인 아닌 죄인으로 묶이게 된 것은 사육신과 삼학사 정신을 바로 잇지 못한 때문일 터이다. 그런 아픔의 역사는 해방 후 군사독재 시대까지 계속되었다.

4 함석헌, 『뜻으로 본 한국역사』.

서대문 감옥 고문 참상 증언

여러 해 동안 감옥살이를 서대문 감옥에서 보낸 김구는 후일 『백범일지』에 이 때의 사정을 소상하게 쓰고 있다. 먼저 서대문 감옥에 대한 설명을 들어보자.

당시 서대문 감옥은 경성 감옥이라고 문패를 붙인 때이고, 수인의 총수 2000명 미만에 수인의 대부분이 의병이요, 그 나머지는 이른바 잡범이다. 옥중의 대다수가 의병이란 말을 들은 나는 심히 다행으로 생각하였다. 그이들은 일찍이 국사를 위하여 분투한 의기남아들인즉 기절氣節로나 경험으로나 배울 것이 많으리라고 생각하여 감방에 들어가서 차차 인사를 하며 물어본즉 혹은 강원도 의병의 참모장이니 혹은 경기도 의병의 중대장이니 거의가 의병 두령이고 졸병이라는 사람은 보지 못하였다.

김구의 수인 번호는 56호였다. 구속되어 경무총감부에 구금되었다가 종로 구치감으로 넘겨져서 1911년 7월 22일 경성지방재판소에서 17년형을 선고받고 서대문 감옥으로 이감되었다. 김구는 서대문 감옥의 13방에 입소한 날 일부 의병 출신 수인들의 저질스런 언행을 지켜보면서 다음과 같이 다짐한다.

옥중에 전래한 이야기가 있으니 이강년 선생과 허위 선생은 왜적에게 체포되어 신문과 재판을 받지 않고 사형장에 나가기까지 왜적을 타매하다가 순국한 후에 서대문 감옥에서 사용하던 자래정自來井에 허위 선생 취형일就刑日(형 집행일)부터 우물물이 붉고 탁하여 폐정되었다 하더라. 그 같은 상설霜雪의 절의를 듣고 생각한즉 스스로 부끄럽기 끝이 없다. 정신은 정신대로 보중保重하지마는, 왜놈에게 우마와 야만의 대우를 받는 나로서 당시 의병들의 자격을 평론할 용기가 있을까. 지금 내가 의병수義兵囚를 무시하지마는 그 영수인 허위 선생의 혼령이 나의 눈앞에 출현하여 엄중한 질책을 하는 듯싶다.

김구는 의병 출신 수인들의 저급한 언행에 잠시라도 의병을 타매한 것을 뉘우치면서 허위 선생 등 의병장들의 기개에 더욱 마음을 굳히게 된다. 다시 김구의 설명이다.

내가 서대문 옥에 들어온 지 며칠 후에 또 중대 사건

이 발생하니, 왜놈의 이른바 뭉우리돌 줍는 제2차 사건이다. 제1차는 황해도 안악을 중심으로 하여 40명의 인사를 타살, 징역, 유배의 3종으로 처벌하고, 이어서 평안도 선천을 중심 삼아 일망타진으로 2년의 형을 집행하는 양기탁, 안태국, 옥관빈과 유형流刑에 처하였던 이승훈까지 다시 집어넣고 신문을 개시하였나니, 이는 기왕 보안법률에 따라 최고형 2년만 지운 것이 왜심倭心에 미흡하여 좀더 지우자는 만심蠻心에서 나온 것이다. 나와 김홍량도 15년에 2년을 가하여 17년의 징역을 졌다.

김구는 서대문 감옥으로 면회 온 어머니와 나눈 이야기를 이렇게 썼다. "경기감사 한 것보담 더 기쁘다"라고 옥중의 아들에게 말했다는 모친의 기개를 그리는 대목이다.

어느 날은 간수가 와서 나를 면회소로 데려간다. 누가 왔는가 하고 기다리다가 판자벽에서 딸깍하고 주먹이 하나 나들 만한 구멍이 열리는 데로 내어다본즉 어머님이 와 서서 계셨고 곁에는 왜놈 간수가 지키고 섰다. 근 7, 8삭 만에 뵙는 어머님은 태연하신 안색으로 말씀하시기를, "이애! 나는 네가 경기감사나 한 것보담 더 기쁘게 생각한다. 네 처와 화경(딸)이까지 데리고 와서 면회를 청한즉 1회 1인밖에는 허락지 않는대서 네 처와 화경이는 저 밖에 있다. 우리 세 식구는 평안히 잘 있다. 너는 옥중에서 몸이나 잘 있느냐? 우리를 위하여 근심 말고 네 몸이나 잘 간수하기 바란다. 만일 식사가 부족하거든 하루에 사식 두 번씩 들여주랴?"

나는 오랜만에 모자 상봉하니 반가운 마음과, 저와 같이 씩씩한 기절을 가진 어머님께서 개 같은 원수에게 자식을 뵈어 달라고 청원을 하였을 것을 생각하니 황송하기 끝이 없다. 다른 동지들이 면회했다는 정황을 들어보면 부모처자가 와서 피차에 대면하면 울기만 하다가 간수의 제지로 말 한마디도 못하였다는 것이 보통인데, 우리 어머님은 참 놀랍다고 생각된다. 나는 17년 징역선고를 받고 돌아와서 잠은 전과 같이 잤어도 밥은 한 끼를 먹지 못한 적이 있는데, 어머님은 어찌 저렇게 강인하신가? 탄복하였다.

서대문 감옥의 실태

『백범일지』는 당시 서대문 감옥의 여러 가지 실상을 알수 있는 좋은 자료이다. 먼저 수인들의 의복 부분에 관한 내용을 살펴보자.

각 수인들이 이른바 판결을 받기 전에는 자기의 의복을 입거나 자기 의복이 없으면 청색 옷을 주워 입다가 기결되어 복역하는 시간부터는 적의赤衣를 입나니 조선 복식(복장)으로 지어 입는다. 입동시기부터 춘분까지는 면의를 입고 춘분으로 입동까지는 단의(홑옷)를 입히되 병든 수인에게는 백의白衣를 입힌다.

다음으로 수인들의 식생활 문제에 대해 살펴보자.

식사는 1일 3회로 분배하는데, 그 내용물은 조선 각

도의 감옥마다 그 지방에서 가장 값싼 곡물을 선택하는 고로 각도의 감식(감옥 음식)이 동일치 않으나, 당시 서대문 감옥은 콩이 5분分, 소미(小米, 좁쌀) 3분, 현미 2분으로 밥을 지어 최하 8등식에 250문(匁: 일본어 '몬메', 무게의 단위, 돈쭝)을 기본으로 하여 2등까지 문수를 증가하였으며, 사식私食은 감외식(監外食, 죄수에게 사식을 들일 목적으로 영업하는 감옥 밖 음식점) 주인이 수인 친족의 위탁을 맡아가지고 배식 시간마다 밥과 한두 가지 찬을 가져오면 간수가 검사하고 밥을 일자一字 모양으로 박은 통에 다식처럼 박아내어 분배하여 주는데 사식 먹는 수인들은 한 군데 모여서 먹게 한다. 감식도 등수는 다르나 밥은 같은 것이고, 감식은 각 공장이나 감방에서 먹게 한다.

당시 수인들의 식사 방식은 어떠했는가. 일제의 강제합방 직후 조선인 '정치범'들의 옥중 식사 방식을 살펴보자.

하루 세 차례로 밥과 반찬을 일제히 분배한 후에는 간수가 고두례(叩頭禮, 머리를 숙이는 의식)를 시키면 수인들은 호령에 좇아 무릎을 꿇고 무릎에 두 손을 올려놓고 머리를 숙였다가(간수가) 왜놈 말로 '모도이'(우리 군호 '바로!'와 같다) 하면 머리를 일제히 들었다가 다시 '낑빵'(식사 시작)하여야 각 수인이 먹기를 시작한다.

수인들에게 그 같은 경례를 시킨 간수의 훈화가, "식

사는 천황이 너희 죄인을 불쌍히 여겨서 주는 것이니 머리를 숙여서 천황에게 예를 하고 감사의 뜻을 표하라" 한다. 그런데 매번 경례라고 할 때에 들어보면 각 죄수들이 입안엣 소리로 무언가 중얼거리는 것이다. 나는 이상하게 생각되었다.

밥을 천황이 준대서 천황을 향하여 축의를 표함인가 하였더니 급기야 얼굴이 익은 수인들에게 물어본 즉 이구동성으로 "당신 일본 법전을 보지 못하오? 천황이나 황후가 죽으면 대 사면령이 내려 각 죄인을 풀어준다고 하지 않았소. 그러므로 우리 수인들은 머리를 숙이고 상제上帝님께 '명치明治(일본 천황)란 놈을 즉사시켜 줍소서' 하고 기도합니다" 한다.

나는 그 말을 듣고 심히 기뻐하여 나도 그렇게 한다고 하였다. 그 후 나도 노는 입에 염불격으로 매번 식사 때에는 '동양의 대악괴인 왜왕을 나에게 전능을 베풀어 내 손에 죽게 합시사…' 하고 상제께 기도하였다.

김구가 서대문 감옥에 수감되었을 때 이곳의 시설이나 구조는 불량하기 그지없었다. 좁은 방에 많은 사람을 수감하다 보니 여름이나 겨울철에는 참고 견디기 어려운 이중삼중의 고역이었다.

감옥의 고통은 하절과 동절 두 계절이 더욱 심하여 하

절에는 감방에서 수인들의 호흡과 땀에서 증기가 발하여 서로 얼굴을 분간 못하게 된다. 가스에 불이 나서 수인들이 질식이 되면 방 안으로 무소대를 들이 쏘아 진화하고 질식된 자는 얼음으로 찜질하여 살리고 죽는 것도 여러 번 보았다. 수인들이 가장 많이 죽기는 하절이다.

동절에는 감방에 20명이 있다면 솜이불 4개를 들여주는데 턱 밑에서 겨우 무릎 아래만 가리워지므로 버선 없는 발과 무릎은 태반 동상이 나고 귀와 코가 얼어서 극히 참혹하다. 발가락, 손가락이 물러서 불구가 된 수인도 여럿 보았다. 간수놈들의 심술은, 감방에서 무슨 말소리가 났는데 누가 말하였느냐고 물어서 말한 자가 자백을 않고, 동수同囚들도 누가 말하였다고 고발하지 않을 때는 하절에는 방문을 닫고 동절에는 방문을 여는 것이니, 이는 감시의 묘방이기도 하다.

혹독한 일제의 감옥에서 어려운 옥고를 치른 김구는 후일 독립이 되면 간수들을 대학 교수의 자격으로 채용하겠다는 결의를 밝힌다.

지금 감옥은 물론 이민족의 겸제(箝制, 구속하고 억누름)를 받는다는 감정이 충만한 곳이므로 왜놈들의 지량智量으로는 일호라도 감화를 줄 수 없으나, 내 민족끼리 감옥을 다스린다 하여도 이런 식으로 모방이나 하여서는 감

옥 설치에 조금도 이익이 없겠다고 보아지더라. 그리하
여 후일에 우리나라를 독립한 후에 감옥 간수부터 대학
교수의 자격으로 채용하고 죄인을 죄인으로 보는 것보다
는 국민의 일원으로 보아 선善으로 지도하기만 주력하여
야 하겠고, 일반 사회에서도 죄인을 입감자라고 멸시하
지 말고 대학생의 자격으로 대우하여야 감옥을 설치한
가치가 있겠다고 생각되었다.

김구는 서대문 감옥에서 안명근 의사에 관한 이야기를
몇 차례 적고 있다. 안명근 사건으로 함께 구속된 관계이기
도 하겠지만 안중근, 안명근 두 의사에 대한 각별한 애정,
나아가서 우국지성을 살피게 하는 대목이다.

출역出役 중에 어느 날은 졸지에 일을 중지하고 수인
들을 한 곳에 모아 명치明治의 사망을 선언한 뒤에 이른
바 대사면을 반포하는 바, 맨 먼저 보안법 위반으로 2년
형을 받은 사람은 형이 면죄됨에 보안율保安律로만 복역
을 하던 동지들은 당일로 출옥되고, 강도율로는 명근 형
에게는 감형도 없으나 15년역에 나 하나만 8년을 감하여
7년으로 하고, 김홍량 이외 몇 사람은 거의 다 7년을 감
하여 8년으로 되고, 10년, 7년, 5년들도 차례로 감형되었
다. 불과 수개월 만에 명치의 처가 또 사망하여 잔여 기
간의 3분의 1을 감한즉 5년여의 경형輕刑으로 되고 그때

는 명근 형도 종신형을 감하여 20년이라 하였으나 명근 형은, "가형加刑을 하여 죽여줄지언정 감형은 받지 않는 다" 하였다. 그러나 왜놈 말은, "죄수에 대하여 일체를 강 제로 집행하는 것인즉 감형을 받고 아니 받음도 수인 자 유에 있지 않다" 하였다. 그 당시는 공덕리(현재의 마포구 아현동)에 경성 감옥을 준공한 후이므로 명근 형은 그리 로 이감되어 얼굴만이라도 다시 서로 보지를 못하였다.

서대문 감옥은 김구에게 여러 면에서 잊지 못할 곳이었 다. 수인생활을 하면서 더욱 뜨거운 민족 사랑과 독립 의지 를 갖고 결기를 다지게 되었다. 결심의 표시로 이름을 구九 라 하고 호를 백범白凡이라 고친 것도 이때의 일이다. 직접 그의 말을 들어보자.

그럭저럭 내가 서대문 감옥에서 지낸 것이 3년여이고 잔기는 불과 2년이라. 이때부터는 마음에 확실히 다시 세 상에 나가서 활동할 신념이 보인다. 그리하여 주소(晝宵, 밤 낮)로 생각하였다. 세상에 나가서는 무슨 사업을 할까. 나 는 본시 왜놈이 이름지어 준 뭉우리돌이다. 뭉우리돌의 대 우를 받는 지사들 중에는 왜놈의 화부(火釜, 가마솥), 즉 감 옥에서 인류로서 당치 못할 온갖 학욕(虐辱, 학대와 수모)을 받고도 세상에 나가서는 도리어 왜놈에게 순종하여 잔천 (殘喘, 남아 있는 목숨)을 잇는 자 있나니, 그는 뭉우리돌 중에도 석회질을 함유하였으므로 다시 세상에 던져지면 평소 굳은 의지가 석회 같이 풀리는 것 같다. 그러므로 나는 다시 세상에 나가는 데 대하여 우려가 적지 않다. 만일 나도 석회질을 가진 뭉우리돌이면 만기 이전에 성결한 정신을 품은 채로 죽었으면 좋지 않을까 하였다.

다시 김구의 고문 현장으로 돌아와 보자.

살가죽이 벗겨지는 고문을 당하고도 배고픔만은 어찌하기 어려웠다. "그런 때 다른 사람들이 문전에서 사식을 먹으면, 고깃국과 김치 냄새가 코에 들어와서 미칠 듯이 먹고 싶어진다. 매일 아침저녁으로 음식 냄새가 코에 들어올 때마다, 나도 남에게 해가 될 말이라도 하고서 가져오는 밥이나 다 받아먹을까, 또 아내가 나이 젊으니 몸이라도 팔아서 좋은 음식이나 늘 하여다 주면 좋겠다 하는 더러운 생각이 난다."(『백범일지』)

얼마나 굶기는 고통에 시달렸으면 젊은 아내가 몸을 팔아서라도 음식을 마련해 주었으면 하는 생각까지 하게 되었을까. 김구는 이를 '더러운 생각'이라고 했지만, 인간인 다음에야 어찌 할 수 없는 육체의 본능일 터이다. 그도 평범한 사람이 아닌가.

김구는 입고 있는 수의 속의 솜을 뜯어 먹거나 문창호지를 씹기도 하고 심지어는 깔고 자던 썩고 냄새나는 짚을 씹어 삼키기도 하였다.

이런 절망적인 상황보다 더 견디기 어려운 것이 '우대'였다. "일본에 충성만 하면 즉각 석방하고 정치를 하게 할 터이니 그대와 같은 충후忠厚한 장자가 대세를 모른 바 아닌즉 순응함이 어떠냐" 하며 회유하였다. 김구가 이와 같은 회유와 고문에 굴복하였다면 한국독립운동사에서 백범의 이름은 더 이상 나타나지 않고, '치하포 사건의 김창수' 정도로 기록되고 말았을 것이다.

김구가 경무총감부에서 혹독한 신문을 받을 때 조선인 형사들은 김구의 '전력'을 알고 있으면서도 일경들에게 알리지 않았다는 사실을 알고는 "피는 물보다 진하다"는 끈끈한 민족애를 갖게 되면서 왜놈들의 혹독한 고문에서 이겨낼 수 있었다.

백범으로 호를 고친 뜻은

김구가 서대문 감옥에서 스스로 이름과 호를 구九와 백 범白凡으로 바꾼 것은 개인적인 호칭의 변화일 수도 있지만, 한국민중운동사의 측면에서는 적잖은 의미를 갖는다.

조선과 고려시대 이전부터 백성百姓이라는 신분 계층이 존재하였다. 중국의 사서 『위지동이전魏志東夷傳』의 한국 고 대사회에는 이미 '하호'下戶와 '민'民, '백성'百姓에 관한 기록 이 여러 차례 나온다. 모두 관리들의 지배를 받고 있는 피지 배층을 보여주는 제한된 의미로 쓰였다. 1~3세기를 통하여 특히 민과 백성이 동일한 뜻으로 쓰이고 있다. 민과 백성은 "지배층도 아니고 노비도 아닌 그 중간 계층을 백성으로 표 현하여 일정한 법제적 지위가 주어졌음"[5]을 알 수 있다. 지 배 계층과 노비와의 중간에 위치한 인민층이라는 것이다. '하호'下戶도 백성과 다름없는 계층이었다.

백정白丁도 비슷한 계층으로 특정한 직역職役을 부담하

지 않고 주로 농업에 종사하던 농민층을 말한다. 백정의 백 白은 '없다' 또는 '아니다'라는 의미를 지니고, '정'丁은 '정호' 丁戶, '정인'丁人이라는 뜻으로 백정은 정호나 정인이 아닌 계층, 즉 백성을 지칭한다. 고려시대의 백정은 자기의 토지를 소유할 수 있었다.

조선시대에 와서는 주로 도살업, 고리제조업, 육류 판매업 등에 종사하는 천민층으로 전락하였다. 이들은 농경에는 별로 종사하지 않고 그들만의 집단을 형성하며 살았다. 백정이 신분적으로 해방된 것은 1894년 갑오경장이었지만 조선왕조 500년을 통하여 지속되어온 차별 의식은 해소되지 않았다. 갑오경장 이후에도 백정에 대한 차별은 여전하여 이들과의 혼인은 물론 같은 마을에서 사는 것도 꺼리고 자녀들의 교육 문제, 촌락 공동행사, 의복 착용 등에서도 차별 취급을 받았다.

민은 '사'士와 엄격히 구별되었다. 맹자는 "민은 노력자勞力者이며, 사는 노심자勞心者"라고 했다. 민은 사의 물질생활을 보장해주고, 사는 사회 전체의 질서와 윤리를 통해 민을 보호해 주는 것이라고 했다. 신분을 반상班常으로 엄격히 구분하여 이것을 강제하여 왔다. 왕조시대의 신분 질서는 노력에 따라 성취하는 것이 아니라 신분에 따라 결정되었다. 이것은 상속되고 세습되었다.

━━ **5**   홍승기, "1~3세기의 '民'의 존재형태에 관한 일 고찰", 『역사학보』 63집.

한국 고대사회에서 민의 자각적인 인식은 희박하였다. 그렇지만 고대사회는 특별한 지배층이 형성되지 않았기 때문에 민은 그 사회의 주체였다. 부족사회를 거쳐 삼한시대에 와서 민은 '두레'라는 공동체를 형성하여 스스로 이익을 지켜 지역 자치를 유지하였다.

집단적인 민의 위치가 좀더 뚜렷해지기 시작한 것은 고구려가 한사군漢四郡을 정벌하고 수·당과의 전쟁에 많은 백성이 참전하고부터이다. 전쟁 참여를 통해 민은 국가로부터 대우와 신분 향상을 누리게 되었다. 민의 이러한 신분 향상은 고구려, 백제, 신라의 거듭된 전쟁으로 인한 국가의식 그리고 고구려, 백제 멸망 후 대당 항전으로 더욱 높아졌다. 외국과의 전쟁 참여를 통해 정치 참여와 신분 향상의 길을 넓히게 된 것이다.

민은 누구인가. 한국 전통사회에서는 총체적으로 민을 시대에 따라 여러 가지로 호칭하여 왔다. 백성을 비롯하여 백정, 서민庶民, 여민黎民, 제민齊民, 증민蒸民, 세민細民, 전정佃丁, 전객佃客, 전부佃夫, 전민佃民, 우민愚民, 우맹愚氓, 민초民草, 검수黔首, 검우黔愚, 인민人民 등 하나같이 피지배·천민의 개념으로 불렸다.[6]

김구는 천민이었다. 전통적인 한국사회의 맨 밑바닥 출신으로서 누대에 걸쳐 억압과 착취를 당하며 살아왔다. 그런 김구가 서대문 감옥에서 자신의 이름과 호를 바꾸었다.

17년의 장기형을 선고받고 온갖 고문을 견디면서, 일본 수사관들이 밤을 새워 직무에 충실하는 것을 지켜보면서 "제 나라 찾으려는 일로 몇 번이나 밤을 새웠던고" 자탄하면서, 새로운 다짐의 징표로 이름과 호를 바꾸었다.

이름은 왜의 민적民籍에서 벗어난다는 항일의 의미에서, 호는 우리나라에서 가장 천하다는 백정과 무식하다는 범부의 뜻을 담은 것이었다.

"천한 백정과 무식한 범부까지도 나만한 애국심을 가진 사람이 되게 하자"는 것이었지만, 본질적으로는 자기 스스로 백정과 범부의 자리에서 독립운동과 계급타파운동을 벌이겠다는 의지의 징표라 할 수 있다.

실제로 그 이후 백범의 활동과 이념은 '조국 독립'과 '민주공화주의'라는 두 바퀴로 일관하였다. 같은 시기에 수많은 독립운동가·계몽운동가 중에서 백범이 지금까지도 국민적인 존경과 흠모를 받게 된 것은 여러 가지 요인이 있겠지만, 스스로 천민·백성들의 처지로 내려오고, 그들과 아픔과 슬픔을 일체화하면서 일관되게 민족적, 민중적 삶의 대도를 걸어왔기 때문일 것이다.

백범은 서대문 감옥에서 많은 사람을 만나고 체험하게 된다. 안명근과는 한때 같은 서대문 감옥에 갇히기도 하고, 이재명 의사의 동지들인 김정익金貞益, 김용문金龍文, 박태은

─── 6 김삼웅, 『한국민주사상의 탐구』, 일월서각, 1985.

朴泰殷, 이응삼李應三, 전태선全泰善, 오복원吳復元 등을 만났다. 안중근 의사의 동지 우덕순禹德淳도 만나고 의병장 강기동姜基東을 만났다. 후일 청산리 대첩의 영웅 김좌진金佐鎭은 경무총감부에서 만났다. 안명근은 그 후 마포 감옥으로 이감되고 전후 17년 동안 구속되었다가 석방되어 신천 청계동에서 잠시 머물다가 가족을 이끌고 중국, 러시아로 이주하였다. 그러나 워낙 장구한 세월의 옥고로 인하여 중국 화룡현에서 만고분한萬古憤恨을 품고 작고하였다.

백범은 의적 대장 김 진사와 만나, 비록 도적의 세계이지만 동지를 구하는 방법, 장물 분배 문제, 배신에 대한 형벌 문제 등을 자세히 듣고, 그 후 망명생활 중 "혁명가는 적에게 체포되어서는 안 된다"는 신조로 주로 '특무 공작'으로 항일 투쟁을 전개하면서도 한 번도 체포되지 않았던 것이다.

한 번은 옴으로 격리 수용되어 있는 최명식이 보고 싶어 자신도 옴이 옮은 것처럼 꾸며 최명식이 있는 방으로 옮겨 갔다. 두 사람은 밤이 늦도록 얘기를 나누다가 간수에게 들켰다. 끌려 나가서 몽둥이로 얼마나 구타당하였는지, 이때 백범의 왼쪽 귀 위의 연골이 상하여 봉충이가 되었다. 봉충이란 한 쪽의 크기가 다른 짝짝이를 말한다.

감옥생활 중 가장 감명받았던 일은, 용강 출신으로 양산학교 체육선생 도인권의 의기 넘치는 신념과 행동이었다. 당시 감옥소에서 관행처럼 된 예불의 강요에 대해, 그는 예수교인이 어찌 우상을 섬기느냐고 끝까지 이를 거부하였고,

감옥에서 상표를 주어도 자기는 죄지은 일도 없고 회개할 일도 없으니 개전改悛을 할 이유로 주는 상표는 받을 수 없다며 거부하였다.

일제가 가출옥을 시키려 해도 내가 본래 무죄인데 가출옥이 무엇이냐고 거부하여 끝내 형기를 다 마치고서야 감옥을 나왔다.

백범은 이를 지켜보면서 "만산고목 일지청"(滿山姑木 一枝青, 썩은 나무로 가득찬 산에 한 가지의 푸른 나뭇가지)의 기개가 있다고 생각하였다.

감옥살이를 하면서 무지한 죄수들에게 글을 가르치기도 하고 틈나는 대로 많은 책을 읽고 스스로 개화·개명으로 심신을 단련하면서 옥고를 견디었다. 창을 닦고 쓸 때마다 "하느님, 우리나라가 독립하여 정부가 생기거든 그 집의 뜰을 쓸고 유리창을 닦는 일을 하여 보고 죽게 하소서"라고 간절히 빌었다.

후일 상해 임시정부의 문지기를 자원했던 것도 이때 서대문 감옥에서 다짐했던 일이었다. 그가 결코 우월감에 빠지거나 지도자연하지 않았던 것도 스스로 밑바닥의 봉사와 헌신, 즉 백범 정신에 기초하였다. '백범 정신'은 이렇게 감옥에서 싹트고 성장하였다.

다시 인천 감옥으로 이감

　　백범은 1914년 어느 날 일본인 과장과 싸우고 감옥 중에서
는 가장 힘들다는 인천 감옥으로 이감되었다. 형기를 2년 남
긴 시점이었다. 서대문 감옥에는 동지들이 여럿 있어서 그나
마 위로도 되고 격려도 되었다. 노역중에도 편의가 많았다.

　　철사에 허리가 묶인 채 30~40명의 적의赤衣 무리에 편입
되어 인천 감옥으로 이송되었다. 1898년 3월 9일 밤 이곳을
탈출한 지 17년 만에 다시 그 감옥으로 돌아가게 되었다. 어
찌 만감이 교차하지 않았을까.

　　무술년(1898) 3월 9일 한밤중에 옥을 깨뜨리고 도주한
이 몸이 17년 후에 철사에 묶여서 다시 이곳에 올 줄 누
가 알았으랴. 옥문 안에 들어서며 살펴보니 새로이 감방
을 증축하였으나, 옛날에 내가 글 읽던 방과 산보하던 뜰
은 그대로 있었다. 호랑이 같이 와타나베 놈을 통렬히 규

탄하던 경무청은 매춘녀의 검사소로 바뀌고, 감리사가 집무하던 내원당來遠堂은 감옥 창고로 변하였다. 그리고 옛날 순사·순검들이 들끓던 곳은 왜놈의 세상으로 변해 버렸다.

마치 사람이 죽었다가 몇십 년 후에 다시 살아나서, 자기가 놀던 고향에 와서 보는 듯하였다. 감옥 뒷담 너머 용동龍洞 마루턱에서 옥중에 갇힌 불효자식을 보시느라고 날마다 우두커니 서서 내려다보시던 선친의 얼굴이 보이는 것 같았다. (『백범일지』)

만감이 교차하는 심경으로 감옥에 들어가면서도 설마 자기를 17년 전의 김창수로 알아볼 사람은 없을 것이라고 생각하였다. 더러는 서대문 감옥에서 이감되어 온 낯익은 사람들도 있있다.

그런데 한 사람이 곁으로 다가앉으며 아는 체를 한다.

"그 분 매우 낯이 익은데, 혹시 당신 김창수 아니오?" 하는 것이었다. 놀란 가슴을 누르며 그 자의 얼굴을 자세히 보니 그는 17년 전 같은 감방에서 절도죄로 10년을 복역하고 있던 문종칠이었다. 얼굴이 그동안 다소 늙기는 했으나 젊어서의 얼굴은 그대로 있었다. 오직 이마에 구멍이 움푹 파인 것만이 낯설 뿐이었다.

백범이 일단 문종칠을 잘 모르는 듯 머뭇거리자 문은 더욱 자기 얼굴을 백범의 눈앞으로 디밀며 아는 체를 하였다.

"김 서방, 나를 모를 리가 있소? 나는 당신이 달아난 후에 죽도록 매를 맞은 문종칠이요" 하고 말하였다.

백범은 더 이상 모른다고 버틸 수가 없었다. "그만하면 알겠구려" 하며 반갑게 인사를 나누었다. 그렇지만 그가 미웠고 한편으로는 두렵기도 하였다.

문종칠은 인사가 끝나자 무슨 이유로 다시 감옥에 들어왔는지 물었다. 백범이 15년 강도라고 간단히 대답하자, 문종칠은 입을 삐죽거리며 말했다.

"충신과 강도는 매우 거리가 먼데요. 그때에 김창수는 우리 같은 도적놈들과 같이 있게 한다고 해서 경무관한테까지 들이대지 않았소? 강도 15년 맛이 꽤 무던하겠수다" 하며 빈정댔다. 백범은 치미는 분노를 억누르면서 오히려 친근감을 표시하며, "충신 노릇도 사람이 하고, 강도도 사람이 하는 것이 아니겠소? 한때는 그렇게 놀고 한때는 이렇게 노는 것이지요, 그런데 문 서방은 어찌하여 다시 들어와 고생을 하시오?"

그는 이번까지 감옥 출입이 일곱 차례로서 일생을 감옥에서 보내게 되었다는 것과, 도적질에 맛을 붙이면 별 수가 없다는 것, 형기를 마치고 나가도 사회가 도적질하다가 징역 산 놈이라고 받아주지 않는다는 것, 개 눈에는 똥만 보이더라고 도적놈에게는 거기만 눈치가 뚫려서 다른 길은 보이지 않는다는 것 등을 길게 설명하였다.

백범은 이 사람에게 지극 정성을 다하였다. 그 사람이 탈옥 사실을 밀고하는 날이면 만사가 깨지고 만다. 그래서 어머니가 넣어 주시는 사식은 물론 끼니 때 주는 자신의 밥까지도 그에게 나눠주었다.

얼마 후에 다행히 문종칠이 만기로 출옥하였다. 백범의 시원함이란 그 자신이 풀려난 것 못지않게 시원하였다. 당시까지만 해도 일제의 감옥에 과거 전과 조회 등이 치밀하게 정리되어 있지 않아서 백범이 17년 전에 있었던 탈옥 사실을 인천 감옥에서는 알아내지 못하였던 것이다.

인천 감옥은 수인들에게 혹독한 노역을 시켰다. 축항 공사에 죄수들을 동원한 것이다. 백범도 아침이면 다른 죄수들과 쇠사슬로 허리를 묶인 채 공사장으로 끌려갔다. 지게에다 무거운 흙짐을 지고 높은 사닥다리를 오르내려야 하는 힘든 노역이었다.

노역에 동원된 지 불과 반나절에 어깨가 붓고 등은 헐었으며, 발은 온통 부어 움직이기조차 힘들었다. 그럴 때면 높은 사다리 위에서 떨어져 죽어버릴까도 생각했지만, 자기와 허리를 마주 맨 담뱃갑을 훔친 죄로 잡혀온 죄수까지 죽게 된다는 생각에 마음을 고쳐먹었다.

고통을 견디며 몇 달이 지난 1915년 8월 어느 날 가출옥의 소식을 들었다. 도인권과 같이 이를 거절할 용기는 없고 도리어 다행으로 생각하였다. 1911년 1월 5일 잡혀온 지 3년 6개월 만에 가출옥하여 다시 광명을 찾게 되었다.

그럼, 여기서 석방 과정을 살펴보자.

　육칠월 더위가 심한 어느 날 홀연 수인 전부를 교회
당敎誨堂에 모이라 하므로 나도 가서 앉았다. 이른바 분
감장인 왜놈이 좌중을 향하여 55호를 부른다. 나는 대답
한다. 곧 일어나 나오라는 호령에 의하여 단상에 올라간
즉 가출옥으로 방면한다고 선언한다. 나는 꿈인 듯 생시
인 듯 좌중 수인들을 향하여 점두례(點頭禮, 머리를 끄덕이는
인사)를 하고 곧 간수의 인도로 사무실에 나간즉 벌써 준
비한 백의 한 벌을 내어준다. 그때부터 적의군이 변하여
백의인이 되었다. 임치任置하였던 금품과 출역공전(出役
工錢, 일한 품삯)을 계산하여 준다. 옥문을 나와 걸음걸음마
다 생각한다.

　백범의 서대문 감옥 수인생활은 1911년부터 1915년까지
4년여 동안이다. 이 기간은 한일합병이 강제로 이루어지면서
수많은 의병과 항일 지사들이 전국의 감방을 메우고, 서대문
감옥에도 수천 명이 수감되었다. 일제는 이 기간에 전국 각지
에 여러 개의 감옥과 분감을 설치했는데, 형편없는 급식과 감
옥 시설 때문에 수인들은 이중삼중의 옥고를 치러야 했다. 이
무렵 조선총독 데라우치 마사다케는 전국의 전옥典獄에게 조
선의 수인들을 엄격하게 다룰 것을 특별 훈시를 통해 지시했
다. 1913년 6월 2일자 『조선총독부관보』를 인용한다.

(1) 지나치게 옥사를 완비하고 수인의 급양을 하층 민도에 비해 좋게 하는 일이 있다면 감옥을 오히려 기아에 대한 피난처로서 우대를 받을 수 있는 낙경樂境으로 오상誤想하는 자 없다고 보장 못할 것이니 이렇게 되면 조선 현상에서는 오히려 범죄를 촉진하는 결과를 낳게 하는 것이며 가장 경계할 바이니 각 위位의 유의할 바다.

(2) 근래 조선인의 범죄 중 절도·소매치기·사기 등과 같은 지교智巧를 요하는 것이 점차 늘고 있으며, 그 수단 역시 더욱 교묘하게 되는 경향이 있다. 이는 일반 인지발달에 수반되는 자연의 결과라 하겠으나 재감중 동류의 악감화도 또한 일 원인일 것이다. 각 위는 현재 설비로서 실행할 수 있는 한 감방의 별이別異를 여행하기 바란다.

(3) 가출옥 인가 구신具申은 근래 점증하고 있는데 가출옥자의 비율도 감옥에 따라 심한 차이가 있음은 주로 우수遇囚(모범수) 방법 또는 행상 사정의 표준에 있어 헌지되는 바 있음에 기인하므로 각 위는 우수의 적실適實을 기하고 행상 관찰을 면밀히 할 것이다.

조선총독의 이와 같은 '훈시'는 구속된 의병·독립운동가들에 대한 가혹한 수감생활과 조선인 일반 형사범에 대한 탄압을 명령하는 것이었다. 백범은 이런 혹독한 상태의 서대문과 인천 감옥에서 옥고를 치르고 나왔다.

사마천은 「임안任安에게 드리는 글」에서 말했다. "지면에 옥獄을 그려놓아도 사람은 그것을 피하고, 나무를 깎아 형리刑吏를 만들어도 사람은 그것과 대면하기를 싫어한다"라고.

감옥을 말하는 '옥獄'자는, 사나운 개 두 마리가 사람의 입을 지키는 모양을 하고 있다. 자유를 구속하는 형상이다. 감옥은 인간의 정신과 육체를 속박하고 박탈하기 때문에 누구나 이를 기피한다. 그렇지만 모든 사람이 감옥을 기피하는 것은 아니다. 많은 사람이 자기의 신념과 사상과 신앙을 위하여 거침없이 감옥행을 택하고, 결국 감옥에서 '자유의 알' '진보의 새끼'를 치고 나오게 된다.

'인류 문명사' 또는 '인류 진보사'는 감옥을 두려워하지 않는 선각자·선지자들에 의해 기존 체제를 무너뜨리고 자유와 인권을 쟁취하는 힘겨운 도정이었다. 1789년 프랑스 대혁명이 바스티유 감옥을 파괴하면서 불붙게 된 것도 그 한 사례이다.

백범의 평전에 일본인의 시를 인용하는 것이 어떨까 싶지만, 문제는 일본인 개인이 아니라 일본 제국주의 체제에 있는 까닭에 개인의 좋은 시나 글을 인용하는 데 특별한 문제는 없을 것이다. 다음은 사이고 다카모리西鄕隆盛의 시다.

獄中辛酸志始堅(옥중신산지시견)

丈夫玉碎愧甑全(장부옥쇄괴증전)

我家遺法人知否(아가유법인지부)

不用子孫買美田(불용자손매미전)

옥 속에서 쓰고 신 맛 겪으니 비로소 굳어진다.

사내가 옥같이 부서질지언정 기왓장처럼 옹글기 바라겠나

우리 집 지켜오는 법 너희는 아느냐

자손 위해 좋은 밭 사줄 줄 모른다 해라. (함석헌 역)

사이고 다가모리의 시구詩句처럼 백범은 옥중에서 '쓰고 신 맛'을 겪으면서 정신적·사상적으로 크게 단련되어 출감하였다. 감옥이란 묘한 곳이어서 약한 자는 바스라져 나오고 강한 자는 더욱 단련되어 나온다.

고향에 돌아와 농촌계몽운동 펼쳐

　석방된 백범은 인천에서 옛날에 많은 신세를 졌던 물상
객주들을 찾아보고 싶었지만 김창수란 본명을 말해야 그들
이 깨달을 터이고, 그리되면 자칫 이웃에 알려져 신변이 위
험해질지 모른다고 고쳐 생각하였다. 옥중에서 친하게 지냈
던 중국인을 찾아가서 하룻밤을 지내고 경성역에서 경의선
을 타고 이튿날 사리원에서 하차하였다. 출발하기 전에 전
화국에 가서 전화를 걸어 석방 사실을 알렸는데 어느새 소
식을 듣고 고향길 새로 만들어진 신작로에 수십 명의 환영
객이 쏟아져 나왔다.

　선두에 계신 어머님이 눈물을 흘리며 와서 붙들고 말씀
하셨다.

　"너는 오늘 살아오지만, 너를 심히 보고 싶어 하던 네
딸 화경이는 서너달 전에 죽었구나. 네 친구들이 네게 알

릴 것 없다고 권하기로 기별도 하지 않았다. 7세 미만의 어린 것이 죽을 때 '나 죽었다고 옥에 계신 아버지께는 기별하지 마십시오. 아버지가 들으시면 오죽이나 마음이 상하겠소' 하더라."

백범의 비극적인 가족사는 이렇게 옥중에 있을 때 둘째 딸을 잃어야 했다. 안악읍 동산 공동묘지에 있는 화경의 묘지를 찾아 어린 딸의 영혼을 위로하고, 아내가 근무하는 안신여학교를 방문하였다. 아내는 그때까지 안신여교 교원사무를 보고 교실 한 칸을 빌려 살고 있었다. 아내는 극히 수척해진 모습으로 마을 부인들과 음식 준비에 몰두하고 있었다.

며칠 후 친구들이 이인배의 집에서 출옥 위로연을 베풀고 기생도 불러 흥을 돋우었다. 노인, 장정, 백범 제자들인 청년들이 함께하는 큰 위로연이었다. 청년들이 기생에게 수배壽盃를 올리게 하고 권주가를 불렀다. 또 술을 마실 줄 모르는 백범에게도 술을 권하였다.

이때 어머니가 찾아왔다.

"내가 여러 해 동안 고생을 한 것이 오늘 네가 기생을 데리고 술 먹는 것을 보려고 한 것이냐?"고 꾸짖었다. 죄스러운 마음으로 어머니를 따라 집으로 돌아왔다. 아내에게 새삼 죄스러운 마음이 들었다. 남편이 옥고를 치르는 동안 어머니를 도와 가정을 꾸려나가느라 젊은 여성으로서는 견디기 어려운 일을 감내한 것이다. 화경이를 어머니에게 맡기고 제책 공장에서 고된 일도 마다하지 않았다. 어느 서양 여자가 아내의 학비를 부담하고 공부를 시켜주겠다고 하였으나 어머니와 화경이를 돌볼 결심으로 공부하는 기회도 뿌리쳤다고 한다.

어머니는 늘 아내의 의견을 들었다. 그가 아내의 의견에 반대하거나 조금이라도 아내에게 불쾌한 빛을 보이면 어머니의 불호령이 떨어졌다. "네가 감옥에 들어간 후 네 동지들 중에 젊은 처자가 남편이 죽을 곳에 있음에도 돌아보지 않고 이혼을 하느니, 추행을 하느니 하는 판에 네 처의 절행節行은, 나는 고사하고 너의 친구들이 감동하였다. 네 처를 결코 박대해서는 못쓴다" 하는 호통이었다.

백범은 후일 "나는 집안일에 하나도 내 마음대로 해 본 일이 없었고, 내외 싸움에 한번도 이겨본 적이 없었다"고 술회하였다.

특별히 안타까운 일은 준영 숙부가 별세하신 것이다. 숙부는 조카를 크게 불신해왔는데 옥고를 치르는 동안 인식을 바꾸고 극진히 가사를 돌보아 주었다. 출옥의 인사를 드리려고 하였으나 아직 가출옥중이므로 어디를 가려면 일일이 헌병대에 신고하여 허가를 얻는 것이 싫어서 가출옥 기간이 끝나기만을 기다리고 있었다.

이듬해 정초, 세배를 마치고 해주로 숙부에게 인사를 가려던 참에 숙부의 별세 소식이 왔다. 죄스럽기 그지없었다. 그 길로 해주로 가서 숙부의 장례를 치르고 아버지 묘소에 직접 심었던 잣나무를 손질하였다. 옛날 살던 마을을 몇 번이나 돌아보면서 고향을 뒤로하였다. 이것이 백범이 고향을 떠나는 마지막 날이 되었다. 환국 후에도 남북이 분단되면서 평양에는 다녀왔지만 고향에는 가지 못하였다.

백범이 출옥하여 안악으로 돌아왔을 때는 완전히 일본놈 세상이 되고 있었다. 우선 안신학교의 일을 거들기로 하였으나 전과자인 데다가 시국이 완전히 변하여 교육사업도 전처럼 소신껏 하기 어려웠다. 신민회와 같은 정치운동은 더욱 불가능하였다. 조선 천지는 완전히 암흑과 공포의 사회로 변하였다. 뜻있는 사람들은 해외로 망명하거나 지하로 숨어들었다.

백범은 이 기회에 농촌계몽사업을 하기로 작심하였다. 신천군에 있는 동산평東山坪 농장의 농감이 되어 일하기로 하였다. 동산평은 김용승·김용제가 오래 전에 마련해 둔 농장이었는데, 이 지역은 풍기가 문란하여 주정꾼, 난봉꾼, 노름꾼이 득실거려 생산물을 노름과 주색잡기로 탕진하였다. 이 농장 역시 수백 년 동안 궁방宮房의 장토庄土로서 감독관이나 소작인이 서로 협잡하여 수확량을 가로채고 도적질하여 실제로 수확량이 얼마 못되었다.

이런 땅을 김씨 가문에서 사들였지만 전래의 악습패속 때문에 큰 손해를 입고 파산 지경에 빠졌다. 백범이 이곳을 자원하자 모두들 반대하였다. 기왕 농촌계몽운동에 나서려면 좀더 환경이 나은 곳을 택하라는 것이었다.

그러나 백범은 농민들과 어려움을 함께하고 잘못된 악습을 고쳐보겠다면서, 1917년 2월에 동산평으로 이사하였다. 어머니에게 소작인들이 뇌물을 가지고 오는 사람이 있으면 엄하게 거절하시도록 신신당부하였다.

동산평에 부임해온 다음날부터 연초·닭·생선·과일 등을 가져오는 자가 있었다. 반드시 소작지에 대한 요청이 뒤따랐다. 그럴 때마다 "당신이 빈손으로 왔으면 생각해 볼 여지가 있으나, 뇌물을 가지고 와서 청하면 말도 듣지 않을 터이니 물건을 도로 가져가고 후일 다시 빈손으로 와서 말하시오"라고 꾸짖으며 돌려보냈다.

백범의 청렴성은 뽕나무 종묘 일을 맡았을 때나 동산평 감관監官이 되었을 때나 변함이 없었다. 이와 같은 청렴과 결백이 임시정부의 책임을 맡아서도 많은 독립운동가들의 존경을 받았고, 환국 후 해방정국에서 경교장으로 몰려드는 거액의 정치자금을 모두 물리치게 하였다.

소작인들은 새 감관의 전혀 달라진 모습에 오히려 당황하였다. 백범은 소작인의 '준수규칙'을 만들어 반포하였다.

- 도박하는 사람은 소작권을 주지 않는다.
- 학령 아동을 입학시키는 자는 소작지 중 가장 좋은 논 두 마지기씩을 더해준다.
- 학령 아동이 있는데 입학시키지 않는 자는 소작지 중 좋은 논 두 마지기를 회수한다.

• 농업에 근실한 성적이 있는 자는 조사하여 추수 시 곡물을 상으로 준다.

동산평의 문제를 어느 정도 해결한 다음, 소학교를 설립하고 교사를 초빙하여 소작인 아동 20여 명을 모아 개학하였다. 교원이 부족하여 직접 교과를 맡았다. 백범의 교육에 대한 열정은 대단했다. 나라가 망한 원인이 백성의 무지몽매에 책임이 있다고 생각하면서 기회가 닿는 대로 교육활동에 나섰다. 상해 임시정부시대에도 그렇고, 중경시대의 건국 강령이 그러하며, 환국 후에도 학교를 몇 개 세워서 청년교육에 앞장섰다.

동산평의 저항도 만만치 않았다. 노형극 형제 대여섯 명이 노골적으로 도전하였다. 이들이 폭력으로 백범을 짓밟으려 하자, 이를 완력으로 맞서 물리쳤다. 백범의 노력으로 동산평은 하루가 다르게 변하였다. 예전에는 추수가 끝나면 빚쟁이들이 모여들어 곡물 전부를 가져가 버리고 막상 소작인들은 타작기구만 들고 집으로 돌아왔다. 그러다가 이제는 곡식 포대를 들고 자기 집에 가져가 쌓아놓게 되니 농사꾼 부인들이 감심感心하여 집안 어른처럼 대우하였다. 도박의 풍습도 거의 근절되고 가정과 마을이 깨끗하게 변하였다. 수확량도 크게 증가하여 2, 3년 후에는 처음 700석에서 3000석으로까지 늘어났다.

이 무렵에 재령군에서는 북율면 보강학교 교사 겸 학생

이었던 장덕준이 농촌운동을 하고 있었으며, 지청천은 신천에서 농촌계몽사업을 하고 있었다.

백범의 생애에서 그나마 이 무렵이 가장 안정된 가정생활이었을 것이다. 어머니를 모시고 아내와 함께 단란하게 생활하면서 농민들을 가르치고 소득 향상에 헌신한 기간이었다. 그러나 이때에도 행불행은 섞이어 셋째 딸 은경이와 처형이 사망하여 마을 공동묘지에 묻었다. 1918년 11월에는 큰아들 인仁이 태어났다.

제 **7** 장

임시정부의 핵심으로 자리잡아

초기 임정의 난맥상

　　조국 광복이라는 국민의 염원과 역사적 대의를 실현하기 위하여 이국 땅에 임시정부를 수립하였지만, 이념과 노선, 지역과 신분에 따른 이해와 대립을 조정하면서 정부를 꾸려 나가는 일이 그렇게 쉬운 것만은 아니었다.

　　임시정부 수립 초기에 연통제聯通制를 통해 국내에서 답지했던 독립 성금과 미주 지역 교포들이 보내주던 기금도 일제의 철저한 감시와 방해 공작으로 1920년에 들어서면서 거의 끊어지고, 달리 자금 염출의 방법도 쉽지 않았다.

　　임정 간부들은 상해에 거주하는 동포들에게 의탁하면서 독립운동을 해야 하는 처지였다. 재정적으로 어려움이 닥치자 사기에도 영향을 미치게 되었다. 사기가 점점 위축되어 가면서 동시에 내부적인 분열과 대립이 심화되어 갔다. 가장 큰 문제는 노선상의 대립이었다.

　　대통령에 선임된 이승만은 미국에 머물면서 외교 노선을

주장하고, 노령에 체류하다 국무총리에 선임된 이동휘는 임정이 공산주의 노선을 취해야 한다고 나섰다. 임정 요인들이 이승만과 이동휘를 대통령과 국무총리로 선출한 것은 한국 독립에 있어서 중요한 관심 대상인 미국과 소련 정부를 염두에 두었기 때문이었다.

　그런데 두 지역 출신들이 우선 이념적으로 대립하고, 여기에 문치파, 무단파, 친소파, 친미파, 중국파, 만주파, 서북파, 기호파 등 지방과 파벌이 얽혀서 사사건건 분열과 분파로 작용하였다. 안창호가 지방색과 파벌의 지양과 불식을 역설했지만 쉽게 사라지지 않았다. 초기 임정의 파벌과 혼란상에 대해 백범은 이렇게 가슴 아파하였다.

　　기미년, 즉 대한민국 원년에는 국내와 국외를 막론하고 정신이 일치하여 민족 독립운동으로만 진전되었으나 당시 세계 사조의 영향을 따라서 우리 중에서도 점차 봉건이니 무산혁명이니 하는 말을 하는 자가 생겨서 단순하던 우리 운동선에도 사상의 분열·대립이 생기게 되었다. 임시정부의 직원 중에서도 민족주의니 공산주의니 하여 음으로 양으로 투쟁이 개시되었다. 심지어 국무총리 이동휘가 공산혁명을 부르짖고 이에 반하여 대통령 이승만은 민주주의를 주장하여 국무회의 석상에서도 의견이 일치하지 못하고 대립과 충돌을 보는 기괴한 현상이 벌어졌다. (『백범일지』)

백범은 또 이후에 벌어진 상황을 다음과 같이 기록하였다.

공산당도 하나가 못되고 3파로 갈렸으니 하나는 이동휘를 수령으로 하는 상해파요, 다음은 안병찬, 여운형을 두목으로 하는 일쿠츠크파요, 그리고 셋째는 일본에 유학하는 학생으로 조직되어 일인 복본화부福本和夫의 지도를 받은 김준연 등의 M·L 당파였다. 엠엘당은 상해에서는 미미하였으나 만주에서는 가장 맹렬히 활동하였다. 있을 것은 다 있어서 공산당 외에 무정부파까지 생겼으니 이을규, 이정규 두 형제와 유자명 등은 상해·천진 등에서 활동하던 아나키스트의 맹장들이었다. (『백범일지』)

임진왜란 때 선조가 쫓기는 몸으로 의주로 몽진하여 읊은 시 한 수가 전한다. 다음과 같은 구절이 있다.

痛哭關山月 (통곡관산월)
腹心鴨水風 (복심압수풍)
朝臣今日後 (조신금일후)
寧復更西東 (영복갱서동)
관산의 달을 보아도 통곡이 나오고
압록강 건너오는 바람을 쐬도 마음 상할 뿐이로다
여러 사람들아, 이 부끄럼, 이 쓰라림을 당하게 된 것은 다들 나라 생각 않고 당파 싸움만 하였기 때문인데,

이런 일을 당하고도 또 동인이요 서인이요 하겠는
가. (함석헌 역)

임진왜란 이전부터 뿌리깊었던 당쟁으로 국방을 소홀히
하여 7년 전쟁을 겪고 다시 정묘·병자호란을 겪으면서 국세
가 약해지고, 인물을 키우지 않아서 마침내 망국을 불러왔
다. 그리고 빼앗긴 나라를 다시 찾아보자고 이국땅에 모여
임시정부를 만들고서도 또 지방색·이념 대결을 일으켰으니
뜻있는 애국지사들의 심경이 오죽하였을까.

임정의 분열과 갈등에는 대통령 이승만의 책임도 컸다.
그는 임시정부 수립 이전인 1919년 1월 미국 윌슨 대통령에
게 한국의 위임통치를 요구하는 청원서를 보냈다. 정한경과
공동 명의로 보낸 이 청원서는 제1항, 열강은 한국을 일본
학정으로부터 구출할 것. 제2항, 열강은 장래 한국의 완전
독립을 보장할 것. 제3항, 한국은 당분간 국제연맹 통치 하
에 둘 것이라는 내용이었다.[1]
그런데 제3항이 문제가 되었다. 초기 임정의 갈등은 이
조항에서 비롯된 것인데, 신채호·김창숙金昌淑 등은 이승만
의 위임통치론을 들어 그의 국무총리와 대통령 선출을 격렬
히 반대하면서 임정 참가를 거부하였다. 특히 신채호는 "이

■■■■ 2 김정명 편,『조선독립운동』Ⅱ, 동경 원서방原書房, 1967.

승만은 이완용보다 더 큰 역적이다. 이완용은 있는 나라를 팔아먹었지만 이승만은 아직 나라를 찾기도 전에 팔아먹은 놈이다"²라고 성토하면서 회의장을 나와 버렸다. 이들은 『신대한新大韓』이라는 잡지를 발행하면서 임시정부와 맞섰다.

이동휘도 1919년 상해에 도착하여 이승만의 위임통치건을 이유로 국무총리 취임을 거부하다가 상해에 와서 안창호의 조정으로 11월에 취임하고, 하와이에서부터 이승만과 대치하며 무장투쟁 노선을 주장해온 박용만朴容萬은 외무총장 취임을 거부하였다. 또 이동휘와 대립을 보이던 문창범文昌範은 교통총장의 취임을 거부하였다.

이승만은 구미 외교의 중요성을 이유로 워싱턴에 머무르면서 임정에 직접 참가하지 않았다. 이승만은 미국에서 극동지역의 정무政務는 자신의 재결을 받도록 하면서 미국 지역 일은 한성정부 때 설치한 구미위원의 역할을 자신이 수행하겠다고 주장하였다.

임정 수립으로 마땅히 미주 지역까지 통괄하는 것으로 알았던 임정의 요인들은 이승만의 태도에 반발하게 되고, 대통령이 정부에 참가하지 않고 있는 것에도 불만이 생겼다. 여기에 위임통치론이 알려지면서 불신과 비판이 높아갔다. 특히 러시아의 지원을 받는 이동휘는 이승만의 임시 대통령 사퇴운동을 전개하였다. 1917년 러시아 혁명이 성공하면서 피압박 식민지 지식인들 중에는 러시아의 공산주의 혁명을 민족해방운동의 이데올로기로 받아들이는 사람이 많았다.

많은 한인이 거주하던 노령에서 한인 지도자들은 러시아 혁명과 함께 소련 공산당 한인지부와 한인사회당을 조직하여 혁명에 참가하였다. 아시아 민족으로서는 가장 먼저 세계 공산주의 운동에 참여하게 된 것이다. 한인사회당을 조직한 이동휘는 임정의 국무총리에 취임한 것을 계기로 코민테른 원동국 서기로 상해에 파견된 보이틴스키의 협조를 받아 여운형, 조완구, 안병찬, 조동우, 선우혁, 김두봉 등 임정 관계자와 민족진영 인사들을 규합하여 세력이 크게 확장되었다.

이동휘는 백범에게도 참가를 종용하였다. "혁명이란 피를 흘리는 사업인데 지금 우리가 하고 있는 독립운동은 민주주의 혁명에 불과하다. 독립을 하더라도 공산주의 혁명을 해야 하는데 그리되면 두 번 피를 흘리게 되어 민족에게 큰 불행이다. 그러니 아예 지금부터 공산혁명을 해야 한다"고 설득하였다.

백범은 이에 반문하였다. "우리가 공산혁명을 하는데 제3국제당(코민테른)의 지휘, 명령을 받지 않고 우리가 독자적으로 공산혁명을 할 수 있습니까?" 이동휘는 고개를 저으면서 그것은 불가능하다고 말하였다.

백범은 다시 강경한 어조로 말하였다. "우리 독립운동이 한민족의 독자성을 떠나서 어느 제3자의 지도·명령을 받는다는 것은 자존성을 상실한 의존성 운동입니다. 선생은 우

━━ 2   독립운동사편찬위원회, 『독립운동사』 4.

리 임시정부 헌장에 위배되는 말을 하심이 크게 옳지 못하니 아우는 선생의 지도를 따를 수 없으며, 선생의 자중을 권고합니다"하며 분명한 태도를 밝혔다.

백범은 이승만의 위임통치론도 반대하였지만 이동휘의 공산주의 혁명론도 엄격히 배격하였다. 그에게는 민족의 자주독립과 민주주의가 정치 이념이고 신조였던 것이다.

내무총장에 선임돼 임정 보위

임시정부는 수립된 그 해 7월에 '연통제' 실시를 공포하였다. 연통제란 임시정부가 국내외의 독립운동을 지휘, 감독하기 위해 설치한 비밀 연락망이었다. 내무총장 안창호의 발의에 따라 임정의 국무원령 제1호로 실시된 연통제는 내무총장 관할 아래 서울에 총판, 각도에 독판, 군과 부府에는 군감과 부장, 면에는 면감을 두고, 간도 지방에는 특별히 독판부를 설치하였다.

연통제는 주로 임시정부와 해외 독립운동 상황의 국내 전달과 국내에서의 독립자금 모금, 반일활동 지휘 등을 위한 행정연락기구로 활용되었다. 임정은 국내외 동포에서 20세 이상 1인당 1원씩 인구세를 징수하고 독립공채를 발행할 것을 결정하여 연통제를 통해 이를 실시했다. 그러나 일제의 철저한 감시로 경상남북도, 충청남도, 제주도에서는 조직이 이루어지지 못했으며, 그 밖의 지역도 면 단위까지는 제대로 조직되지 못하였다. 초기에 임정의 선전·통신·연락·자금모집 등에 크게 기여했으나 1920년 8월 국내 연통제 조직이 일제의 정보망에 발각되어 함경도·서울 지역의 조직원이 피검되면서 거의 와해되고 말았다.

이 무렵(1920년 10월) 만주에서는 김좌진이 이끄는 북로군정서, 홍범도洪範圖의 대한독립군, 안무安武의 국민군 등 독립군 연합부대 2000여 명이 두만강 상류 화룡현 일대에서 5000여 명의 일본군에 맞서 대승을 거두는 '청산리 전투'가 있었다. 한국독립전 사상 최대의 대첩인 이 전투에서 일본군 2000~3000명이 죽거나 부상당하였다.

임시정부에서는 1922년 9월 노백린 내각이 성립되면서 백범은 내무총장에 발탁되었다. 그는 여러 차례 이를 고사하다가 1923년 3월 초 수락하고는 임시정부의 재정비에 나섰다. 당시 임시정부는 대단히 어려운 국면에 놓여 있었다. 1920년 3월 임시정부 의정원에서는 이승만 대통령이 상해로 돌아올 것을 촉구하는 결의를 하였고, 5월에 차장회의에서는 대통령에 대한 불신임을 결의하였다가 다소 완화하는 조처로 워싱턴 위원부의 해산과 주미외교위원부의 설치 그리고 국무원을 경유하지 않는 대통령령의 남발을 금지할 것 등을 요구하였다.

이런저런 문제로 임시정부와 이승만의 관계는 상당히 악화되고 있었다. 이승만은 1920년 12월 8일에야 상해에 도착하였다. 대통령을 맞은 임정 주변에서는 행정제도의 개혁 문제, 독립운동 노선 문제, 재정 문제 등 산적한 현안의 타개를 대통령에게 기대하고 있었다. 그러나 상해에 도착한 이승만에게는 위임통치건 문제가 여전히 논란의 대상이 되고 있는 것을 비롯하여, 그는 시급한 현안에 대한 방안은커녕 타개하고자 하는 의지도 성의도 보이지 않았다. 오히려 자신의 권한 행사를 주장하다가 1921년 5월 17일 '외교상 긴급과 재정상 절박'으로 인해 상해를 떠난다는 내용의 교서를 의정원에 남기고는 다시 미국으로 돌아가고 말았다.

임시정부가 분규에 휩싸이면서 임정의 존재를 두고 '개조파'와 '창조파'로 나뉘어 격심한 논란이 벌어졌다. 1921년 2월 박은식朴殷植, 원세훈元世勳 등 13명은 연서로 「우리 동포에 고함」이라는 시국선언문을 발표하고 국민대표회의 소집을 요구하였다. 여기에 노령의 대한민국의회 등도 비슷한 이유에서 국민대표회의 소집에 찬동하였다. 이들은 현존 임시정부에 대체되는 새로운 기관을 구성하자는 주장이었다. 이를 '창조파'라 불렀다. 이에 같은 해 3월 5일 조완구趙琬九, 윤기섭尹琦燮 등 45명은 임시정부를 절대 지지하는 성명을 내고 창조파와 맞섰다. 이를 '개조파'라 불렀다.

이들과는 달리 박용만, 신채호, 신숙申肅 등은 북경에서 '군사통일준비회'를 열고 청산리·봉오동 전투 이후 군사력 통일 방안을 논의하면서 위임통치론을 제기한 이승만이 대통령으로 있는 것을 이유로 「임시정부 해체 요구 결의문」을 채택하고, 대표를 상해에 보내 '임시정부 및 의정원 불신임과 무효' 통첩을 전달하였다. 임시정부는 일대 파란과 위기에 직면하게 되었다. 이런 와중에 이승만은 미국으로 떠나버리고 국무총리 이동휘는 러시아로 떠나 임정은 신규식申圭植에 이어 노백린 체제가 수립되면서 백범이 내무총장에 선임되었다.

독립운동 진영의 대동단결을 목적으로 하는 안창호의 노력으로 1923년 1월부터 국민대표회의가 상해에서 열렸다. 여기에는 중국 각 지역과 국내·미주·유럽·러시아 지역 등 세계 각지에서 독립운동을 전개하고 있던 인사 300여 명이 모이고, 이들 가운데 대표권을 인정받은 130명 정도가 회의에 참석하여 그 해 5월 15일까지 63회에 걸쳐 국민대표회의가 열렸다. 그러나 임시정부의 존재를 두고 개조파와 창조파로 분열되고, 6월에는 창조파만의 회의에서 임정을 부인하고 신정부 수립을 선언하면서 블라디보스토크로 떠나가고 말았다.

임시정부는 국민대표회의 권위를 인정하고 전향적인 결론이 나오기를 기대하였다. 그러나 창조파의 집회에서 임정 해체와 신정부 수립안이 채택되면서 국무위원들의 태도는 완전히 달라졌다. 이에 개조파는 "통일의 유일 방침인 개조안이 부결되고 국호·연호를 새로 정하면 이는 한 민족에 두 개의 국가를 형성하여 가공할 화근을 심는 것이니 현상으로는 회의를 더 진행할 수 없다"는 통고문을 내고 회의를 거부하였다. 임정의 보위에 책임이 있는 백범에게는 임정의 존재를 부인하는 창조파를 더 이상 두고 볼 수만은 없었다. 백범은 내무총장으로서 임정의 권능을 무시하는 창조파에 대해 6월 6일 내무총장의 명의로 '국무원 포고 제1호'와 '내무부령 제1호'를 발령하였다.

〈내무부령 제1호〉

국민대표회의는 6월 3일 연호와 국호를 따로 정하는 건을 가결하였다. 이는 민족에 대한 반역 행위이므로 앞서 간유한 바 있었으나 완연 불응할 뿐 아니라 다시 헌법을 제정함은 조국의 존엄한 권위를 침범하는 것이다. 이에 있어 내무총장은 2천만 민족의 공동위탁에 의해 치안상 소수자가 집회하여 한 6월 2일 이후 일체의 행위에 철소와 대표회의 즉시 해산을 명함.[3]

백범은 이와 함께 임정의 체제 정비에 나섰다. 당시 헌법에 대통령의 임기가 정해지지 않아서 분란의 요인이 된 이승만을 제재할 방법을 찾기 어려웠던 것이 사실이다. 그래서 의정원은 대통령의 탄핵을 결정하고, 1924년 대통령 유고안有故案을 제출한 데 이어 1925년 3월에는 탄핵안을 의정원에서 통과시켰다. 이로써 임정 초대 대통령 이승만은 '축출'되었지만, 그는 해방될 때까지 미국에서 '프레지던

---

3 국회도서관, 『한국민족운동사료』(중국편).

트'President의 명의로 계속 활동하였다.

백범의 임시정부 보위에 대한 책임감은 때로 과격한 행동으로 나타나기도 하였다. 일제의 기록에 따르면 임정을 반대하는 입장에서 국민대표회의를 주장하고 있던 박은식에게 "이를 강행한다면 이완용 이상의 국적이 될 것이다"는 격한 용어를 쓰고, 이와 관련 그의 아들 박시창朴始昌을 구타하여 병원에 입원까지 하게 하였다고 한다.[4]

백범은 이에 앞서 경무국장 시절에 신채호 등이 『신대한』을 발행하면서 이승만 체제의 임시정부를 비난하고 있을 때에도 몇 번이나 실력으로 이들을 제거하려다가 안창호의 만류로 보류하곤 하였다.[5] 이와 같은 백범의 태도는 임시정부가 민족의 유일한 최고 기관이라는 대의명분을 존중하는 전통적인 명분과 의리론의 발로로 해석된다. 그는 누구보다도 임시정부의 정통성을 중시하는 입장이었다. 그래서 임정이 쇠퇴하여 대부분이 떠나갈 때에도 이를 지켰고, 임정이 위기에 닥칠 때에는 언제나 앞장서서 이를 해결하였다. 백범에 대한 비판적인 입장에서는 이런 일련의 행위와 관련하여 과격성을 들기도 한다. 그러나 임시정부를 지켜야 한다는 신념에서 그는 한 발자국도 양보하지 않는 원칙주의자였다.

___

4 김정명 편, "1921년「고경高警」제 5192호", 『조선독립운동』Ⅱ.
5 주요한, 『안도산 전』.

한국노병회를 조직하고 나석주 의거 주도

임정이 난맥상을 보이며 어려움에 빠질수록 백범의 사명과 책임은 가중되었다. 임정에서 벌어지고 있는 여러 행태의 분열, 분파 현상에 실망하면서도 임정 수호에 열과 성을 다하였다.

이동휘의 공산주의 혁명에 대한 제의를 거부한 지 얼마 후에 큰 사건이 벌어졌다. 이동휘가 밀파한 한형권韓亨權이 모스크바에 가서 소련 최고 지도자 레닌을 만나 독립운동 자금으로 200만 루블을 받기로 하고, 우선 제1차분으로 40만 루블을 가지고 모스크바를 떠난 것이다.

이동휘는 한형권이 돈을 갖고 떠났다는 기별을 받자 국무원에는 알리지 아니하고 국무원 비서실장이요, 자기의 심복인 김립金立을 시베리아로 마중 보내어 그 돈을 임시정부에 내주지 않고 직접 자기가 받으려 하였다. 그러나 김립은 거금을 손에 쥐게 되자 딴 마음이 생겨서 이동휘를 피하여 자기 가족을 위해 북간도에 땅을 사고, 상해에 돌아와서는 은신하면서 중국인 첩을 들이는 등 호사스런 향락생활을 즐기고 있었다.

임시정부에서 이동휘에게 책임을 묻자 그는 국무총리를 사임하고 러시아로 줄행랑을 치고 말았다. 한형권은 다시 모스크바로 가서 독립운동의 명목으로 20만 원을 더 받아 가지고 몰래 상해로 들어와 공산주의 계열 인사들에게 자금을 살포하면서, 이른바 국민대표회의를 소집하는 등 분파分派행동을 일삼았다. 김립은 1921년 고려공산당 창립대회에 참석하고 비서부장이 되었지만, 1922년 1월 13일 상해에서 코민테른 자금을 임정에 귀속시킬 것을 주장하던 오면직吳冕稙, 노종균盧宗均에게 암살당하였다.[6]

임시정부의 사활·존폐가 백범의 손에 달려 있다시피하였다. 분열·분파에 실망한 안창호는 미국으로 떠나고 창조파와 군사위원 측 인사들도 임정을 떠나거나 참여를 거부하였다. 한형권이 모스크바에서 받아온 20만 원으로 백범이 '잡종회'雜種會라고 부른 국민대표회의가 열렸지만 결국 분파 작용만 남기고 아무런 실익도 거두지 못하였다. 레닌이 준 '독립자금'의 횡령·유용 문제는 온갖 유언비어와 날조가 뒤섞이면서 국내 동포와 미주 교포들의 송금에도 악영향을 미치게 되었다. 임정의 분위기와 사기가 크게 위축된 것은 당연한 일이었다.

백범은 임시정부가 분란에 휩싸이게 되면서 임정 외곽에

별도의 조직을 만들어 임정을 지원하고 독립운동 방략方略을 펼치는 방안을 강구하였다. 내무총장을 맡기 직전인 1922년 10월 28일 한국노병회韓國勞兵會의 조직이 그것이다. 여운형, 손정도孫貞道, 이유필李裕弼, 김인전金仁全 등 6명과 노병회勞兵會를 발기하고 초대 이사장이 되었다. 여기서 말하는 '노병'勞兵은 소련 혁명에서 나타난 노동자와 병사 대표의 집합체인 노병회, 즉 소비에트Soviet와는 전혀 다른 뜻이다. 노병은 "한 사람이 노동자이면서 병사가 된다'는 뜻을 담는다. 즉 한국의 독립은 전쟁을 통해서 달성한다는 원대한 구상 아래 대일 전쟁의 기회가 올 때까지 10년을 상정하고 1만 명의 노병을 양성하고 유지하기 위해서는 준비 기간 동안 스스로 생계를 꾸려가면서 전쟁 비용도 축적하자는 것이다.[7]

실제로 한국노병회는 한인 청년을 선발하여 중국 군관학교에 파견하고 자금 모집 활동을 벌였다. 한인 청년을 군사 간부로 양성하고자 이동건李東健을 한단 군사강습소에, 백운소를 북경학병단에, 주문원朱文元 등 2명을 개봉병곡국에 파견하여 군사훈련을 받기로 하고, 그 외에 각 군사학교에 10여 명을 파견하였다. 백범은 3년 5개월 동안 한국노병회를 이끌면서 이 적잖은 청년들에게 군사교련을 받도록 하고 전비를 모금하였다. 노병회 존립 기간 10여 년 가운데 그가 책임을 맡았을 시기에 가장 왕성한 면모를 보였고, 이를 통

---

6 도진순 주해, "상해 임시정부 시절" 주17, 『백범일지』, 돌베개.

7 김희곤, 『중국 관내 한국독립운동단체연구』.

해 상해 독립운동계에서 점차 선두 대열에 나서게 되었다.[8]

백범은 또 나석주 의거도 주도하였다. 나석주는 황해도 재령 출신으로 백범이 설립한 양산학교에서 백범의 가르침을 받았고, 만주로 망명하여 이동휘가 세운 무관학교에서 군사교육을 받았다. 잠시 귀국하여 3·1운동에 참가하고 친일 부호와 친일 면장을 처단한 후 다시 중국으로 망명하여 백범 아래서 경무국 경호원으로 활동하였다. 한국노병회원이 되고 중국 하남성 한단군관학교를 졸업한 후 의열단에 가입하였다가 1925년 상해로 돌아와 임정에서 활동하고 있었다.

1926년 심산心山 김창숙이 상해로 찾아와 국내에서 모금해온 자금을 내놓으며 의열투쟁을 벌일 요원을 추천해 주기를 요청하자, 백범은 제자인 나석주와 이승춘을 추천해 주었다. 나석주는 1926년 12월 28일 단신으로 서울에 잠입하여 조선식산은행과 동양척식주식회사에 폭탄을 던지고 일경들과 총격전을 벌이다가 자결, 순국하였다(37세). 나석주 의거는 김창숙의 자금과 유자명柳子明의 의열단 그리고 백범의 한인노병회 조직의 삼각구도 위에서 펼쳐진 쾌거였던 것이다. 이 의거가 전해지면서 임시정부에서 백범의 위치는 더욱 확고해지고 임정의 핵으로 자리를 굳히게 되었다.

■■■ 8   김희곤, "백범 김구와 상해 임시정부", 『중국 관내 한국독립운동단체연구』.

아내 최준례를 잃고

'지주중류'砥柱中流라는 말이 있다. 백이숙제의 무덤 앞에 있는 비석의 비문으로 '황하의 강물 속에 기둥처럼 솟은 돌산의 굳센 기상'을 일컫는다. 많은 사람이 이런저런 이유로 임시정부를 떠나고, 이광수 등 적잖은 동지들이 훼절毀節하여 일제에 투항하였다. 국제 정세도 베르사이유 체제 출범으로 불리하게 전개되어 갔다. 그러나 백범은 '지주중류'가 되어 임정의 핵으로 자리잡으면서 좀 더 효과적인 대일 항전을 모색하였다.

임정의 혼미 속에서도 백범 개인에게는 한때나마 단란한 가정생활이 주어졌다. 망명 이듬해인 1920년 부인이 맏아들 인仁을 데리고 상해로 오고, 1922년에는 어머니가 상해로 건너와 모처럼 오붓한 가정생활이 이루어졌다. 둘째 아들 신信이 태어나 가정의 기쁨을 더해 주었다. 그러나 백범에게 망명지의 오붓한 가정생활은 단기간에 끝나고 말았다. 둘째

아들을 낳은 뒤 부인이 산후 조리를 제대로 하지 못한 데다가 2층에서 굴러 떨어져 뼈가 부러지면서 허파를 다쳤고, 얼마 후에는 폐렴으로 악화되었다. 프랑스 조계租界 구역의 보륭병원에 입원했다가 병이 깊어져 홍구 지역 폐병원으로 옮겨 치료를 받았으나 결국 1924년 1월 1일 운명하였다.

최준례 여사는 형편이 어려워 외국인 선교회에서 무료로 시술하는 홍구 폐병원으로 옮겼는데, 백범은 부인이 위독하다는 연락을 받고도 프랑스 조계 지역을 벗어날 수 없어서 부인의 임종을 지켜보지 못하는 아픔을 겪어야 했다. 부인의 장례는 독립운동 동지들의 주선으로 '성대하게' 치르고, 프랑스 조계 숭산로의 공동묘지에 안장하였다.

최준례 여사는 18세 때 백범과 결혼하여 사망할 때까지 20년 동안 남편의 옥고와 해외망명으로 고달픈 생활을 하면서 38세의 젊은 나이에 어린 두 아들과 남편과 시어머니를 이역에 남겨 둔 채 쓸쓸히 눈을 감았다. 백범은 아내의 장례식을 치르고 나서 동지들의 도움에 감사하여 다음과 같이 술회한 바 있다.

나의 본 뜻은 우리가 독립운동 기간 중 혼례나 장례의 성대한 의식으로 금전을 소비하는 것에 찬성하지 않았으므로, 아내의 장례는 극히 검약하기로 하였다. 그러나 여러 동지들이 아내가 나로 인해 무고한 고생을 겪은 것이 곧 나라 일에 공헌한 것이라 하여, 나의 주장을 불허하고

각기 연금하여 장의도 성대하게 지내고 묘비까지 세워주
었다. 그중에는 유세관·인욱군은 병원 교섭과 묘지 주선
에 성력을 다하였다. (『백범일지』)

최준례 여사의 묘비는 한글학자 김두봉金枓奉이 한글 자음
을 이용하여 출생과 사망 시기를 단군기원으로 표기하였다.
  그 무렵 어머니를 잃은 신信이는 겨우 걸음마를 익힐 때
요, 아직 젖먹이였다. 먹는 것은 우유를 먹었으나 잘 때는
할머니의 빈 젖을 물고야 잠이 들었다. 말을 배울 때는 할머
니만 알고 어머니가 무엇인지 몰랐다.
  백범의 단란했던 가정은 다시 이산가족이 되어야 했다.
1926년 어머니가 아들의 독립운동에 방해가 된다면서 둘째
신이를 데리고 본국으로 떠났고, 그 이듬해에는 어머니의
분부로 맏아들 인이도 그의 곁을 떠나서 백범은 다시 홀홀
단신의 망명객이 되었다.
  백범의 생애를 돌아볼 때 인간적으로 안타까운 일은 참
으로 '여복'이 없었다는 점이다. 혼사 과정에서 여러 차례 파
혼을 겪고 앞에서 지적한 대로 부인과의 가정생활도 긴 옥
고와 망명으로 평탄하지 못하였다. 그런 의미에서 혁명가의
아내 최준례 여사야말로 시대의 희생자라고 할 것이다.
  최준례 여사의 유해는 해방 후 환국하여 서울 성북구 정
릉에 안장되었다가 금곡리를 거쳐 1999년 4월 12일 효창원
의 부군 곁으로 이장되었다. 다음은 이장 봉안식에 헌정된

조동걸(국민대학 명예교수)의 추도사 요지이다.[9]

〈 최준례 여사를 추모하며 〉

백범 선생과는 이팔청춘이던 1904년에 만나 결혼하셨으니 꼭 20년을 반려하셨습니다. 반려라고 했습니다만 그것이 어찌 반려이겠습니까? 그야말로 형극으로 이어진 밤낮을 같이한 독립운동 동지였다고 말해야 옳을 것입니다.

결혼 20년에 신혼 시절 4년과 백범 선생이 1915년 인천 감옥에서 가출옥하여 농장에서 농감으로 일하시던 4년과 돌아가시기 직전 상해 시절 4년은 그래도 반려라고 해도 좋을 전 4년, 중 4년, 후 4년이었습니다. 흔히 백년해로라고 말하는데 겨우 10여 년의 반려를 위하여 결혼하셨습니까. 장련교회 한위겸·군예빈 선교사가 주선한 혼처도 기어이 마다하고 경찰에 쫓기지 않으면 연거푸 감옥이나 사는 연상의 남성을 대신하여 결혼하였단 말입니까. 그래서 북풍 휘몰아치는 엄동설한에도 몸을 떨며 옥바라지나 해야 했던 여사의 생애가 되지 않았습니까. 바로 그것이었습니다. 감옥을 산 것도 알았고 살 것도 이미 안 여사였지만 조숙한 여사께서는 파란만장한 삶의 길이 오히려 값지다고 생각하셨습니다. 그래서 청년 백범을 부군으로 맞은 것이 아니겠습니까.

1904년 백범 선생과 혼담이 오갈 때 두 분은 첫 만남에서 장래를 준비하였습니다. 그리고 장련·신천·안악으로 이사하여 부군과 더불어 구국 교육에 헌신하였습니다. 1910년 안명근 사건으로 부군이신 백범 선생이 영어의 몸이 되었을 때도 여사께서는 교육에 헌신하며 옥바라지를 하였습니다. 여사께서 교육에 이바지한 업적이 얼마나 높았던가는 백범 선생이 1915년 출옥하여 여사께서 계시던 안신학교 조교로 일했다는 사실로 알 수 있습니다. 그만큼 여사의 위치가 확고했다는 것을 의미하는 것이겠습니다. 그런 아내와 사는 남자로서 백범의 꿈도 무르익은 것이 아닌가 합니다.

1919년 3월 29일, 3·1운동이 요원의 불길처럼 전국으로 퍼져나갈 때 백범께서는 상해 망명길에 올랐습니다. 맏아들 인仁이 백날을 겨우 지난 때였습니다. 그때 여사께서 왜 부군의 먼 길을 만류하지 않았습니까. 여사께서 한사코 만류하였다면 떠날 부군이 아니라는 것을 후생은 알 수 있습니다. 두 분의 혼담이 오갈 때 온 교회가 주목하고 온 마을에 화제가 분분했던 것을 보면 요조숙녀는 틀림없는데 군자호구君子好逑가 될 것이냐의 문제 때문이 아니겠습니까. 그렇다면 여사의 부덕을 알 수 있는 것입니다. 그런 요조숙녀가 평범한 인생으로 자족한다면 부군의 먼 길을 만류할 법도 했던 것입니다. 그렇게 했더라면 백범께서는 군자호구가 되기 위해서도 먼 길을 단념

━━━ **9** 조동걸, 『그래도 역사의 힘을 믿는다』, 푸른역사.

했을지 모르는 일입니다.

그러나 여사께서는 먼 길을 떠나보내셨습니다. 그리고
는 이듬해 1920년에 여사도 인仁을 데리고 상해로 갔던 것
입니다. 그리고 1922년에는 어머님 곽낙원 여사도 상해로
모셨습니다. 그해는 경사가 겹쳤습니다. 부군이 임시정부
내무총장에 올랐는가 하면 둘째 아들 신信이 출생하였습
니다. 프랑스 조계 영경방 단칸 셋방이었지만 행복이 가득
한 1922년 여름이었습니다. 내무총장의 집답지 않게 가난
해서 갓난아기의 옷도 입히지 못했지만 보람이 가득한 집
안이었습니다. 고향에서 농감이나 하고 지내면 배불리 먹
고 신이 태어난 경사 잔치도 걸판지게 열었겠지만 바보처
럼 남의 나라에 망명하여 가난한 '망국노'라고 조롱받으며
살았지만 거기에는 뜨거운 행복과 보람이 있었습니다. 조
국 광복에 몸 바치는 뜨거운 열정이 있었으므로 어떤 가난
과 형극도 달게 받을 수 있었습니다. 그런데 웬일입니까.
그 신이 사화死花가 될 줄은 꿈엔들 생각했겠습니까. 여사
께서는 아기 백 날도 되기 전에 자리에 눕고 말았습니다.
가난한 살림 때문에 폐를 다쳐 자리에 누워도 변변한 약
한 첩 못 쓰고 결국 운명하셨습니다. 그때가 1924년 1월 1
일이옵니다. 홍구 병원에서 운명하실 적에는 여사만이 외
롭게 저승을 맞아야 했습니다. 홍구에 가자면 일본 경찰이
우글대는 영국 조계와 공동 조계를 지나야 하기 때문에 임
시정부 내무총장이신 부군이 갈 수가 없지를 않습니까. 독

립운동이 무엇이라고 인정해야 했습니까. 그러나 여사께서는 마지막 순간에도 엄중하였습니다. 문병온 김의한金毅漢 선생 내외분을 통하여 가족 임종을 막았습니다. 그래서 아무도 없는 이국의 병실에서 홀로, 그러나 거룩하게 세상을 떠나가셨습니다.

최준례 여사, 맑은 영혼은 이승에서는 경찰에 쫓기고 가난에 묶이면서 육신의 고통을 강요당하였지만 저승에서는 가장 윗자리 중앙에 앉는다고 들었습니다. 저승 중앙에 앉아 계신 최준례 여사, 오늘 이 자리에는 77년 전 여사의 사화로 태어난 신이 영전에 부복하고 불효의 용서를 빌고 있습니다. 용서하옵소서. 그러나 그 불효자가 여사의 유해를 첫 유택으로 계시던 상해 하비로 공동묘지에서 1948년에 봉환했습니다. 그리고 정릉과 금곡리를 거쳐 오늘 부군이 계시는 효창원 여기에 모시는 것입니다.

부인과 사별한 백범은 죽을때까지 재혼하지 않았다. 다만 윤봉길 의사의 거사 후 상해를 떠나 피신생활을 할 때에 중국 여성 '처녀 뱃사공'과의 로맨스는 제9장에 적기로 한다.

홀로 된 백범은 곧 임시정부 수반인 국무령이 되었지만 경제적으로 곤궁하여 잠은 정부 청사에서 자고 밥은 직업이 있는 동포들 집에서 얻어먹으면서 지냈다. 백범은 이 무렵의 자신을 '거지 중의 상거지'라고 표현하였다. 백범의 처지를 잘 알고 있었던 동포들은 그를 홀대하지 않았다. 조봉길,

이준태, 나우, 전희창, 김의한 등이 정성으로 대접하였다. 특히 엄항섭嚴恒燮은 지강대학之江大學 중학을 졸업하고 프랑스 공무국에 취직하여 백범과 이동녕 등 독립운동가의 생계를 떠맡았다.

● 해주 서촌 존위가 국무령에

이승만을 탄핵한 임시정부는 1925년 3월에 백암白巖 박은식을 후임 대통령에 선출하였다. 박은식은 1898년 장지연 등과 『황성신문』을 창간하여 주필이 되었고, 『대한매일신보』『서북학회월보』의 주필을 지냈다. 3·1 운동 후 러시아로 망명하여 항일운동을 하면서 민족독립운동을 고취시키기 위해 역사 연구에 노력하였다. 『한국통사』를 써서 일제의 한국 침략 과정을 폭로하고, 『한국독립운동지혈사』에서 한민족의 투쟁 과정을 서술하였다.

임시정부가 수립되면서 상해로 건너와 국무총리를 지내는 등 항일전을 지도하는 원로의 한 사람이었다. 병중에 있던 66세의 박은식은 대통령에 취임하면서 수반을 국무령國務領으로 하는 개헌 작업에 박차를 가하여 내각책임제 개헌을 단행하고 물러났다가 얼마 후 사망하였다. 백범이 국무령에 선임되기까지에는 곡절도 많았다.

먼저 초대 국무령으로 만주에서 독립운동을 지도하고 있던 이상룡李相龍이 천거되었다. 그러나 조각에 착수하였으나 입각자가 없어 성공하지 못하고 6개월 만에 만주로 돌아가고, 뒤이어 안창호, 양기탁 등이 천거되었으나 모두 취임하지 못하였다. 홍진洪震이 진강鎭江에서 돌아와서 취임하였으나 그 역시 조각에 실패하였다. 1925년 4월에 내각책임제 개헌안이 공포되고 이듬해 백범이 국무령에 취임할 때까지 1년 8개월여 동안 임시정부는 무정부 상태에 빠져들었다. 의정원에서 해결 방안이 논의되고, 의정원 의장 이동녕이 백범을 국무령에 천거하면서 조각을 권유하였다. 백범은 그때에 내무총장과 국무총리 대리를 겸임하고 있었다.

국무령에 천거된 백범은 난감한 입장이어서 이를 완강히 사양하였다. 의장이 다시 강권하자 두 가지 이유를 들어 굳이 사양하였다. 첫째는 정부가 아무리 위축되었다고 하더라도 해주 서촌 김존위의 아들이 한 나라의 원수가 되는 것은 국가·민족의 위신을 크게 떨어뜨리는 것이므로 불가하고, 둘째는 이·홍(이상룡과 홍진) 양씨도 호응하는 인재가 없어 실패한 것을 자신이 나서면 더욱 호응할 인재가 없을 것이라는 이유였다. 이 부분에서 백범의 겸손함과 함께 그가 출신 성분에 얼마나 심한 콤플렉스를 느끼고 있었는가를 알게 된다.

이동녕은 다시 백범을 설득하였다. 민국民國의 시대에 굳이 출신이 문제가 될 것이 없고, 백범이 나서면 지원자들이 있을 것이니, 쾌히 응낙하여 임시정부가 무정부 상태를 면하게 하여 달라고 설득하였다. 망설임 끝에 이를 수락한 백범은 국무령에 취임하여 윤기섭, 오영선吳永善, 김갑金甲, 김철金澈, 이규홍李圭洪 등으로 조각을 마치고 곧 국무령제를 국무위원제로 하는 개헌안을 제출하여 의정원의 통과를 보았다. 임시정부의 권력구조를 스위스의 관리 정부 형태와 비슷한 국무위원회의 '윤회주석제도'를 채택한 것이다. 스스로 자신의 권력을 줄이면서 많은 동지들이 정부에 참여하는 길을 튼 것이다. 이 역시 백범이 아니고는 좀처럼 실행하기 힘든 용단이었다. 권력은 부자간에도 나누기 어렵다는 권력의 속성을 상기할 때에 더욱 그러하다.

신헌법 공포 후 신내각은 이동녕이 주석 겸 법무장을 맡고 백범은 내무장을 맡았다. 사실상 정부 주석 자리를 이동녕에게 넘겨주고 자신은 내무부를 맡은 것이다. 어른에 대한 예우와 정부의 안정적인 운영을 도모하려는 의도라 하겠다.

국무령 취임과 개헌 이후 정부의 분란은 일단 가라앉았으나, 경제적으로는 정부의 체면을 유지하기도 어려운 형편이었다. 식사 문제는 앞에 쓴 대로 해결이 되었으나 청사 전세금이 3원, 고용인 월급이 20원임에도 불구하고 이를 해결하기 어려워 집세 문제로 집주인에게 소송을 당하기도 하였다.

독립운동의 뜻을 품고 상해에 온 청년들도 임시정부의 재정난으로 취직을 하거나 행상을 나서기 일쑤였다. 정부 수립 초기에 독립운동자의 수가 1000여 명이었던 것이 남은 자가 겨우 수십 명에 불과하였다. 백범은 후일 당시 임시정부의 처지를 다음과 같이 썼다.

나는 최초에는 정부의 문파수(문지기)를 청원하였으나, 끝내는 노동총판, 내무총장, 국무령, 국무위원, 주석으로 중임을 거의 역임하였다. 이렇게 된 것은 나의 문파수 자격이 진보된 것이 아니라, 임시정부의 인재난·경제난이 극도에 달하였기 때문이다. 그것은 마치 명성이 쟁쟁하던 인가人家가 몰락하여, 그 고대광실이 걸인의 소굴이 된 것과 흡사한 형편이었다. 이승만 대통령이 취임·시무할 때는 중국 인사는 물론이고, 눈 푸르고 코 큰 영·불·미 친구들도 더러 임시정부를 방문하였다. 그러나 이제 임시정부에 서양인이라고는 공무국의 불란서 경찰이 왜놈을 대동하고 사람을 잡으러 오거나, 세금 독촉으로 오는 이외에는 없었다. 상해에서 서양 사람들 틈 속에 끼여 살지만, 서양 친구라곤 한 사람도 찾아오는 자가 없었다. 그렇지만 매년 크리스마스에는 적어도 몇백 원어치의 물품을 사서 불란서 영사와 공무국, 그 전의 친구들에게 선물하였다. 어떠한 곤란중이라도 14년 동안 연중행사로 실행한 것은 우리 임시정부가 존재한다는 흔적을 그들에게 인식시키려는 방법이었다. (『백범일지』)

백범은 독립운동자가 줄어든 이유를 세 가지로 들었다. 첫째는 임정의 군무차장 김희선, 『독립신문』 사장 이광수,

의정원 부의장 정인과鄭仁果 같은 무리는 왜에게 항복하고 본국으로 돌아가고, 둘째로는 국내 각도 각군에 조직하였던 연통제가 발각되어 많은 동지가 왜에게 잡혔고, 셋째로는 생활난으로 인하여 각각 흩어져 밥벌이를 하게 된 때문이라는 분석이었다.(『백범일지』)

이와 함께 또 다른 이유는, 고질적인 파벌투쟁으로 많은 지도자들이 상해를 떠나고, 이로 인한 위신 추락으로 임정의 권위가 손상되면서 후계 세대가 모여들지 않았던 것이다. 궁색한 살림살이 때문에 극심한 인물난으로 세대교체를 가져오지 못하고, 여기에 국제 정세도 임정에는 불리하게 전개되었다. 이른바 베르사이유 체제가 안정기를 맞으면서 국제사회는 약소민족의 독립운동에 관심을 보이지 않는데다가, 1929년부터 불어닥친 세계적인 경제 대공황으로 각국은 혼란에 빠지면서 국내 문제에 집착하게 되었다.

초기에는 임시정부에 재정지원을 해주는 등 적극적인 관심을 보였던 소련도 1925년경부터는 조선공산당 쪽에만 관심을 두고 임정과는 관계가 단절되었고, 중국은 열강의 침략을 받아 반식민지 상태에서 내전에 휘말리고 있어서 한국 임시정부를 지원해 줄 여유가 없었다. 이처럼 어려운 상태에서 임정의 법통을 지키고 체제를 유지하는 데는 이동녕을 비롯하여 백범 등의 역할이 컸다. 일제의 정보기관은 당시의 임정 상황을 다음과 같이 보고하였다.

겨우 미국 교민들로부터 받은 약간의 금액을 유일한 수입으로 하여 유지비에 충당하고 있으나, 경제상의 궁핍이 극도에 달하여 임시정부의 현하의 상태에서는 비용이 필요한 사업을 하기에는 불가능하게 되었으며, 요원들도 생활상 활동에 전력을 기울이기도 어려우며, 겨우 3·1기념일이나 인성학교 졸업식 등에 즈음하여 인쇄물을 배포하여 기세를 보이는데 불과한 상태로서, 장래 경비 관계 여하에 의하여는 그 존립조차 위태로운 형편이다. 임시정부 소재지는 법조계 백래니 몽마량으로 보경리 제4호에 설치하고 있다. 법조계에 있어서의 임시정부는 설립 후 경제상의 궁핍으로 이미 여러 차례 이전한 것이나 현재 가옥은 1926년 3월경 법조계 포석로 제14호에서 이전한 것이며, 집세 36달러로 중국인으로부터 빌린 2층 구식 양옥으로, 2층을 사무실로 사용하고 하층을 집회장으로 하여, 집회장에는 항상 국기를 게양하고 몇 개의 의자를 벌여놓고 있으며 현 재무장관인 김갑이 보관의 책임을 겸하여 맡고 있다. 집세는 미국 교민단에서 보내온 것과 안창호, 전창세 등 여유 있는 자의 출비로 지불하고 있으나 이것도 정한 수입이 아니므로 월세도 체납하는 일이 많아 늘 금책金策에 궁하고 있다.[10]

임시정부의 살림살이가 얼마나 어려웠는지는, 당시의 사정을 말해주는 기록이 있다. 독립운동가 김가진金嘉鎭의 며느리이자 독립운동가 김의한의 아내인 정정화 여사(본인 역시 독립자금 모금을 위해 몇 차례 식민지 고국을 찾았다)는 임시정부 요인들을 20여 년 지척에서 지켜보면서 임정의 안살림을 도맡다시피하였다. 그래서 누구보다 당시 실정을 잘 아는 편이다. 그는 해방 후 귀국하여 다음과 같이 증언하였다.[11]

임시정부의 살림을 맡아 하는 분들은 생활이 더욱 어려워졌다. 당시 임시정부의 살림은 석오장(이동녕)과 백범(김구) 등 몇 분이 거의 다 짊어진 상태였는데, 돈이 바닥날 때가 많았고, 그럴 때면 그야말로 끼니를 이을 수 없어 이집 저집 돌아다니면서 한 술씩 얻어 드셨다. 백범은 워낙 체격이 좋고 우람하여 식사 양이 좀 많은 편이었다. 어쩌다 자금이라도 좀 생기면 임정의 살림 비용뿐 아니라 백범이 책임을 맡고 있는 애국단의 폭탄이나 무기 장만 비용에 우선적으로 쓰였으므로 개인적으로 먹고사는 게 늘 어려웠다. 여기저기 다니다가 배가 출출하면 서너 시쯤 백범이 우리집으로 온다.

"후동 어머니, 나 밥 좀 해줄라우."

"암요, 해드려야지. 아직 점심 안 드셨어요? 애 좀 봐주세요. 제가 얼른 점심 지어 드릴께요."

10 일본 경찰, "상해불령 조선인의 상황", 1928. 7.
11 정정화, 『장강일기』, 1998, 학민사.

백범은 왜놈 잡는 일에는 무섭고 철저한 분이지만 동고동락하는 이들에게는 항상 다정하고 자상하며 격의 없는 분이었다. 반찬거리를 사다가 밥을 지어서 드리면 어떻게나 달게 드시는지, 빨리 형편이 펴서 좀더 나은 걸 해드렸으면 하는 마음이 간절하였다.

한국 독립운동의 중심축으로 여겨진 임정의 형편이 이런 정도였다. 상해를 떠나 중원 대륙을 '유랑'할 때에는 이보다 더 어렵기도 하였다. 그러나 뒤에서 기술하겠지만 그나마 임시정부의 존재가 유지되었기 때문에 대일 선전포고를 할 수 있었고, 이런 관계로 카이로 선언 등에서 한국의 독립 문제가 국제적으로 공인받게 되었다는 사실을 이해한다면 그토록 어려운 형편에서도 임정을 이끌고 지킨 이들의 공적은 높이 평가되어야 한다.

백범은 우선 재정의 타개를 위하여 해외에 있는 동포들에게 편지 쓰기를 시작하였다. 1만여 명이 살고 있는 미주·하와이·멕시코·쿠바 동포들을 상대로 하였다. 그들이 비록 노동자들이지만 일찍부터 서재필, 이승만, 안창호, 박용만 등의 가르침을 받아 애국심이 투철하다는 것을 알고 있었기 때문이다.

백범은 영어에 문외한이라 엄항섭, 안공근 등의 도움으로 영문으로 편지를 써서 보내는 것이 '유일한 사무'였다. 편지를 받은 시카고의 김경金慶은 임정의 집세에 보태 쓰라고 200여 달러를 보내고, 이어서 하와이에 가 있던 안창호를 비롯하여 미국에서 현순玄楯, 김상호金商鎬, 이홍기李鴻基, 임성우林成雨, 박종수朴鍾秀, 문인화文寅華, 조병요趙炳堯, 김현구金鉉九, 안원규安源奎, 황인환黃仁煥, 김윤배金潤培, 박신애朴信愛, 심영신沈永信 등이 성금을 보내주었다. 샌프란시스코의 교포신문『신한민보』가 임시정부에 관심을 보이면서 김호金乎, 이종소李鍾昭, 홍언洪焉, 한시대韓始大, 송종익宋宗翊, 최진하崔鎭河, 송헌수宋憲樹, 백일규白一圭와 멕시코의 김기창金基昶, 이종오李鍾昨, 쿠바의 임천택林千澤, 박창운朴昌雲 등이 후원금을 보냈다.

이승만, 안현경安賢卿 등이 하와이에서 조직한 동지회에서도 이승만을 필두로 이원순李元淳, 손덕인孫德仁, 안현경 등이 독립 성금에 참여하였으며, 안창호, 임성우 등은 임시정부가 하는 사업에 돈을 보내주겠다고 제의해왔다. 백범은 간절히 하고 싶은 일이 있을 때 보내 줄 것을 당부하면서 '하고 싶은 사업'을 연구하기 시작하였다.

이 무렵 백범은 '한국유일독립당상해촉성회'가 조직되면서 좌·우파를 망라하여 선정된 24명의 집행위원에 선정되고(1927년 4월 11일), 임정 내무부 산하 직속기관인 상해 교민단 단장을 맡았다(1929년 8월 29일). 정부의 최고 수반의 위치에서 촉성회 집행위원이 되거나, 내무부 직속기관인 교민단 장을 맡는 것 등은, 특별히 권위를 내세우지 않는 백범의 평등정신을 엿볼 수 있다. 그는 자신을 필요로 한다면 어떤 위치, 어떤 역할도 마다하지 않았다.

상해 교민단의 책임을 맡으면서 지방행정과 지방의회 기능을 갖추게 조직을 개편하고, 동포 자제의 교육기관으로 인성학교를 운영하였다. 동포 사회 속으로 침투하는 밀정을 색출하고 치안을 유지하기 위해 의경대를 조직하였다. 1931년 11월에는 교민단장 중심제에서 3인의 정무위원회라는 합의제로 바꾸었다. 임시정부 체제를 내각제로 바꾸는 것 등과 관련하여 백범의 권력분립 정신의 일단을 살피게 된다. 백범은 1932년 1월부터 윤봉길 의거로 상해를 떠나는 5월까지 정무위원을 맡았다.

제 **8** 장

독립운동의 불꽃 한인애국단과 의열 투쟁

한인애국단의 결성

　백범이 임시정부의 난관을 극복하며 대일 항전에서 효과
적인 '하고 싶은 사업'을 모색하고 있을 때, 국제 정세는 크
게 변하고 있었다. 이탈리아에서는 1922년부터 파시스트
무솔리니 정권이 수립되고, 제1차 세계대전에서 패배한 독
일에서는 베르사이유 조약의 폐기 등을 강령으로 들고 나온
히틀러의 나치스당이 1932년에 정권을 장악하였다.

　세계적인 대공황으로 조업 중단, 대량 실업이 발생하면
서 세계적으로 사회주의운동과 신흥 파시스트 독재정권이
활기를 띠게 되었다. 일본은 1927년 4월 육군대장 다나카
기이치田中義一가 집권하면서 본격적인 대륙 침략 정책을 들
고 나왔다. 일본은 대공황으로 경제적 파탄에 이어 정치·사
회적으로 여러 가지 불안정이 벌어지면서 대륙 침략전쟁을
도발하여 국내 문제를 해결하려 들었다. 일제는 일찍부터
만주를 그들의 '생명선'으로 보고 있었다. 만주를 확보하면

소련의 남하 정책을 그곳에서 저지하게 되면서, 석탄·식량 등 군수산업의 안전한 원료 공급지를 확보하고, 한국 독립운동의 전진기지를 초토화함으로써 안정적으로 한국을 지배할 수 있다는 계산이었다.

일제는 만주 지역의 한국 독립운동을 토멸하고자 1920년 훈춘 사건을 조작하여 한인을 대량 학살하고, 1925년에는 이른바 미쓰야협정三矢協定을 맺어 중국 당국이 한국 독립운동을 탄압하도록 하였다. 특히 1931년에는 만보산 사건을 일으켜 한국과 중국 농민이 싸우도록 조작하여 한·중 국민 간의 이간을 통해 독립운동을 약화시키는 한편 만주 침략의 구실로 삼았다.

일제는 마침내 1931년 9월 18일 봉천 교외의 만선철로의 일부를 폭파하고 이를 중국 측에 책임을 떠넘겨 대규모의 병력을 투입하여 길림·봉천에 이어 하얼빈·찌찌하르·금주까지 함락하고 이듬해 3월에는 괴뢰 정부 만주국을 수립하였다. 만주 일대가 일본군에 점령되면서 이 지역을 중심으로 독립운동을 벌였던 무장 독립운동은 일대 타격을 받게 되었다. 일제의 회유 정책으로 많은 독립운동가가 전향하거나 만주를 떠나게 되었다. 상해 임시정부의 위축과 함께 독립운동의 큰 타격이 아닐 수 없었다.

임시정부는 특무 공작을 통해 이 난관을 극복하고 일제에 충분한 타격을 입히기로 하였다. 욱일승천旭日昇天하는 일제에 맞서기 위해서는 적과 대항하여 싸울 수 있는 군사력을 갖지 못한 상태에서는 특무 공작 외에 달리 방법을 찾기 어려웠다. 적은 인원으로 가장 큰 효과를 낼 수 있는 방법이 곧 특무 공작이었다.

임시정부는 한 몸을 던져 적괴를 사살하거나 적의 기관을 폭파시키는 행동을 임시정부에서 직접 실행하면 정부의 위신과 외교 문제가 따르기 때문에 공적 기관과는 별도로 특무대를 조직하여 실행하기로 하였다. 또 이를 공식회의에서 논의하게 되면 정보 누설과 자칫 방법론을 둘러싸고 백가쟁명百家爭鳴에 부딪히게 될 우려에서 특무 공작에 대한 모든 결정과 책임을 백범에게 위임하였다. 그때 백범은 국무위원(재무장)이며 상해 거류민단 단장을 겸임하고 있었다. 자금 조달, 인물 선정, 공격 대상의 결정 등 전권을 위임받은 백범은 우선 조직을 만들기로 하고, 비밀리에 '한인애국단'을 결성하였다.

백범은 일찍부터 이런 상황을 예견하고 한국노병회를 조직하였지만 병력이나 전쟁 비용에서 소기의 성과를 거두지 못하고 노병회의 조직에서 손을 뗀 상태였다. 한인애국단은 1931년 11월에 결성되었다. 비밀결사였기 때문에 그 정확한 인원과 단원의 이름을 모두 알 수는 없다. 또 임무상 가명을 사용하기도 하여 실명의 확인도 쉽지 않다. 일제 정보기관은 한인애국단의 인원을 약 80명으로 추정했으며, 그 핵심 단원으로 10여 명을 들었다. 다음은 신용하(서울대 명예교수)가 이를 중심으로 정리한 한인애국단원의 명단이다.[1]

단장 : 김구金九

단원 : 안공근, 김동우金東宇, 김해산金海山, 엄항섭, 김
홍일金弘壹, 안경근安敬槿, 손창도孫昌道, 김의한, 백구파白
九波, 김현구金鉉九, 손두환孫斗煥, 주엽周葉, 양동호楊東浩,
이덕주李德柱, 유진식兪鎭植, 이봉창李奉昌, 윤봉길尹奉吉,
유상근柳相根, 최흥식崔興植, 이수봉李秀峰, 이성원李盛元,
이성발李盛發, 왕종호王種浩, 이국혁李國革, 노태영盧泰榮,
김경호金競鎬, 김철金澈

임시정부 국무원이 여러 차례의 회의 결과 특무대를 조
직하기로 하고, 그 책임을 자신에게 맡기기로 한 데 대해 백
범은 다음과 같이 술회하고 있다.

급기야 상해에서는 이따금 대로상에서 중·한 노동자
들의 충돌이 빚어졌다. 그때 임시정부 국무회의에서 특
권을 부여받아 한인애국단을 조직한 나는 첫 번째로 동
경사건을 주관했던 것이다. 암살 파괴 등의 공작을 실행
하되 자금과 사람의 사용에 전권을 가지고 운영하여 성
공 또는 실패의 결과만 보고하면 되었다. 그래서 1월 8
일이 임박했으므로 국무위원에 한하여 그동안의 경과를
보고하였다. (『백범일지』)

━━ **2**　신용하, "백범 김구와 한인애국단의 의열투쟁", 『백범과 민족운동연구』제1
집, 백범학술원.

한인애국단이 백범의 사설 독립운동단체가 아닌 임시정부의 특무대임을 알 수 있다. 당시 임시정부를 포위하고 첩보활동을 하고 있던 일제 정보기관은 한인애국단의 결성에 대해 다음과 같이 보고하였다.[2]

소화 6년(1931년) 9월 만주사변 후 한국 임시정부에서는 누차 국무회의를 개최하고 협의한 결과 임시정부의 번세煩勢를 만회하고 중국 민중의 항일 기세가 오른 것을 기회로… 특무대라는 기관을 설치하고 불원 북경여행 예정이었던 내전內田 만철(만주철도) 총재를 암살하기로 결정하고 김구를 대장으로 임명하고, 차의 계획 및 실행의 일체를 일임함과 공히 임시정부 자금 수입의 반액을 특무대에 지급하라 하고,….

'한인애국단'이란 명칭과 관련하여 일제의 정보 문서에는 달리 기록하고 있다.

임정이 특무 공작의 전권을 백범에게 위임하기로 결의한 후, 조소앙趙素昻이 특무대의 명칭을 의생단義生團이라 하고, 선언문·강령·규약 등을 만들어 김구에게 주었는데, 김구는 그 후 안공근의 집에서 낮잠을 자다가 어린애에게 이것을 찢기어 강령·규약 없이 의생단이란 이름도 사용하지 않고 백범이 개인적으로 일을 계속 진행시켰다

고 하는데, 이 정보는 이봉창·윤봉길 의거 후 혈안이 된
일제 정보기관이 애국단의 초기의 조직 상황을 파악하지
못하자 조작해서 상부에 보고한 것으로 보여진다.[3]

한인애국단의 명칭과 상관없이 이 단체 명의의 의열투쟁
은 1932년에 들면서 5개월 동안 네 건의 큰 의거로 나타났
다. 1월 이봉창의 동경 일왕 투탄 의거, 3월 조선총독 암살
을 위해 파견된 유진식兪鎭植·이덕주李德柱 의거, 4월 윤봉길
의 상해 홍구공원 의거, 5월 관동군사령관 암살을 위해 대
련으로 파견되었다가 체포된 최흥식崔興植·유상근柳相根 의
거 등이다.

2 『한국독립운동사자료』제2권, 신용하, 앞의 글 재인용.

3 국사편찬위원회 편, 『한국독립운동사』 자료2 임정편2, 『백범 김구 : 생애와
  사상』, 재인용.

불꽃이어라, 이봉창 의사

한민족이 국가 위기를 극복해온 과정에서 보여준 독특한 저항 방식의 하나는 의열義烈투쟁이다. 임진왜란 때 왜군의 침입을 받고 관군이 일거에 무너지면서 국가 존망이 위태롭자 경향 각지에서 의병과 승병이 일어나 왜적과 싸웠다. 의병의 투쟁으로 이순신 장군 등 관군이 전열을 정비하고 왜군과 대적할 수 있었다.

고려시대의 삼별초나 노비군 등이 끝까지 항몽 전투에 나선 것이나, 대한제국시대에 일제 침략에 들불처럼 봉기한 의병전쟁, 이를 승계한 독립군, 광복군, 의열단, 의열사 투쟁 등은 바로 치열한 민중의 힘이며 국혼의 발로였다. 이러한 전통은 해방 후에도 이어져 민주화운동 과정에서 숱한 민주인사들이 분신, 투신, 자결, 음독, 투옥, 의문사 등 생명을 내걸고 반독재 투쟁을 전개하여 자유민주주의를 지켜냈다.

의열사와 관련, 맹자는 "지사志士는 곤경에 처하기를 언제나 각오하고 있고 용사勇士는 제 목숨 바치기를 언제나 각오하고 있다" 하고, 사마천의『사기史記』에서는 "불의에 대한 정신적 저항으로 자결한 위인"이라고 설명했다. 식민지 시대의 의열투쟁은 일제에 저항하는 지사와 용사들의 자기희생이었다.

의병과 독립군의 투쟁이 대단위 조직의 집단적·군사적 전투의 대항 방식인데 비해 의열투쟁은 개인 혹은 소규모 조직에 의한 개별적 또는 소집단적 투쟁의 형식을 취한다. 이러한 투쟁은 정면 대결로는 승산이 어려울 때에 적에게 타격을 주기 위한 효과적인 방법이었다. 우리의 의열투쟁은 강대한 외적과 싸울 때나 군사독재 정권과 대적하면서 가장 효과적인 방식으로 채택되고, 우리 민족의 고유한 국혼과 국맥의 저항정신으로 이어지고 있는 것이다.

백범이 주도한 이봉창·윤봉길 의거는 캄캄한 민족의 밤 하늘에 작렬하는 불꽃이었다. 적도敵都 동경과 국제 중심 도시 상해에서 치솟은 두 개의 불꽃은 그칠 줄 모르는 의열투쟁의 섬광이었다. 백범과 두 의사가 만나게 되고 나눈 대화와 인간애는 어떤 영화보다 더 드라마틱하고, 이들의 일체화된 의지와 행동은 어떤 혁명사에서도 찾기 어려운 장엄한 휴먼 드라마였다.

참 사람은 삼기三氣를 갖춰야 한다던가. 의기와 용기와 결기가 그들을 하나의 불꽃으로 묶었다. 백범은 사람을 보는 남다른 안목이 있었다. 수많은 열혈남아 중에 이봉창과 윤봉길을 골라낸 것은 서로 삼기가 통할 수 있었기 때문이었을 것이다. 백범은 "의심하는 사람이어든 쓰지를 말고 쓰는 사람이어든 의심하지 말라"는 것을 생활신조로 하여 살아왔다. 두 의사가 민족해방전선에서 장렬하게 산화할 수 있었던 것은 '인간적 신뢰'가 바탕이 되었기 때문이다. 열사는 명예를 위하여 목숨을 걸고 장부는 기백을 중히 여긴다. 그들은 조국 해방을 위하여, 점점 사그라져가는 민족혼을 일깨우고자, 기꺼이 민족제단에 목숨을 바쳤다.

1931년 어느 날, 하루는 청년 한 사람이 거류민단으로 백범을 찾아왔다. 이름이 이봉창이라 하였다. 그는 말하기를 자기는 일본서 노동을 하고 있었는데, 독립운동에 참여하고 싶어서 왔으니 자기와 같은 노동자도 노동을 하면서 독립운동을 할 수 있는가 하였다. 그는 우리말과 일본말을 섞어 쓰고 임시정부를 '가정부'라고 왜식으로 부르므로 백범은 특별히 조사할 필요가 있다고 생각하고 민단 사무원을 시켜 여관을 잡아주라 하고 그 청년에게는 이미 날이 저물었으니 내일 또 만나자고 하였다. 며칠이 지난 후였다. 하루는 백범이 민단 사무실에 있노라니 부엌에서 술 먹고 떠드는 소리가 들리는데 그 청년이 이런 소리를 하였다.

"당신네들은 독립운동을 한다면서 왜 일본 천황을 안 죽이오?"

이 말에 어떤 민단 사무원이,

"일개 문관이나 무관 하나도 죽이기가 어려운데 천황을
어떻게 죽이겠소?"

한즉, 그 청년은,

"내가 작년에 천황이 능행陵行을 하는 것을 길가에 엎드
려서 보았는데, 그때에 지금 내 손에 폭발탄 한 개만 있으
면 천황을 죽일 수 있겠다고 생각하였소" 하였다.

백범은 그날 밤에 여관으로 이봉창을 찾아갔다. 그는 상
해에 온 뜻을 이렇게 말하였다.

"제 나이가 이제 서른 한 살입니다. 앞으로 서른 한 해를
더 산다 하여도 지금까지보다 더 나은 재미는 없을 것입니
다. 늙겠으니까요. 인생의 목적이 쾌락이라면 지난 31년 동
안에 인생의 쾌락이란 것은 대강 맛을 보았습니다. 이제부
터는 영원한 쾌락을 위해서 독립 사업에 몸을 바칠 목적으
로 상해에 왔습니다."

이봉창의 말에 백범의 눈에는 눈물이 맺혔다. 이봉창은
공경하는 태도로 백범에게 국사에 헌신할 길을 지도하기를
청하였다. 백범은 1년 이내에 그가 할 일을 준비할 터이나,
지금 임시정부의 사정으로는 그의 생활비를 댈 길이 없으니

그동안 어떻게 하려는가 하고 물었다. 그는 자기는 철공에 배운 재주가 있고, 또 일어를 잘하여 일본서도 일본 사람으로 행세하였고, 더구나 일본 사람의 양자로 들어가 성명도 기노시타쇼조日下昌藏라 하여 상해에 오는 배에서도 그 이름을 썼으니, 자기는 공장에서 생활비를 벌면서 일본 사람 행세를 하며 언제까지나 백범의 지도가 있기를 기다리겠노라고 하였다.

백범은 그에게, 자신과는 빈번한 교제를 삼가고 한 달에 한 번씩 밤에 자기를 찾아와 만나자고 주의시킨 후에 일인이 많이 사는 홍구虹口로 떠나보냈다. 수일 후에 그가 찾아 와서 "월급 80원에 일본인 공장에 취직하였다"라고 보고하였다.

이봉창은 그 후부터 종종 술과 고기와 국수를 사 가지고 민단 사무소에 와서 민단 직원들과 어울려 놀았다. 그는 술이 취하면 일본 소리를 잘해, 민단 직원들로부터 '일본 영감'이라는 별명을 얻었다. 어느 날은 하오리에 게다(나막신)를 신고 청사 문을 들어서다가 중국인 하인에게 쫓겨난 일도 있었다. 그래서 백범은 이동녕과 기타 국무원들로부터 한인인지 일인인지 판단키 어려운 인물을 청사에 출입시킨다는 책망을 받았고, 그때마다 조사하는 일이 있어서 그런다고 변명하였으나 요인들은 매우 불쾌하게 여기는 모양이었다.

드디어 폭탄과 돈이 다 준비되었다. 어렵게 구한 폭탄 중한 개는 김홍일金弘壹을 시켜 상해 병공창에서, 다른 한 개는 김현을 하남성 유치劉峙한테 보내어 구해온 것으로 모두 수류탄이었다. 이 중에 한 개는 일왕에게 쓸 것이요, 한 개는 이봉창의 자살용이었다.

12월 중순 어느 날, 백범은 이봉창을 비밀리에 법조계 여관 중흥여사中興旅舍로 청하여 하룻밤을 같이 자며 이봉창이 일본에 갈 일에 대하여 여러 가지 의논을 하였다. 만일 자살에 실패해 왜 관헌에게 심문을 받게 되거든 대답할 문구까지 일러주었다. 그 밤을 같이 자고 이튿날 아침에 백범은 헌옷 주머니 속에서 돈뭉치를 꺼내어 이봉창에게 주며 일본 갈 준비를 다하여 놓고 다시 오라 하고 서로 작별하였다.

백범이 거지 복색에 돈을 몸에 지니고 거지생활을 하니 아무도 그의 품에 1000여 원의 큰 돈이 든 줄을 아는 이가 없었다.

이틀 후에 이봉창이 찾아와 중흥여사에서 마지막 한 밤을 둘이 함께 잤다. 그때에 이봉창은,

"일전에 선생님이 제게 돈뭉치를 주실 때에 눈물이 났습니다. 저를 어떤 놈으로 믿으시고 이렇게 큰 돈을 내어 주시나 하고, 제가 이 돈을 떼어 먹기로, 법조계 밖에는 한 걸음도 못 나오시는 선생님이 저를 어찌할 수 있겠습니까. 저는 평생에 이처럼 신임을 받아 본 일이 없습니다. 이것이 처음이요, 또 마지막입니다. 과시 선생님이 하시는 일은 영웅의 도량이라고 생각하였습니다."

백범은 그 길로 이봉창을 안중근 의사의 동생 안공근의

집으로 데리고 가서 선서식을 행하고 폭탄 두 개를 주었다. 백범은 그에게 돈 300원을 주면서, 만약 돈이 모자라면 전보를 치라고 일렀다. 그리고는 기념 사진을 찍었다. 이봉창의 가슴에는 「선서문」이 붙었다.

〈선서문〉
　　나는 적성赤誠으로 조국의 독립과 자유를 회복하기 위하여 한인애국단의 일원이 되어 적국의 수괴를 도륙하기로 맹세한다.

대한민국 13년 12월
선서인 이봉창
한인애국단 앞

기념 사진을 찍을 때에 백범의 낯에는 처연한 빛이 서렸던 모양이어서 이봉창이 돌아보고, "제가 영원한 쾌락을 얻으러 가는 길이니 우리 기쁜 낯으로 사진을 찍읍시다"하고 얼굴에 빙그레 웃음을 띠운다. 백범도 그를 따라 웃으면서 사진을 찍었다.

자동차에 올라앉은 이봉창은 백범을 향하여 깊이 허리를 굽히고 홍구를 향하여 떠나갔다. 10여 일 후에 동경에서 전보를 보냈는데 물품은 1월 8일에 방매하겠다고 하였다. 백범이 곧 200원을 전보환으로 부쳤더니, 편지에서 미친놈처럼 돈을 다 쓰고 여관비 밥값이 밀렸던 차에 200원 돈을 받아 주인의 빚을 청산하고도 돈이 남았다고 하였다.

마침내 기다리던 1월 8일 중국 신문 호외에,

韓人李奉昌狙擊日皇不中(한인이봉창저격일황부중)
한국인 이봉창이 일본 천황을 저격하였으나 명중하지 못했다.

라고 하는 동경발 기사가 게재되어 상해 시가에 뿌려졌다. 신문 호외는 이런 내용이었다.

조선 청년 이봉창이 던진 수류탄은 앞에 있던 근위병과 말만 부상시키고 일본 천황은 맞지 않았다. 다만 대경실색을 했을 뿐이다. 그때 조선 청년 이봉창은 피하지도 않고 태극기를 흔들며 "대한독립만세"를 세 번 부른 다음 태연히 포박되었다.

1932년 1월 8일, 일왕 히로히토裕仁가 동경 교외에 있는 요요키代代木 연병장에서 신년 관병식을 마치고 돌아올 때, 이 의사는 사쿠라다문櫻田門 앞에서 일왕이 탄 마차에 폭탄을 던졌으나 그를 죽이지 못한 것이다.

백범의 실망은 컸다. 자금 관계로 좀 더 성능이 좋은 폭탄을 제작하지 못하여 일왕을 죽이지 못하고 아까운 의사를 잃게 된 것이 한없이 안타까웠다. 여러 동지들은 일왕을 죽이지 못한 것을 아쉬워했지만, 저격을 시도한 자체만으로도 위안을 삼자며 백범을 위로하였다. 일왕이 그 자리에서 죽은 것만은 못하나 우리 한인이 정신상으로는 그를 죽인 것이요, 또 세계만방에 우리 민족이 일본에 동화되지 않았다는 것을 웅변으로 증명한 것이니 이번 일은 성공으로 볼 것이다, 하는 것이었다. 그리고 동지들은 백범에게 신변을 주의할 것을 부탁하였다.

아니나 다를까, 이튿날 새벽에 프랑스 공무국으로부터 비밀리에 통지가 왔다. 과거 10년간 프랑스 관헌이 백범을 보호하였으나, 이번 그의 부하가 일왕에게 폭탄을 던진 데 대하여서는 일본의 백범 체포 인도의 요구를 거절할 수 없다는 것이었다. 의거의 '후폭풍'이 거세게 일었다.

중국 국민당 기관지 청도의 『국민일보』는 특호 활자로,

韓人李奉昌狙擊日皇不幸不中

이라고 썼다 하여 당지 주둔 일본 군대와 경찰이 그 신문사를 습격하여 파괴하였고, 그 밖에 장사 등 여러 신문에서도 '불행부중'이라고 문구를 썼다 하여 일본이 중국 정부에 엄중한 항의를 한 결과로 '불행'자를 쓴 신문사는 모두 폐쇄당하고 말았다.

그러자 상해에서 일본 승려 하나가 중국인에게 맞아 죽은 것을 빌미로 하여 일본은 1·28 상해사변을 일으켰다. 사

실은 이봉창 의사의 일왕 저격과 이에 대한 중국인의 '불행부중'이라고 말한 감정이 전쟁의 주요 원인이 되었다.

백범은 동지들의 권유에 따라 낮에는 일체 활동을 쉬고, 밤에는 동지의 집이나 창기의 집에서 자고, 밥은 동포의 집으로 돌아다니면서 얻어먹었다. 동포들은 정성껏 백범을 대접하였다.

동경 사건이 전해지면서 미주와 하와이 동포들로부터 많은 편지가 오고 그 중에는 이번 중일전쟁에 우리도 한몫 끼어 중국을 도와서 일본과 싸우는 일을 하라는 이도 있고, 적당한 사업을 한다면 거기 필요한 돈을 마련하겠다고 하는 이도 있었다. 그러나 이번 중일전쟁에 한몫 끼고 싶어도 아무런 준비도 없이 임시정부가 무엇을 하기는 쉽지 않았다. 백범은 한인 중에서, 일본군 부대에 노동자로 출입하는 사람들을 이용하여 비행기 격납고와 군수품 창고에 폭탄을 장치하여 폭파시켜 버릴 계획을 진행하고 있었으나, 중국이 일본에 굴복하여 상해전쟁이 끝남으로써 이 계획은 수포로 돌아가고 말았다.

백만 중국 군대가 못한 일을 윤봉길 의사가

백범은 다시 암살과 파괴 계획을 계속하여 실시하려고 인물을 물색하였다. 믿던 제자요, 동지인 나석주는 벌써 연전에 경성 동양척식회사에 침입하여 7명의 일인을 쏘아 죽인 다음 자결하였고, 이승춘은 천진에서 붙들려 사형을 당하였다.

새로 얻은 동지 이덕주, 유진식은 조선총독 암살을 위해 먼저 본국으로 보냈고, 유상근·최흥식은 일본의 관동군사령관을 암살하고자 만주로 보내려고 할 즈음에, 윤봉길이 백범을 찾아왔다. 그는 동포 박진朴震이 경영하는 말총으로 모자, 기타 일용품을 만드는 공장에서 일하다가 근래에는 홍구 야채장에서 야채 장사를 하고 있었다. 백범과는 몇 차례 만난 적이 있었다.

윤봉길은 자기가 애초에 상해에 온 것이 무슨 큰일을 하려 함이었고 야채를 지고 홍구 방면으로 돌아다니는 것도 기회를 얻으려는 것인데, 이제는 중일 간의 전쟁도 끝났으니 아무리 보아도 죽을 자리를 구하기가 어렵다고 한탄하면서, 백범에게 동경 사건과 같은 계획이 있거든 자기를 써달라고 하였다. 백범은 그 전부터 그가 나라를 위하여 목숨을 버리려는 큰 뜻이 있는 성실한 항일 투사라는 것을 알고 기꺼이 이렇게 대답하였다.

"내가 마침 그대와 같은 인물을 구하던 중이니 안심하시오."

그리고 백범은 왜놈들이 이번 상해 싸움에 이긴 것으로 자못 의기양양하여 오는 4월 29일에 홍구 공원에서 그놈들의 이른바 천장절天長節 축하식을 성대히 거행한다 하니 이때에 한 번 큰 목적을 달성해 봄이 어떠냐 하고 계획을 말하였다. 이에 윤봉길은, "할랍니다. 이제부텀은 마음이 편안합니다. 준비해 주십시오" 하고 쾌히 응낙하였다.

그 후, 일본 신문인 『상해일일신문』에 천장절 축하식에 참석하는 사람은 점심 도시락과 물통 하나와 일장기 하나를 휴대하라는 포고가 났다. 이 신문을 보고 백범은 곧 서문로 김홍일을 방문하여 상해 병공창장 송식표宋式驫에게 교섭하여 일인이 메는 물통과 도시락 그릇에 폭탄 장치를 하여 사흘 안에 보내주기를 청하였다. 며칠 후 김홍일이 다녀와서 말하기를 백범이 친히 병공창으로 오라고 한다 하여 가보니 기사 왕백수王伯修의 지도 밑에 물통과 도시락 그릇으로 만든 두 가지 폭탄의 성능을 시험하여 보여주었다고 한다.

시험 방법은 마당에 토굴을 파서, 그 속의 사면을 철판으

로 싸, 폭탄을 그 속에 넣고, 뇌관에 긴 줄을 달아 사람 하나
가 수십 보 밖에 엎드려 그 줄을 당기는 것이었다. 폭탄은
토굴 안에서 우뢰와 같은 소리로 폭발하였고, 그 깨어진 철
판 조각은 사방 공중으로 날아오르는 것이 아주 장관이었
다. 뇌관을 이 모양으로 20개나 실험하여서 한 번도 실패가
없는 것을 보고야 실물에 장치한다고 했는데, 이렇게까지
이 병공창에서 정성을 들이는 까닭은 동경 사건에 쓴 폭탄
의 성능이 부족하였던 것을 유감으로 생각했기 때문이라고
왕 기사는 말하였다. 그래서 20여 개 폭탄을 이 모양으로 무
료로 만들어 준다는 것이었다.

이튿날 물통 폭탄과 도시락 폭탄을 병공창 자동차로 서
문로 왕웅의 집에까지 실어다 주었다. 이런 위험물을 잘 알
려진 독립운동가가 운반하기에는 어렵다고 생각한 친절에
서였다. 백범은 입고 있던 중국 거지 복색을 벗어버리고 넝
마전에 가서 양복 한 벌을 사 입어 엄연한 신사가 되어 하나
씩 이 폭탄을 날라다가, 법조계 안에 사는 친한 동포의 집에
주인에게도 그것이 무엇이라고는 알리지 아니하고, 다만 귀
중한 약이니 불조심만 하라고 일렀다.

4월 29일이 점점 다가왔다. 윤봉길은 말쑥하게 일본식
양복으로 갈아입고 날마다 홍구공원에 가서 식장 설비하는
것을 살펴 그 당일에 자기가 행사할 적당한 위치를 고르게
하고, 시라카와 요시노리白川義則 대장의 사진이며 일장기
같은 것도 마련하게 하였다. 하루는 윤봉길이 홍구에 갔다

와서, "오늘 요시노리 놈도 식장 설비하는 데 왔겠지요. 바로 내 곁에 와 선단 말이에요. 내게 폭탄만 있었다면 그때에 해 버리는 겐데"하고 아쉬워하였다. 백범은 정색하고 윤봉길을 책하였다.

"그것이 무슨 말이오? 포수가 사냥을 하는 법이 앉은 새와 자는 짐승은 아니 쏜다는 것이오. 날려 놓고 쏘고 달려 놓고 쏘는 것이오. 윤군이 그런 소리를 하는 것을 보니 내일 일에 자신이 없나 보구려."

윤봉길은 백범의 말에 계면쩍은 듯이, "아니오. 그놈이 내 곁에 있는 것을 보니 불현듯 그런 생각이 나더란 말입니다"하고 변명하였다.

백범은 웃는 낯으로, "나도 군의 성공을 확신하오. 처음이 계획을 내가 말할 때에 군이 마음이 편안해진다고 하지 않았소? 그것이 성공할 증거라고 나는 믿고 있소. 마음이 움직여서는 안 되오. 가슴이 울렁거리는 것이 마음이 움직이는 게요"하고 치하포에서 왜놈을 타살하려 할 때에 가슴이 울렁거리던 것과 고능선 선생에게 들은, '득수반지무족기 현애철수장부아'得手攀枝無足奇 懸崖撤手丈夫兒라는 글귀를 생각하매 마음이 고요하게 되었다는 것을 말하니, 윤봉길은 마음에 새기는 모양이었다.

윤봉길은 4월 26일 「선서문」을 써서 백범에게 제출하고, 다음날에는 안공근의 집에서 가슴에 「선서문」을 붙이고 왼쪽에 폭탄, 오른쪽에 권총을 들고 태극기를 배경으로 사진한 장을 찍고 백범과도 따로 한 장의 사진을 찍었다. 그리고 28일에는 '자서약력'(自書略歷, 이력서)과 '유서'를 썼다. 유서에는 백범을 기리는 시 1편과 조국의 청년들에게 남기는 유시 1편 그리고 고국에 있는 두 아들에게 남기는 유시 1편 등을 썼다.

백범은 모든 준비를 마친 윤봉길을 여관으로 보내고 폭탄 두 개를 가지고 김해산의 집으로 가서 그들 내외에게, 내일 윤봉길 군이 중대한 임무를 띠고 만주로 떠나니, 고기를 사서 이른 조반을 지어 달라고 부탁하였다.

마침내 4월 29일 아침이 밝았다. 새벽 6시, 백범은 김해산의 집에서 윤봉길과 최후의 식사를 같이 하였다. 밥을 먹으며 가만히 윤봉길의 기색을 살펴보니 그 태연자약함이 마치 농부가 밭에 나가려고 넉넉히 밥을 먹는 모양과 같았다. 김해산은 윤봉길의 침착하고도 용감한 태도를 보고, 조용히 내게 이런 권고를 하였다.

"지금 상해에 민족 체면을 위하여 할 일이 많은데 윤봉길 같은 인물을 구태여 다른 데로 보낼 것은 무엇입니까?"

"일은 하는 사람에게 맡기는 것이 좋지. 윤군이 어디서 무슨 소리를 내나 들어봅시다."

백범은 김해산에게 이렇게 대답하였다.

식사도 끝나고 시계가 일곱 점을 친다. 윤봉길은 자기의 시계를 꺼내어 백범에게 주며, "이 시계는 어제 선서식 후에 선생님 말씀대로 6원을 주고 산 시계인데 선생님 시계는 2원짜리니 제 것하고 바꿉시다. 제 시계는 앞으로 한 시간밖에는 쓸 데가 없으니까요" 하여 백범은 기념으로 윤봉길의 시계를 받고 자신의 시계를 윤봉길에게 주었다.

식장을 향하여 떠나는 길에 윤봉길은 자동차에 앉아서 그가 가졌던 돈을 꺼내어 백범에게 준다.

"왜 돈을 좀 가지면 어떻소?" 하고 묻는 말에, 윤봉길은, "자동차값 주고도 5, 6원은 남겠습니다" 할 즈음에 자동차가 움직였다. 백범은 목이 메인 소리로, "후일 지하에서 만납시다" 하였더니 윤봉길은 차창으로 고개를 내밀어 백범을 향하여 숙였다. 자동차는 크게 소리를 지르며 천하영웅 윤봉길을 싣고 홍구 공원을 향하여 달렸다.

해방 후 환국한 백범은 건국 과정의 분망 속에서도 이봉창 의사와 윤봉길 의사의 유해를 일본에서 봉환하여 용산 효창원에 안장하고, 자신도 그 곳에 묻혀 "후일 지하에서 만납시다"의 약속을 지켰다.

그 길로 백범은 조상섭趙尚燮의 상점에 들러 편지 한 장을 써서 점원 김영린金永麟에게 주어 급히 안창호 선생에게 전하라 하였다. 그 내용은 "오전 10시경부터 댁에 계시지 마시오. 무슨 대사건이 있을 듯합니다" 하는 것이었다. 그리고 이어 이동녕 선생께로 가서 지금까지 진행한 일을 보고하고 점심을 먹고 무슨 소식이 있기를 기다리고 있었다.

오후 1시쯤 되어서야 중국 사람들의 입으로 홍구 공원에서 누가 폭탄을 던져서 일인이 많이 죽었다고, 술렁거리기 시작하였다. 혹은 중국인이 던진 것이라 하고, 혹은 고려인의 행위라고 하였다. 우리 동포 중에도 어제까지 야채 바구니를 지고 다니던 윤봉길이 오늘에 경천동지驚天動地할 이 일을 했으리라고 아는 사람은 김구 이외에는 이동녕, 이시영, 조완구 같은 몇 사람이나 짐작하였을 뿐이다.

이 일은 순전히 백범 단독으로 준비한 일이므로, 이동녕 선생에게도 이 날 처음으로 자세한 보고를 하고 소식을 기다리고 있었다. 오후 3시에 비로소 신문 호외로, "홍구 공원 일인의 천장절 경축식장에 대량의 폭탄이 폭발하여 민단장 가와바타 사다지河端貞次는 즉사하고 시라카와 요시노리白川義則 대장, 시게미쓰 마로루重光葵 대사, 노무라 기치사부로野村吉三郎, 우에다 겐키치植田謙吉 등 문무대관이 다수 중상"이라는 것이 보도되었다.

그 날 일인의 신문에는 폭탄을 던진 것은 중국인의 소행이라고 했다가 이튿날 신문에는 한국인 윤봉길의 이름을 크게 쓰고 법조계에 일대 수색이 벌어졌다.

일본 군·정 수뇌들에 폭탄 세례

윤 의사의 폭탄은 단상의 중앙에 떨어져 요란한 굉음을 내면서 폭발하였다. 단상에 앉은 일본 군·정 수뇌 7명은 모두 쓰러지고 경축식장은 순식간에 아수라장으로 변하였다. 일본군 총사령관 육군대장이 중상을 입고 며칠 후 사망한 것을 비롯하여 제3함대 사령관, 주중공사, 상해거류민단장, 상해총영사, 거류민단 서기장 등이 현장에서 즉사하거나 중상을 입었다.

백범은 안공근과 엄항섭을 비밀리에 불러 앞으로 행동을 같이할 것을 명하고 미국인 피취 씨에게 잠시 숨겨 주기를 교섭하여 쾌락을 받았다. 그 집 2층을 전부 제공받아서 백범과 김철, 안공근, 엄항섭 넷이 그 집에 피신하게 되었다. 피취는 고 피취 목사의 아들로서, 피취 목사는 상해 독립운동의 숨은 은인이었다. 피취 부인은 손수 식사를 보살펴 주었다.

일행은 그 집 전화를 이용하여 누가 잡힌 것 등을 알고 또 잡혀간 동지의 가족 구제며 피난할 동지의 여비 지급 같은 일을 하고 있었다. 백범이 편지까지 하였지만 불행히 안창호 선생이 이유필의 집에 갔다가 잡히고, 그 밖에 장헌근張憲根, 김덕근金德根과 몇몇 젊은 학생들이 잡혔을 뿐, 독립운동 동지들은 대개 무사하였다. 그러나 수색의 손이 날마다 계속되어 동포들이 안심할 수가 없고 또 애매한 동포들이 잡힐 우려가 있으므로 백범은 동경 사건과 이번 홍구 폭탄 사건의 책임자는 자신이라는 성명서를 즉시 발표하려 하였으나, 안공근의 반대로 유예하다가 마침내 엄항섭으로 하여금 이 성명서를 기초케 하고 피취 부인에게 번역을 부탁하여 로이터통신사에 투고하였다. 이리하여 일왕에게 폭탄을 던진 이봉창 사건이나 상해에서 시라카와 요시노리 대장 등을 살상한 윤봉길 사건의 주모자는 김구라는 것이 전 세계에 알려졌다.

이 일이 생긴 후 중국 명사들이 백범에게 특별 면회를 청하고, 남경에 있던 남파南坡 박찬익朴贊翊의 활동도 있어서 물질적인 지원이 답지하였다. 만주사변, 만보산 사건 등으로 악화되었던 중국인의 한인에게 대한 감정은 윤 의사의 희생으로 극도로 호전되었다. 일제는 제1차로 백범에게 20만 원元의 현상금을 걸더니 제2차로 일본 외무성, 조선총독부, 상해 주둔군 사령부의 3부 합작으로 60만 원 현상을 걸고 체포에 혈안이 되었다. 그러나 전에는 법조계에서 한 발자국도 못 나가던 백범은 자동차로 영조계, 법조계 할 것 없이 거침없이 돌아다녔다. 하루는 전차공사에 다니는 별명

박 대장 집에 혼인 국수를 먹으러 갔다가 10여 명의 일본 경관대에게 발각되어 박 대장 집 아궁이까지 수색을 받았으나, 부엌에서 선 채로 국수를 먹고 벌써 나온 뒤여서 아슬아슬하게 체포를 모면하기도 하였다.

중국의 남경 정부에서는 백범의 신변이 위험하다면서 비행기를 보내 주겠다고까지 하였다. 그러나 그들이 자신을 데려가려 함은 반드시 무슨 요구가 있을 것인데, 자신에게는 그들을 만족시킬 아무런 방도가 없음을 생각하고, 백범은 헛되이 남의 나라 신세를 질 것이 없다 하여 이를 모두 거절하였다.

20여 일이 지난 어느 날, 하루는 피취 부인이 일제의 헌병, 경찰대가 뭔가 낌새를 알고 집 주변을 포위하고 있다 하여, 백범은 그 집에 더 있을 수 없음을 깨닫고 피취 댁 자동차에 피취 부인과 내외인 것처럼 동승하고 피취 씨가 운전수가 되어 대문을 나서니, 과연 중국인, 러시아인, 프랑스인 정탐들이 늘어서 있었다. 그 사이로 피취 씨가 차를 빨리 몰아 법조계를 지나 기차 정거장으로 가서 기차로 가흥 수륜사창秀綸紗廠에 피신하였다. 박찬익이 중국인 은주부殷鑄夫, 저보성褚補成 등에게 주선하여 미리 얻어 놓은 곳으로, 이동녕 선생을 비롯하여 엄항섭, 김의한 양군의 가족은 수일 전에 벌써 옮겨 와 있었다. 백범 일행이 피취 댁에 숨은 것이 발각된 것은 그 집 전화를 남용한 데서 단서가 되었다고 한다. 실로 아슬아슬한 순간이었다.

청사에 빛나는 한인애국단의 활동

　백범의 한인애국단원을 동원한 특무 공작 투쟁은 이봉창, 윤봉길 의거를 전후하여 몇 차례 더 진행되었다. 백범은 상해 병공창에 근무하는 중국군 장교 김홍일로부터 상해를 침략한 일본군사령부가 황포강의 홍구 부둣가에 정박중인 일본 군함 출운호出雲號에 있다는 정보를 입수하고, 한인애국단이 이를 폭파하기로 하였다. 그러나 한인애국단원 중에는 잠수부가 없었고, 상해 시내에서 쉽게 잠수복을 구할 수도 없었다.

　다른 방법이 강구되었다. 잠수복 없이도 물 속을 30분이나 다닐 수 있는 중국인 잠수부 두 명을 1000원의 거금을 주고 구한 것이다. 이들에게 김홍일이 구해온 50파운드의 특제 폭탄을 배 밑바닥에 설치케 하고 애국단원이 강 건너편의 포동浦東에서 폭파한다는 전략이었다.

　모든 준비가 완료되어 1932년 2월 12일 낮 12시 30분에 스위치를 눌러 폭파하기로 하였다. 그러나 폭탄을 가지고 물 속으로 들어간 중국인 잠수부들이 겁을 먹고 시간을 끄는 바람에 미처 출운호에 이르기 전에 약속시간이 되어버린 것이다. 이에 애국단 측은 예정대로 스위치를 눌렀고 폭탄은 출운호 10미터 밖에서 폭발하고 말았다. 이 때 두 명의 중국인 잠수부들도 함께 폭사하고 말았다. 잠수부들의 공포감과 한인애국단 측의 기술 부족으로 출운호의 일본군사령부 폭파 특공 작전은 실패하고 말았다.

백범은 일본군사령부 폭파의 실패를 딛고 다음에는 일본군 강만비행장 격납고와 부두 무기창고를 폭파시킬 특공 작전을 준비하였다. 그러나 일본군 비행장에는 일본인 외에는 출입이 불가능하여 홍구 부두의 일본군 무기와 군수품 창고를 폭파하기로 작전을 바꾸었다. 그러나 이 특무 작전은 실행 직전에 일본군의 휴전 성명으로 상해전쟁이 정지되고 부두 노동자들의 무기고 접근이 어려워져 중지되었다. 이 계획에 참가했던 김홍일은 당시의 거사를 다음과 같이 기록하였다.[1]

출운호 폭파 계획이 틀어지자 이번에는 홍구 안에 있는 일본군의 강만 비행장과 부두 무기창고를 폭파하기로 작전을 바꾸었다. 그런데 비행장은 일체의 외인 출입을 엄금

━━ 1 김홍일, "중일전쟁과 임정", 『사상계』, 1965년 5월호.

하였기 때문에 계획 일부를 바꾸어, 부두 파괴를 목적으로 그 곳에 휴대하고 갈 수 있는 도시락과 수통 모형의 폭탄을 제조하고 애국단 동지인 윤봉길 의사 외 몇 사람을 부두 노동자로 침투시켰다. 시한폭탄을 만드느라 시간이 걸리고 성능 실험에도 시일이 지연되어 미처 거사하기도 전에 그만 3월 초의 전투 정지령이 내려 무기고에 접근할 수 있는 기회를 잃게 되었다. 백범 선생 등은 일이 틀어짐을 몹시 안타까워했고, 윤 의사는 불평을 터뜨렸다.

백범은 이번에는 조선총독을 처단하고자 1932년 4월에 이덕주·유진식을 본국으로 잠입시키고, 유상근·최흥식은 일본 관동군 본장번本庄繁 등을 암살하기 위한 준비를 서둘렀다. 그러나 국내에 잠입한 이덕주·유진식은 목적을 달성하지 못하고 황해도에서 체포되었다.

백범은 유상근과 최흥식에게 국제연맹조사단이 1932년 5월 26일 만주의 대련에 도착하여 일제의 만주국 건국에 대한 조사활동을 벌이는 기회에 관동군사령관 등을 처단하라고 지시하였다. 만주 현지의 애국단원인 이성원과 이성발의 지원을 받아 국제연맹조사단이 대련에 도착하는 5월 26일이나 이들이 떠나는 5월 30일에 거사하도록 하였다. 최흥식이 해로로 대련에 도착하여 일본 관동군의 국제연맹조사단 출영의 경비 상황 등을 조사하고, 직접 공격의 책임을 맡은 유상근도 대련에 도착하여 폭탄과 권총을 반입하는 등 만반의 준비를 갖추었다. 권총은 유상근의 자살용으로 준비하였다. 그러나 뜻밖에도 최흥식이 자금 부족으로 상해 안공근의 주소에 가명으로 "부족 70 전송하라"는 전문을 보낸 것이 일제 관동군 첩보기관에 입수되었다. 결국 수취인과 발신인을 조사하면서 최흥식이 체포되고, 이어서 유상근도 붙잡혔다. 이로써 국제연맹조사단의 방중을 계기로 국제사회에 한국 독립운동을 선양하고 일제에 큰 타격을 주도록 준비했던 특공 작전은 실패로 돌아가고 말았다.

일제는 이 사건을 마치 한인애국단이 국제연맹조사단을 폭살시키려고 음모한 것처럼 왜곡하여 일본 신문에 보도케 하였다. 백범은 1932년 8월 10일 「한인애국단선언」을 발표하여 일제의 모략 선전을 분쇄하는 한편 한인애국단이 일제관동군사령관과 관동청 장관, 만철 총재 등만을 목표물로 하였음을 분명하게 밝혔다.

백범이 지도하는 '한인애국단 활동의 역사적 의의'를 신용하 교수는 다음의 다섯 가지로 정리하였다.[2]

첫째, 한인애국단의 활동은 일제의 '만보산 사건' 조작으로 붕괴된 한국과 중국 양 민족의 연대를 다시 회복하여 강화하고, 중국 영토 안에서 한국민족 독립운동을 다

<hr>

2 신용하, "백범 김구와 한인애국단의 활동", 『백범 김구의 사상과 독립운동』, 서울대학교출판부.

시 가능케 하는 여건을 회복하여 주었다. 중국은 9·18 사변으로 상해를 일본 침략군에게 점령당하자 치욕과 울분에 떨다가 백범이 지휘하는 한인애국단의 이봉창 동경 의거, 윤봉길 상해 의거, 최흥식·유상근 대련 의거 등에 환호하였다.

특히 중국은 제19군단과 제5군 및 의용군 등 30만 명을 투입하여 일본 침략군에 대항해서 1개월 동안 치열한 항전을 벌이고도 상해를 점령당하였다. 이에 전체 중국인이 통분하여 발을 구르다가 한인애국단 윤봉길 의거로 상해 점령 일본군 총사령부의 이동체인 총사령관 이하 군·정 수뇌 7명을 모두 섬멸해 버리자 일제히 환호했으며, 한국인에게 무한히 감사하였다.

둘째, 일본 제국주의자들과 일본 침략군에게 심대한 타격을 주었다. 특히 이봉창 의거는 일본의 수도 동경에서 한인애국단 단원이 일본의 상징인 '일본 천황'을 특공함으로써 그 명중 여부와 관련 없이 전 세계를 놀라게 하고, 한국 독립운동을 크게 고양시켰으며, 일본 제국주의자들에게 내각 총사퇴와 위상 추락 등 심대한 타격을 주었다.

또한 윤봉길의 상해 홍구공원 의거는 중국군 30만 명의 치열하고 완강한 저항도 물리치고 상해를 무력 점령하여 승리에 기고만장한 일본군 총사령부 수뇌를 섬멸해 버린 특공작전이었다. 전 세계가 주목하는 속에서 천장절 겸 상해 점령 승전 경축식을 최대 규모로 거행하여 일본의 위세를 전 세계에 과시하려 한 일본 침략군의 총사령관 이하 군·정 수뇌 7명을 한인애국단원 윤봉길 한 명이 특공 작전으로 일거에 섬멸해 버렸으니, 일본 침략군과 일제가 받은 실질적 타격은 실로 이루 말할 수가 없이 큰 것이었다.

셋째, 대한민국 임시정부의 독립운동을 침체에서 부활시키고 활성화시키는 결정적 전기를 마련해주었다. 한인애국단의 활동과 커다란 성과에 놀라고 고무된 다수의 국내외 동포와 단체가 임시정부의 중요성과 그 독립운동의 성과를 재인식하여 임시정부에 재정 지원 등 각종 지원을 재개하고 확대하여 임시정부는 다시 활성화되었다.

넷째, 일제의 잔혹무비한 식민통치 아래서 신음하고 있던 한국 민족의 독립 정신을 다시 한 번 일깨워주고, 독립 사상을 크게 고취하였다. 그것은 전반적으로 한국 민족의 국내외 독립운동을 크게 고무하여 독립운동에 새로운 활기를 불어넣어 주었다. 한인애국단의 활동은 상상하기 힘든 '일본 천황' 특공, 일본군 총사령부 특공, 조선총독 특공, 상해 파견 일본군 총사령관 이하 군·정 수뇌 섬멸, 일본 관동군사령관 특공 등 놀라지 않을 수 없는 대담한 작전을 연속 감행하였다.

이봉창 동경 의거와 윤봉길 상해 의거의 큰 성공에 일

제의 1931년 9·18 만주 침략 후 더욱 강화된 탄압 속에서 한국 민족이 얼마나 큰 격려와 고무를 받았을 것인가는 상상이 되고도 남음이 있다.

다섯째, 일본의 수도 동경, 국제 도시 상해, 국제연맹 조사단이 도착하는 대련 등 일본 측의 동태를 전 세계가 주시하는 시기의 국제 도시에서 감행되어 큰 성과를 거둔 것이다. 그리하여 전 세계에 한국 민족의 독립운동을 널리 알리고 선양하는 데 큰 역할을 하였다. 백범과 임시정부는 한국 민족 독립운동의 완강하고 격렬하고 용맹스러움을 전 세계에 인상 깊게 알리는 데 성공하였다.

백범은 1932년 당시의 한인애국단 특공 작전을 '폭렬행동'爆裂行動이라 하면서 다음과 같이 기술하였다.

내가 조국의 자유와 민족의 해방을 위하여 혁명 사업에 헌신한 지 어언 40년에 하루라도 폭렬행동을 잊은 적이 없다. 물론 이러한 행동으로만 우리의 혁명 사업이 성공되리라고 생각하는 바는 아니지만, 참담한 사선死線에 처한 우리로서 최소의 힘으로 최대의 효과를 얻을 것은 이 길 이외에 제이 방도가 없다. 그러므로 나는 이 방면에 전력을 경주하였다. 그동안 실패함도 적지 아니하였지만, 그래도 성공함이 오히려 많았다. (『백범일지』)

이봉창 의사에게 일제는 1932년 8월 16일 동경대심원에서 제1차 공판을 열고, 30일에는 군·경 350명이 철벽 같이 둘러싼 가운데 사형을 선고하여 10월 10일 집행하였다. 이 의사는 31세의 나이로 적도 동경에서 순국하였다.

이 의사가 순국하는 날 백범은 「동경 폭탄 사건의 진상」을 발표하여 한인애국단 특무 공작의 대의를 내외에 천명하고, 애국단 모든 단원에 지시하여 단식으로서 이 의사가 조국을 위하여 순국한 날을 추념하였다. 또 이날은 여러 사람이 모여 의사의 영광된 거사를 기념하였다.

현장에서 체포된 윤봉길 의사는 일경의 혹독한 고문에도 배후를 밝히기를 거부하다가 백범이 성명을 통해 자신이 주도한 사실을 밝히자 백범의 주도 사실을 인정하였다. 5월 25일 일본의 상해 파견군 군법회의에서 사형선고를 받고, 11월 18일 군함 대양환大洋丸에 실려 오사카에 있는 육군위수형무소에 수감되었다.

일제는 12월 18일 철통 같은 경계 속에 금택金澤 형무소로 압송하여 다음날인 12월 19일 새벽 총살형을 집행하였다. 윤의사는 25세의 나이로 일본에서 순국하였다. 순국 전날 "남아로서 당연히 할 일을 다 했으니 만족하게 느낄 따름이다. 아무런 미련도 없다"는 친필 유언을 남겼다.

윤 의사는 두 아들에게 "너희도 만일 피가 있고 뼈가 있다면 반드시 조선을 위해서 용맹한 투사가 되어라. 태극의 깃발을 높이 드날리고 나의 빈 무덤 앞에 한잔 술을 부어 놓아라"는 유언을 남기면서 의연한 최후를 맞았다. 열사의 참모습이었다.

제 9 장

피신생활과 항일운동 지도

피신지 해염과 가흥에서

    하늘이 큰 사명을 특정한 인물에 내릴 적에는 반드시 먼저 그의 심신을 괴롭히고 결핍과 소외와 좌절을 겪게 한다. 그러한 시련을 통해 분발케 하고 의지력을 길러 종전에 할 수 없었던 일을 달성시키는 것이다.

    『맹자孟子』의 고자告子 편은 백범을 두고 하는 말 같기도 하다. 한인애국단 의거로 상해를 떠난 백범에게 넓은 중국 천지에서 피신할 곳이 그리 많지 않았다. 백범에게는 60만 원元이라는 거액의 현상금이 걸려 있어서 일본 첩보대는 물론 중국인들에게도 '황금덩어리'로 보였을 것이다. 당시 쌀 한 가마 값이 2원, 초등학교 교사 월급이 20원인 데 비해 60만 원은 실로 거액이었다. 그야말로 팔자를 고치게 하는 돈이었다.

    윤봉길의 상해 의거 후 잠시 피신해 있던 피취의 집에서 간신히 빠져나온 백범은 절강성의 가흥嘉興으로 몸을 숨겼다. 가흥은 절강성의 동북부에 위치한 작은 읍으로 호수와 운하가 사통팔달하여서 은신하기에 적합한 곳이었다. 가흥은 저보성의 고향이었다. 저보성은 강소성장을 지내고 북벌北伐에 참가하여 큰 공을 세웠다. 이로 인해 광동의 호법정부護法政府 입법의원 의장을 지내는 등 덕망이 높은 유력인사였다. 중국 국민당 정부는 동북 의용군 후원회 회장인 저보성에게 백범의 신변을 보호토록 하였다.

저보성은 백범을 자기 고향으로 피신시키고 은신처를 마련해 주었다. 백범은 저보성의 집에 은신하면서 다시 변성명을 하였다. 성은 할머니의 성씨를 따라 장張씨로 하고, 이름은 진구震球 또는 진震이라고 하였다. 고향은 광동인으로 행세하였다. 아명 창암에서 동학에 입도한 후 창수로, 일본인 스치다를 처단한 후 공주 마곡사의 중이 되어서 법명을 원종으로, 환속하여 삼남 지방을 방랑하면서 한때 '김두래'란 변명을 쓰기도 했다. 전북 무주의 유학자 유인무의 집에 머물 때는 이름을 구龜로, 자를 연상, 호를 연하로 하였다. 1912년 신민회 사건과 안명근 사건으로 서대문 감옥에서 이름을 구九, 호를 백범으로 바꾸고, 가흥에 피신하여 이름을 진구 또는 진이라고 변성명을 하기에 이르렀다. 이에 앞서 상해 임시정부 시절 이봉창 의거 때에는 백정선白貞善이란 가명을 쓰기도 했다. 혁명가의 파란만장한 생애를 이름과 아호의 변천 과정에서 살피게 된다.

가흥의 피신생활도 오래가지 못하였다. 일제의 촉수가

이곳에까지 침투한 것이다. 상해 영사관 관리 중에 우리 쪽 비밀보고와 손이 닿는 정보원이 첩보를 전해주었다. 상해에는 백범의 흔적이 없으니 분명 '상해—항주선'線이나 '북경—상해선'으로 도피해 숨었으리라 보고, 일본 군·경이 양쪽 철로선으로 첩보원들을 보내 정탐하고 있으니 극히 주의하라는 것이었다.

백범은 다시 피신처를 옮기기로 하였다. 저보성의 며느리 고향이 새로운 피신처로 정해졌다. 저보성의 아들 저봉장褚鳳章은 미국 유학생으로 그때 제지회사 민풍지창民豊紙廠의 고등기사로 일하고 있었는데, 처가가 유력 집안으로 산 속에 정자가 있어서 그곳으로 백범이 피신하기로 하였다. 저보성의 젊은 부인 주朱씨에게 백범을 안내하도록 하였다. 13년 동안 상해에 머물면서 프랑스 조계를 한 발자국도 벗어나지 못하였던 백범은 쫓기는 몸으로 젊은 중국 여인의 안내를 받으며 다시 피신처를 찾게 되었다. 백범은 이 때의 감동과 저보성 부자의 배려에 대한 고마움을 후일 다음과 같이 기술하였다.

주씨는 저봉장의 재취로 첫 아이를 낳은 지 얼마 아니 되는 젊고 아름다운 여인이었다. 저씨는 이러한 그의 부인을 단독으로 내 동행을 삼아서 기선으로 하룻길 되는 해염현성海鹽縣城 주씨 댁으로 나를 보내었다. 해염 주씨 댁에서 하룻밤을 지내고 이튿날 다시 주씨 부인과 함께 기차로 노리언盧里堰까지 가서 거기서부터는 서남으로 산길 5, 6리를 걸어 올라갔다. 저 부인이 굽 높은 구두를 신고 연방 손수건으로 땀을 씻으며 7, 8월 염천에 고개를 걸어 넘는 광경을 영화로 찍어 만대 후손에게 전할 마음이 간절하였다. 부인의 친정 고용인 하나가 내가 먹을 것과 기타 일용품을 들고 우리를 따랐다. 국가가 독립이 된다면 저 부인의 정성과 친절을 내 자손이나 우리 동포가 누구든 감사하지 아니하랴, 영화로는 못 찍어도 글로라도 전하려고 이것을 다시 쓰는 바이다. 고개턱에 오르고 주씨가 지은 한 정자가 있다. 거기서 잠시 쉬고 다시 걸어 수백 보를 내려가니 산 중턱에 노쇠한 양옥 한 채가 있다. 집을 지키는 관리인들이 나와서 공손하게 주씨 부인을 맞는다. 부인은 고용인에게 들려가지고 온 고기며 과일을 꺼내어 관리인들에게 주며 내 식성과 어떻게 요리할 것을 설명하고 또 나를 안내하여 어디를 가거든 얼마, 어디 얼마를 받으라고 안내 요금까지 자상하게 분별하여 놓고 당일로 해염 친가로 돌아갔다. (『백범일지』)

백범이 피신한 정자의 주변은 명가의 산장인 만큼 경관이 빼어났다. 중국 망명 이래 처음으로 '한가'한 시간을 갖게 된 백범은 매일 산에 오르거나 근처에 있는 암자를 찾는 것으로 일과로 삼았다. 때는 마침 가을이라 곱게 물든 단풍이 주변 경관과 어울려 한층 아름답게 보였다. 두고 온 고향, 고국의 향수에 젖었다.

백범은 어느 날 해변가에서 열린 시골장 구경을 하다가 현지 경찰에게 걸리고 말았다. 다행히 별 일은 없었지만 지방경찰에 알려지게 되면서 더 이상 이곳에 머물 수가 없게 되었다. 며칠 후 안공근과 엄항섭이 이곳을 찾아왔다. 이들은 아무래도 좁은 지역보다는 넓은 가흥이 피신하기에 적합하다고 판단하여 다시 가흥으로 돌아왔다.

가흥에 돌아온 백범은 매일 배를 타고 호수와 운하에서 선상생활을 하였다. 농촌인 엄가빈嚴家浜에서 머물기도 하고 엄항섭·진동손 등의 집으로 옮겨가면서 숙식하고 낮에는 주애보朱愛寶라는 여자 뱃사공이 부리는 배를 타고 운하를 오르내리며 세월을 보냈다.

주애보와의 사랑과 회한

중·후년의 쫓기는 혁명가와 이방의 젊은 여자 뱃사공, 사통팔달의 호수와 운하, 여자는 노를 젓고 남자는 수려한 이국의 산하에 취한 듯 무념한 모습.

평화로운 시대라면 애정 영화의 한 장면일 터이고, 연애소설의 한 장면으로도 모자라지 않을 것이다. 평화시대가 아니라도 이국의 남녀가 아름다운 호수에서 '뱃놀이'하는 것은 가능한 일일 터이다. 1932년 가을부터 1937년 여름까지 중국식의 장쩐치우와 주아이빠오는 5년 동안 '한 배'를 타고 '유사 부부처럼'[1] 생활하였다. 장쩐치우는 장진구로 변성한 백범이고 주아이빠오는 주애보이다.

백범은 가흥에서 긴 피신생활을 주애보와 선상에서 보냈다. 임시정부 요인들이 하나 둘 모여들어 임정의 명맥이 이

■■■ 1   『백범일지』, 백범학술원판, 나남출판사.

곳에서 유지되었다. 상해 의거 이후 백범은 임시정부의 실질적인 책임자의 위치가 되었다. 그래서 그가 있는 곳이 임시정부의 청사이고, 그가 곧 임시정부가 되었다. 그러나 여전히 '현상금 붙은 사나이'로서 공적인 임무를 수행할 수 없는 처지였다. 그래서 주애보와 다정한 부부처럼 남호와 여러 개의 운하를 오르내리며 지내야 했다.

주애보…. 한국 독립운동사의 어느 책에도 그 존재가 나타나지 않는 이국의 여성이다. 임시정부 주석이 가장 어려웠던 시기에 그와 5년여를 함께 한 여성이라면 관심을 보일 만도 하지만, 공식 문건 어디에서도 찾아보기 어렵다. 다만 백범은 다음과 같이 짧은 기록을 남겼을 뿐이다.

그 후 두고두고 후회되는 것은 그 때에 여비 100원만 준 일이다. 그는 5년이나 가깝게 나를 광동인으로만 알고 섬겨왔고 나와는 부부 비슷한 관계도 부지중에 생겨서 실로 내게 대한 공로란 적지 아니한데, 다시 만날 기약이 있을 줄 알고 노자 이외에 돈이라도 넉넉하게 못 준 것이 참으로 유감천만이다. (『백범일지』)

백범은 1937년 중일전쟁의 발발로 남경이 폭격을 받아 피난할 때에 주애보를 그의 고향인 가흥으로 보낸 것이 그만 두 사람이 영영 헤어지게 되는 결과가 되었다. 이를 두고

'노자 이외에 돈이라도 넉넉하게 못 준' 것을 두고두고 후회하면서 가슴아파하였다.

백범이 가흥에서 보안대 본부로 붙들려갔다가 저봉장의 주선으로 무사히 풀려나왔을 때, 저봉장은 백범의 안전한 피신생활의 방법으로 여자 중학교 교원으로 있는 과부와 결혼을 제안하였다. 교양도 있고 외양도 괜찮아서 백범과 잘 어울릴 것 같다면서 자신이 중매를 서겠다는 것이었다. 그러나 백범은 자신을 위해 모든 것을 바치다가 상해 공동묘지에 묻혀 있는 부인 최준례를 생각하면서 이 청혼을 거절하였다. "그런 유식한 여자와 살게 되면 더욱 내 본색이 탄로되기 쉬울 것 같소. 그럴 바엔 차라리 무식한 주애보가 더 좋으리라 생각됩니다." 백범의 솔직한 심경이었다.

백범이 유식한 중국 신여성과의 재혼을 거절한 데는 부인에 대한 애틋한 추모의 마음과 더불어 이미 '유사부부'의 관계에 있던 주애보에 대한 연민의 정도 적지 않게 작용하였을 것이다.

중국의 작가 하련생夏辇生은 몇 해 전 북경 인민문화출판사에서 『김구 선생의 가흥 피난기, 선월船月』이라는 제목의 소설을 펴냈다. 현재 절강성 『가흥일보』의 편집인이기도 하면서, 형부가 상해 임시정부 시기 백범 경호원의 유자녀라는, 한국과는 특별한 인연을 맺고 있는 언론인이자 문인이다.

하련생은 소설 『선월』에서 백범과 주애보의 관계를 유려한 필치로 엮어냈다. 그녀는 한국어판 서문에서 '인생여선ㅅ

303

生如船 수록득월隨錄得月', 즉 '인생은 배와 같아 인연에 따라 달을 얻고'라고 쓰면서, 혁명가와 처녀 뱃사공의 사랑과 회한을 담담하게 그렸다.

소설을 일러 '가능성의 상상'이라고 하였다. 백범의 망명생활 중 가흥의 5년여 기간은 비교적 자료가 적은 편이다. 피신생활이기에 당연한 일이다. 그렇다면 망명생활 중 가흥의 5년여 기간은 '소설'에서 꾸어와 보면 어떨까.

저녁 무렵이 되자 바람이 불기 시작했다. 운하 위에는 풍랑이 일기 시작하였다. 아이빠오가 노를 잡은 그녀의 방수포를 친 작은 배는 풍랑 속에서 흔들거렸다.

"갈 수 있겠소?" 김구가 선실의 바람을 막는 천막 휘장을 들치고는 나와서 물었다.

"괜찮아요. 삼탑만三塔灣 강변이 넓어서 바람도 좀 세지요. 좀 더 저어 들어가면 풍랑은 그리 없어요." 아이빠오는 노를 잡은 손에 힘을 주고는 김구에게 휘장을 내리고 선실로 들어가서 앉아 있으라고 재촉하였다. 김구의 머뭇거리는 눈에는 어쩔 수 없다는 심정과 불안함이 가득 배어 있었다. 한가닥 뜨거운 감동이 아이빠오의 마음속 저 바닥에서 끓어올랐다.

10여 년간 그녀는 얼마나 많은 사람들을 배로 건네주었던가? 또 얼마나 많은 이렇게 거센, 이보다도 더 거센 풍랑을 만났던가? 그러나 이제껏 어떤 사람도 장 선생처럼 이렇게 "갈 수 있겠느냐?"고 관심을 보여준 사람은 없었다. 더구나 그에게서 아버지와 같은 진실어린 눈빛을 볼 수 있었다.

단오절날 김구가 아이빠오의 배에 오른 후부터 그녀는 점점 그 눈빛을 확실히 느낄 수 있었다.

"뭐 도울 것 없을까?" 김구가 물었다. 그는 아직도 뱃전에 서 있었다.

"정말 괜찮아요. 빨리 안에 들어가세요. 그러는 것이 배가 움직이지 않도록 도와주는 거예요."

아이빠오가 이렇게 말하자 김구는 얌전하게 선실 안으로 들어갔다. 아이빠오는 속으로 웃었다.

요 며칠간 그는 거의 아이빠오의 배에 타고 도처를 돌아다녔다. 남호 연우루烟雨樓, 동탑사東塔寺, 서문 밖의 낙범정落帆亭 등의 명승고적을 유람하였는데, 그는 다른 유객들과는 달리 그저 가서 볼 뿐이었다. 그러나 아이빠오는 그가 깊은 곳을 보고 있다는 것을 느꼈으며, 어느 때는 거의 보지 않고 뭔가를 생각하는데 몹시도 깊이 골몰하고 있다는 것을 알아차렸다.[2]

---

2 하련생, "5장 발자국 속에 피어난 꽃송이", 『선월』, 강영매(외) 역, 범우사.

일제의 추적을 따돌리며

그러나 백범이 주애보에게 몸과 맘이 푹 빠져버린 것이
아니었다. 중국에 망명한 이래 처음으로 중국인의 농촌생활
을 지켜보면서 자신이 삼남 지방을 유람하여 보고 겪은 조
국의 비참함을 대비하고 광복의 꿈을 그렸다.

강남의 농촌을 보니 누에를 쳐서 길쌈을 하는 법이나 벼
농사를 짓는 법이나 다 우리나라보다는 발달된 것이 부러웠
다. 구미 문명이 들어와서 그런 것 외에 고래의 것도 그러하
였다. 나는 생각하였다. 우리 선인들은 한·당·송·명·청 시대
에 끊임없이 사절이 내왕하면서 왜 이 나라의 좋은 것을 못
배워 오고 궂은 것만 들여왔는고. 의관·문물·실존중화實存中
華라는 것이 조선 500년의 당책이라 하건마는 머리 아픈 망
건과 기타 망하기 좋은 것뿐이요, 이용후생에 관한 것은 없
었다. 그리고 민족의 머리에 들여 박힌 것은 원수의 사대사

상뿐이 아니냐. 주자학을 주자 이상으로 발달시킨 결과는 공수위좌拱手位座하여 손가락 하나 안 놀리고 주둥이만 까게 하여서 민족의 원기를 소진하여 버리니 남는 것은 편협한 당파 싸움과 의뢰심뿐이다. 오늘날로 보아도 요새 일부 청년들이 제 정신을 잃고 러시아로 조국을 삼고 레닌을 국부로 삼아서, 어제까지 민족혁명을 두 번 피 흘릴 운동이니 대번에 사회주의 혁명을 한다고 떠들던 자들이 레닌의 말 한마디에 돌연히 민족혁명이야말로 그들의 진면목인 것처럼 들고 나오지 않는가. 주자님의 방귀까지 향기롭게 여기던 부유(썩은 선비)들 모양으로 레닌의 똥까지 달라고 하는 청년들을 보게 되니 한심한 일이다. 나는 반드시 주자를 옳다고도 아니하고 마르크스를 그르다고도 아니한다. 내가 청년제군에게 바라는 것은 자기를 잊지 말란 말이다. 우리의 역사적 이상, 우리의 민족성, 우리의 환경에 맞는 나라를 생각하라는 것이다. 밤낮 저를 잃고 남만 높여서 남의 발뒤꿈치를 따르는 것으로 장한 체를 말라는 것이다. 제 뇌로 제 정신으로 생각하란 말이다. (『백범일지』)

백범이 가흥에서 피신생활을 하고 있을 때 1932년 9월 국내에는 "김구 경성(서울)에 잠입?, 경찰 대긴장"이라는 기사가 총독부 기관지 『매일신보』에 보도되었다. 『매일신보』의 보도는 다음과 같다.[3]

해외 공산당 운동의 거두로 지난번 제1차 공산당에까지 관계하였던 김철(金喆, 일명 김구)이 수일 전에 시내에 잠입하였다는 정보를 경성헌병대에서 듣고 종로서에다 수배를 하였는데 그는 동서同署 관내에서 잠복한 듯하다는 바 고등계에서는 비상히 긴장의 빛을 띄우고 각 방면으로 활동을 개시하였으며 흑소黑沼 고등주임과 등정藤井 경보부와 잠시 밀회를 거듭한 나머지 등정 경보부는 즉시 경찰부로 가서 보고를 하게 되었다.

이 무렵 국내에는 백범에 대한 보도가 잇따랐다. 『동아일보』는 "가정부 남시南市로 이전, 김구와 조소앙 조종"이라는 제목의 기사를 썼다.[4](현대문 정리)

이번 대불상사 사건의 범인을 내인 조선 OOO당은 OOOO정부를 조직하고 이곳을 본부로 하여 항상 일본 고관에 대하여 위해를 가할 음모를 하고 있다. 그 본부는 이전에 불란서 조계 마랑로 보경리 4호에 있었으나 모 사건 발생 후 검색을 하였더니 전부 도주하여 지금은 빈 집으로 되었다. 현재 가정부의 총리대신 격으로 모든 음모의 지령을 발하고 OO당을 지휘하는 수령은 김구(변성은 백정선)이오, 이를 보좌하는 부총리격은 조소앙이다. 모 사건이 발생하기 수일 전인 금년 1월 23일경 그들은 중국 항일 구국회의 일파에 비호되어 중국의 남시에 피한 것이

판명되었다. 그들은 지금 중국에 들어가서 항일회 보호
하에 OO정부의 간판을 내걸고 모든 음모를 하고 있다.

여기서 쓰는 '남시'는 남경시를 말한다. 이 기사처럼 백
범과 임시정부가 남경으로 옮겨갔음을 일제는 이미 알고 추
적 작전을 벌이고 있었다. 이 무렵 또 다른 기사는 김구와
이청천이 전만주에서 소란 계획설이 있고, 조선에도 다수
단원이 잠입했다고 전한다.[5]

〈상해특신〉 OO당 군사위원장 김구는 최근 자기가
조직한 극비밀 폭력단체인 OO단을 약 7대로 나누어 만
주방면으로 파견하여 동북의용군특무대장 이청천 일파
와 연락하여 전만全滿책동을 준비중인데 최근 함경북도
국경지방에서 수비대와 충돌한 군대는 곧 이청천의 부하
라 한다. 김구 일파가 속속 만주 방면으로 잠입한다는 정
보에 의하여 상해 일본영사관 경찰부는 만주와 조선 방
면 경찰당국에 전보하여 상해 방면으로 들어가는 자를
엄중 취조케 하였다. 김구 부하는 조선을 목적하고 들어
간 단원들도 다수에 달하는데 그들의 행동은 절대 비밀
이므로 알기 어려우나 김구 일파의 만주와 조선에 대한

3 『매일신보』, 1932. 9. 10.
4 『동아일보』, 1932. 5. 8.
5 『동아일보』, 1932. 8. 23.

모종 계획이 있다 하여 상해 일본 영사관 경찰에서는 여러 가지로 활동을 개시하는 동시에 만주와 조선 경찰과의 연락에 노력 중이라 한다.

일제가 백범 체포에 얼마나 혈안이 되고, 엉터리 첩보가 나돌았는가를 알 수 있다. 백범이 가흥에서 피신생활을 하며 농촌을 관찰하고 지낼 때 어느 날 큰길가의 공터에서 중국 군인들이 훈련하는 것을 보았다. 근처의 많은 주민들이 몰려나와 구경하고 있었다. 임시정부에 항상 군대의 존재를 생각해온 관계로 중국 군인들의 훈련 모습을 그냥 지나칠 리 없었다. 군중 틈에 끼어서 구경을 하고 있는데 군관 하나가 백범의 위아래를 훑어보며 "당신은 누구냐?"고 물었다.

백범은 늘 하던 대로 광동 사람이라고 대답하였다. 그러나 공교롭게도 이 군관이 광동 출신이었다. 백범은 보안대 본부로 붙들려가 취조를 받게 되었다. 백범은 이렇게 말했다.

"나는 중국인이 아닌데 당신의 단장을 면대하여 주면 본래 신분을 직접 필담으로 설명하겠다." 단장은 오지 않고 부단장이 얼굴을 내밀었다.

"나는 한인인데 상해 홍구 사건 이후 상해에 머물기가 곤란하여 잠시 이곳 저한추의 소개로 오룡교 진동생의 집에서 지내고 있소, 성명은 장진구요." 경찰은 그 길로 남문 저씨 댁에 가서 엄밀 조사를 벌인 후 4시간쯤 지나 김구를 풀어주었다. 또 한 번 위기의 늪에서 간신히 벗어나게 된 것이다. 이 사건 후 백범은 사복 입은 일본 경관 7명이 백범이 갈 만한 곳을 찾아다닌다는 정보를 들었다. 더 이상 가흥에 머물 수 없게 되었다. 또 언제까지나 이러한 피신으로 망명 생활을 보내기란 백범의 성격이나 위치에 맞지 않았다.

남경으로 근거지를 옮기기로 했다. 남경성 내의 회청교淮淸橋 부근에 집 하나를 얻어서 주애보와 함께 부부관계인 것처럼 위장하고 지내기로 하였다. 직업은 고물상으로 위장하고 원적은 남경에서 먼 광동성 해남도라고 대었다. 경관이 호구 조사를 나오면 주애보가 나서서 설명하기도 하였다.

남경에는 이미 많은 동지들이 은밀히 옮겨와서 독립운동을 하고 있었다. 백범이 해방 후 환국하였을 때 신문기자가 "선생님, 주석께서는 돌아오셨는데 임시정부는 어디 있습니까?" 하고 물었다. 한참 생각하던 백범은 "주석이 있는 곳이 바로 임시정부지, 임시정부가 따로 있을 수 있는가" 하고 '우문현답'을 하였다. 임정의 정신적 지도자 백범의 피신지가 곧 임시정부라 할 것이다. 임시정부의 남경시대가 시작되었다.

●국내 민중은 항일, 지도층은 타협 노선

   백범이 가흥에서 피신생활을 하고 있을 시기를 전후하여 국내외에서는 여러 가지 정세의 변화와 각종 사건이 일어났다. 1923년 9월 일본에서는 '관동대지진'이 발생하자 일제는 이를 빌미로 6000여 명의 조선인을 학살하는 천인공노天人共怒할 만행을 저질렀다. 같은 무렵 아나키스트 박열朴烈과 일본인 처 가네코 후미코 등이 왕세자 결혼식 날 일왕 부자를 폭살시키려다 계획이 탄로나 체포되고, 조선총독부는 독립운동가의 국내 진입을 막기 위해 경기도와 함경북도에 외사경찰과를 새로 설치하였다.

   만주 지역의 항일 무장투쟁은 더욱 활발하게 전개되어서 이 해에만 독립군 출동 횟수 454회, 출동 인원 2797명, 일본 경찰관서 습격 12회, 19명을 사살하는 전과를 올렸다. 전국에서 소작쟁의가 176건으로 급격히 증가하여 농민들의 항일운동으로 연계되었다. 전라남도 암태도의 소작쟁의는

600여 명의 농민이 목포 재판소 앞에서 단식 농성을 벌일 만큼 조직적이었다.

그러나 지도층에서는, 1924년 국내의 이른바 민족개량 주의자들이 한국 민족 역량상 당장의 독립은 불가능하니 자치권을 획득해야 한다는 '자치운동'의 움직임이 나타나면서 패배주의가 만연하게 되었다. 이들의 타협론과는 달리 조선 노동총동맹이 조직되어 회원 5만 7000여 명이 가입하였다. 이들은 노동 문제 외에 동양척식주식회사에 의한 이민 반대, 자치운동 반대, 친일파 척결운동을 벌였다.

만주 길림성 화구현에서 정의부正義府가 조직된 것은 1925년 1월이다. 통의부統義府를 비롯한 만주의 독립운동 단체가 모여 조직한 무장투쟁 독립운동 기관이었다. 이 해 5월 총독부는 치안유지법을 제정하여 독립운동과 사회주의 운동을 가혹하게 처벌하였다. 1938년까지 치안유지법 위반 으로 검거된 사람은 1만 8000여 명에 이르렀다.

총독부는 한국의 역사를 왜곡하고자 '조선사편수회'를 설치하고, 일제는 중국과 이른바 '미쓰야三矢 협정'을 맺어 한국 독립군 탄압을 위해 재만 한인의 단속을 강화시켰다. 임시정부 제2대 대통령을 지낸 백암 박은식이 상해에서 사 망하여 국장으로 장례를 치렀다.

1926년 1월 조선총독부는 남산 기슭의 구 통감부 건물에 서 경복궁의 새청사로 이전하여 한국 지배의 '만년성'을 쌓을 듯 기세를 올렸다. 이 무렵 매국노 이완용이 죽었다. 그는 매국노 제1호로 민족적 지탄을 받으면서 합방조약에 서명하여 부귀호사를 누린 지 16년이 채 못 되어 지옥으로 갔다.

조선의 마지막 임금 융희 황제(순종)가 1926년 4월 26일 숨지고 이를 계기로 '6·10 만세운동'이 인산일인 6월 10일에 발생하였다. 일제는 8000여 명의 병력을 동원하여 탄압하고 수백 명을 검거했다.

1927년 1월 19일 신간회新幹會가 발족되고 5월에는 근우회 槿友會가 창립되었다. 1929년 1월 원산에서 노동자 총파업이 일어났으며, 3월에는 만주 길림성에서 정의부·참의부·신민부가 통합하여 자치기관으로 국민부國民府를 조직했다. 11월 3일 전남 광주에서 대대적인 항일학생운동(광주학생운동)이 일어나 3·1운동 이후 최대의 민족운동으로 발전하였다.

1930년 북만주에서 무력 항전을 지도해온 김좌진이 암살당하고, 1931년 7월에는 일제의 조작으로 만보산 사건이 발생하여 한·중 농민들이 충돌하였다. 총독부는 1932년 12월 '조선소작령'을 제정하여 농민들의 토지를 빼앗고 양곡을 수탈하였다.

임시정부 활동의 쇠퇴

임시정부 요인들은 윤봉길 의거 후 일제의 발악적인 보복이 자행되면서 각자 안전한 연고지를 찾아 흩어지거나, 당분간 활동을 멈추고 지하로 은신하였다. 남지나 항구 쪽으로 피신한 요인들도 있었고, 소주·남경·북경으로 안전한 곳을 찾아 피하였다.

일제는 상해에 거주하던 독립운동가들의 거처를 무차별 수색하여 방대한 양의 독립운동 관계 문서를 압수해 갔다. 이로써 임시정부의 상당한 정보가 일제에 넘겨지게 되었다.

국무위원인 이동녕, 조완구, 조소앙과 교민단 간부 이유필, 이수봉李秀峰, 최석순崔錫淳 등이 항주에 피신하고, 백범과 함께 피취의 집에 숨었던 국무위원 김철도 항주杭州에 피신하여 항주 청태제2여사靑泰第二旅舍의 32호실에 유숙하면서 임시정부의 판공처辦公處를 개설하였다. 백범도 항주에서 피신생활을 하고 있어서 대부분의 국무위원이 모인 항주가 형식적이나마 임시정부의 근거지가 되었다.

항주의 임시정부시대는 1935년 11월 진강鎭江으로 옮길 때까지 만 3년 동안 계속되었다. 임시정부의 '임시 판공처'가 항주에 마련된 것이다. 피신 중에도 임시정부의 활동을 멈출 수 없었다. 1935년 5월 16일 이틀 동안 임시 판공처에서 윤봉길 의거 후 첫 국무회의가 열렸다. 항주시대의 첫 국무회의에는 법무장 이동녕, 재무장 조완구, 외무장 조소앙, 군무장 김철이 참석하고 백범도 참석하였다. 백범은 당시 재무장이었다. 이날 국무회의에서는 백범과 김철의 직책을 바꾸어 백범이 군무장이 되었다.

이 회의는 국무위원들 사이에 상당히 심한 갈등이 있었던 것으로 일본 측 기밀문서는 전한다. "특히 외부로부터 받은 경제적 후원을 둘러싸고 어떤 의혹의 암류暗流가 흐르고 있었던 것으로 나타나 있다. 즉 중국 조야로부터 임정에 보내어진 성금의 행방, 대한교민단 정무위원장 이유필이 교민단에 보낸 돈의 행방, 상해시 상회商會로부터 윤봉길·안창호 가족에게 보낸 생활 보조비의 행방 등 금전과 관련되는 잡음이 있었고, 국무회의에서 백범과 김철의 경질, 임명이 있었음에도 불구하고 백범은 군무장의 직을 사퇴하겠다고 하면서 가흥으로 이동녕과 함께 떠나버렸다"고 한다.[6]

동지들 사이에 '임시정부 임시 판공서 습격 사건'이 벌어지고 이와 관련 백범과 국무위원들이 사표를 제출하여 한때 임시정부 기능이 마비되었다. 이와 같은 임시정부의 갈등과 분열에 대한 자료는 일제의 기록뿐이어서 진실과는 차이가 있을 것이다.

임시정부는 기능을 회복하기 위하여 1932년 11월 28일에 제24회 정기 의정원회의를 소집하였다. 이날 의정원회의는 혼란기에 일어난 국무위원들의 사표를 처리하고 국무위원 수를 9인으로 늘리는 등 수습안을 마련하였다. 그러나 헌법상 국무위원의 임기가 3년으로 잔여 기간이 남아 있었고, 임시 의정원의 재적위원이 20명이었으나 9명만이 출석하여 합법적이 되지 못하였다.

임시정부는 다시 공백 상태에 빠져 있다가 1933년 3월 6일 열린 제25회 임시 의정원회의에서 지난해 잘못 처리된 국무위원 개선 문제를 논의하였다. 이 결과 백범과 이동녕을 제외한 조완구, 조소앙, 김철의 사표를 처리하고, 미국에 가 있는 이승만과 조욱曺煜, 윤기섭, 신익희申翼熙, 최동오崔東旿, 이유필, 송병조宋秉祚, 차리석車利錫, 김규식金奎植 등을 국무위원에 선출하였다.

임시정부에서 탄핵되었던 이승만이 다시 국무위원의 자격으로 임시정부에 참여하게 되었다. 이봉창·윤봉길 의거 후 미주 지역에서 많은 성금이 임시정부와 요인들에게 답지하였다. 그 중에는 서재필과 이승만 등이 주선하여 마련한 성금도 상당액이 되었다. 이 돈은 임시정부 요인들의 피신

6 국사편찬위원회 편, 『한국독립운동사』 자료2 임정편2.

자금으로 활용되었다.

윤봉길·이봉창 의거 후 임시정부 지도자들은 뿔뿔이 흩어지고, 또 일제의 공작으로 지도자들 사이에 불협화음이 나타나면서 임시정부는 위기를 맞고 있었다. 그렇지만 다른 방향에서 긍정적인 환경도 조성되었다.

괴뢰 만주국을 세워 만주를 장악한 일제가 산해관을 넘어 중국 본토에까지 침략의 속도를 더해가면서 중국 정부와 중국인들의 한인 독립운동에 대한 인식이 달라졌다. 이와 함께 두 의사의 의거 이후 우리 독립운동 진영에서도 내외의 지원과 새로운 인식에 고무되어 산재된 독립운동 단체가 통일하여 대일 항전을 강화해야 한다는 주장이 높아졌다. 이에 따라 1932년 11월 6일 상해에서 한국독립당, 조선혁명당, 의열단, 광복동지회 등의 대표가 모여 '한국대일전선 통일동맹'을 결성하였다. 천진에 있던 김규식 등이 주선하여 이루어진 통합운동이었다.

'통일동맹'은 발표한 선언문에서 "일본 제국주의 통치를 전복하고 우리의 독립자유를 획득하기 위한 투쟁을 적극적으로 전개함에 있어서 당면의 제일 긴급 중요사는 전선 통일의 문제"라고 하고, 활동 범위는 "중국에 국한하는 것이 아니며 국내와 미국·하와이·노령까지 총괄하는 것"이라고 천명하였다. '통일동맹'은 얼마 후 상해 쪽에 있던 중국의 항일단체인 중화민중자위대동맹과 합작하여 중·한민중대동맹을 결성하고, 중·한대일연합군을 조직하여 반일민주운동을 전개하는 등 중국의 실지 회복과 한국의 완전 자주독립을 도모하고자 하였다.

이와 같은 상황의 변화에도 백범은 신변의 위협 때문에 임시정부의 국무위원직에 복귀할 수 없었다. 또 '통일동맹'에도 참여하지 않았다. 공산주의자들까지 포함한 통일합작이 그간의 경험으로 심각한 분열을 초래할 것을 알고 있었기 때문이었다. 백범의 공산주의자들에 대한 비판과 불신은 컸다. 백범은 1933년 3월 22일 장기간 국무회의에 참석할 수 없게 되자 국무위원에서 해직되었다.[7]

중·한민중대동맹은 거창한 명칭과는 달리 한·중 항일단체의 연합기관으로서 기능만 가질 뿐 실질적인 세력을 갖지 못해 기대하는 역할을 하지 못하였다. 중국 정부와 중국인들의 신망을 받던 백범의 불참도 이 단체의 역량에 한계를 드러내는 요인이 되었다.

임시정부의 활동도 이와 비슷하였다. 한국독립운동의 실질적인 지도자 백범이 참여하지 못함으로써, 그간의 혼란을 극복하고 각지의 독립운동 지도자들을 망라하여 국무위원의 확충을 기하였지만 이렇다 할 활동을 하지 못하고 있는 실정이었다.

━━ 7 백범김구기념사업협회 백범전기 편찬위원회, "임정의 위기와 한국국민당",
    『백범 김구 : 생애와 사상』, 교문사, 1982.

장개석과 성공적 회담

피신생활을 하면서도 백범의 독립운동에 대한 열정은 식지 않았다. 박찬익, 엄항섭, 안공근 등 측근을 가흥과 남경으로 불러 정보 수집과 중국 정부와의 외교 채널을 넓히도록 하였다. 중국 정부는 윤봉길 의거 후 백범에게 특별한 관심을 보이면서 그를 한국 독립운동의 실질적인 지도자로 인정하였다.

중국 정부와의 교섭은 박찬익이 맡았다. 임시정부 수립 전에 신규식과 함께 상해에서 동제사同濟社를 조직하여 활동하고, 임시정부가 수립되면서 임시의정원 의원으로 활약했다. 상해 윤봉길 의거가 일어날 때에는 임시정부 파견원으로 남경에서 중국 정부와 외교 활동을 벌이고 있었다. 중국어가 유창하고 오랫동안 국민당 요인들과 우의를 맺어 관계가 돈독하였다.

백범이 1933년 5월 중국 국민당 주석 장개석에게 기병학교 설립을 제의하는 등 한·중 연합에 관한 서한을 보낸 것도 박찬익을 통해서였다. 백범의 대중국 외교 노력은 꾸준히 진척되어서 1933년 8월에는 백범과 장 주석의 회담이 이루어지게 되었다. 백범과 장 주석의 회담은 한국 독립운동사에 큰 획을 긋는 일대 사건이었다.

이후 중국 정부는 백범과 임시정부를 물질적·정치적으로 지원하는 후원자가 되고, 일제의 패망이 내다보이는 1943년 11월 27일 장개석 총통은 연합국 측의 루스벨트 미국 대통령, 처칠 영국 수상과 함께 이집트의 카이로에서 회담을 갖고, '한국의 독립'을 약속하는 '카이로 선언'을 주도하였다. 카이로 선언은 '얄타 회담'과 '포츠담 선언'으로 이어지고 한국은 전후 처리의 일환으로 국제 열강으로부터 독립을 보장받게 되었다. 김구·장개석 회담은 박찬익과 중국 국민당 중앙당부조직부장이며 강소성 주석인 진과부陳果夫의 주선으로 이루어졌다. 백범의 회고를 들어보자.

안공근과 엄항섭을 대동하고 남경에 도착하였다. 공패성貢沛誠, 소쟁蕭錚 등의 요인이 진과부의 대리로 환영을 나와 중앙반점에 숙소를 정하였다. 다음날 밤에 중앙군사학교 안의 장 장군(장개석)의 자택으로 향했다. 진과부의 차에 박찬익을 통역으로 대동하였다. 중국 복식을 한 장씨는 온화한 낯으로 맞아주었다. 서로 간에 수인사를 나눈 후에 장씨는 간명한 어조로 말했다.

"동방 각 민족은 손중산(孫中山, 손문) 선생의 삼민주의에 부합되는 민주적 정치를 하는 것이 마땅할 듯하오."

나는 그렇다고 대답한 후에 일본의 대륙 침략의 마수가 시시각각으로 중국에 침투하니 주변을 물리쳐 주시면 필담으로 몇 마디 올리겠다고 했다. 장씨가 이를 받아들여 진과부와 박찬익을 문밖으로 내보낸 후 붓과 벼루를 친히 가져다주었다. 나는 이렇게 썼다.

"선생이 100만 원을 허락하면 2년 이내에 일본 조선 만주 세 방면으로 대폭동을 일으켜 일본의 대륙 침략의 교량을 파괴할 것입니다. 어찌 생각하시는지요." 장씨가 붓을 들어 쓰길 "계획서를 작성하여 상세히 제시해 주시오"라고 하여 알겠다고 하고 물러나왔다.

다음날 간략한 계획서를 보냈다. 그랬더니 진과부가 자기 별장에서 연회를 베풀고 장 장군의 뜻을 대신 밝히는 것이었다. 그는 말하기를, "특무 공작으로는 천황을 죽이면 천황이 또 있고, 대장을 죽이면 대장이 또 있지 않소. 장래 독립을 하려면 군인들을 양성해야 하지 않겠소?"

이에 대한 나의 대답은, "감히 청할 수는 없으나 바라는 바이며, 장소와 자금의 문제일 뿐이오."

그리하여 장소는 낙양분교洛陽分校로, 자금은 발전하는 데 따라 제공한다는 약속 아래, 1기에 독립군 군관 100명씩 양성하기로 결의했다. (『백범일지』)

백범과 장개석의 회담은 매우 성공적이었다. 중국 정부는 이미 백범을 임시정부의 최고 책임자로 인정하고 있었고, 백범의 요구를 수락하였다.

한인특별반 설치, 독립군 양성

　백범이 오래 전부터 꿈꾸어온 일이 군대 양성이었다. 임시정부의 임시헌법에도 독립투쟁에 대비한 군사제도를 두고 있었다. 막강한 일제와 대항하여 싸우기 위해서는 군대의 조직이 절대적으로 필요하였다. 그동안 군사를 양성할 자금과 장소가 없어서 아까운 동지들을 희생시키며 의열투쟁을 전개하였다. 의열투쟁의 크나큰 성과에도 불구하고 한계가 있을 수밖에 없었고, 저들의 철저한 경비 관계로 의열투쟁을 계속하기도 쉽지 않았다.

　모처럼 신바람이 난 백범은 만주 동삼성에 사람을 보내어 이청천李靑天·이범석李範奭·오광선吳光鮮·김창환金昌煥 등 독립군 지도자들과 그들을 따르는 청년들에게 남경으로 오도록 하였다. 또 북경, 천진, 상해, 남경 등지에 있던 한인 청년 100명을 선발하여 제1차로 중국 중앙육군군관학교 낙양분교의 '한인특별반'에 배치하였다. 군대를 대외적으로

위장하기 위해 공식 명칭은 '중국육군군관학교 낙양분교 제 2총대 제4대대 육군군관훈련반'이라 하였다.[8]

백범은 낙양분교 안에 한인특별반을 설치하여 우리 청년들에게 '독립군 장교'의 사관교육과 훈련을 시킬 계획이었다. 그래서 교관으로서는 만주에서 한국독립당 계열의 독립군으로서 '한국 독립군'을 편성하여 중국 항일 구국군 등과 연합해서 항일 무장투쟁을 하다가 중국군의 투항으로 고립되어 난관에 처해 있는 이청천 등과 만주에서 활동하는 우리 독립군 장교들을 초빙하였다. 총교도관에 이청천, 교관에 오광선, 이범석, 조경한趙擎韓·윤경천尹敬天·한헌韓憲 등이 선임되었다.[9]

1934년 2월에 한인특별반이 개교되었다. 이때의 학생수는 92명이고, 교육 기간은 1년이었다. 중국군관학교의 학제는 3년이었으나 독립군 창설의 시급성과 재정 사정으로 1년의 단축 기간에 강훈련을 시키기로 하였다.

비밀 유지와 일제의 간첩 침투를 방지하기 위해 훈련생들의 생활이 엄격히 통제되고 있었으나 얼마 후 일제 첩보기관에 탐지되고 말았다. 일제는 중국 국민당 정부에 강력한 항의와 압력을 가하여 중국 측은 한인특별반의 존재에

---

8 한상도, "김구의 중국육군군관학교 한인특별반 운영과 청년투사 양성", 『백범과 민족운동연구』 제1집, 백범학술원.

9 신용하, "백범 김구의 한국광복군 창군", 『백범 김구의 사상과 독립운동』, 서울대학교출판부.

상당한 부담을 갖게 되었다. 백범은 한인특별반의 교육 목표를 일본 제국주의의 속박으로부터 벗어나 완전한 독립 국가를 건설하기 위해 노동자·농민을 지휘할 수 있는 독립운동 간부를 양성하는 데 두었다. 입교생들에게 행한 훈시에서 "일제의 대륙 침략전쟁이 세계전쟁으로 발전할 때 일본 본토와 동아 대륙의 교량 역할을 하는 한국과 남만주 지역의 일본군 군사시설을 파괴하고 침략 원흉을 제거하여, 노동자·농민 대중을 지휘하며, 중국군과의 연합을 통해 한국의 독립을 쟁취하자"고 역설하였다.

조국 광복군의 기간 요원으로 선발된 한인특별반은 백범이 운영을 총괄하고 이청천이 교육 훈련을 주관하는 이원적인 체제였다. 이 때문에 갈등이 유발되었다.[10] 두 지도자 사이에 갈등이 내연되면서 백범은 그 해 8월 자신의 지휘 하에 있는 입교생 중 25명을 중도 퇴교시켰다. 이들은 한국 특무대 독립군 활동에 편입되었다.

백범은 자파 입교생에게 기밀비를 별도로 지급하고, 1934년 4월 한인특별반을 방문하여 입교생에게 "금후의 한국 독립운동에 관해서는 나의 의사를 따를 것이며, 나의 명령에 절대 복종하라"는 요지의 훈시를 한 것이 이청천을 크게 분개시켰다고 한다.[11] 일본 측 자료이기 때문에 내용의 사실 여부를 단정하기는 쉽지 않지만, 한인특별반은 일제의 외압과 내부의 갈등으로 분열상을 보였다. 입교생들의 성향이 처음부터 백범·이청천·김원봉金元鳳 계열 외에도 상해 한국독립당과 무정부주의운동 세력 등이 파견한 인물들로 구성되어 이념과 지향성이 혼재하면서, 조국 광복의 대의에도 불구하고 내부적 균열상을 가져오게 되었다. 내부 균열 속에서도 한인특별반은 1935년 4월 9일 62명이 졸업하고, 이들은 이후 관내 한국민족 독립운동과 독립군의 근간의 하나가 되었다.[12]

낙양군관학교의 한인 학생 문제로 일본영사 스마須麻가 중국에 엄중 항의하고 경비사령관 곡정륜谷正倫에게 교섭하여, "대역大逆 김구를 우리가 체포하려는데 체포할 때 입적入籍이니 무엇이니 딴 말 하지 말라"고 했다. 곡씨는 "일본에서 큰 상금을 내걸었으니 김구를 내가 체포하면 상금을 내게 달라"고 했다면서 나더러 남경에서 근신하라고 친히 당부했다. 그리고 낙양군교 한인 학생은 겨우 1기를 마쳤을 뿐인데 이후로 다시는 받지 말게 하라는 상부 명령에 따를 수밖에 없었다는 것이었다.(『백범일지』)

■■■ 10 김정주 편, 『조선통치사료』 8, 동경:한국사료연구소.
■■■ 11 내무성 경찰국 편, 『사회운동의 상황』 8, 동경 三一서방, 한상도 앞의 글 재인용.
■■■ 12 신용하, "백범 김구의 한국광복군 창군", 『백범 김구의 사상과 독립운동』, 서울대학교출판부.

⬤한국 특무대 독립군 조직과 학생훈련소 운영

백범은 내외의 여건 변화로 한인특별반을 통한 군관 양성이 어려워지자 1934년 12월 하순 남경에서 한국 특무대 독립군을 조직하였다. 남경 중앙육군군관학교 제10, 11기 재학중인 사관 후보생들과 한인특별반 졸업생으로 독립군 장교 양성을 위해 특무대 독립군을 창설한 것이다. 이봉창·윤봉길 의사 등을 배출한 한인애국단을 계승한 특무대 독립군은 정규전뿐 아니라 특공 작전과 특무 공작을 감행하기 위해 은밀히 조직되었다. 한국 특무대 독립군 조직의 목적은 다음과 같다.[13]

첫째, 본 조직은 한국 특무대 독립군이라 칭하고 군사적 무장 수양을 목적으로 한다.

둘째, 조직 목적 또는 수령의 명령을 배반하고 타당파와 통교하여 자기 동지를 적에게 파는 경우에는 혁명 반역자로서 처단한다.

셋째, 우리는 한국 혁명을 위해 전원 무장하고 일본 제국주의자와 그 정책을 파괴시키는 것을 목적으로 하고, 군사적 조직체로 완성시킨다.

특무대 독립군의 지도부는 다음과 같다.

대장 : 김구
참모 : 안공근
비서 : 오면직吳冕植
조사부장 : 노종균盧種均
부원 : 안경근
제1소대장 : 왕종호王種浩
제2소대장 : 이국화李國華
학생부원 : 노태연盧泰然

한국 특무대 독립군의 본부는 남경성 안 목장염 고감리 1호에 두고, 대원들에게 특수 훈련과, 애국심을 고취시키기 위해 엄항섭의 『도왜실기屠倭實記』를 읽게 하거나, 3·1운동 때 일제의 한국인 동포 학살, 이봉창·윤봉길 의사의 사진을 회람시키며 반만주, 항일의 결의를 고취시켰다. 특무대 독립군에 가입한 대원은 현재까지 29명으로 밝혀졌다.[14]

13 국가보훈처 편, 『독립운동사』 4, 1974.
14 한상도, "김구의 중국육군군관학교 한인특별반 운영과 청년투사 양성", 『백범과 민족운동연구』 제1집, 백범학술원.

백범은 1935년 2월 이와는 별도로 학생 훈련소를 설치하였다. 남경성 안 동관두 32호에 설치한 학생 훈련소는 특무대 예비 훈련소 또는 몽장 훈련소夢蔣訓練所로도 불렸다. 중국중앙육군군관학교에 입교시킬 목적으로 한인 청년들에게 예비 교육을 실시하기 위해 마련한 이 학생 훈련소에는 각지에서 모집한 30여 명의 한인 청년들이 입소하였다. 대원 중에는 북간도 명동촌 출신인 송몽규宋夢奎와 나사행도 들어 있었다. 송몽규는 윤동주尹東柱와 함께 북간도에서 항일운동을 벌이다가 백범의 항일운동에 합류하고자 멀리 만주에서 달려왔다. 다른 대원들도 만주에서 온 한인 청년이 많았다.

학생 훈련소 운영에 시련이 닥쳤다. 훈련소의 존재가 일제 정보망에 노출되면서 강소성 의흥현 장서진 용지산 산록의 징광사라는 사찰로 옮기게 되었다. 대원들의 사기가 위축되고 있다는 소식을 들은 백범은 7월 중순 어느 날 징광사를 방문하여 대원들에게 다음과 같은 요지의 훈화를 하였다.[15]

여러분은 지금 부모 곁을 떠나 타향에서 더군다나 이와 같은 절에서 생활하고 있으므로, 뭐라 말로 표현하기 어려운 감정을 느끼기도 할 것이다. 또 한편으로는 이러한 생활이 무의미한 것 같은 생각이 들런지도 모르겠다. 하지만 이는 조국 광복을 위한 준비 교육이기 때문에 열심히 노력하지 않으면 아니 된다. 아마 제군들도 긴 머리카락을 자를 때에는 서운하고 슬픈 느낌이 들었겠지만,

이 역시 조국 광복을 위한 것으로 생각하고 더욱 노력하기 바란다.

일제의 첩보망이 백범의 훈화 내용까지 상세히 기록하여 상부에 보고하고 있는 것으로 보아 대원이나 사찰 안에 일제의 밀정이 끼어 있었을 듯하다. 이와 더불어 일제의 첩보망이 백범의 일거수일투족을 샅샅이 추적하고 있었음도 알게 된다.

학생 훈련소 대원들은 문학적 재능이 남다른 송몽규가 중심이 되어 잡지를 간행하였다. 대원들이 직접 원고를 쓰고 백범이 『신민新民』이라는 책이름을 지어 만든 잡지였다. 백범은 '새로운 백성'이 되어야 한다는 뜻에서 '신민'이란 책이름을 지은 것이었다.[16]

학생 훈련소는 장광사와의 임대 계약이 9월로 끝나면서 대원들은 다시 남경으로 철수하였다. 이들은 고강리 1호의 한국 특무대 독립군 본부 등에 분산하여 계속 교육 훈련을 받던 중 대원 이우정과 김여수가 일경에 붙잡히게 되면서 10월 초 남경성 안 남기가 8호로 다시 이동하였다. 백범은 11차례에 걸쳐 대원 19명을 상해·간도·국내로 파견하여 특무 활동을 벌이도록 하고, 나머지 대원은 중앙육군군관학교 입교와 특무 공작에 대기시켰다.

■■■ 15 『사상정보시찰보고서』 2, 한상도, 앞의 글 재인용.
■■■ 16 송우혜, 『윤동주 평전』, 열음사.

● 어머니 곽낙원 여사 탈출 성공

백범이 남경에서 새로운 항일투쟁의 전열을 갖추고 있을 때 홀연 어머니 곽낙원 여사가 손자 인과 신을 데리고 가흥에 도착하였다. 1934년 초, 어머니가 엄항섭의 집에 오셨다는 기별을 받고 백범은 달려가 어머니와 두 아들을 만났다. 상해에서 헤어진 지 9년 만에 갖는 모자의 상봉이었다.

어머니와 두 아들의 가흥 출현은 신출귀몰한 모험이고 위험한 일이었다. 일제는 국내에서 곽 여사의 동태를 물샐틈 없이 살피고 있었다. 개미 새끼 한 마리도 접근하기 어려운 실정이었다. 곽 여사는 이런 감시의 철망을 뚫고 두 손자와 안동을 거쳐 대련으로, 다시 위해위威海衛에서 상해행 기선을 타고, 상해 안공근의 집을 거쳐 가흥 엄항섭의 집에까지 오게 되었다.

조선총독부의 비밀자료[17]에는 곽낙원 여사와 두 손자의 국내 탈출에 대한 일제 경찰의 움직임이 상세히 기록돼 있다.

상해 임시정부 김구의 어머니 곽낙원과 그의 아들이 3, 4일 전에 안악을 탈출하여 행방불명되었음. 작년 가을에 합법적인 상해행을 신청했다가 불허된 일로 미루어 보아 상해 방면으로 탈출할 것으로 사료됨. 국경선에 대한 긴급 감시 등 선처를 요망함. 안악 경찰서장.

1934년 3월 24일 아침, 안악 경찰서 고등계 주임은 황해도 경찰부장 앞으로 긴급 전문을 띄웠다. 이 급전은 해주를 거쳐 서울의 총독부 경무국에 날아들었고, 경무국이 마련한 긴급 색출령은 신의주 경찰서에 하달되었다. 헌병사령부와 공동으로 만든 협조 전문도 안동, 대련, 천진, 청도, 상해, 남경 등지에 나가 있는 일본 관헌들에게 빠짐없이 타전되었다.

"김구의 어머니 곽낙원을 잡아라! 나이는 76세, 인상 착의는⋯."

긴급 지시가 각 경찰서와 헌병대에 날아가고 잠적인들의 사진이 급송되어 기필코 검거하라는 엄명이 하달되었다.

"잠적자들이 70대 노파와 10대 소년이므로 이들에게는 반드시 김구 특무기관의 공작원이 붙어 있을 것이다. 수상한 젊은이가 노파를 보호하며 여행하는 것을 발견하면 즉각

<hr>

17 「조선총독부 경무국 갑급甲級 비밀문서철」, 대정大正 14년 12월.

불심검문하여 체포하라." 긴급 지시가 연달아 하달되었다. 한국 신문에도 크게 보도되었다. 70대 노인과 10대 소년 두 명의 잠적에 대하여 조선총독부는 물론 만주, 중국의 관헌들이 총출동하다시피하여 이들을 뒤쫓는 국제적인 대활주극이 전개되었다.

1933년 가을께부터 곽 여사는 고국을 탈출하여 중국으로 갈 것을 결심하였다. 처음에는 안악 경찰서에 출국 허가를 제출하였는데, 백범 체포에 혈안이 된 일제는 곽 여사의 뒤를 밟으면 아들의 소재를 알 수 있으리라 생각하고 출국을 허가해 주었다. 곽 여사가 가산을 정리하고 출국 준비를 서두르자 일경은 경찰의 힘으로도 못 찾는 아들을 노인이 어떻게 찾느냐는 이유로 출국 허가를 취소하였다. 대노한 곽 여사가 "가라고 허가를 하여서 가장집물을 다 팔게 해놓고 이제 와서 또 못가게 하는 것이 무슨 법이냐. 너희 놈들이 남의 나라를 빼앗아 먹고 이렇게 정치를 하고도 오래갈 줄 아느냐"[18]고 호통을 쳤다.

곽 여사는 합법적으로 출국이 어렵다는 것을 알게 되면서 탈출을 결심하고는 목수를 불러 집을 수리하고 집기를 마련하는 등 다시 오래 살 것처럼 일경을 안심시켰다. 그러는 한편 몸을 의탁하고 있던 김선량과 상의하고 마침 그때 상해에서 돌아온 마을의 의협청년 최창한崔昌漢의 안내를 받아 만주를 거쳐 중국으로 탈출할 계획을 세웠다.

곽 여사는 평양 숭실학교에 들러 기숙사에 있는 큰 손자인을 데리고 막내 손자 신과 최창한과 함께 변성명으로 제일 관문인 안동을 무사히 통과하였다. 그러나 대련에서는 일본 경찰의 불심검문을 받게 되었다. 인이 나서서 고향에서 생활이 곤란하여 위해위에서 발동기선 어업에 종사하고 있는 친척의 집을 찾아가는 것처럼 꾸며대어 간신히 위기를 모면하였다.

안악에서 곽 여사와 손자들의 생활은 지극히 어려웠다. 상해에서 돌아온 이래 기독교계 인사들의 도움으로 생계를 유지했으나 백범의 존재가 '가정부'의 핵심으로 부상되고, 그들 역시 생활이 어려워지면서 도움도 쉽지 않았다. 이봉창·윤봉길 의거 후에는 감시와 탄압이 더욱 심해졌다. 곽 여사와 손자들은 김선량(金善亮, 김용제의 아들)이 안악읍 소천리에 작은 집 하나를 마련하고 식량과 땔감을 마련해주어 근근이 살아가게 되었다.

9년 만에 아들을 재회한 어머니의 첫 마디는 이러했다. "나는 이제부터 너라고 아니하고 자네라고 하겠네. 또 말로 책하더라도 회초리로 자네를 때리지는 않겠네. 들으니 자네가 군관학교를 설립하고 청년들을 교육한다니, 남의 사표가 된 모양이니 그 체면을 보아주자는 것일세."

백범의 존재는 어머니 곽낙원을 떼어 놓고는 상상하기가 어렵다. 환갑이 다 된 백범은 76세 어머니의 이 분부를 듣고

<hr />

18 김정주 편, "김구모자 탈출 관련 사건", 『조선통치사료』 제8권.

335

"나는 나이 60이 다 차서 어머님께서 주시는 큰 은전을 입었다"고 『백범일지』에 썼다.

남경에 무사히 도착한 곽 여사는 안악읍 예수교회인들에게 편지를 써서 그동안의 도움에 고마움을 전했다.[19]

나의 사정으로 말미암아 장구한 세월 동안 많은 애호를 보여주신 여러분에게 한마디 고별의 말도 못하고 정든 안악을 떠나게 되었습니다. 나는 두 손자를 데리고 육로·수로를 무사히 거쳐 그저께 목적지에 도착하여 오랫동안 만나고 싶었던 사람을 만나 지난 10년 동안 노신老身을 보양해 주시고 유아들의 양육에 힘써 주신 여러분의 노고를 전해 주었습니다. 이 은혜는 반드시 갚아드려야 할 것으로 아오나 언제 보은할 수 있을는지 막연합니다. 안악의 여러분들이 베풀어 주신 은혜에 만분의 1이라도 보답해야 하겠는데 지금은 그 방법이 전혀 없어 가슴이 아픕니다. 그러나 옛말에 뜻이 있으면 반드시 열매가 맺는다고 했듯이 우리들은 심력을 다하여 은혜에 보답코저 합니다. 또한 당연히 자주 편지를 내어 여러분의 은혜에 보답하고 싶지만 그것도 쉬운 일이 아닌가 합니다. 앞으로 두고두고 여러분의 무고하심과 행복을 빌겠습니다.

이 편지는 조선총독부 경무국에 압수되어 수취인들에게 전달되지 못하였다. 김인이 김선량에게도 편지를 보냈지만 역시 압수되었다.

곽낙원 여사…. 14세의 어린 나이에 가난한 집으로 출가하여 17세 때 심한 산고 끝에 백범을 낳고 칠난팔고七難八苦를 겪으면서 백범을 키우고 지켜왔다. 1901년 1월 남편 김순영이 세상을 떠나니 독립운동을 하는 아들을 지키랴, 집안 살림을 하랴, 손자들을 돌보랴, 그녀에게는 감당하기 어려운 고통의 연속이었다.

아들이 일본군 밀정 스치다를 죽이고 인천 감영에 갇혔을 때는 인천에서 식모살이를 하면서 옥바라지를 하고, 안명근 사건으로 서대문 감옥에 수감되었을 때는 첫 면회를 와서 "평양 감사가 된 것보다 더 기쁘다"고 아들을 격려하던 '통 큰' 여걸이었다. 기나긴 세월 동안 아들의 옥바라지를 마다하지 않고, 일찍 어머니를 잃은 두 손자의 뒷바라지를 하면서, 압록강을 두 번씩이나 건너야 했다.

상해 시절의 일이다. "그 무렵 우리 집 뒤쪽의 쓰레기통 안에는 근처 야채상이 버린 배추 겉대가 많았는데, 어머님은 매일같이 밤이 이슥해지면 먹을 만한 것을 골라오셨다. 그것들을 소금물에 담가두었다가 찬거리로 하려고 항아리를 여러 개 만드셨다."(『백범일지』)

이 무렵 백범은 여반로呂班路에 단칸방을 빌려 이동녕, 윤기섭, 조완구 등 동지들과 함께 지내면서 어머니가 담가 주신

▬ 19 조선총독부 황해도 경찰부, 『고등과 비밀갑류문서』, 대정大正 14년 12월.

우거지 김치를 먹으면서 독립운동을 하였다. 이것도 상해 시절의 일이다. 동양척식회사에 폭탄을 던지고 자결한 나석주 의사가 상해에서 백범과 함께 지내면서 백범의 생일임을 알고 자신의 옷을 저당잡혀 고기와 반찬거리를 마련하여 곽 여사에게 갖다 드렸다. 그날 밤 이 사실을 알게 된 곽 여사는 손님들이 돌아가자 회초리를 준비해가지고 들어온 후 아들의 종아리를 걷어 올리게 했다. 그리고는 사정없이 후려쳤다.

"독립운동을 한다는 사람이 자기의 생일 같은 사소한 일을 동지들에게 알려서 그의 옷을 저당해 생일을 차려 먹다니…." 그때서야 어머니의 뜻을 안 백범은 무릎을 꿇고 앉아서 잘못을 빌었다.

쉰이 넘은 아들의 종아리를 때려주던 곽 여사는 백범이 상해에서 힘들게 독립운동을 하는 것을 지켜보면서, 아들이 임시정부의 일을 보러 나갔을 때 "가족이 있어 마음 놓고 독립운동을 할 수 없을 것 같아 아이들을 데리고 고향으로 돌아간다"는 편지를 남겨 놓고 손자를 데리고 화물선에 몸을 실어 고국으로 잠입했었다. 이와 관련하여 일본 경찰의 비밀자료는 다음과 같이 기록하였다. "곽낙원은 1925년 12월 상해에서 김구와 함께 살던 중 김구의 독립운동이 아주 미온적임을 꾸짖고 모자가 다툰 끝에 하루는 김구를 때린 다음, 분격한 나머지 김구가 집에 없는 사이에 고국으로 돌아온 것으로서…."[20]

아들이 보고 싶어 다시 중국에 돌아와서 남경에 머무를

때의 일이다. 임시정부 요인들과 백범을 따르던 청년들이 어떻게 알았던지 곽 여사의 생신을 차려드리고자 돈을 모으고 있었다. 이 사실을 안 곽 여사는 돈을 가지고 있는 엄항섭을 불러내, 자신의 생일을 차려줄 돈을 현금으로 주면 자신이 먹고 싶은 것을 만들어 먹겠다고 하였다.

생신날 곽 여사는 생일 축하연을 한다고 임시정부 국무위원들과 청년들을 자신의 셋방으로 초대하여 손님들이 모이자 식탁 위에 보자기에 싼 물건을 내놓았다. 거기에는 권총이 들어 있었다.

"독립운동을 한다는 사람들이 생일이 무슨 놈의 생일인가. 그런 데 쓸 돈이 있으면 나라 찾는 일에 쓰도록 하게. 이 총으로 왜놈들을 한 놈이라도 더 죽여야만 내 속이 편안하겠네"라고 일갈하였다.

1937년 백범은 사분오열된 독립운동단체들의 통합을 이루고자 장사長沙에서 3당 통합 문제를 논의하는 회의석상에서 반대파 이운환李雲煥이 쏜 총탄에 저격당하였다. 기적적으로 그 생명을 구하고 퇴원하여 어머니를 뵈었을 때, "자네의 생명은 상제께서 보호하시는 줄 아네, 사불범정邪不犯正이지! 허나 유감인 것은 이운환이라는 자가 정탐꾼에 지나지 않는 자라지만, 그 역시 한국인인즉 차라리 왜놈 총탄을 맞고 죽는 것만 못하네!"하며 조금도 흐트러지지 않는 자세

■■■ 20 조선총독부 황해도 경찰부, 『고등과 비밀갑류문서』, 대정大正 14년 12월.

로 아들을 타일렀다.

곽 여사는 임시정부가 중경으로 옮겨 정착하였을 때인 1939년 4월, 광서 지방의 풍토병인 인후증咽喉症으로 82세의 파란 많은 생애를 접었다. 임시정부의 주석이 된 백범은 어머니의 장례를 간소하게 치르고, 중경 변두리 공동묘지에 안장했다가 1948년 아들 신을 보내 어머니와 상해 공동묘지에 묻혀 있던 아내의 유해를 고국으로 이장케 하였다.[21] 안중근 의사가 이토 히로부미를 처단하고 사형선고를 받았다는 소식을 전해들은 어머니 조마리아 여사가 아들의 수의를 꿰매면서 "마지막 길에 비굴하지 말아라. 훗날 천당에서 만나자"라는 편지를 썼다.

백범의 어머니와 안중근 의사의 어머니는 민족수난기 한국 어머니의 표상이었다.

●

---

21 박상준, "김구 선생의 어머니 곽낙원 여사", 『월간 동아』 1992년 5월호.

제 **10** 장

임시정부 지키느라 고군분투

민족혁명당 창당과 임정 해소론

국제 정세는 1930년대가 되면서 급격한 변화의 고비를 넘기고 있었다. 1933년 1월 독일에서는 히틀러가 집권하고, 3월에는 일본이 '국제연맹'을 탈퇴하면서 중국 침략의 속도를 재촉하였다. 이듬해 8월 독일은 국민투표를 실시하여 히틀러를 총독으로 선출하고, 10월 중국 공산당은 강서의 근거지를 포기한 채 대장정에 올랐다. 일본군은 속속 중국 본토를 향해 진격해왔다.

백범은 1934년 여전히 주애보와는 동거하고 있었다. 그러면서도 한국 특무대 독립군을 조직하는 등 정세의 변화에 따른 대일 항전의 준비를 멈추지 않았다.

독립운동 진영에서는 여전히 분파운동이 끊이지 않고 일제의 집요한 추적도 수그러들지 않았다. 1935년 6월 20일부터 남경에서 통일동맹이 주도하는 각 독립운동단체 대표회의가 열렸다. 분열 상태를 접고 대동단결을 하자는 취지였다. 여기에는 의열단, 한국국민당, 조선혁명당, 신한독립당, 대한독립당, 뉴욕대한인교민단, 미주국민회, 하와이국민회, 하와이혁명동지회 등 9개 독립운동단체 대표가 참석하였다. 이 회의에서는 항일 전선을 강화시키기 위해 하나의 유력한 신당을 결성하기로 결정하고, 7월 5일 '민족혁명당' 결당식을 거행하였다. 여기에 참여한 모든 정당과 단체는 해체를 선언하였다.

신당 결성이 구체화되어 가면서 임시정부에서는 국무위원 중 양기탁, 김규식, 조소앙, 최동오崔東旿, 유동열柳東說 등 5명이 국무위원직을 사퇴하고 신당 결성에 참여하여 요직을 맡았다. 1934년 국무위원직을 사퇴하였던 윤기섭, 신익희, 성주식 등도 역시 신당에 참여하여 중요한 직책을 맡았다.

임시정부의 국무위원으로는 송병조, 차리석 두 명만 남게 되었다. 임시정부 수립 16년 만에 다시 한 번 위기에 봉착하게 되었다. 이렇게 되자 김두봉과 김원봉 등 신당 조직 인사들은 "5당이 통일된 이 시점에 명패만 남은 임시정부를 존재케 할 필요가 없으니 해체해 버리자"는 강경한 주장을 하기에 이르렀다. 백범은 김원봉이 이끄는 의열단 계열이 공산주의를 이념으로 신봉하고 있다고 생각하고 오래 전부터 이를 경원시하였다. 의열단은 초기의 강력한 항일투쟁기를 거쳐 당시에는 공산주의 이념에 경사되는 듯하였다.

하루는 의열단장 김원봉군이 특별 면회를 청하기에 남

경 진회秦淮 강변에서 비밀리에 만났다. 김군이 말했다.

"현재 일어나고 있는 통일운동(통일정당운동)에 부득불 참가하겠으니 선생도 동참하는 것이 어떻겠습니까?" 나는 김군에게 물었다.

"내 소견에는 통일이라는 큰 줄거리는 동일하나 동상이몽으로 보이는데, 군의 소견은 어떠하오?"

"제가 통일운동에 참여하는 주요 목적은 중국인들에게 공산당이라는 혐의를 면하고자 하는 것입니다." 나는 그렇게 목적이 각각 다른 통일운동에는 참가하고 싶지 않다고 했다. (『백범일지』)

백범이 개인적으로 김원봉과 의열단의 활동을 인정하면서도 의열단을 배척하는 데는 까닭이 있었다. 당시 장개석이 계속하여 일제에 밀리는 상태에서 모택동이 이끄는 공산당이 점차 세력을 확장해나가자 중국 정부는 공산 세력을 탄압하는 반공 정책을 펴고 있었다. 이러한 때 좌파 세력이 주도하는 명목상의 통합운동에 참여하기가 어려웠다. 윤봉길 의거 후 모처럼 신뢰와 지원관계가 유지된 장개석 국민당 정부와 척을 질 이유가 없었던 것이다.

임시정부가 와해될지 모른다는 조완구의 서신을 받고 격분한 백범은 급히 항주로 달려왔다. 이시영, 조완구, 김붕준, 양소벽, 송병조, 차리석 등 의정원 의원들과 임시정부 유지 문제를 협의한 결과 한결같이 3·1항쟁의 국민적 역량으로 결성된 임시정부는 유지되어야 한다는 데 의견의 일치를 보았다.

백범은 이들과 함께 가흥으로 가서 이동녕, 안공근, 안경근, 엄항섭 등과 남호에 놀잇배 한척을 빌려 배 위에서 의정원 의회를 열었다. 이 자리에서 이동녕, 조완구와 백범이 국무위원에 입각하여 도합 다섯으로 성원이 되어서 임시정부는 간신히 명맥을 유지하게 되었다. 망명지 남호의 선상에서 열린 임시정부 국무회의는 세계 정치사상 유례를 찾기 어려운 일이었다. 이날 선상회의를 통해 임시정부 체제를 정상화시킨 백범은 의정원 의원들에게 강력한 서한을 보냈다.

〈임시 의정원 제공諸公에 고함〉[1]
구九는 연전에 임시정부에서 특위의 임무를 봉승하여 그 지정 범위 내에서 지금까지 능력이 미치는 대로 충성을 다하여 사명을 욕되지 않도록 노력해 왔습니다.

오늘에 들리는 바에 따르면 아직 명실이 불상부不相符인데 대당大黨 조직의 미명으로 임시법인法人(임시정부)의 해소를 시도하는 인사들이 있다 하니 과연 이것이 옳은 일인가. 아직까지는 우리 독립운동계에 큰 단체들과 정부라는 참명僭名을 가지고 출세했던 부류까지 있었으나 우리 임정의 위대한 위적을 거론한 자는 아직 듣지 못하

■■■ 1   국사편찬위원회 편, 『한국독립운동사』 자료1 임정편1.

였다. (중략)

동양의 괴수 일황을 처단하고 그의 장수와 신하를 살육하는 것이 우리 신성한 정부의 역할이다. 한족의 피를 가지고 국권·국토를 광복하려는 한인은 거개 임정을 성심 옹대할 의무가 있다. (중략) 그동안 자기 필요로 임정 직원이 되었다가도 개인적 불만이 있을 때는 헌신짝처럼 벗어던지고 반역을 기도함이 한두 사람에 그치지 아니하였다.

지금 제공은 김구 역시 그런 의롭지 못하고 신뢰할 수 없는 사람으로 보는가.

김구는 비록 현직을 갖기는 능력이 없으나 국민된 책임만은 명심각골하고 모험분투해왔다.

이봉창·윤봉길 두 의사가 결코 자기 일신만의 충훈이 아니고 재래 순국의열의 하늘에 계신 영령이 총동원하여 한편으로 임정 직원에 묵시하고 한편으로 이·윤·권·최의 제의사 선봉을 삼아 동정북벌한 그 권위를 장伏하고, 김구는 일심으로 임무를 다하여 홀로 선열을 위로하고 임정의 책임을 다하고자 노력 중이다.

김구는 결코 민족통일을 반대하지 않고 진정한 통일을 요망한다. 그러나 과거에 군통국대軍統國代 등에서 좀 더 질적 양적으로 확실한 신념이 생길 때까지는 임정에서 부여한 임무를 성실하게 수행할 것을 밝혀둔다.

우리의 통일은 해외 몇 개 단체나 몇몇 인사의 책동으

로만 되지 않고, 내외를 통해 전민족의 대표적 의사로 되지 못하면 지금까지 해온 일이 헛되지 않을까 염려된다. 사건이 중차대한 즉 통일을 위하여 노력하는 이들은 자성 있기를 기대한다. 임시정부 문제를 함부로 용훼함은 천만부당하다. (현대문으로 정리)

백범의 권고에도 분란은 쉽게 진정되지 않았다. 민족혁명당은 그것대로 추진되고 임시정부는 어렵게 명맥을 지키게 되었다. 임시정부는 남호의 선상에서 국무위원을 충원한 데 이어 신당에서 탈퇴한 조소앙과 김붕준金朋濬, 양명진楊明鎭을 의정원 상임위원으로 선출하여 내각과 의정원 체제를 정비하고 11월 초에는 개각을 단행하였다.

국무위원회 주석 : 이동녕
내무장 : 조완구
외무장 : 김구
재무장 : 송병조
국무장 : 조성환
법무장 : 이시영
비서장 : 차리석

체제를 정비한 임시정부는 백범이 작성한 「포고문」을 국무위원의 이름으로 발표했다.

〈포고문(요지)〉[2]

동지 여러분, 동포 여러분!

금년 6월 이후 우리들의 임시정부가 내부의 변화와 외부의 동탕動盪으로 인한 위원들의 사직으로 규제상 보구補救의 판법瓣法 없이 단지 개인이 이것을 고수孤守하는 데 그치고 정무는 한 가지도 행사할 수 없었다.

다행히 의원 제위의 필사적 노력으로 11월 2일에 이르러 비로소 법에 따라 새로이 국무위원 5명을 보선하여 즉시 국무회의가 성립하고 각 부서를 조직하여, 험도해랑險濤海浪이 극에 달하여 위기에 달할 때 이를 굳게 지켜 기초를 확립하였다. 이와 같이 한 경과는 다만 복잡다단할 뿐이었다.

일부 인사 간에는 괴이하게도 역사적 기회를 타 임시정부의 파괴, 폐기를 도모하는 자가 있다는 것은 과거에 비추어 명확한 사실이란 것은 재언을 요치 않는 바이지만, 그에 임하여 자기들의 사상을 발휘하고 혹은 자기발전을 위해서 불충실한 계획을 가지고 대의명분상, 사상 본령상에 저촉되는 것을 돌아보지 않고 상호표리하는 종횡술책, 즉 위심적違心的 행위를 감히 시도하는 자도 오늘 뿐 아니라 과거에도 있었다.

전 국민의 의사표시로 된 정맥正脈의 임시정부를 말살하여 17년래 수적讐敵의 모든 계획과 고심을 가지고도 아직껏 할 수 없었던 바를 그들은 스스로 답쇄踏碎하는 데 이르렀다. 이것은 해소하기 어려운 착오이고 혹은 다른 고애苦哀의 자익自溺에 지나지 않는 것도 사실의 하나였다. 그 시비정사是非正邪는 자연히 판단되어질 것이다.

동지 여러분, 동포 여러분, 오인의 충우忠愚를 인정하고 각 개인은 양심상 발작하는 천직을 아낌없이 발휘하라. 엄명견정嚴明堅正한 건전 사상을 가진 재준才俊의 동지는 속히 분기하라.

본 정부는 통일합치에 대하여 아직도 전통적 주초柱礎가 의연하므로 역래歷來 발표한 문서가 황황히 각인을 인식시키는 데 충분할 것이다. 반드시 정상적·진실한 길을 위하여 완전한 통합을 성취하라. 본 정부는 조금도 주저하는 바 없이 이를 환영하지만, 허영에 사로잡히고 혹은 욕구에 급급한 물거품과 같은 동향과 조성組成은 주저없이 거부함과 동시에 오히려 정신적 결과를 더 한층 요구하는 바이다.

동지 여러분, 동포 여러분!

분기하라, 본 정부 사명의 진전에 충용한 전사가 될 것을 거듭 주장한다.

가까스로 임시정부의 위기를 극복한 백범은 1935년 11월 임시정부를 강소성 진강으로 옮겼다. 송병조, 차리석, 조

━━ 2   국사편찬위원회 편, 『한국독립운동사』 자료1 임정편1.

성환, 조완구 등 간부들도 거처를 진강으로 옮겼다. 임시정부의 외무장직을 맡은 백범은 별도로 중국 국민당 정부가 있는 남경으로 돌아갔다.

한국국민당 창당과 청년 조직

의열단이 주축이 되어 결성한 민족혁명당은 단일 정당 운동이라는 대의에도 불구하고 얼마 후 곧 분열상을 가져왔다. 의열단 계열이 실권을 장악하면서 분열의 조짐을 보이기 시작하더니 한국독립당의 조소앙, 문일민文一民, 박창세朴昌世 등이 이탈하여 한독당 재건을 선언한 데 이어 조선혁명당의 최동오崔東旿, 김학규金學奎 등도 탈당하였다.

민족혁명당은 신한독립당의 이청천, 현익철玄益哲, 유동열, 양기탁 등 민족주의 계열과도 사사건건 대립을 보이다가 1937년 3월에 의열단 계열은 조선민족혁명당, 민족주의 계열은 한국민족혁명당으로 분열되고 말았다.

백범은 임시정부를 보위할 강력한 여당의 존재를 필요로 하였다. 임시정부의 여당이었던 한국독립당은 민족혁명당 창당 과정에서 해체되고 조소앙 등이 재건을 선언하였지만 약체를 면치 못하고 있었다. 백범은 민족혁명당 결성에 참

여하지 않았던 이동녕·차리석·조성환·송병조·김붕준·엄항
섭 등 동지들의 찬동을 얻어 11월 하순 한국국민당을 창당
하고 이사장에 선임되었다.

중국 정부의 재정적 지원을 받게 된 한국국민당은 창당 선
언에서 일제의 박멸과 임정의 옹호견수擁護堅守, 민주공화국의
수립을 주장하고 정치 강령으로 삼균주의와 토지국유화 정책
등을 내걸어 현대화된 민주주의 정당의 이념을 제시하였다.
창당 선언문에는 백범의 정치 이념과 신념이 그대로 담겨 있
다. 한국국민당은 기관지「한민韓民」을 발행하고 산하기관으로
청년단을 조직하는 등 활발한 조직과 선전 활동을 하였다.

〈한국국민당선언〉[3]
(중략) 그러나 광복전선에서 동일의 길을 걷고 있는 우
리 동지로서 서로 당을 만들고 첩보에 따르려는 자 있음
은 진실로 불쌍하다. 오인과 다른 길을 걷고 있는 그들이
야말로 어떻게 되든 감히 관계할 바 아니지만 전연 오인
과 동일한 길을 걷고자 하며 걷지 못하는 자야말로 개탄
을 아니 할 수 없다.

오인이 역사적 사명을 지고 국민적 자격으로 우리 국
민당으로서는 현하의 절박한 시기에 임하여 일층 중대한
책임을 느끼지 않을 수가 없다. 장엄하고 과감한 의식을
굳게 잡고 국민 제일선에 선 한국국민당은 절대적 희생
과 무아적 봉공으로 전 생명의 중추가 되어 우리 민족의

끝없는 기대와 덕양에 의하여 본당을 수호하는 이유도 또한 여기에 있다.

본당 동지 등이 그 책임을 능히 이해할 수 있는가 없는가 전전긍긍한 이유도 여에 명백하다. 만사를 근신하는 오인은 감히 경솔한 시도를 한 적이 없다. 하등 계획 없이 이것저것 해보는 것 같은 것은 오인이 가장 증오하는 바, 특히 금일은 오인이 엄밀한 연구와 적확한 관찰을 게을리 할 수 없다.

가령 교언을 토하더라도 시선만은 바르게 하고 바로 전락할 것이다. 지난 경험과 일전의 현상과를 같이 생각하는 오인은 아직도 오인의 포부를 바로 세상에 제의한 바 없다. 가령 과거 1년간 외계에 명백히 들린 특별 안건이 없었는가 하면 사실은 내일의 사자후를 위하여 표면 일시 침묵했을 따름이다. 본당의 목표는 생사의 결투이다. 오인은 무엇을 아끼고 무엇에 권연할 것인가. 만약 권연한다 하면 생을 위하여 사를 구할 따름이다.

오인은 결단코 교언령자, 표리부동, 탐령토권을 쟁취코자 하는 따위 비열한 행동을 감히 함이 아니다. 이와 같은 것은 조국광복과 민족해방을 최고 이상으로 하는 진정한 광복운동자의 기하는 바, 오인은 오히려 반대로 서서히 시기가 무르익음을 기다릴 따름이다. 고독하더라도 전도의 장애를 제거하는 준비를 하지 않을 수 없다. 원대한 계획을 위하여 공연한 경거는 경계할 지어다.

오인의 모든 착오를 청산할 날은 박두하였다. 이것만은 그 입장의 이동을 가리지 않고 한국의 혁명가들은 전부 인식할 지어다. 차제에 오인은 여하한 길을 갈 것인가. 이전의 길을 그저 갈 것인가. 이전과 같은 공연한 씨름을 하고 전락을 다시 계속할 것인가. 믿지 못한 투기업자와 같이 헛일만을 할 것인가. 오인은 바야흐로 정상에 섰다. 생사의 경계선이 닥쳐왔다.

오인은 전국적 대결합을 위하여 우선 광복운동자만 일개처에 집합할 것이다. 집합되면 손을 잡고 일제히 나갈 것이다. 하등의 정견 없이 공연히 활로를 구하지 않고 사상에 누각을 쌓음과 같은 헛일은 하지 마라. 더 좀 냉정히 사고하여 굳고 의의 있는 우리들의 길을 여기에서부터 찾아내자. 분산되어 있는 힘을 일개소에 집합하고 거기에 굳은 뿌리를 뻗자. 그리하여 우리 국가가 광복하고 우리 민족을 해방하여 조상에 영광을 바치고 자손에 행복을 전하자.

본당의 사명도 또한 임무도 이것이다. 이 임무, 이 사명을 수행하기 위하여 최대한 힘을 요함은 재언이 필요 없다.

우리들의 표어

1. 금일의 중대한 시기를 재인식하라.

2. 생사의 이도二道를 일층 심각히 선택하라.

3. 동지자는 일도一道에 악수하고 나가라.

4. 악마 왜적을 박멸하라.

5. 임시정부를 일층 옹호 진전시켜라.

6. 대한국민당 만세!

7. 대한 광복 만세!

대한민국 18년 11월 6일 한국국민당 제2차 대회

백범의 한국국민당에 대한 열정은 각별하였다. 한국 특무대 독립군과 학생 훈련소 출신의 청년, 애국청년 20여 명 그리고 중국중앙군관학교를 졸업하고 귀대한 한인 학생 17명을 모아 한국국민당 청년단을 결성하였다. 한국국민당 청년단 요원 중에는 백범의 장남인 김인과 안공근의 장남인 안우생도 참여하였다.

청년단은 기관지 『한청韓靑』을 독자적으로 발간하여 애국심을 고취하고 일제 타도의 의기를 선전하였다. 국민당 기관지 『한민』과 『한청』은 백범의 사상과 노선에 따라 독립운동 진영 내에서 사상의 혼란과 노선의 방황을 바로잡아 이를 재정비 내지 강화하는 데 크게 기여하였다. 임시정부는 11월 10일 제29회 의정원 회의를 열어 국민당 노선에 따른 시정 방침을 밝히는 한편 11월 25일에는 새로운 정세의 전개에 따른 국민의 대동단결을 촉구하는 포고문을 전국무위원의 이름으로 발표하였다.

장개석이 서안西安에서 장학량張學良에 의해 구금되는 서안사변이 발생했을 때에 백범은 큰 충격을 받았다. 이 해에 단재 신채호가 여순 감옥에서 옥사하였다. 중일전쟁의 먹구름이 점점 중원 대륙을 짙게 뒤덮어 가고 있었다.

백범은 1936년 회갑을 맞았다. 8월 27일 회갑연 대신에 국난을 맞아 이순신 장군의 '진중금'陣中吟으로 심경을 토로하면서 충무공이 그의 칼에 새겼던 검명劍銘을 휘호로 썼다.

誓海魚龍動
盟山草木知
바다에 다짐하니 물고기와 용이 움직이고
산에 맹세하니 초목이 알더라.

중일전쟁 발발, 독립의 호기로

백범이 기대하던 '중일전쟁'이 드디어 일어났다. 백범은 오래 전부터 중일전쟁이 본격화하면 반드시 세계대전으로 확대될 것이고, 그리되면 일본은 반드시 패망할 것으로 믿어왔다. 한국 민족이 강대한 일본과 맞서 싸울 수 없는 상황에서 중일전쟁의 본격화야말로 한국이 독립할 수 있는 절호의 기회라고 여겼다.

일제는 1932년 괴뢰 만주국을 세워 만주 지역을 지배하는 데에 만족하지 않고 침략의 마수를 상해, 열하, 몽골, 화북 지방으로 뻗쳐나갔다. 1936년 일본에서는 2·26 군부반란 사건이 일어나 이를 계기로 정권이 군부에 의해 장악되면서 더욱 노골적인 중국 침략 정책이 전개되었다.

1937년 노구교蘆溝橋 사건을 빌미로 중일 간에는 전면 전쟁의 도화선에 불이 붙었다. 노구교는 북경 남서쪽 교외에 있는 영정강永定江을 가로지르는 소도시로, 송철원宋哲元이

지휘하는 중국군이 주둔하고 있었다. 이 해 7월 7일 북경 교외 풍태豐台에 주둔한 일본군이 노구교 부근에서 야간 연습을 실시하던 중 몇 발의 총소리가 나고 병사 1명이 행방불명되었다. 사실 그 병사는 용변 중이었고 20분 후 대열에 복귀했으나, 일본군은 중국 측으로부터 사격을 받았다는 구실로 주력부대를 출동시켜 다음날 새벽 노구교를 점령하였다. 7월 11일 양측은 중국의 양보로 현지 협정을 맺어 사건이 일단 해결된 듯하였으나 화북 지방 침략을 노리던 일제는 강경한 태도를 보이면서 관동군과 조선주둔군, 일본에 있던 군대 등 3개 사단을 증파하여 7월 28일에 북경과 천진에 대해 총공격을 감행하였다. 이로써 노구교 사건은 전면전으로 확대되어 중일전쟁으로 돌입하였다.

일제는 선전포고도 없이 총공격을 개시하여 북경, 천진에 이어 국민당 정부의 수도 남경을 점령하고 30만이 넘는 무고한 시민을 학살했으며, 무한武漢, 광동廣東, 산서山西에 이르는 주요 도시 대부분을 점령하였다. 중국은 장개석이 공산당의 '항일민족통일전선' 결성 호소를 받아들임으로써 제2차 국공합작을 이루어 일본군과 맞섰다. 중국인들의 항일 기운이 크게 높아져갔다.

임시정부는 노구교 사건으로 중일전쟁이 발발하게 되자 비상 국무회의를 소집하고 군무부 산하에 군사위원회를 설치하는 한편 난립해 있는 광복운동단체의 통합운동에 나섰다. 백범은 7월 초 장개석의 초대를 받아 비밀리에 회동하고, 한인 요원들의 특무 활동을 개시할 것을 합의하였다. 특무 공작의 구체적인 계획과 내용은 밝혀지지 않았으나, 1937년 12월까지 일제 정보기관에 탐지된 몇 가지 내용은 다음과 같다.[4]

▲ 7월 중순 : 김구파 한국국민당은 부하 청년 수 명을 화북에 파견하는 동시에 첨예분자의 결집을 위해서 안공근을 상해에 밀파하여 상해 주재 한국인들에게 "시국 공작상 필요하니 희생적인 결사청년을 될 수 있는 한 많이 알선해 달라"고 의뢰토록 하였다.

▲ 7월 21일 : 김구파는 「엄중한 시기와 일반의 주의」란 제하에 "이때야말로 우리들에게도 독립전쟁을 개시하여 설분복국雪憤復國할 시기가 도래하고 있으니 일반 동포는 이에 응할 준비를 하지 않으면 안된다"라는 주의를 촉구하고 또 동일 날짜로 임시정부 국무위원 연서로 동일 취지의 포고문을 발표하였다.

▲ 7월 31일 : 입수한 첩보에 의하면 김구는 한국국민당원 김영호金英浩 이하 6명을 화북에 파견하여 북평시장 진덕순秦德純의 보호 아래 중한호조사中韓互助社의 부활과 일본 측의 군사 정보 그리고 기타 일체에 관한 정보의 수

---

4 김정명 편, 『조선독립운동』 2, 동경 원서방原書房, 1967.

집에 노력토록 하였다. 김영호 등은 '한족항일동지회 집
행위원회'의 명의로 일본 타도를 강조하는 「화북재주동
포에 고하는 글」을 작성, 배포하기도 하였다. 또 조선군
이 북중국에 출동하는 것을 탐지하고 이를 기회로 한국
주요 도시의 폭동과 요인 암살 등의 후방 교란을 계획하
고, 남경 정부에 응원을 구하여 다수의 독립운동자들을
국내에 잠입시키기로 하였다. 그리고 이에 앞서 선발대
약간 명을 먼저 파견하였다.

▲ 8월 25일 : 김구의 총참모격인 안공근은 중국 각
신문의 기자 수십 명을 상해 모 요정에 초청하고 한국국
민당의 종래 활동 상황을 들려주고 현재에 있어서도 그
활동은 전혀 위축되지 않았음을 강조하고 이제야 특히
중한 양 민족은 전 능력을 다하여 합작하고 최후까지 일
본에 저항하여 중한 민족의 해방·자결을 위하여 투쟁하
지 않으면 안 될 시기라고 주장하였다.

▲ 8월말 : 김구는 안경근, 엄항섭 등을 데리고 상해
에 잠입, 중국 측 군정 각 방면을 역방하고 특히 프랑스
공무국 정치차장 러시아인 엠리야노프와 장시간 회견하
는 등의 활동을 하면서 3일 동안 머문 후 엄항섭을 동반
하고 남경으로 퇴거한 사실이 있다. 그 당시 언론에 의
하면 목하 남경에 있어서는 김구파, 김원봉파의 구별 없

이 전부 합동하여 함께 중한 합작을 하도록 구체적 방책을 연구 중이었다고 한다. 또 한국인 청년군관학교 졸업생과 그 예비 교육을 마친 자들을 전부 남경에 소환, 대기시키고 있었으며, 그 수는 약 100명으로 가장 유용한 일을 할 수 있는 기회를 노리고 있었다. 한국국민당 중진 안공근·박창세·김홍일은 부하 수십 명을 이끌고 상해에 잠입, 친일적인 중국인·한국인들의 암살을 기도하는 한편, 중국 측 편의대便衣隊 본부와 중국 각 항일 신문사 등에 출입 연락하고 중한 연합에 노력하였으며, 또한 8월 재미 대한인국민회의 5단체와 조선혁명당·한국독립당 등 8단체의 연명으로 「한국광복운동 단체의 중일전국에 대한 선언」을 발표하였다.

▲ 9월 19일 : 진강에 잠복 대기 중인 김구는 그의 독립운동 동지인 무정부주의자 유자명柳子明을 정화암鄭華岩에게 파견하여 "서로 과거의 일체를 잊고 주의·주장을 초월하여 이제 함께 손을 잡자. 나는 자금도 무기도 입수하였다. 김원봉과 약간을 제외한 전원은 의사소통을 보았다. 이제 옛날과 같이 사이좋게 함께 일하기를 바란다"는 내용의 친필 서한을 보내어 대동단결을 종용하였다.

▲ 10월 12일 : 사변 이래 상해에서 활동중인 한국국민당(본부를 남경에 두고 조사·행동·특무·교통·연락 등의 각부를

둟) 당원들은 상해 프랑스 조계 고산로高山路 부근에 지부를 두고 상점을 가장하여 사람의 눈에 띄지 않게 하였으며, 아지트의 책임자로 조상섭趙尙燮과 나헌羅憲을 두었는데 그들은 부하 약 10명을 통솔하고 있었다. 본당은 항일 역량의 확대·발전에 노력하고 이미 남경 정부 군사위원회 특무대(남의사, 藍衣社) 영수인 대립(戴笠, 장개석의 심복)과 연락하고 있었으므로 상해 지부도 또한 남의사 상해지사와 연락을 취하게 되었다. 특히 조사부원은 홍구 근수포根樹浦, 오송 강한나점江漢羅店, 양행洋行, 유행劉行 등의 각 전구戰區에 침투하여 일본군의 진용·식량·비행기 대포의 저장소 등을 보고함으로써 중국군 비행기가 야간 출동하여 전과를 올리는 데 도움을 주고 있는 듯한 기미가 있었다.

김구 일파는 12월 중순 상해 부근 모처에 집합하여 장래의 투쟁 목표에 대하여 논의한 결과 결사대 3대를 조직하여 제1분대는 만주국, 제2분대는 한국, 제3분대는 일본에 파견하는 것으로 결정하였는데, 이들 파견 분자들은 그 분담구역 내의 주요 관공서 폭파와 요인 암살 등을 결행하고 치안을 교란시키고 나아가서는 이것을 동양 혁명에까지 연결하여 조선 독립의 목적을 달성하고자 했다.

한국국민당·동당 청년당·조선혁명당 등의 당원들은 일본군의 급속한 추격 때문에 할 수 없이 가족과 함께 10월 하순부터 속속 오지로 향하여 피난을 개시하였다. 또

한 사변 발발과 동시에 적극적 공작 지도의 임무를 띠고 상해에 잠입하여 신당원의 모집과 암살, 기타 테러 공작에 애쓰고 있던 김동우金東宇·노종균·안지청安志靑·안동만安東滿·안재환安載煥 등은 각 방면으로부터 자금을 염출하여 부하 당원을 먼저 피난시키고 잔무 정리 종료와 동시에 일대 테러를 감행하고 도주할 계획이었으나 12월 26일 상해 일본영사관에 검거되었다.

이상은 일제 정보기관의 정보 문건이기 때문에 일일이 확인할 방도는 없지만 백범 활동의 일단을 살펴볼 수 있다. 중일전쟁이 한국 독립의 절호의 기회가 될 것으로 생각하면서 즉각적인 여러 가지 활동에 나선 것이다.

백범은 난립된 독립운동단체의 통합을 도모한 데 이어 장개석과 비밀리에 만나 한중 협력을 위한 공동 대책을 논의하였다. 그리고 윤봉길 의거 후 떠났던 상해에 잠입하여 중국 군정기관을 방문하고 남경 정부의 남의사와 특무 공작을 협의하는 등 적극적인 활동을 벌였다. 특히 정화암의 무정부주의 계열과 김원봉의 의열단 계열과도 합작을 도모한 것은 비상한 시국에 이념을 초월하여 대응하려는 백범의 정치적 결단이었다.

이 무렵 임시정부 주변의 민족진영은 백범이 영도하는 한국국민당과 조소앙·홍진洪震 등이 재건한 한국독립당, 이청천·최동오 등의 조선혁명당 등 3당이 정립하고 있었다.

중일전쟁의 발발을 계기로 다시 3당 통합의 기운이 나돌았다. 7월 초순에 3당 대표는 장사에서 모임을 갖고 통합에 원칙적인 합의를 보고, 미국에 있는 대한인독립단, 동지회, 국민회, 애국부인회, 단합회, 애국단 등 6단체의 호응을 받았다. 8월 17일에는 한국광복운동단체연합회를 조직하는 데 성공하였다. 여전히 좌파 계열과 의열단 계열이 참여하지 않은 민족주의 우파 계열뿐이었지만 분열을 거듭하던 독립운동 단체의 부분적 연합은 큰 의미가 있었다. '광복진선'光復陣線 또는 '광선'光線으로도 불리는 광복운동단체연합회는 임시정부 지지를 선언하고 3개항의 선언문을 공표하였다.

1. 중일전쟁은 우리 한·중 민족의 생사존망의 최후의 문제이다.
2. 우리 한국 민족은 군기群起하여 중국을 위해 항일 전선에 참가한다.
3. 한·중 양 민족은 연합하여 왜적을 응징한다.

대외 선언을 마친 '광복진선'은 즉각적인 활동에 나섰다. 남경에 본부를 두고 표어와 전단을 각 지역에 살포하여, 중국의 관인은 물론 멀리 미주에서도 많은 교포들이 후원금을 보내왔다. 또 중국 정부에서도 1만 원을 지원하였다. 광복진선은 이 자금으로 대규모적인 항일 전략을 수립하고 상해에는 비밀연락 장소를 마련하여 파괴 공작을 준비하였다.

'반일 선언'을 발표하여 그 내용이 중국 신문에 대대적으로 보도되기도 하였다. 이에 앞서 중국 신문들은 3당 연합과 관련하여 "혁명 영수 김구가 영도하는 유일대당으로 김구는 4·29 당시 홍구공원 사건의 주모자이다"라고 백범과 국민당의 활동을 높이 평가하면서 크게 보도하였다.

임시정부 다시 장사로 옮겨

전세는 중국 측에 크게 불리하게 전개되어 갔다. 일본 공군은 임시수도 남경까지 무차별적으로 폭격하였다. 백범과 주애보가 거처하던 회청교淮淸橋 집도 밤에 폭격을 맞아 무너졌다. 하마터면 개죽음을 당할 뻔한 위기일발이었다. 백범은 날이 밝아 집을 나와 보니 이웃에는 시체가 산더미처럼 쌓여 있었다. 백범의 생명은 질겼다. 아직 그에게 할 일이 많이 남아 있어서인지 죽음의 사선에서 다시 비껴갔다.

백범은 마로가馬路街에 있는 어머니와 동지들의 안부가 궁금하여 한달음에 뛰어가 어머니를 만났다. 다행히 어머니와 동지, 동포들은 모두 무사하였다. 어머니는 여전히 여걸답게 아들의 안부와 동포들의 안전을 챙겼다.

일본군의 공습이 심해지면서 더 이상 남경에 머물 수가 없었다. 국민당 정부도 남경을 떠나기로 했다는 소식이었다. 임시정부는 우선 장사長沙로 피난하기로 하였다. 백범은 민완敏腕한 동포 청년들을 풀어 상해와 항주에 있는 동지들에게 장사로 옮기도록 하였다. 율양漂陽 고당암古堂菴에 머물면서 선도仙道를 배우고 있던 양기탁에게도 소식을 전하고, 상해에는 안공근을 보내어 그 가솔과 맏형수인 안중근 의사의 부인을 꼭 모셔오도록 당부하였다. 그러나 안공근이 돌아올 때 자기 식솔만 데려오고 안 의사 부인이 없는 것을 보고 백범은 이를 크게 책망하였다.[5]

양반의 집에 불이 나면 신주부터 먼저 안아 모시는 법이거늘 혁명가가 피난을 하면서 나라 위하여 몸을 버린 의사의 부인을 적진 중에 버리고 오는 법이 어디 있는가. 이는 안공근 한 집의 잘못만이 아니라 혁명가의 도덕에 어그러지고 우리 민족의 수치이다.

안 의사의 부인이 장사로 오지 않은 것은 전시 중에 교통난 등 여러 가지 사정이 있었을 것이다. 백범은 아무리 전시 중의 피난길이라 하더라도 동지들과 그 가족에 대한 배려를 소홀히 하지 않았다. 특히 항일 전선에서 생명을 바친 지사들의 가족에 대해서는 더하였다. 안 의사의 부인과 양기탁을 데려오기 위해 이듬해 가을 다시 사람을 보내어 모셔오도록 하

─── **5** 백범김구기념사업협회 백범전기 편찬위원회, 『백범 김구 : 생애와 사상』, 교문사, 1982.

였지만 이들은 끝내 임시정부 가족과 합류하지 못하였다.

백범은 남경을 떠나면서 5년여 동안 함께 지내던 주애보를 그녀의 고향 가흥으로 돌려보냈다. 주애보를 귀향시킨 것은 피난지에서 잠시 안전한 고향으로 돌아가 있도록 한 조처였다. 그러나 이것이 두 사람의 마지막 생이별이 되고 말았다. "그 후 종종 후회되는 것은 송별할 때 여비 100원 밖에 주지 못하였던 것이다. 근 5년 동안 한갓 광동인으로만 알고 나를 위하였고, 모르는 사이 우리는 부부같이類似夫婦 되었다. 나에 대한 공로가 없지 않은데, 내가 뒷날에 기약할 수 있을 줄 알고 돈도 넉넉히 돕지 못한 것이 유감천만이다."(『백범일지』)

백범은 주애보와의 관계를 '유사부부'라고 썼지만 요즘의 표현으로는 '내연의 관계'라고 해야 할 것이다. 쫓기는 신세로 몇 차례나 사선을 넘기며 5년여 동안 몸을 섞으며 살아온 그녀와의 헤어짐에 어찌 서운한 감정이 없었을까. 뒷날에 다시 만날 줄 알고 돈도 넉넉히 주지 못한 일이 유감천만이라고 하였지만, '유감천만'의 표현 속에는 혁명가 백범의 헤일 수 없는 감정이 배어 있었다.

남경을 떠난 백범은 피난의 과정을 다음과 같이 기술하였다.

나는 안휘安徽 둔계屯溪 중학에 재학중인 신信이를 불러오고 어머님을 모셔와 안공근 식구와 같이 영국 윤선으로 한구漢口를 향해 떠났다. 그 뒤를 이어 대가족 백여 식구는 중국 목선 한 척에 짐까지 가득 싣고, 남경에서 소개疏開하였다. 내가 어머님을 모시고 한구漢口에 도착하여 장사에 가니, 선발대 조성환·조완구 등은 진강鎭江에서 임시정부 문서와 장부를 가지고 남경 일행보다 수일을 먼저 도착하였고, 남경 일행 역시 풍랑 중에도 무사하였다. 남기가藍旗街 사무소에서 물 긷던 고용인 채군蔡君은 사람이 충실하니 같이 데리고 가라고 어머님께서 명령하시기에 동행하였는데, 무호蕪湖 부근에서 풍랑 중 물을 긷다 실족하여 물에 빠져 죽었다. 이 한 가지 일만은 불행이었다. (『백범일지』)

백범을 비롯 독립운동가들과 그 가족 100여 명은 11월 말에 진강과 남경에서 배로 한구를 거쳐 호남성 장사로 피난하였다. 장사에 모인 독립운동가들과 그 가족들은 각각 방을 얻어 살림을 꾸려나갔다. 장사 지방은 식량이 풍족하고 물가가 싸서 독립운동가들이 생활하기에 크게 어렵지 않았다. 중국 중앙 정부의 도움과 미국에 있는 동포들의 지원으로 그럭저럭 생계를 유지할 수 있었다. 새로 부임한 호남성장 장치중張治中은 백범과는 절친한 사이여서 그의 도움도 적지 않게 받았다.

백범은 오랜만에 어머님을 모시고 가족과 함께 오붓한 생활을 하게 되었다. 어머니가 지어준 음식을 먹게 되었을 뿐 아니라, 이제까지 변성명을 해왔으나 장사에서는 당당하

게 김구로서 행세할 수 있는 것도 다행스러운 일이었다. 이
지역은 아직 일제의 촉수가 미치지 못하고 있었던 곳이다.

전세는 날이 갈수록 중국에 불리하게 전개되었다. 12월
13일 남경이 일본군에 함락된 데 이어 24일에는 항주가 짓밟
혔다. 해가 바뀌어 1938년 1월 11일에는 청도, 2월 3일에는
지부芝罘가 각각 점령되었다. 일제는 점령지에 괴뢰정권을 세
워 다스리면서 잔혹한 인명 학살과 재물 탈취를 일삼았다.

일본군은 5월 11일 하문廈門, 19일에는 서주西州를 점령
하였다. 파죽지세로 밀려온 일본군은 중국의 남서부 주요
도시를 거의 장악하였다. 중국 정부는 6월 8일, 주일 대사관
직원을 소환하면서 뒤늦게 일본과 외교관계를 단절하고 전
면적인 항일전에 나섰다. 그러나 여전히 중국은 일본에 선
전포고를 하지 않은 상태였다.

장사로 이전한 임시정부는 급변하는 정세에 대처하고 독
립운동 진영의 역량을 제고하기 위하여 민족진영의 통합 문
제를 다시 제기하였다. 중일전쟁 발발 직후 한국국민당·조선
혁명당·한국독립당 등 3당이 광복진선이라는 연합체를 구성
한 것을 계기로 본격적인 통합운동을 하기로 결정하였다.

남목청에서 피격당했으나 구사일생으로 목숨 건져

민족진영의 통합운동에 앞장 선 백범에게 또 한 차례 돌발적인 위기가 닥쳐왔다. 임시정부는 장사의 서원북리西園北里에 임시 판공처를 마련하였다. 피난지 판공처의 규모는 뻔한 것이었으나 임정 요인들은 어느 때보다 결연한 의지로 임시정부를 뒷받침하고 전시에 대비하는 민족진영의 통합을 논의하였다. 당시 3당의 주요 인물은 다음과 같다.

▲ 한국국민당
김구, 이동녕, 이시영, 조완구, 차리석, 송병조, 김붕준, 엄항섭, 안공근, 양묵, 조성환, 민병길, 손일민

▲ 조선혁명당
이청천, 유동열, 최동오, 김학규, 황학수, 조경한, 현익철, 이복원, 김창환

▲ 한국독립당

홍진, 조소앙, 김은집, 조시원, 문일민

1938년 3월 7일 저녁, 3당 대표들은 조선혁명당 본부 남목청南木廳에 모여 통합에 관한 구체적인 논의를 하고 있었다. 이날이 백범에게는 실로 절체절명의 위기의 순간이었다. 회의가 한참 진행 중일 때 괴한이 나타나 권총을 난사한 것이다. 괴한은 백범을 향해 첫발을 쏘고 이어 현익철, 유동열, 이청천을 차례로 쏘았다. 회의장은 순식간에 피바다로 변하였다. 이청천만이 경상일 뿐 세 사람은 모두 중상이었다. 현익철은 입원하자마자 곧 절명하였다.

백범은 심장 근처에 총탄을 맞고 현장에서 쓰러졌다. 병원으로 실려 갔으나 의사는 입원수속을 할 필요가 없다면서 문간방에 놔두고 절명하기만을 기다렸다. 그만큼 상태가 위급하였던 것이다. 이를 지켜본 동지들은 살아날 가망이 없다는 것으로 판단하고 홍콩에 가 있던 장남 인에게 아버지가 돌아가셨다는 전보를 쳤고, 인은 그곳에 머물고 있던 안공근과 함께 장례를 치를 생각으로 달려왔다.

남목청 암살기도 사건과 관련하여 백범의 회고를 직접 들어보자.

정신을 차려 보니 내 집이 아니고 병원인 듯한데, 몸이 극히 불편하였다.

"내가 어디를 왔느냐?"고 물어보니, 남목청에서 술을 마시다 졸도하여 입원하였다는 것이다. 의사가 자주 와서 내 가슴을 진찰했는데, 가슴에 무슨 상흔이 있는 듯하여 물어 보았다.

"어쩐 일입니까?"

"졸도할 때 상 모서리에 엎어져 약간 다치신 것 같습니다."

나는 그 말을 믿고 아무런 의심을 품지 않았다. 그랬는데 1개월이 거의 가까워서야 엄항섭 군에게서 입원한 진상을 상세히 보고받았다.

그날 남목청에서 연회가 시작될 때 조선혁명당원으로 남경에서부터 상해로 특무 공작을 가고 싶다 하여 내가 금전 보조도 해준 적이 있는 이운환李雲煥이 돌입하여 권총을 난사하였다. 제1발에 내가 맞고, 제2발에 현익철이 중상, 제3발에 유동렬이 중상, 제4발에 이청천이 경상을 입었다. 현익철은 의원에 도착하자마자 절명하였고, 나와 유동렬은 입원 치료하고 상태가 호전되어 동시에 퇴원하게 되었다 한다. 범인은 성정부省政府의 긴급 명령으로 체포·구속되고, 혐의범으로 박창세朴昌世, 강창제姜昌濟, 송욱동宋郁東, 한성도韓成道 등도 수감되었다고 하였다. 일대 의혹은 강창제, 박창세 두 사람에게 집중되었다. 이 두 사람은 종전 상황에서 이유필의 지휘로 병인의용대(丙寅義勇隊, 민족주의 계열 비밀독립운동단체)라는 특무 공작 기관을 설립한 일종의 혁명난류(革命亂類, 불평불만으로 혁명의 본진에서 떨어져 나와 함부로 행동하는 부류)로 금전을 휴대한 동포를 강탈하기도 하고, 일본의 정탐을 총살도 하며 직접 따르기도 한 즉, 우리 사회에 신용은 없으나 반혁명자로 규정하기는 어려웠다.

수십일 전에 강창제가 나에게 청하였다.

"상해에서 박창세가 장사로 올 마음이 있으나 여비가 없어 오지를 못한다니 여비를 보조해 주시오."

나는 상해기관에 위탁하여 처리하겠다고 하였다. 그 이유는 박창세의 맏아들 박제도朴齊道가 일본 영사관의 정탐이 된 것을 내가 자세히 알고 있었고, 박창세가 그 아들집에 살고 있는 데에 특별히 주목하였기 때문이다. 여비가 없어 오지 못한다던 박창세가 장사에 와서 나도 한 번 만나 보았다.

이운환은 필시 강·박 양인의 악선전에 이용된 나머지 정치적 감정에 충동되어 남목청 사건의 주범이 된 것이었다. 경비사령부 조사로 알 수 있듯이 박창세가 장사에 도착한 직후 상해에서 박창세에게 200원이 비밀리에 지원되었으나, 이운환이 수십 리 떨어진 시골 기차역까지 걸어와 체포되었을 때 신변에는 단지 18전만 소지한 것으로 보나, 이운환이 범행 후 최덕신(崔德新, 전 천도교 교령을 지낸 후 월북)에게 권총을 들이대고 10원을 강요하여 장사에서 탈출한 것으로 보아도 강·박의 마수에 이용된 것이 사실인 것 같다.

전쟁으로 장사도 위급한 경우에 처하니 중국 법정에서 주범과 종범 모두 법대로 죄를 다스리지 못하고 대부분 석방하였다. 이운환까지 탈옥하여 귀주貴州 방면으로 걸인 행색으로 오는 것을 구양군(歐陽群, 박기성의 중국식 이름)이 만나서 말까지 하였다는 보고를, 내가 중경서 들었다.

남목청 사건이 일어나자 장사는 일대 소동이 벌어졌다. 경비사령부에서는 그때 장사에서 출발하여 무창武昌을 향해 출발한 기차를 다시 장사까지 후퇴시켜 범인을 수색하였고, 우리 정부로서는 광동으로 공작원을 파견하여 중한 합작으로 범인 체포에 노력하였다. 성 주석인 장치중 장군은 상아湘雅의원까지 친히 방문하여 어떠한 방법으로든 나의 치료 비용은 성 정부가 책임질 터이라 하였다 한다.

남목청에서 자동차에 실려 상아의원에 도착한 후 의사가 나를 진단해 보고는 가망이 없다 선언하여, 입원수속도 할 필요 없이 문간에서 명이 다하기를 기다릴 뿐이었다. 그러다가 한두 시간 내지 세 시간 내 목숨이 연장되는 것을 본 의사는 네 시간 동안만 생명이 연장되면 방법이 있을 듯하다고 하다가, 급기야 우등 병실에 입원시켜 치료에 착수하였던 것이다.

그 때 안공근은 중경에 살던 자기 가족과 광서로 이주시켰던 작은 형 정근 가족까지 홍콩으로 이주시킬 일로 홍콩에 가 있었고, 인이 역시 상해 공작 가는 길에 홍콩에 가 있었다. 그런 까닭에 내가 자동차에 실려 의원 문간에 가서 의사 진단으로 가망 없다는 선고를 받은 즉시, '피살당했다'는 여지없는 전보가 홍콩으로 갔던 것이다.

그래서 수일 후 인과 공근이 장례에 참가하기 위해 장사로 돌아오기까지 하였다.

당시 한구에서 중일전쟁을 주관하던 장개석 장군은 하루에도 여러 차례 전문을 보냈으며, 한 달 뒤 퇴원한 후에는 장씨 대표로 나하천羅霞天 씨가 치료비 3000원을 가지고 장사에 와서 위문해 주었다.[6]

백범은 일제가 거액의 현상금을 내걸고 십수 년 동안 체포 암살에 혈안이 되어 있었지만 피신과 변성명을 거듭하면서 살아남아 독립운동을 주도하였다. 여러 차례 위기에서도 용케 살아남았다. 중일전쟁의 발발로 조국 독립의 가능성이 어렴풋이 보이는 순간에 동족의 총탄에 맞아 생사의 갈림길을 헤매게 된 것이다.

백범과 독립운동가들에게 총질을 한 이운환과 관련하여 안병무는 "이운환이 스파이라기보다는 불평분자인 듯하다. 평소 이운환은 임시정부 어른들이 자기편 견해를 고수하여 일에 별 진전이 없었고 조선청년단 청년들에게 주는 생활비가 적어 불평이 많았다고 한다"[7]라고 하여 내부 불평분자가 백범과 독립운동가들을 살해하고자 했던 것으로 보인다.

천우신조天佑神助로 살아난 백범은 그로부터 11년 후 해방된 조국에서 현역 국군장교의 총탄에 맞고 쓰러졌다. 암살 배후는 지금까지도 명확히 규명되지 않았지만 이승만과 친일 세력이 배후에 있었던 것으로 밝혀지고 있다.

1개월 쯤 입원하여 치료를 받던 백범은 퇴원 후 즉시 어머니를 찾아갔다. 어머니에게는 사실대로 알리지 않고 지내다가 거의 퇴원할 무렵에야 신이 사실대로 알려드렸다. 아들이 총탄을 맞고 쓰러져 생사기로에서 신음하다가 살아나 인사를 드릴 때도 곽 여사는 조금도 동요하는 빛이 없이, "자네의 생명은 상제上帝께서 보호하시는 줄 아네, 사악한 것이 옳은 것을 범하지 못하지. 하나 유감스러운 것은 이운환 정탐꾼도 한인인즉, 한인의 총을 맞고 산 것은 일인의 총에 맞아 죽은 것보다 못하네." 이 한 마디뿐이었다. 그리고는 손수 만든 음식을 아들에게 권하였다.

백범은 휴양 중에 오른쪽 다리가 마비되므로 다시 상아의원에 가서 진단을 받았다. 서양 외과 주임은 X광선으로 심장 곁에 있던 탄환을 검사하니, 탄환의 위치가 오른쪽 갈비뼈 옆으로 옮겨가 있다는 것이었다. 불편하면 수술도 가능하나 그대로 두어도 생명에는 아무 관계가 없다고 하였다.

백범은 죽을 때까지 탄환을 몸속에 '간직'하면서 살아야 했다. 이로 인해 그의 휘호는 '떨림체'라는 별칭을 받았다.

6, 7 도진순 주해, 『백범일지』, 돌베개.

왼쪽 심장 아래 박힌 총알이 오른쪽 갈비뼈 아래로 이동하여 수전증이 심해지고, 이러한 연유로 '백범체'는 '떨림체'가 되었으며, 스스로 '총알체'라고 농하기도 하였다.[8]

---

8 도진순, "백범 김구의 휘호에 담긴 뜻",『문화일보』, 1996. 2. 27.

임시정부 광주로 옮겨

　　장사도 안전지대는 못되었다. 일본군의 공습은 하루아침에 장사를 전투 지역으로 만들고 말았다. 백범의 오랜 숙원이던 독립운동단체의 통일 문제는 남목청 사건으로 연기되었다가 다시 피난길을 떠나게 되어 후일을 기약할 수밖에 없었다. 중국 정부기관들도 이미 장사를 떠나 피난을 가고 있었다.

　　백범은 장사를 떠나기에 앞서 3당 간부 회의를 열어 임시정부를 광동廣東으로 옮기고 남녕南寧이나 운남雲南 방면으로 진출하여 해외와 연락망을 유지할 계획을 밝혔다. 남녕은 광서장족廣西壯族자치구의 중심지로 베트남 국경에서 가까운 아열대 도시이고, 운남성은 광서장족자치구 서쪽에 위치하여 라오스, 미얀마 등과 인접한 지역이어서 임시정부가 활동하기에 적합한 곳이었다. 그러나 이곳은, 안전하기는 하지만 거리가 너무 먼 데다 피난민이 밀려들어 100여 명이 넘는 대식솔을 거느리고 옮겨갈 엄두도 내기 어려워 포기하였다.

백범은 총탄의 후유증으로 절룩거리는 다리를 이끌고 성 정부 장치중 주석을 방문하여 임시정부를 광동성으로 옮기는 문제를 상의하였다. 다행히 장주석이 기차 한 칸을 독채로 내주고, 광동성 주석 오철성吳鐵城에게 친필 소개장을 써주었다. 임시정부의 피난길이 트인 것이다. 백범에 대한 중국 중앙 정부와 지방 정부의 신뢰에서 얻어진 활로였다.

백범은 일행보다 하루 먼저 출발하여 광주에 도착하였다. 이곳에서 이전부터 중국 군사 방면에 복무하던 이준식李俊植과 채원개蔡元凱의 주선으로 동산백원東山柏園을 임시정부 청사로 정하고, 아세아 여관을 빌어 독립운동가 가족들의 숙소로 삼았다.

임시정부와 가족들을 무사히 광주로 피난시킨 백범은 곧 홍콩으로 떠났다. 상해에 두고 온 안중근 의사 부인과 그의 가족을 피난시키기 위해서였다. 홍콩에 도착한 백범은 안공근, 안정근 형제를 만나 상해에 남아 있는 안 의사 부인과 가족들을 데려 올 것을 상의하였다. 그리고 두 사람을 크게 질책하였다. 교통이 불편한 데다가 전시 체제여서 사정이 어렵기도 하였지만, 백범에게 안 의사 부인을 적진에 남겨둔 것은 안타까운 일이었다. 율양 고당암에서 선도禪道 공부를 하고 있던 독립운동의 선배 양기탁을 적진에 남겨 둔 사실도 마찬가지였다. 백범은 홍콩에서 이틀을 지내고 다시 광주로 돌아왔다. 광주에도 일본군의 공습이 시작되었다. 광주에 오래 머물기도 어렵게 되었다.

백범은 다시 오철성 주석을 만나 새로운 피난길을 상의하였다. 오 주석의 주선으로 9월 하순 광주 성내의 남해현성南海縣城의 불산佛山으로 이전하였다. 임시방편이었다. 불산은 광주 남쪽에 있는 작은 도시였다. 광주에서 두 달 정도 머물던 임시정부는 다시 중경重慶으로 옮기기로 하였다. 중국 정부가 전시 임시수도를 중경으로 정하였으므로 임시정부도 그곳으로 옮기기로 한 것이다. 백범은 이 같은 뜻을 전보로 장개석 주석에게 요청하였다. 얼마 후 장 주석의 회전이 왔다. 중경으로 오라는 반가운 답전이었다. 백범은 조성환, 나태섭 두 동지와 철도로 장사에 도착하여 장치중 성 주석을 만나 장개석 주석의 뜻을 전하고 중경행의 편의를 요청하였다. 장치중은 이를 쾌히 승낙하고 차표와 귀주성貴州省 주석 오정창吳鼎昌 앞으로 보내는 소개 편지를 써 주었다.

백범 일행은 광주를 출발한 지 10여일 후 귀양貴陽에 도착하였다. 그동안 중국 남부 지방의 토지가 비옥하고 물산이 풍부한 곳만 보아오다가 귀양시에 도착했을 때는 전혀 다른 모습이었다. 주민의 절대 다수가 누더기 옷을 입었고 얼굴색도 굶주린 사람들처럼 누르스름하여 한눈에 이 지역의 어려운 모습을 알 수 있었다.

백범 일행은 귀양에서 8일을 보내고 중경에 무사히 도착하였다. 그동안 광주가 일본군에게 함락되었다는 소식을 들었다. 동포들의 안부가 크게 궁금하던 차에 모두가 무사히 광서성 유주柳州에 도착하였다는 전보를 받았다. 남해 현성과 광주에 머물던 동포들은 사태가 위급하게 되자 10월 18일과 21일을 전후하여 선박과 기차를 바꿔 타고 11월 30일 유주에 무사히 도착하였던 것이다.

임시정부와 백범에게 중일전쟁이 격화된 1938년은 피난에서 피난으로 유랑하는 고달픈 한 해였다. 임시정부는 10월에 열기로 된 정기 의정원회의도 열지 못하고, 지난 해 의정원회의에서 발표한 1개 연대의 군대 편성의 실천이나, 특무활동도 모두 중지된 상태로 유랑의 한 해를 험난하게 보냈다.

제 **11** 장

일제와 싸우고 광복 맞은 중경시대

중경에 도착하여 한중 협력 체제 마련

선발대로 먼저 중경에 도착한 백범은 유주에 머물고 있는 동지들을 중경으로 옮기는 일이 시급한 과제였다. 그리고 피난통에 두절된 미주 지역의 동포들과 연락하여 경제적 후원을 얻는 일이었다. 여전히 미제로 남겨진 독립운동단체의 통합도 시급하기는 마찬가지였다.

그러던 어느 날 장남 인이 유주에 계신 할머니를 모시고 불쑥 중경에 나타났다. 할머니가 병환이 위중하여 아들이 있는 중경에 오시기를 원하므로 모시고 온 것이다. 백범은 어머니를 여관에 모셨다가 다음날 독립운동의 동지 김홍서 金弘敍가 찾아와 여관보다는 환경이 좋은 자기 집에서 계시도록 자청하여 그렇게 하기로 결정하였다.

어머니의 병환은 몹시 위중하였다. 의사의 진찰을 받은 결과 인후증인데 광서 지방의 수토병水土病이라는 것이다. 일종의 풍토병이었다. 젊은 사람이면 수술을 할 수 있겠으나 곽 여사는 이미 팔십 노인으로 수술을 할 수도 없고 이미 치료할 시기를 놓쳤다고 하였다. 조국 광복의 서광이 어렴풋이나마 보이는 시기에 곽낙원 여사는 모진 피난살이와 풍토병으로 파란 많은 생애를 임시정부의 마지막 정착지 중경에서 마무리하였다. 1939년 4월 26일 곽 여사의 춘추 81세, 백범의 나이 64세 때이다.

"나라의 독립을 보지 못하고 죽는 내 원통한 생각을 어찌하면 좋으냐." 곽 여사가 숨을 거두면서 남긴 마지막 말이었다.

"어서 독립이 성공되도록 노력하고 성공하여 귀국할 때 나의 유골과 인이 어미의 유골까지 가지고 돌아가 고향에 묻어라." 곽 여사는 이와 같은 유언도 남겼다.

그러나 이 유언은 1948년에야, 그나마 고향은 분단으로 가지 못하고 남한으로 유해가 봉환되었다. 1924년 상해에서 부인이 폐렴 악화로 죽고, 1939년 중경에서 어머니가 풍토병으로 사망한 데 이어 1945년 3월에는 장남 인이 중경에서 독립운동을 하다가 호흡기병으로 세상을 떠났다. 백범은 가족 3명을 망명기에 중국에서 잃고, 모두 이역에 묻어야 했다. 곽 여사의 시신은 동지들의 손으로 중경 외곽 화상산和尚山 공동묘지에 석실을 만들어 모셨다.

백범은 어머니가 위독한 중에도 중국 정부와 교섭하여 자동차 여섯 대를 빌어 유주로 보냈다. 임시정부와 동포들은 4월 6일 그곳을 출발하여 수천 리의 험한 길을 따라 귀주를 거쳐 한 달여 만인 5월 3일 중경 동남 100여 리 밖의 사천성 기강綦江에 도착할 수 있었다. 임시정부의 기강시대가 열린 것이다. 중경에 자리잡은 백범은 독립운동 단체의 통합을 위한 항일 전선의 강화작업에 나섰다. 국민당 중앙비서장 주가화朱家를 비롯한 중국 측 요인들을 만나 한중 연합과 항일의 필요성을 역설하고, 여론 환기에도 노력하였다.

임시정부는 거듭 피난지를 옮기면서도 한중 협력과 일제의 침략 전쟁을 증오하는 성명을 발표하는 등 대일 항전활동을 멈추지 않았다. 1938년 8월 29일 제28회 국치일을 맞아 한국국민당은 「중국인 동지들에게 고함」이라는 성명을 발표하였다.

"우리들의 가장 경애하는 중국 동지들이여. 우리들 한국인의 운명은 이미 생과 사의 분기점에 도달하였습니다. 우리들은 적이 살면 우리는 멸망하고, 우리가 살아나면 적은 죽는다는 최후의 관두에 이르렀습니다. 과연 우리들의 혁명대중은 진작부터 '나와 네가 함께 망한다'는 결심을 가지고 30년 동안 조국의 광복을 위하여 끊임없이 적인과 투쟁하였습니다"라는 요지였다.

백범은 이 해 11월 25일 「경고敬告 중국민중서中國民衆書」란 제목의 성명을 발표하여 중경의 『신촉보新蜀報』 등에 대서특필되었다. 당일자 『신촉보』는 '한국국민당 영수, 중한 동지들의 단결을 더욱 긴밀히 할 것을 희망함'이란 제하에 다음과 같이 게재하였다(요지).

중국이 일본 군벌의 침략에 저항하여 전면 항전을 시작한 이래 이미 16개월이 지났습니다. 그간 전국의 군민은 장蔣 위원장의 영도 하에 백절불굴의 정신으로 간고 분투함으로써 일본 군벌의 속전속결의 미몽을 깨뜨렸을 뿐 아니라, 주동적 지위를 취득하여 지구전쟁과 소모전쟁에 대한 임무를 완수할 수 있게 되었습니다.

한국은 일본 제국주의에 의하여 병합된 지 이미 29년이 되었습니다. 이 29년 동안 이른바 일본의 '내지연장주의'정책 하에서 3000만 민중은 우마牛馬에도 미치지 못하는 생활을 해 왔습니다. 그 처참한 고통은 도저히 세인들이 상상할 수 있는 것이 아닙니다. 일인들의 압박을 감당하지 못한 사람들은 백산흑수白山黑水의 동북지방으로 유랑의 고초를 맛보아야 했으며, 동일 운명에 처하게 된 동북 3성의 친우들과 구차스러운 연명을 해 왔던 것입니다.

그러나 중국이 신성한 항전을 시작하여 일본 군벌에게 엄중한 교훈을 주게 되면서부터 본당 영도 하에 있는 각 동지들은 정의·평화 그리고 조국 광복을 위하여 29년 동안 쌓여 온 원한을 씻으며, 보복할 기회가 왔노라고 분기하지 않는 사람이 없습니다. 오직 충분하지 못한 실력으로써는 대거 항거 정벌하는 일을 아직 실현하지 못하였으나 실로 아직까지 하루라도 중지한 일이 없습니다.

중국과 한국은 유구한 역사관계가 있고 근래 몇십 년은 일본 제국주의의 압박을 함께 받아왔습니다. 한국은 비록 불행하게도 망하였지만 침략에 저항하는 정신에는 처음부터 한 가지였습니다. 나는 중국의 항전이 승리할 때 약소민족도 마땅히 그에 힘입어 철저한 해방을 얻을 수 있으며 자유·평등한 입장이 되리란 것을 확신합니다.

장 위원장께서는 최근 '차라리 옥쇄할지언정 흩어지지 말자'는 결심으로 「고(告) 전국국민서」를 발표하여 지구적인 항전의 의의를 자세히 밝히시고, 최후로 다시 "이제부터는 반드시 더욱 비장하고, 더욱 굳게 참고, 더욱 확고히 하고, 더욱 각고하고, 더욱 용맹 분진함으로써 전면전쟁에 힘을 다하고 항전 근거지를 충실히 하여 최후의 승리를 조정하자"고 하였습니다.

백범의 성명은 시의적절했다. 한국의 독립이 중일전쟁에서 중국이 승리할 때에만 가능하다고 믿었고, 실제로 당시 상황에서는 그 길 외에는 달리 방법이 없었다. 그래서 백범은 중국 국민당 정부와 밀접한 관계를 유지하면서 지원을 받을 수 있었다.

1938년 후반기부터는 이제까지 중국 정부의 원조에서 협조하는 방식으로 두 나라 정부 사이의 관계가 바뀌어 갔다. 중국 측으로서는 일제의 전면적인 침략을 받으면서 한국 임시정부와 한인들의 협력이 절실히 요구되었던 것이다.

백범은 중국 국민당과 한국국민당이 협력하는 방안을 마련하여 주가화를 통해 중국 정부에 제출하였다. 중국 측에서는 한국이 임시정부의 한국국민당뿐 아니라 여러 계열의 단체가 지원을 요청해 와서 한국 독립운동 전선의 통일을 종용하였다. 그렇지 않아도 전황이 급박해지면서 독립운동 진영의 통합이 시급한 과제가 되고 있었다.

임시정부 주석에 취임해 대일 항전 지휘

　백범은 독립운동가들이 기강에 도착했다는 소식을 듣고 그곳으로 달려가서 국민당 간부와 당원회의를 소집하고 독립운동 진영의 통일을 논의하였다. 그리고 기강에서 7당 통일회의를 열었다. 한국국민당·한국독립당·조선혁명당의 광복진선 소속의 원동지역 3당과, 조선민족혁명당·조선민족해방동맹·조선민족전위동맹·조선혁명자연맹 등 민족진선연맹 소속의 간부회의였다.

　1939년 8월 27일 개최된 7당 통일회의는 7당의 대표 2명씩 14명의 대표가 참석하여 개최되었다. '기강 한국 7당 통일회의'는 해방, 전위 양 동맹이 소속 단체를 해소하지 않는다는 이유로 퇴장하고, 민족혁명당 김약산金若山이 5당 대표의 신당 조직 협정에 서명하고 며칠 후 갑자기 탈퇴를 선언하였다. 7당 회의는 큰 기대에도 불구하고 파열되기에 이르렀다. 백범은 7당, 5당 통일은 실패하였으나 원동 지역 3당

통일회의를 열어 '한국독립당'을 탄생시켰다. 그리고 하와이 애국단과 하와이 단합회가 해체하여 한국독립당 하와이 지부로 재편되었다. 하와이 지부는 임시정부의 특무 공작과 한국광복군 창설을 경제적으로 후원하였다.

한국독립당의 집행위원장에는 백범이 선출되었다. 집행위원은 홍진·조소앙·조시원趙時元·이청천·김학규·유동열·안훈安勳·송병조·조완구·엄항섭·김붕준·양묵·조성환·박찬익·차리석·이복원李復源, 감찰위원장은 이동녕, 감찰위원은 이시영·공진원公震遠·김의한이 각각 선임되었다.

한국독립당의 출범을 계기로 임시정부는 4월에 헌법을 개정했다. 종래 집단지도 체제를 개편하고 국무위원회 주석을 돌아가며 하던 윤회 주석제를 폐지한 대신, 주석에게 내외에 책임을 지는 권한을 부여하고, 백범을 국무회의 주석으로 선출하였다. 임시정부 구조를 단일지도 체제로 개편한 것이다. 주석의 권한을 강화하여 임시정부를 대표하는 최고 직책과 함께 군사권을 지휘할 수 있는 권한까지 부여하였다. 미국 워싱턴에 외교위원부를 설치하고 이승만을 위원장으로 임명하였다.

백범은 1919년 임시정부가 수립될 때 44세의 나이로 경무국장에 임명된 이후 20년 만에 64세의 나이로 임시정부의 최고 책임자인 주석에 추대되었다. 명실상부한 임시정부의 최고 책임을 맡게 된 것이다.

임시정부의 군사권까지 맡게 된 백범은 중국 정부에 군

대 창설에 필요한 지원을 요청하였다. 중국 국민당 중앙당부 서은증徐恩曾과 교섭을 벌였으나 이 문제는 쉽게 풀리지 않았다. 백범은 서은증에게 미국행 여행권을 요청하였다. "중국의 대일 항전이 이와 같이 곤란한 때 도리어 원조를 구함이 심히 미안하고, 미국에 1만여 명의 동포들이 나를 오라 하고, 또한 미국은 부국이며 장차 미일 개전을 준비 중이니 대미 외교도 개시하고 싶소. 여비도 문제 없으니 여행권 수속만 청구하오"(『백범일지』)라고, 군자금 마련을 위해 방미 여권을 요청한 것이다.

백범이 이 무렵에 미국 교포들로부터 미국을 방문해달라는 초청을 받았는지는 확인되지 않는다. 군대 창설의 비용을 얻기 위한, 일종의 계략이었을 수도 있다. 그러면서도 장차 미국과 일본이 전쟁을 하게 될 것으로 내다본 대목은 국제 정세를 꿰뚫은 혜안이다. 서은증은 이같은 백범의 요청에, "선생이 중국에 있으니 중국과 약간의 관계를 맺고 난 뒤, 해외로 나가는 것이 어떻겠느냐"고 설득하여, 백범은 한국광복군계획서를 중국 정부에 제출하게 되었다.

중국 정부의 협력을 바탕으로 하여 임시정부 국무회의는 군사·조직·외교·선전·재정 등 6개항의 독립운동 방략을 결정하였다. 한국독립당의 창당과 백범의 임시정부 주석 취임은 몇 가지 점에서 중요한 의미를 갖는다.[1]

우선 1930년대 중반 이래 느슨한 연합 상태에 있던 민족주의 세력들이 하나의 통일체로 결집, 민족진영 세력의 통일을 이루었다는 점이다. 둘째는 한국독립당이 임시정부를 유지, 옹호하는 기초 세력으로 역할하면서, 임시정부의 세력 기반이 크게 확대 강화되었다. 한국독립당이 창당되면서 여당 세력을 결집하고, 이를 기반으로 임시정부를 유지 운영해 오면서 지도적 위상을 갖게 되었다. 이러한 기반 위에 3당 통합을 주도하고 민족주의 세력이 통일을 이룬 한국독립당의 중앙집행위원장에 선출되면서, 민족진영을 대표하는 지도자로서의 확고한 위상을 갖게 된 것이다.

백범의 항일투쟁단체 연합의 집념은 남달랐다. 1939년 초에는 중경의 강 건너 아궁보鵝宮堡에 자리잡고 있는 조선의용대와 조선민족혁명당 본부를 찾아갔다. 김원봉은 출타중이어서 만나지 못하고 윤기섭, 성주식成周寔, 김홍서, 석정石丁, 김두봉, 최석순崔錫淳, 김상덕金尙德 등 간부를 만났다. 이들은 백범을 크게 환대하여 환영회까지 베풀어 주었다. 그 자리에서 백범은 모든 항일운동 단체를 통일하여 민족주의 단일당을 만들 것을 제의하여 지지를 받았다.

AP 통신은 3·1운동 20주년인 1939년 3월 1일에 "조선무정부주의자·공산주의자·민족주의자와 사회주의자가 합동 조직한 전국연합전선협회 간부와 재중 각 전선戰線, 대일항전 명사名士, 대일 항전 명사의 가족, 조선 아동과 국민당원 400여 명이 중국 국민당 중경시 당부 대강당에 모인 가운데

■■■ 1 한시준, "백범 김구와 중경 임시정부", 『백범과 민족운동연구』 1, 백범학술원.

성대한 기념식을 갖게 되었다"고 보도했다.[2]

민족주의 우파 계열과 좌파 계열은 이념 노선을 달리하면서도 3·1운동 20주년 기념행사를 합동으로 갖는 등 통합에 진척이 있었던 것으로 보인다. 그러나 미주와 하와이 지역 교포들이 좌우파 연합운동에 찬물을 끼얹고 나왔다. 이들은 백범에게 보낸 편지에서 통일에는 원칙적으로 찬성하나 김원봉은 공산주의자로 만일 백범이 그와 같은 일을 한다면 백범과 관계를 단절하겠다고 하였다. 이와 같은 내외의 도전에서도 백범과 김원봉은 회담을 갖고 5월에 두 사람연명의 성명서를 발표하였다.

「동지·동포 제군에게 보내는 공개 통신」의 요지는 다음과 같다.

지금이야말로 우리는 과거 수십 년간 우리 민족운동사상의 파벌 항쟁으로 인한 참담한 실패의 경험과 목전의 중국 혁명의 최후의 필승을 향하여 매진하고 있는 민족적 총 단결의 교훈에서 종래 범한 종종의 오류, 착오를 통감하고, 이제 양인은 신성한 조선민족해방의 대업을 완성하기 위해서 장래에 동심, 협력할 것을 동지·동포 제군 앞에 고백하는 동시에 목전의 내외 정세와 현 단계에 있어서 우리들의 정치적 주장을 이하에 진술한다.

1. 일본 제국주의의 통치를 전복하고 조선 민족의 자

주독립국가를 건설한다.

2. 봉건 세력과 일체의 반혁명 세력을 숙청하고 민주
공화제를 건설한다.

3. 국내에 있는 일본 제국주의자의 공사 재산과 매국
적 친일파의 일체 재산을 몰수한다.

4. 공업, 운수, 은행과 기타 산업 부문에 있어서 국가
적 위기가 있을 때는 각 기업을 국유로 한다.

5. 토지는 농민에게 분배하는 것으로 하고 토지의 일
체 매매를 금지한다.

6. 노동 시간을 감소하고 노동에 관계하고 있는 각 종
업원은 보험을 실시한다.

7. 부녀의 정치·경제·사회상의 권리와 지위를 남녀 같
이 한다.

8. 국민은 언론·출판·집회·결사·신앙의 자유를 향유
한다.

9. 국민의 의무교육과 직업교육을 국가의 경비로 실
시한다.

10. 자유·평등·상호부조의 원칙에 의거하여 인류의
평화와 행복을 촉진한다.

두 사람의 연명 성명에도 좌우합작은 당분간 이루어지

━━ 2   김정명 편, 『조선독립운동』 2, 동경 원서방原書房, 1967.

지 못하고, 우파 진영만의 반쪽 통합을 이루었다. 그러나 좌우 진영을 대표하는 두 사람의 공동성명 채택과 그 내용은 한국독립운동사에서 획기적인 일이다. 해방 후의 토지 문제 등에 있어서는 백범이 김원봉의 이념과 정책을 상당부분 수용한 것으로 보인다. 얼마 후 임시정부 산하에 '한국광복군' 이 창설되고 김원봉이 여기에 참여함으로써 부분적이나마 좌우 통합이 성사되었다.

한국광복군 창설, 중국과 마찰

앞에서도 살펴보았지만 백범의 오랜 꿈은 우리 군대를 조직하여 일제와 싸우는 것이었다. 그러나 남의 나라에서 독자적인 군대를 갖는 것이 결코 쉬운 일은 아니었다. 낙양 군관학교 한인특별반과 한국 특무대 독립군 등 중국 군대에서 우리 군대의 뼈아픈 한계의 경험도 남아 있다. 자금과 장소와 인력 등 모든 것이 어렵기는 마찬가지였다.

상황이 바뀌는 측면도 있었다. 중국 정부는 파죽지세로 침략해 오는 일본군에 대항하기 위해서는 한국 군대를 임시정부에 창설하는 것이 손해 볼 일만은 아니라고 인식하게 되었다. 백범이 임시정부 주석에 취임함으로써 그에 대한 신뢰도 상당히 작용하였을 터이다.

좌우통일운동이 실패로 돌아가면서 백범은 더 이상 통일운동에 집착하기보다 임시정부와 한국독립당 중심으로 독립운동을 활발하게 펴는 것이 시급한 과제라고 판단하였다.

그리하여 한국광복군 창설에 임시정부의 모든 역량을 결집하기로 하였다.

임시정부는 중일전쟁이 발발하면서 군무부 산하에 만주 독립군 출신을 중심으로 군사위원회를 설치하여 전시 태세를 갖추려고 하였다. 이러한 군사 활동 계획이 광복군 창설로 이어져 추진되는 배경이 되었다.

백범은 주가화를 비롯한 중국 정부 요인들을 만나 거듭 한국광복군 창설의 필요성을 설명하였다. "임시정부가 광복군을 편성하여 대일전을 수행하고, 일본군에 있는 한국 출신 사병들을 빼내면 적군의 힘을 약화시킬 수 있다"는 것과 "화북을 안정시키려면 먼저 동북을 수복해야 하고, 동북을 수복하려면 한국 독립을 원조해야 한다"고 설득하였다.

백범은 1940년 5월 한국독립당 중앙집행위원장(주석) 명의로 「한국광복군편련계획대강」을 장개석에게 제출하였다. 임시정부가 광복군을 편성하여 한중연합군으로 중국군과 함께 연합 작전을 전개한다는 것으로, 중국 정부에 대한 인준과 소요되는 재정적 지원을 요구하는 내용이었다.

장개석은 이 계획을 승인하였다. 그리고 중국군사위원회 군정부軍政府에 한국광복군 창설에 필요한 조처를 하도록 지시하였다. 그러나 실무자들이 까다로운 조건을 달았다. 한국광복군은 중국군사위원회에 예속되어야 한다는 주장이었다. 백범은 한국 담당 책임자를 찾아가 담판을 벌였다. 광복군의 독립성과 자주권을 광복군이 갖지 않으면 차라리 군대를 창설하지 않겠다는 단호한 태도를 보였다.

그러는 한편 자력으로 광복군 창설을 추진하였다. 중국 정부와 사전 협의 없이 우선 만들어 놓고 중국 측의 승인과 협조는 나중에 교섭한다는 뱃심이었다. "만주에서 독립군을 조직하여 활동하였던 이청천, 유동열, 이범석, 김학규 등을 중심으로 한국광복군창설위원회를 조직하고 이들로 하여금 광복군 창설에 대한 구체적인 실무 작업을 추진하도록 하였다. 이들은 임시정부에서 활동하고 있는 만주독립군 출신의 군사 간부들과 중국의 군관학교를 졸업하고 중국군에 복무하고 있는 한인 청년들을 소집하여 총사령부를 구성한다는 것과, 이를 기반으로 1년 이내에 3개 사단을 편성한다는 부대 편성 방안을 마련하였다."[3]

광복군 창설에 대한 계획이 마련되자 백범은 1940년 9월 15일 임시정부 주석 겸 한국광복군 창설위원회 위원장 명의로「한국광복군선언문」을 발표하였다.

〈한국광복군선언문〉[4]

대한민국 임시정부는 대한민국 원년(1919)에 정부가 공포한 군사조직법에 의거하여 중화민국 총통 장개석 원수의 특별 허락으로 중화민국 영토 내에서 광복군을 조

---

3 한시준, "백범 김구와 중경 임시정부",『백범과 민족운동연구』제1집, 백범학술원.

4 백범김구선생전집 편찬위원회 편,『白凡金九全集』제6권, 대한매일신보사.

직하고 대한민국 22년(1940) 9월 17일 한국광복군 총사령부를 창설함을 자에 선언한다.

한국광복군은 중화민국 국민과 합작하여 우리 두 나라의 독립을 회복하고자 공동의 적인 일본 제국주의자들을 타도하기 위하여 연합군의 일원으로 항전을 계속한다.

과거 30여 년간 일본이 우리 조국을 병합 통치하는 동안 우리 민족의 확고한 독립정신은 불명예스러운 노예생활에서 벗어나기 위하여 무자비한 압박자에 대한 영웅적 항쟁을 계속하여 왔다. 영광스러운 중화민족의 항쟁이 4개년에 도달한 이때, 우리는 큰 소망을 갖고 우리 조국의 독립을 위하여 우리의 전투력을 강화할 시기가 왔다고 확신한다.

우리는 중화민국 최고영수 장개석 원수의 한국 민족에 대한 원대한 정책을 채택함을 기뻐하며 감사의 찬사를 보내는 바이다.

우리 국가의 해방운동과 특히 우리들의 압박자 왜적에 대한 무장 항쟁의 준비는 그의 지원으로 크게 고무되는 바이다.

우리들은 한중연합 전선에서 우리 스스로의 계속 부단한 투쟁을 감행하여 극동 및 아시아 인민 중에서 자유·평등을 쟁취할 것을 약속하는 바이다.

백범은 중극 측과 사전협의 없이 전격적으로 광복군 선

언문을 발표한 데 이어 이틀 뒤(9월 17일) 중경의 가능빈관嘉
陵賓館에서 임시정부와 한국독립당, 임시의정원을 비롯하여
중국 측 인사와 각국 외교사절들이 참석한 가운데 한국광복
군총사령부 성립 전례식을 거행하고 광복군 창설을 내외에
선포하였다. 중국 측에서는 주은래朱恩來, 동필무董必武, 오
철성 등 주요 인사들이 참석하였다.

비록 외국 땅에서 초라한 모습으로 창설한 한국광복군이
지만 그 의미는 적지 않았다. "중국 정부의 지원이나 개입을
일절 받지도 허용하지도 않고서 독자적으로 성립하여 '임시
정부 직할의 국군'으로서 자주성을 견지하게 된 독립적 군
대임을 광복군은 한껏 내세우고 자랑하였다."[5]

한국광복군은 중국의 도움은커녕 견제 속에서 임시정부
가 독자적으로 창군하였다. 미주 동포들이 약 4만 원의 후
원금을 보내주었다. 한국광복군 총사령부의 부서는 다음과
같다(창설 초기).

　　총사령 : 이청천
　　참모장 : 이범석
　　참모 : 이복원, 김학규, 공진원公震遠, 유해준兪海濬, 이
　준식李俊植
　　부관장 : 황학수黃學秀

━━ 5　김영범, "중경 임시정부하 1942년의 군사통일", 『백범과 민족운동연구』 제1
　　집, 백범학술원.

부관 : 조시원

주계장 : 조경한

주계 : 지달수池達洙, 나태섭羅泰燮, 민영구閔泳玖, 김의한

〈한국광복군 총사령부 직원 명단〉

총사령 : 이청천

참모장 : 이범석

참모처장 : 채군선蔡君仙

부관처장 : 황학수

정제처장 : 조소앙

군법처장 : 홍진

관리처장 : 김붕준

군수처장 : 차리석

군의처장 : 유진동劉振東

제1대대장 : 이준식

제2대대장 : 김학규

제3대대장 : 공진원

제4대대장 : 김동산金東山

임시정부가 독자적으로 창설한 한국광복군은 1940년 총
사령부를 서안西安으로 옮겨 지대를 편성하고 대원을 각지
에 파견하여 한국인 청년과 일본군 탈출병을 모집해서 광복
군 대원 확보에 나섰다. 이에 대해 중국군사위원회는 각지

의 중국 군사장관에게 광복군의 징모徵募활동을 금지시키라는 명령을 내렸다.

광복군에 입대하는 병사가 줄을 서는데, 중국 정부의 징모활동 금지 조처는 임시정부와 광복군에게는 큰 타격이었다. 중국 측은 겨울을 앞두고 무기는커녕 피복과 식량도 공급해 주지 않았다. 백범과 광복군 총사령관 이청천이 중국군사위원회 측과 교섭을 하였지만 별다른 성과는 없었다. 오히려 중국군사위원회는 한국광복군을 중국군사위원회에 예속시키는 「한국광복군 9개항 행동준승」[6]을 이청천에게 보냈다. 몇 항만 살펴보자.

① 한국광복군은 중국군이 장악·운영한다.

② 한국광복군이 중국 군사위원회의 총괄지휘를 받아 중국에서 항전을 계속하는 기간과 한국독립당 임시정부가 한국 영내로 진행하기 전에는 중국 최고사령부의 군령을 접수하고 기타의 군사령을 접수하거나 혹은 기타 정치적 견제를 접할 수 없다. 한국독립당 임시정부와의 관계는 중국 군령을 받는 기간 내에는 고유의 명의 관계를 보유한다.

⑤ 광복군 총사령부 소재지는 중국군사위원회에서 지정한다.

---

6 국사편찬위원회 편, 『한국독립운동사』 자료1 임정편 1.

⑨ 중일전쟁이 종결되었을 때에도 임시정부가 한국 경내에 진입하지 못하였을 경우 광복군을 그 후 어떻게 운용할 것인가는 중국군사위원회의 일관된 정책에 의하여 당시의 정황을 보아 책임지고 처리한다.

중국 측의 일방적인 「한국광복군 9개항 행동준승」은 재정 지원을 미끼로 한국광복군의 행동을 속박하고 통수권을 빼앗기 위한 방책이었다. 나라를 되찾기 위하여 조직한 광복군의 통수권도 실질적으로 행사할 수 없는 뼈저린 아픔이었다.

군대를 편성해 놓고 겨울은 닥치는데 중국 측의 승인과 재정 지원이 없으면 작전은커녕 굶어죽거나 동사할 지경에 이르렀다. 임시정부는 국무회의를 열어 논의를 거듭한 끝에 중국 측 '행동준승'을 받아들이기로 하였다. 이와 같은 수모를 받으면서도 광복군은 1941년 11월 25일 임시정부 국무회의에서 의결한 「한국광복군 공약」과 「한국광복군 서약문」을 채택하면서 항일전에 대비하였다.

〈한국광복군 공약〉[7]
제1조 : 무작정 행동으로써 적의 침탈 세력을 박멸하려는 한국 남녀는 그 주의 사상을 막론하고 한국광복군의 군인될 의무와 권리를 유함.
제2조 : 한국광복군의 군인 된 자는 대한민국 건국강령과 한국광복군 지휘정신에 위반되는 주의를 군 내외에

선전하고 조직함을 불허함.

제3조 : 대한민국 건국강령과 한국광복군 지도정신에 부합되는 당의黨義·당강黨綱·당책黨策을 가진 당은 군 내외에 선전하고 조직함을 득함.

제4조 : 한국광복군의 정신과 행동을 통일하기 위하여 군 내에 1종 이상의 정치 조직의 치▨함을 불허함.

〈한국광복군 서약문〉[8]

본인은 적성으로써 좌열 각항을 준수하옵고 만일 배반하는 행위가 유有하면 군의 엄중한 처분을 감수할 것을 자에 선서하나이다.

一. 조국 광복을 위하여 헌신하고 일체를 희생하겠음.

二. 대한민국 건국강령을 절실히 수행하겠음.

三. 임시정부를 적극 옹호하고 법령을 절대 준수하겠음.

四. 광복군 공약과 기율을 엄수하고 상관 명령에 절대 복종하겠음.

五. 건국강령과 지도정신에 위배되는 선전이나 정치 조직을 군 내외에서 행치 않겠음.

■■■■ **7, 8** 백범김구선생전집 편찬위원회 편, 『白凡金九全集』 제6권, 대한매일신보사.

1940년 3월 임시정부 국무총리를 지낸 석오 이동녕 선생이 노환으로 별세하였다. 백범과의 관계는 앞에서 기술한바 있다. 백범은 석오石吾의 죽음에 대해 『백범일지』에 다음과 같이 썼다.

선생은 재덕이 출충한 데도 일생을 자기만 못한 동지를 도와서 앞에 내세우고 자기는 남의 부족한 점을 보완하고 고치도록 이끌었다. 이는 선생의 일생의 미덕인데, 선생의 최후 일각까지 애호를 받은 사람은 바로 나 한사람이었다. 석오 선생이 세상을 떠나신 후로는 무슨 일만 만나면 곧 선생부터 떠올리니, 이제는 고문顧問이 없었기 때문이다. 비단 나 하나뿐이겠는가. 우리 운동계의 대손실이었다.

광복 대비 건국강령 마련

   일제는 중국 대륙의 전황이 좀체로 침체국면에서 벗어나
지 못하자 1941년 12월 8일 하와이 진주만을 기습하여 태평
양 전쟁을 일으켰다. 백범이 내다본 대로 마침내 미국과의
전쟁을 벌이게 된 것이다.

   1939년 8월에 '독소불가침조약'이 체결되면서 제2차 세
계대전이 발발하고, 1940년 6월에 파리가 독일군에 함락
되면서 연합국과 추축국樞軸國 간의 대결 양상이 되었다. 9
월에는 일본·독일·이탈리아 3국이 군사동맹을 체결하여 추
축국을 형성하고, 일본은 1941년 4월 소련과 불가침 조약
을 맺어 추축국 대열에 합류하였다. 일제는 한국에서도 전
시 동원 체제를 강화하여 1937년 10월 「황국신민서사」를 만
들어 국민에게 이를 낭송케 하고, 1938년 2월에는 '조선육
군특별지원령'을 공포하여 청년학도들을 일군에 강제지원
토록 하였다. 7월에 '국가총동원법'을 공포하고, 국민정신총

동원 조선연맹을 만들어 한국인에 대한 통제와 착취를 더욱 강화시켰다. 1939년 10월에는 '국민징용령'을 실시하여 징용, 보국대, 근로동원, 정신대 등의 간판 아래 노동력 수탈을 강화하였다. 1940년 2월에 창씨개명을 실시하여 민족 말살의 단말마적인 발악으로 전시 체제를 강화하였다.

임시정부는 1940년 9월 그동안 머물고 있던 기강에서 중경으로 본부를 옮겼다. 중국의 임시수도가 중경에 자리잡고, 임시정부 김구 주석이 중경에서 활동을 하고 있는 터에 더 이상 기강에 체류하고 있을 이유가 없었다. 중국 정부는 중경 시내에 정부청사를 주선해 주었다. 동포들은 시가에서 약간 떨어진 토교土橋 동감폭포 주위에 기와집 3채를 지어 가족들의 거처로 삼았다.

임시정부는 광복군의 활동을 뒷받침하고 불원간不遠間에 닥치게 될지 모르는 조국 광복에 대비하여 현실에 맞도록 제반 법규를 정비하는 한편 대한민국 건국강령을 마련하였다. 건국강령은 해방 후 건설할 민족국가의 최종적인 민족국가 건설 계획이었다. 건국강령은 좌우익 진영의 공통된 이념을 형성하던 삼균주의三均主義를 좀더 체계화·구체화한 내용이었다.

임시정부는 1931년에는 조소앙이 정립한 삼균주의에 기초한 건국원칙을 '대외 선언'을 통해 발표한 적도 있었다. 삼균주의란 인균人均·족균族均·국균國均을 이르는 것으로 인류평등·민족평등·국제평등과 정치·경제·교육의 균등을 내용으로 한 정치·경제·사회적 민주주의 원리였다.

임시정부는 1941년 10월 26일부터 12월 10일까지 4차에 걸친 의정원의 심의를 거쳐 해방 후의 건국을 위한 강령을 제정하여 1941년 12월 공포하였다. 이는 건국 후를 내다보는 방략이기도 하지만 대일 총력전을 앞두고 민족연합전선 형성을 위한 노선 조정 작업의 일환이기도 하였다.

"임시정부는 건국이념으로서 삼균주의를 채택하여 대한민국 건국강령을 제정·공포하면서 '경제의 균등' 부분에 사회주의 정책을 조금 도입하였다. 즉 임시정부의 건국강령은 정치균등과 교육의 균등은 자유민주주의 노선에 의거하였다. 경제의 균등에서는 대생산 기관의 국유화를 강령으로 정하고 농업·공업·상업의 중소기업만을 사유로 인정하며 경자유전耕者有田의 원칙에 입각하여 토지 개혁을 단행하여 고용농·소작농에게 우선적으로 토지를 분배하고 두레농장을 장려하며 노동자·농민에게 무상 의료의 사회 정책을 실시할 것을 약속하는 사회주의 강령을 도입하여 채택하였다."[9]는 분석에서도 건국강령의 다목적성을 찾게 된다.

실제로 임시정부의 건국강령 채택 후 사회주의 계열의 독립운동가들도 크게 환영하면서 민족주의·사회주의 두 개

━━ 9 신용하, 『백범 김구의 사상과 독립운동』, 서울대학교출판부.

열 독립운동 단체의 연합전선 형성론이 다시 제기되었다. 조선해방동맹을 이끌고 있던 김성숙金星淑은 건국강령이 발표되자 즉각 이에 찬동하여 임시정부 옹호 선언을 하였다. 다른 사회주의 독립운동 정당과 단체들도 속속 임시정부 참여를 밝히고 민족통일 전선의 형성을 촉구하였다.

임시정부는 비상시국에 대비하여 1940년 10월 8일 의정원에 비해 행정부의 위상을 강화시키는 내용의 '대한민국임시약헌'約憲 개정안을 통과시켰다. 1919년 임시정부 수립 당시 임시헌장이 제정된 이래 제5차 개헌이었다.

개정된 '임시약헌'의 핵심은 집단지도 체제인 국무위원회제를 폐지하고 단일지도 체제인 주석제로 전환하는 것이다. 주석의 지위를 국가원수와 같은 존재로 하고, 주석이 정부의 행정권을 장악하여 강력한 지도력을 갖도록 하였다. 헌법 개정으로 임시의정원은 백범을 다시 주석으로 선출하였다.

이로써 임시정부는 정부 수립 21년 만에 중경에 정착하면서 당(한독당)·정(임시정부)·군(한국광복군)의 체제를 갖추고 백범은 한국독립당의 중앙집행위원장, 정부 주석, 광복군 통수권자가 되었다. 임시정부는 광복 후 환국할 때까지 백범 주석 체제로 운영되었다.

광복군의 군사통일과 임정의 외교활동

한국광복군은 중국 정부로부터 감내하기 어려운 수모를 당하면서도 착실하게 내실을 다지고, 백범의 중국 측 설득으로 어렵게 지휘권을 회복하게 되었다.

건국강령이 채택된 것을 계기로 김원봉의 조선민족혁명당과 김성숙의 조선민족해방동맹이 속속 임시정부에 참여하게 되었다. 이에 따라 한국광복군과 조선의용대가 통합하여 군사통일을 이루기로 하였다. 임시정부는 1942년 4월 20일 조선의용대를 한국광복군으로 '합편'合編할 것을 결의하고, 한국광복군에 부사령직을 증설하였다. 이것은 조선의용대 대장 김원봉을 맞아들이기 위한 결정이었다. 그동안 항일투쟁 과정에서 백범과 이념적 노선을 달리해 온 김원봉은 자신이 지휘해온 조선의용대를 광복군에 편입하고, 자신은 광복군부사령 겸 제1지대장에 임명되었다. 이로써 임시정부는 정파 통일 이전에 군사통일을 먼저 이루었다.

김원봉의 참여로 광복군은 종래의 제1, 2, 3, 5 지대를 통합하여 광복군 제2지대로 개편하고 지대장에 이범석을 임명하였다. 그리고 나중에 김학규를 지대장으로 한 제3지대를 창설하여 광복군을 3개 지대로 확대 개편하였다.

태평양 전쟁이 일어나고 전황이 급박해지면서 백범의 활동 범위도 크게 확대되었다. 그동안 주미외교위원을 통해 미국 측의 정보를 입수하면서 국제 정세를 관찰해 온 백범은 미국에 임시정부의 정식 승인과 공식 외교관계의 수립, 군사원조 등을 제의하였다.

1941년 8월 백범은 미국 대통령 루스벨트와 영국 수상 처칠이 대서양상에서 회담하고 세계대전 후 국제 문제에 관한 '대서양 헌장'을 발표하자, 이를 환영하면서 임시정부에 대한 승인과 군사원조를 요청하였다. 특히 대서양 헌장 제3항의 "영·미 양 대륙의 역량을 연합하여 각 민족이 자유로이 그들을 의지하여 생존할 수 있는 정부의 형식을 결정하는 권리를 존중하며, 각 민족 중 불행히도 이런 권리를 박탈당한 자가 있으면 양국 정부는 함께 그 원래의 주권과 자주정부를 회복하게 하려 한다"는 내용에 주목하고, 헌장을 지지하는 성명을 발표하였다.

1942년 2월에는 다시 미국 루스벨트 대통령에게 6개항 10을 요구하였다.

첫째, 대한민국 임시정부를 승인할 것.

둘째, 두 정부 간의 외교관계를 개시할 것.

셋째, 한국과 중국의 항일군수품을 증가·원조할 것.

넷째, 군수품·기술자와 경제를 공급할 것.

다섯째, 평화회의 개최 시에는 한국 정부 대표를 참가시킬 것.

여섯째, 국제평화기구 성립 시에는 한국을 참가시킬 것.

이와 같이 백범의 적극적인 외교활동에도 미국과 영국은 전혀 반응을 보이지 않았다. 미국은 여전히 아시아 지역에 많은 식민지를 갖고 있는 동맹국 영국의 눈치를 살피고 있었다. 인도에서는 항영抗英 독립운동이 치열하게 일고 있었다. 미국도 필리핀을 지배하고 있었다. 백범은 중국 정부와의 외교활동에 주력하는 한편 1942년 1월에는 「임시정부 포고문」을 발표하여 전 세계 20여 개국이 일본에 선전하고 총공격을 개시한 현 시점이 조국 독립의 최후의 기회이므로 모든 동포들이 임시정부를 중심으로 굳게 뭉쳐 적 일본을 향해 진공하자고 호소하였다. 같은 시기에 중국 정부에 공문을 보내어 임시정부를 공식적으로 승인할 것을 촉구하고, 승인해야 할 근거로 5가지를 들었다.[11]

첫째, 양국이 역사상의 정치·도의적 긴밀 관계와 함께

■■■ **10, 11**　신용하,『백범 김구의 사상과 독립운동』, 서울대학교출판부.

목전의 이해득실이 중대하다.

둘째, 1920년 손문孫文이 광주에서 대통령의 일을 볼 때 한국 임시정부가 외교총장 신규식을 파견하자 정식으로 국서를 접수하고 국사로 대우하였으며, 중국 외교총장 오정방五廷芳에게 한국 광복을 위한 원조 방법을 협의하도록 명령하였다.

셋째, 중국은 이미 세계 4강의 하나로서 세계에 공인받고 있으므로 손문시대와 같이 솔선하여 한국 임시정부를 승인해야 한다.

넷째, 동맹 각국들에게 한국 임시정부의 일치 승인을 제창하며 중국은 국제적 지위를 제고하고 한국은 국토 회복의 목적을 달성하게 된다.

다섯째, 전체 한국 민중이 환호하고 세계 우방들이 또한 찬성·지지할 것이다.

백범의 적극적인 활약으로 중국 정부는 임시정부의 승인과 지원을 약속하였다. 백범은 1942년 3월 22일 임시정부 외교부장 조소앙에게 중국의 국민외교협회, 동방문화협회, 국제반침략회 중국 지회와 공동 주최한 강연회에 나가 한국 독립 문제에 대해 강연을 하도록 하였다. 이 자리에서 중국 국민정부 입법원장 손과孫科는 첫째, 한국의 독립을 적극 지지하고 한국 임시정부의 승인을 요구한다. 둘째, 중국은 그동안 한국 임시정부에 대해 구체적 원조를 못했지만 최근 한국 독립혁명을 원조하기로 결정했다. 셋째, 한국을 중국과 공동 항일하는 형제 국가로 간주한다고 '중대 발언'을 하였다.

손과 입법원장의 발언은 임시정부에 큰 기쁨과 기대를 안겨주었다. 주미 외교위원부장 이승만에게 이 사실을 알리고, 이승만은 손과 중국 정부 입법원장에게 감사의 전보를 보냈다. 백범은 1942년 6월 초 인도와 연대적 공동투쟁의 강화를 위해 인도 국민회의파 영수 간디에게 다음과 같은 전보를 보냈다.[12]

인도와 한국은 2000년간 종교적·문화적 관계가 있을 뿐 아니라 전쟁 후 아시아 피압박 민족 해방에 관해서도 일치할 깊은 관계가 있습니다. 3000만을 대표한 한국독립당원들은 당신의 용감스러운 영도 하에 인도가 영광스러운 승리를 얻기를 축원하오며, 더욱 인도의 정의를 위하여 분투하는 당신의 건강을 비나이다.

---

12 "김구 주석이 인도 간디에게 보낸 전보", 『신한민보』 1942. 8. 6., 국사편찬위원회 편, 『한국독립운동사』 1.

임시정부 일본에 선전포고하다

    대한민국 임시정부는 1941년 12월 10일, 백범과 외무총 장 조소앙의 공동명의로 「대한민국임시정부 대일 선전성명 서」를 발표하여 일제에 공식적으로 선전포고하였다. 바로 이틀 전인 12월 8일 독일과 동맹관계에 있던 일본이 미국의 해군기지 하와이 진주만을 기습 공격하여 미일전쟁이 일어 났다. 1937년 이래 5년간 선전포고 없는 중일전쟁을 수행하 던 중국 정부도 이날 대일 선전포고를 하였다.

    긴박하게 전개되는 국제 정세에서 대한민국 임시정부는 기회를 놓치지 않았다. 임시정부가 태평양전쟁의 발발과 함 께 즉각 대일 선전포고를 한 것은 우리도 일제와 독립전쟁 을 수행한다는 것을 연합국에게 공식적으로 천명한 것이다. 이것은 곧 전후에 연합국의 지위를 획득하기 위한 전략적인 포석이기도 하다.

    임시정부의 대일 선전포고는 강력한 군사력이 뒷받침되

지 못한 외교적, 정치적 행위였지만 연합국으로부터 한국의 독립을 보장받는 데 결정적으로 기여하게 되었다. 임시정부의 대일 선전포고는 1943년 11월 미국·영국·중국의 3개국 거두가 전후 문제를 협의하기 위해 열린 카이로회담에서 한국의 독립 문제가 처음으로 제기되는 계기를 만들었다.

1943년 11월 23일 밤 루스벨트 대통령과 장개석 총통, 그들의 보좌관인 해리 홉킨스와 왕총혜王寵惠 박사가 참석한 가운데 '카이로 선언문' 작성이 논의되었다. 이 자리에서 홉킨스가 미국 측 초안을 가지고 와서 논의하여 다음날 오후 늦게 왕총혜와 합의된 초고가 완성되었다.

미국 측의 홉킨스는 그 초고에서 '가능한 한 빠른 시기에'at the earliest possible moment라고 쓴 것을 루스벨트가 '적절한 시기에'at proper moment라고 고치고 최종 공식 선언문에는 처칠의 주장이 강력하게 반영되어 '적시에'in due course 라는 다소 모호한 문구로 대치되었다.

영국은 처음부터 한국의 독립에 완강히 반대하였다. 이 회의에 참석했던 중국 공군참모장 주지상周至柔 장군의 증언에 따르면 영국 외무차관 카도간이 카이로 선언에서 한국의 독립에 관한 조항을 완전히 삭제하자고 주장하였다고 한다. 이것을 장개석 총통이 맹렬히 반대하여 'in due course' 라는 표현으로나마 남아 있게 되었다고 한다.

영국이 한국의 독립에 관한 조항을 완강히 반대한 데는 까닭이 있었다. 첫째는 한국 독립을 약속함으로써 장차 모

든 영국 식민지의 독립을 약속하게 되는 선례를 만들고 싶
지 않다는 데 그 저의가 있었던 것 같고, 둘째로는 한국 독
립을 약속함으로써 일본이 끝까지 전쟁을 계속하게 되어 일
본과 휴전 협상의 노력이 수포로 돌아갈 것을 두려워했던
것 같다. 당시 영국은 일본과의 전쟁을 빨리 종식시키고 미
국과 모든 힘을 유럽 전선에 집결시키고자 했던 것이다.

카이로 선언이 나오기까지에는 여러 가지 우여곡절이 있
었다. 루스벨트와 처칠은 1941년 8월 '대서양 헌장'에서 전
후의 민족자결권을 공약하였다. 이 선언이 알려지면서 중경
重慶의 임시정부는 연합국의 정식 승인을 얻고자 백방으로
노력하였다. 이 노력의 성과로 1942년 4월에는 장개석 정부
가 한국 임시정부를 "지체 없이" without delay 정식 승인하자
고 미 국무성에 공식적으로 요청하였다. 그러나 미 국무성
은 중국 정부의 이러한 공식 요청을 거부한 것은 물론 오히
려 한국 임시정부를 승인해서는 안 된다고 중국 정부에 항
의하고 나섰다.

미국이 내세운 이유는 크게 두 가지였다. 첫째는 미국과
중국 내에 있는 한국인 사회가 지도권 다툼으로 분열되고
중경 임시정부도 여러 파벌싸움으로 독립 쟁취를 위한 통일
된 연합 전선이 구축되어 있지 못 하다는 점과, 둘째는 해외
한인단체가 국내 한인들의 전적인 지지를 받고 있다는 보장
이 없다는 것을 이유로 들었다.

미국의 이러한 완강한 반대로 중국 정부도 대한민국 임

시정부의 공식 승인을 보류하기에 이르렀다. 미국이 임시정부의 승인을 거부한 데는 앞에서 지적한 것처럼 한인 사회의 분열과 대표성 부재를 이유로 들었지만, 이것은 그들이 내세운 명분일 뿐이고, 실제는 영국의 강력한 반대와 전후 극동에서 미국의 군사기지를 확보하려는 전략 때문이었다. 루스벨트가 전시 중에 한국의 40년 신탁통치안을 제시한 것이나 전후에 분단정부 수립에 그토록 집념을 보였던 것도 한반도의 전략적인 이용 가치를 인식하고 있었기 때문이다. 영국은 당시에 세계의 여러 지역에 갖고 있던 식민지의 해방운동을 예방하기 위해 대한민국 임시정부의 승인은 물론 카이로 선언에서까지 한국 문제를 삭제할 것을 주장했던 것이다.

임시정부가 대일 선전포고를 하여 장개석을 움직이고 장개석이 주요한 국제 회담에서 한국 독립을 주장하게 되었다. 임시정부가 선전포고를 할 수 있었던 것은 광복군이라는 병력이 존재하였기 때문에 가능하였다. 실제로 광복군은 연합군의 일원으로 버마 전선 등지에서 일제와 싸웠고 임정은 연합국의 일원이 되었다.

대일 선전 성명서는 다음과 같다.

〈대한민국 임시정부 대일 선전 성명서〉

우리들은 3천만 한인 및 정부를 대표하여 중·영·미·하·가·오 및 기타 제국의 대일 선전을 삼가 축하하나이다. 일본을 격파하고 동아를 재조하는 가장 유효수단인 까닭이다. 자에 특히 하下와 여如히 성명하노라.

1. 한국 전체 인민은 이미 반침략 전선에 참가하여 일개 전투 단위가 되어 축심국軸心國에 대하여 선전한다.

2. 1910년 합방조약 및 일체 불평등조약의 무효와 동시에 반침략국가의 한국에서의 합리적 기득권익을 존중함을 거듭 선포한다.

3. 왜구를 한국과 중국 및 태평양에서 완전 구축하기 위하여 최후 승리까지 혈전한다.

4. 일본의 난익卵翼에서 조성된 장춘과 남경 정부를 절대 승인치 않는다.

5. 루스벨트·처칠 선언의 각 항은 견결히 주장하여 한국 독립 실현에 적용하여 특히 민주전선의 최후 승리를 예측한다.

제 12 장

일제의 패망 소식에 다가올 일 걱정

● 적전 분열과 카이로 회담 대응

임시정부는 태평양전쟁이 발발하자 즉각 일본에 선전을 포고하였다. 기다리고 기다리던 미일전쟁이 시작된 것이다. 그러나 임시정부는 일본과 싸울 수 있는 전력이 부족하였다. 어렵게 마련한 광복군은 중국 측의 '한국광복군 9개 준승'에 묶여 있었고, 내부적으로는 김원봉 중심의 조선의용대와 양분된 상태였다.

광복군이 중국 장개석 총통으로부터 조직 허락을 받은 지 1년 6개월이 지나도록 지휘권 문제와 운영 문제를 해결하지 못한 채 귀중한 시간만 보내고 있었다. 그러나 좋은 조짐도 보였다. 태평양전쟁이 발발한 지 이틀 후인 12월 10일 좌파 진영인 조선민족혁명당은 제6차 대표대회에서 내외 정세의 변화를 이유로 들어 임시정부에 참여할 뜻을 천명하였다. 조선민족혁명당은 제2차 세계대전의 발발과 함께 폴란드, 네덜란드, 프랑스 등의 반파시스트 망명 정부가 수립되고 연합국이 그들을 원조하면서 한국 임시정부도 승인을 받을 수 있을 것으로 내다보고 내린 결정이었다.

일관되게 임시정부를 부정해온 조선민족해방동맹도 정세의 변화로 임시정부의 국제적 위상이 제고되면서 임시정부 옹호를 선언하고 나섰다. 그동안 이념·노선의 차이로 분열되었던 독립운동 진영이 임시정부를 중심으로 결속하게 되었다.

1942년에 실현된 군사통일은 황하 이남의 군사력이 모두 광복군으로 통합되는 계기를 만들었다. 군사통합은 곧 정치통합으로 이어지고, 정치통합은 강력한 대일 항전의 전력증강으로 발전해야 했다. 그러나 전시 체제의 임시정부에서는 노선 갈등과 엉뚱한 '공금 횡령' 문제로 극심한 갈등 양상을 빚게 되었다.

1943년 10월 9일 중경 임시정부 청사에서 제35차 의정원 회의가 열렸다. 좌우합작을 이룬 이래 두 번째 회의였다. 회의가 시작되자 조선민족혁명당 측은 여당격인 한독당과 임시정부를 공격하면서 정부 탄핵 4개안을 들고 나왔다.

첫째, 정부의 공금 20만 원 횡령의 건.

둘째, 위병이 무기를 잃은 것을 비인도적으로 엄형으로 다스린 건.

셋째, 광복군 9개 준승 취소 외교의 실패.

넷째, 헌법 개정의 건.

'20만 원 횡령의 건'은 조선민족혁명당 측이 실상을 모르는 채 섣불리 문제를 야기시켜 내외에 한국 독립운동 진영의 위신을 추락시킨 불미스런 사건이었다. 임시정부는 중국 정부로부터 매월 6만 원씩의 보조금을 지급받고 있었다. 이 보조금으로 임시정부에서 활동하는 교포 325명에게 1인당 170원씩을 지불하고, 그 밖에 판공비, 잡비 등으로 사용하였다. 임시정부는 중국 정부의 지원금에 부담을 느끼고, 100만 원의 공식 차관을 교섭하고 있었다. 그런 와중에 8월분 보조금 지급이 다소 늦어지자 민족혁명당 측에서 정부에 공금 횡령을 이유로 거센 항의와 탄핵을 하기에 이르렀다. 조사 결과 이 문제는 오해에서 비롯되었음이 밝혀졌다.

백범은 외무장 조소앙을 중국 외교부장 송자문宋子文에게 보내 9개 준승을 폐지하고, '한중호조군사협정'韓中互助軍事協定을 체결토록 제의하였다. 한중 두 나라의 역사적 관계로 보나 제1차 세계대전 중의 체코 민족위원회와 화란 국민군의 예를 따라 단시일 내에 9개 준승을 폐지하고 호조군사협정을 체결하여 한국광복군의 독립적 지위와 활동을 보장해달라는 요구였다. 그러나 중국군사위원회는 이를 쉽게 수용하지 않았다.

이를 두고 조선민족혁명당 측은 임시정부의 외교적 실패로 단정하고 탄핵의 이유로 삼았다. 민족혁명당이 강력하게 탄핵까지 들고 나선 배경은 헌법 개정에 있었다. 국제 정세의 변화로 일제의 패망이 내다보이면서 임시정부 내부에서는 헤게모니 투쟁이 전개되고 비주류 격인 민족혁명당이 백범의 지도력을 약화시켜서 헌법 개정을 통해 자신들이 유리한 위치를 차지하고자 해서였다. '공금 횡령'건도 이와 무관하지 않았다.

임시정부가 분쟁에 휩싸이면서 정기 의정원회의가 공전하고 있을 때인 11월 27일 '카이로 선언'이 발표되었다. 한국의 독립을 국제적으로 보장한다는, 전후 문제에 주도권을 쥐고 있는 중·미·영 삼국 수뇌의 이 최초의 선언이 전해지면서 임시정부는 이를 즉각 환영하는 한편 '적당한 절차를 거쳐'라는 단서에 격앙하면서 의혹을 감추지 못하였다. 임시정부 요인들이 격앙하게 된 데는 그럴 만한 까닭이 있었다. 태평양전쟁이 막바지에 접어들면서 세계의 저명한 언론들은 미·영 주요 지도자들이 한국의 독립에 대해 '국제관리방식'을 도입한다는 보도가 잇따랐기 때문이다. 미국의 『더 선The Sun』은 런던발 통신으로 영국 외상과 미국 대통령이 한국이 독립하기 전에 잠시 '국제 감호'國際監護를 하기로 했다는 보도를 전했다. 이에 대해 임시정부는 외무부장 조소앙을 통해 그 부당성을 공박하는 성명을 발표하는 한편 백범이 장개석 총통을 직접 만나 전후 한국 문제의 처리에 관해 논의하도록 하였다.

7월 26일 백범은 조소앙과 선전부장 김규식, 광복군사령관 이청천, 부사령 김원봉을 대동하고 장 총통과 영수회담을 하였다. 통역은 안원생이 맡았다. 회견 내용은 다음과 같다.[1]

▬▬ 1 백범김구선생전집 편찬위원회 편, 『白凡金九全集』 제5권, 대한매일신보사.

장개석—중국 혁명의 최후 목적은 한국과 태국의 완전 독립을 돕는 데 있다. 이러한 종류의 공작은 매우 어렵고 큰 것이다. 한국의 혁명 동지가 한마음으로 단결하여 복국운동을 완성하도록 분투노력하기를 바란다.

　　김구 · 조소앙—영국과 미국은 장래 조선의 지위에 대하여 국제공관國際共管의 방식을 채용하기를 주장하려는 경향이 있다. 중국 측은 이에 의혹되지 마시고 독립의 주장을 지지, 관철해 주시기 바란다.

　　장개석—영미 방면에서는 확실히 이러한 경향이 있다. 장래에 이것을 고집하는 일이 많을 것이다. 그러므로 한국 내부가 정성으로 통일하여 공작을 하고 있는 것이 표현될 필요가 있다. 그래야 중국도 힘써서 주장할 수가 있다.

　　백범은 영미 합의에 혹시 있을지도 모르는 국제적 의혹을 떨치지 못하였다. 일제의 패망을 눈앞에 두고서 자칫 독립이 멀어질지도 모른다는 우려였다. 12월 5일 특별 성명을 발표하여 자신과 임시정부의 '우려'를 내외에 천명하였다.[2]　다음은 미국에서 발행한 『신한민보』12월 9일자에 실린 내용이다.

　　연합통신사의 보도에 의하면 카이로 회담의 발표한 바, 한국의 독립을 '당연한 순서에 따라' 되게 하리라 약속한데 대하여 이곳에 있는 한인 임시정부 대통령 김구 씨는 부정하는 동시에 한인에게 경고하기를 한인은 '일본이 붕괴될 그 시간에 독립'을 얻지 못하면 역사적 전쟁을 계속할 것이다 하였다. 이 진술은 …카이로 의정서에 이해관계를 가진 각 국가간에서 처음으로 정식 발표되는 반대 의견이다.

중경 신문계나 정부 정객들은 카이로 회담의 결과를 절대 찬성하지마는 시중의 평민과 회석에서는 이 공포가 포용치 못한 점을 성히 토론하고 있다. 김구 씨는 신문기자에게 말하기를 자유 중국 안에 있는 1000여 명의 자유한인은 '당연한 순서'라는 발표에 격분하였다고 하였다.

김구 씨는 선언하기를,

만일 연합국이 제2전쟁 끝에 한국의 무조건 자유 독립을 부여하기를 실패할 때에는 우리는 어떤 침략자나 또는 침략하는 단체가 그 누구임을 막론하고 우리의 역사적 전쟁을 계속할 것을 결심하였다.

우리는 우리나라를 스스로 통치하여 우리 조국을 지배할 지력과 능력을 동등으로 가졌으며 우리는 다른 족속이 우리를 다스리며 혹은 노예로 삼는 것을 원치 아니하며 또 우리는 어떤 종류의 국제 지배도 원치 않는다.

우리는 '당연한 순서'라는 말을 어떻게 해석하든지 그 표시를 좋아하지 않는다. 우리는 반드시 일본이 붕괴하는 그때에 독립되어야 할 것이다. 그렇지 않으면 우리의 싸움은 계속될 것이다. 이것은 우리의 변할 수 없는 목적이다.

---

2 국사편찬위원회 편, 『한국독립운동사』 제3권.

임정 최초로 '좌우연합정부' 수립

　카이로 선언은 헤게모니 쟁탈전과 함께 분열과 대립을 거듭하고 있는 독립운동 진영에 자극제가 되었다. 공전을 거듭하던 의정원회의가 정파간에 타협의 분위기로 돌아선 것도 정세의 변화에 힘입은 바 컸다.

　각 정파는 1944년 4월 20일 제36차 의정원회의를 열어 '임시헌장'(헌법)을 개정하여 4월 21일 이를 통과시켰다. 임시헌장에서는 주석의 권한을 강화하여 비상시국에 대처하도록 하면서 백범을 주석에 연임시켰다. 행정부는 국무위원회와 행정연락회의로 이원화하였다. 국무위원회에는 독립운동의 영수들과 각 정당의 대표자들을 안배하여 정책 결정의 기능을 하도록 하고, 정책 집행과 행정 사무는 주석이 임명하는 각 부장들이 맡도록 하였다. 정쟁을 완화하기 위해 마련한 타협의 소산이었다.

　또 부주석제를 신설하여 외교 분야에 능력을 갖춘 조선

민족혁명당 위원장 김규식을 뽑고 역시 같은 당 핵심인 김원봉을 군무부장에 임명하였다. 정파간의 안배가 크게 작용한 인선이었다. 이때에 선임된 임시정부 요인의 명단은 다음과 같다.

주석 : 김구
부주석 : 김규식
국무위원(14명) : 이시영, 조성환, 황학수黃學秀, 조완구, 차리석, 장건상張建相, 박찬익, 조소앙, 김붕준, 성주식, 유림柳林, 김성숙, 김원봉, 안훈安勳

임시정부가 1919년에 수립된 이래 좌우 정파의 지도급 인사들이 망라하여 참여한 것은 이번이 처음이었다. 한국독립당, 조선민족혁명당, 해방동맹, 무정부주의자들까지 참여한 것이다. 좌우합작정부 수립에 성공한 임시정부는 4월 24일 4대 정당 연명으로 「각 혁명당 옹호 제36차 회의 선언」이란 제목의 선언문을 발표하였다. [3]

친애하는 동지, 동포들!
최근 개막된 우리 한민족 독립운동의 최고 권력기관인 임시의정원 제36차 임시의회는 각 당파 인사가 화합

━━ 3   추헌수 편, 『자료 한국독립운동』 2, 연세대학교출판부, 1972.

하고 단결하는 분위기에서 임시약헌을 개정하고 정부 주석과 국무위원을 선출한 다음 원만하게 폐원하였다.

이번 임시의회 중에 개정한 임시헌장은 우리 민족의 장래 건국 이상에 적합할 뿐 아니라 또한 목전의 우리 독립운동의 실제 요구에도 적합한 극히 보귀한 혁명 문헌이다. 동시에 이번 정부의 인선은 국내외의 성망 있는 최고의 혁명 선배와 각 혁명당의 최고 권위 있는 대표자를 망라한 것이다.

이번 의회는 개헌과 인선상에서 실로 위대한 성공을 거두었다. 이것은 우리 민족 독립운동 선상에 진실로 경축할 만한 일이다.

여기에 우리 4당은 만강滿腔의 열정으로 이번 의회의 위대한 성공을 경축하는 동시에 우리는 공동의 의견을 정중히 선포한다.

첫째, 우리 4당은 이번 개정한 임시헌장을 전 민족 행동의 최고 준승을 위하여 솔선하여 준수, 봉행할 것을 확인한다.

둘째, 우리 4당은 신임 정부 주석 김구 선생과 전체 국무위원을 우리 민족의 최고 영도자로서 우리는 당연히 솔선하여 성심 옹호할 것을 확신한다.

셋째, 우리 4당은 임시정부 기치 하에 전체 민족을 단결·동원하여 일본 제국주의자에게 대항하여 최후의 결전을 전개할 것을 결심한다.

넷째, 우리 4당은 중·영·미·소 등 동맹국과 전 세계 일체의 정의인사들의 동정과 원조를 얻고 더욱 최단 시간 내에 임시정부의 승인과 유력한 국제 원조를 얻기 위하여 적극 노력한다. (후략)

대한민국 26년 4월 24일 한국독립당·조선민족혁명당·조선민족해방동맹·조선무정부주의자 총연맹.

백범은 민족 해방을 목전에 두고 자신을 줄기차게 비판해온 좌파 계열을 꾸준하게 설득하여 연합정부를 수립하는 데 성공하였다. 그의 지도력과 위상은 좌우 세력을 망라하여 구심이 되고, 명실상부하게 독립운동계의 정상이 되었다. 백범은 조각에 들어가 각 부장을 인선하여 국무회의의 인준을 받았다. 각료는 내무부장 신익희申翼熙, 외무부장 조소앙, 군무부장 김원봉, 법무부장 최동오, 재무부장 조완구, 선전부장 엄항섭, 문화부장 최석순이었다.

백범은 이들의 선서를 받고 취임식의 치사에서 "본 주석은 여러분이 모두 연부역강年富力强하고 정명능간精明能幹한 준재로서 반드시 맡은 바 임무를 수행하여 내외의 기대를 저버리지 않을 것을 확신한다"면서 "혁명적 기백과 분투적 정신을 발휘하여 각기 그 직책을 다하라"고 격려하였다.

임시정부의 강화는 내외 동포들로부터 환영을 받았다. 재미 동포들이 앞 다투어 축전을 보내고 각지에서 경축식이 거행되었다. 중국 정부와 조야에서도 우정 어린 축하 의사를 표시하였다.

중국 국민당 조직부장 주가화는 임시정부 주석·부주석 및 국무위원들과 각 부장들을 초청하여 축하연을 열고, 입법원 원장 손과孫科도 임시정부의 신임 요원들에게 환영대회를 열어주었다. 또 중국 공산당 대표 동필무와 임조함林祖涵이 축하연을 베푼 데 이어 중국 국민당의 오철성, 진과부, 양한조 등 지도자들도 축하연을 열고 임시정부의 대동단합을 축하하였다.

전란중에 『백범일지』를 쓰다

　『백범일지』는 한국인이 가장 아끼고, 오랫동안 베스트셀러로 사랑받으며, 가장 많은 한국인이 가장 많은 영향을 받았다고 생각하는 가장 값진 책 중의 하나이다. 『백범일지』는 전기문학의 현대적 고전으로 독립운동의 증언서이며, 평생을 조국의 독립운동에 바친 한 애국자의 자서전이다. 애국심을 키우는 국민의 역사 교과서이기도 하다.

　백범은 1926년 대한민국 임시정부 국무령이 되어 독립운동의 최전선에서 살아서는 환국할 수 없다고 판단하고, 1928년부터 중국 상해에서 당시 12세와 8세 된 인과 신 두 아들에게 유서 대신 남겨주려고 『백범일지』를 쓰기 시작하여 1929년 5월 3일 마무리하였다. 이것이 『백범일지』의 상권이다.

　하권은 백범이 1932년 4월 윤봉길 의사의 상해 의거를 일으키고 더 이상 상해에 있을 수가 없어서 중국 각지를 떠돌며 독립운동을 하다가 1939년 중경에 도착하여 어느 정도 임시정부가 자리잡기 시작한 1941년 이후의 기록이다. 상권이 백범의 가문과 성장 과정, 항일 구국운동 등을 기록한 것이라면 하권은 3·1운동 직후 중국 상해에 망명하여 임시정부에 참여하여 일하게 된 것부터 중경에 정착할 때까지의 독립운동에 관한 기록이다.

백범은 해방 후 환국하여 펴낸 국사원판 '저자의 말'에서 『백범일지』를 쓰게 된 동기를 다음과 같이 밝혔다.

애초에 이 글을 쓸 생각을 낸 것은 내가 상해에서 대한민국 임시정부의 주석이 되어서 내 몸에 죽음이 언제 닥칠는지 모르는 위험한 일을 시작할 때에 당시 본국에 들어와 있던 어린 두 아들에게 내가 지낸 일을 알리자는 동기에서였다. 이렇게 유서 대신으로 쓴 것이 이 책의 상권이다. 그리고 하권은 윤봉길 의사 사건 이후에 중일전쟁의 결과로 우리 독립운동의 기지와 기회를 잃어 이 목숨을 던질 곳이 없이 살아남아서 다시 오는 기회를 기다리게 되었으나 그때는 내 나이 벌써 칠십을 바라보아 앞날이 많지 아니하였으므로 주로 미주와 하와이에 있는 동포를 염두에 두고 민족 독립운동에 대한 나의 경륜과 소회를 고하려고 쓴 것이다. 이것 역시 유서라 할 것이다.

백범은 언제 죽게 될지 모르는 절박한 항일 구국 전선에서 자식들과 독립운동 동지들에게 독립운동의 과정과 자신의 소회를 전하고자 이 책을 쓴 것이다. 백범은 『백범일지』 상권 집필을 완료한 직후 만약의 망실에 대비하여 세 벌을 등사해서 일제의 마수가 미치지 못하는 지역인 미국의 동포들에게 보냈다. 백범은 1929년 7월 7일자로 『백범일지』 (상권) 필사본을 미국에 있는 『신한민보사』 동지들에게 보내면서 '대한민국임시정부용지'에 다음과 같은 친서를 덧붙였다.

　　귀사원 전체 동지에게 간탁하나이다. 구九는 본이本以 불문不文으로 장편 기문記文이 처음이요 또 막음입니다. 연래로 점점 풍전등화의 생명을 근보僅保하나 왜놈의 극단 활동으로 어느 날에 무슨 일을 당할지 알 수 없으며 구九 역시 원수 손에 명맥을 단송함이 지원至願인즉 시간 문제일 것입니다. 그러므로 유치한 자식들에게 일자一字의 유서도 없이 죽으면 너무도 무정할 듯하야 일생 경력을 개술하야 자에 앙탁하오니 미체微體가 분토화墳土化한 후 즉 자식들이 성장한 후에 심전하여 주시면 영원 감사하겠나이다. 그 이전에는 사고社庫에 봉치하시고 공포치 말아 주옵소서.

미국의 독립운동가들에게 보낸 필사본은 현재 행방을 알 수 없고, 그중 한 벌이 미국 콜롬비아 대학에 마이크로필름의 형태로 소장되어 있다. 백범은 이어서 하권을 쓰게 된 동기를 다음과 같이 밝혔다.

　　본국에 있는 자식들이 성장하여 해외로 도래渡來커든
신전信傳하여 달라는 부탁으로 상권을 등사하여 미주 기
위 동지에 보내었으나, 하권을 쓰는 금일에는 불행으로
잔명이 고보姑保되었고, 자식들도 기위 성장하였으니 상
권으로 부탁한 것은 문제가 없이 되었고, 지금 하권을 쓰
는 목적은 하여곰 내의 50년 분투 사적을 염람하여 허다
과오로 은감을 작하야 답습을 피면하라는 것이다.

　　이렇게 하여 집필된『백범일지』는 백범이 8·15 해방을
맞아 1945년 11월 23일 환국한 지 2년여 후인 1947년 12월
15일 국사원國士院 출판사에서 한글 전용판을 간행하였다.
흔히 '국사원판'으로 불리는 이『백범일지』는 상·하 두 권의
수고手稿 원본의 표현을 풀고 철자법도 현대문으로 교열하
는 한편 윤문을 하고 한글 전용으로 바꾸면서 내용도 많이
생략하여 간행하였다. 국사원판 간행본의 한글 전용 윤문에
는 춘원 이광수가 참여한 것으로 알려졌다.
　　백범은 국사원에서『백범일지』를 최초로 간행할 때 자신
의 정치철학과 사상을 나타내는「나의 소원」이라는 글을 새
로 써서 수록하였다. 백범은 이 글을 부가한 이유를 다음과
같이 덧붙였다.

끝에 붙인 「나의 소원」 한 편은 내가 우리 민족에게 하고 싶은 말의 요령을 적은 것이다. 무릇 한 나라가 서서 한 민족이 국민생활을 하려면 반드시 기초가 되는 철학이 있어야 하는 것이니, 이것이 없으면 국민의 사상이 통일되지 못하여 더러는 이 나라의 철학에 쏠리고 더러는 저 민족의 철학에 끌리어 사상의 독립, 정신의 독립을 유지하지 못하고 남을 의뢰하고 저희끼리는 추태를 나타내는 것이다. 오늘날 우리의 현상으로 보면, 더러는 로크의 철학을 믿으니 이는 워싱턴을 서울로 옮기는 자들이요, 또 더러는 맑스-레닌-스탈린의 철학을 믿으니 이들은 모스크바를 우리의 서울로 삼자는 사람들이다. 워싱턴도 모스크바도 우리의 서울은 될 수 없는 것이요, 또 되어서는 안 되는 것이니, 만일 그것을 주장하는 자가 있다고 하면 그것은 예전 동경을 우리의 서울로 하자는 자와 다름이 없을 것이다. 우리의 서울은 오직 우리의 서울이라야 한다. 우리는 우리의 철학을 찾고, 세우고, 주장하여야 한다. 이것을 깨닫는 날이 우리 동포가 진실로 독립정신을 가지는 날이요 참으로 독립하는 날이다.

「나의 소원」은 이러한 동기, 이러한 의미에서 실린 것이다. 다시 말하면 내가 품은, 내가 믿는 우리 민족철학의 대강령을 적어 본 것이다. 그러므로 동포 여러분, 이 한 편을 주의하여 읽어 주셔서 저마다의 민족철학을 찾아 세우는데 참고를 삼고 자극을 삼아 주시기를 바라는 바이다.

『백범일지』의 국사원판 간행 이후『백범일지』원본이 집문당에서 영인본으로 나온 것을 비롯해 여러 출판사에서 경쟁적으로 원본에 충실한 '출간본'들을 간행하였다. 백범이 암살당하고 이승만 폭압정권이 기승을 부릴 때에『백범일지』는 일체 간행·판매가 금압禁壓되었지만 4·19 혁명과 함께 다시 햇빛을 보기 시작하여 지금까지 수백만 부가 발행되어 국민의 애국심을 되살려 주었다.

특히 청소년기에『백범일지』는 필독서가 되고, 각계 인사들이 '생애에서 가장 감명 깊은 책'으로 평가할 만큼『백범일지』는 국민의 정신교육과 애국심의 교과서 역할을 하기에 이르렀다. 저자 등 10여 명의 연구자들은 1999년 6월, 2년 동안의 노력 끝에『白凡金九全集』12권을 간행하면서, 여기에『백범일지』의 등사본, 국사원판 등 모든 자료를 엮은 바 있다.

장개석과 영수회담 열어 현안 논의

임시정부의 체제를 정비한 백범에게는 시급히 해결해야 할 세 가지 과제가 기다리고 있었다. 첫째는 종전이 다가오면서 더욱 그 중요성을 느끼게 된 임시정부를 국제적으로 승인받는 일이었다. 우선 중국 정부로부터 승인을 받는 것이 목표였다. 중국 정부는 그동안 임시정부의 수차례에 걸친 승인 요청에도 한국 독립운동 진영의 내부 통일 등을 내세워 승인을 미뤄왔다. 이제 연합정부 수립으로 내부 통일을 이룬 것이었다.

둘째는 전세가 급박해지면서 광복군의 충실을 기하여 하루빨리 연합군의 일원으로서 본격적인 항일전에 참전하는 일이었다. 중국 측은 임시정부가 정식으로 승인을 받은 후에라야 가능하다는 등의 이유로 9개 준승의 사슬을 여전히 풀어주지 않고 있었다.

셋째는 이러한 과제들을 효과적으로 이루기 위해서는 자

금을 마련하는 일이었다. 백범은 1942년 6월부터 중국 정부에 신용차관 50만 달러의 제공을 교섭하였지만 이렇다할 성과가 없었다.

임시정부는 매주 월요일마다 백범의 주재로 국무위원회의를 열어 당면 문제를 논의하고 앞에 든 세 가지 현안 해결에 힘을 모았다. 그러나 어느 것 하나도 해결이 쉽지 않았다. 백범은 1944년 3월 8일 중국 국민당 중앙비서장 오철성을 통해 중국 정부에 '한국 임시정부 공작계획 대강'을 제출하였다. 주요 내용은 재중 한국 교포의 통일 문제, 적 후방 공작, 국제 선전과 연락 문제, 초무훈련招撫訓鍊과 선전 공작 등이었다. 이와 함께 「한국광복군 9개 행동준승」을 취소하고 새로 군사협정을 체결할 것을 요구하였다. 백범은 이와 같은 내용의 비망록을 장 총통에게 보냈다.

중국 측은 8월 23일 중국 군사위원회 참모장의 명의로 임시정부에 9개 행동준승의 해제를 통보하는 공문을 보내왔다. "종금 이후로는 한국광복군이 의당히 한국 정부에 직속할 것인 바, 전자의 중국 군사위원회에서 정한 한국광복군 행동준승 9개항은 이제 수용되지 않으므로 이를 특히 취소한다"는 내용이었다. 이제 광복군이 중국군사위원회의 간섭으로부터 벗어나게 되었다. 행동준승 9개항을 벗어나 독자적인 군사활동이 가능하게 되었다. 임시정부의 국군으로서 대일전을 치를 수 있게 된 것이 무엇보다 반가운 일이었다.

그러나 임시정부의 승인과 자금 지원 등은 여전히 미제

로 남아 있었다. 중국의 임시정부 승인이 연합국으로부터 승인을 받을 수 있는 빠른 길이 될 수 있는데도 중국 정부는 승인을 주저하였다. 또 한인 청년들을 모아 군사를 양성하고 대일전을 치르려면 자금의 지원이 시급한 데도 중국의 군사위원회 실무진은 소극적이었다. 백범은 다시 장개석 총통에게 회담을 요청하는 서한을 보내어 일곱 가지 요구 사항을 서한으로 제출하였다. 김구·장개석 회담은 교섭 끝에 9월 5일 박찬익을 통역으로 하여 성사되었다. 회담 성과는 며칠 후 장 총통이 오철성 비서실장을 통해 밝혀왔다.[4]

(1) 임시정부 승인 문제는 중국 정부에서 이미 방침을 확정한 것이니 시기가 성숙됨을 기다려서 솔선 승인할 것이다.

(2) 원조를 더 많이 하는 문제에 대하여는 힘 있는 대로 도울 것이다. 한국 임시정부는 빠른 시일에 공작을 전개하여 왜병을 함께 반공反攻할 수 있게 되기를 기대한다.

(3) 광복군의 정리, 편성, 훈련 문제에 대해서는 하 총장(군사위원회 하응흠何應欽 총장)과 상의해서 하도록 한다. 한국 임시정부에서는 광복군의 운용과 희망의 내용이 어떤 것인지를 먼저 알려주기 바란다.

(4) 러시아 지역에 우거寓居하는 한교(한국 교포)의 연

■■■ 4 추헌수 편,『자료 한국독립운동』2, 연세대학교출판부, 1972.

락 문제에 대해서는 최근 그곳에서 중경으로 온 이충모 李忠模 군에게 알려 이곳으로 와서 한 번 면담하여 실정을 명료하게 알게 된 다음 다시 상의하기로 한다.

(5) 활동비 5000만 원을 빌려주는 (차관) 문제에 대해서는 우선 500만 원을 빌려줄 것이며 이후 공작 전개와 함께 따로 다시 상의하기로 한다.

(6) 정무비 및 생활비 문제에 대해서는 본월부터 100만 원으로 증액하며 식비 문제는 다시 상의하기로 한다.

(7) 건물 문제에 대해서는 이미 시정부에 통지하여 관유물官有物을 발급받도록 하였다. 한국 임시정부에서 적당한 건물을 물색한 것이 있으면 자세한 것을 조사하여 주관 기관과 상의하도록 한다.

김·장 회담은 부분적으로 큰 성과가 있었다. 하지만 임시정부 승인 문제나 군사비의 대폭 지원 문제 등 핵심 부문은 크게 달라지지 않았다. 임시정부 승인에 관한 연합국과의 조율문제가 있었을 것이고, 중국 정부 역시 전시 경제 체제에서 한국 임시정부의 군사비를 지원하는 데는 재정적으로 어려움이 적지 않았을 것이다. 그러나 광복군 문제에 대해서는 임시정부의 요구를 수용하였다.

백범은 연합군의 일원으로서 일제와 싸우고, 이 성과를 통해서 임시정부의 승인을 얻어내는 것이 지름길이라 생각하면서 광복군의 충실화에 심혈을 기울였다. 광복군은 중국 측이

9개 준승을 철회하였지만 이에 대체할 협정이 체결되지 않아서 광복군의 지위와 활동 범위 등이 모호한 상태에 있었다.

임시정부는 군무부를 통해 광복군의 운영에 대한 '환문초안'換文草案과 중국 정부에 요구 조건을 만들어 국무회의 의결을 거쳐서 중국 정부에 전달하였다.[5] '한국광복군 환문초안'은 다음과 같다.

① 한국광복군은 조국의 광복을 목적으로 한국 경내로 진공함에 있다. 단, 중국 경내에 있을 때는 반드시 중국 항전에 배합하여 대일 작전에 참가한다.

② 한국광복군이 중국 경내의 대일 작전 기간에 있어서는 해군該軍의 실력 성장과 전국戰局의 연변演變에 의하여 해군의 일부 혹은 전부가 반드시 중국 통수부의 지휘를 받는다.

③ 한국광복군이 중국 경내에 있어서 소요되는 일체의 군자軍資는 중국으로부터 차관 형식으로 한국 임시정부에 공급한다.

④ 한국광복군이 중국 경내에 있어서 훈련, 초모 등 공작을 진행할 때는 반드시 중국과 사전에 필요한 협조와 편의를 거친다.

⑤ 중한 양방은 반드시 군사 대표를 지정하여 한국광

■■■ 5　백범김구선생전집 편찬위원회 편, 『白凡金九全集』 제8권, 대한매일신보사.

복군에 관한 교섭 상황을 협상한다.

⑥ 중한 군사당국은 반드시 연락참모 약간인을 파견하여 연락을 취하며 아울러 한국광복군 공작에 협조한다.

당면 요구 조건

① 한국광복군의 경상비는 중국군 현행 급여 규정에 의하여 달마다 지급할 것.

② 한국광복군에서 실시하고자 하는 훈련반 운영에 소요되는 경비로서 매월 30만 원 외에 대원집중 여운비 旅運費 200만 원, 건물·기구 등 준비금 300만 원을 반드시 지급할 것.

③ 한국광복군 초모비 招募費로 매회 200만 원을 발급할 것.

④ 중국 각 포로수용소에 있는 모든 한적 포로를 한국광복군에 반드시 즉시 인계할 것.

⑤ 이상에서 미비한 상세한 내용은 양방 군사대표에 의해 별도로 정할 것.

임시정부의 이와 같은 의욕적인 계획과 요구는, 그러나 중국 측에서 제대로 받아들여 주지 않았다. 여전히 한·중 사이의 군사 협정도 체결되지 못한 상태였다.

탈출 학병들 임시정부 찾아와

백범은 제2차 세계대전의 종전이 가까워지면서 독립운동진영의 대동단결을 위하여 여러 가지로 연구하고 노력하였다. 좌우연합정부를 수립한 데 이어 연안延安을 중심으로 한 조선독립동맹과 조선의용군 그리고 국내에서 비밀리에 결성한 여운형의 '조선건국동맹'과도 통일을 모색하였다.

조선독립동맹은 1941년 10월 연안에서 '동방 각 민족 반파쇼대회'를 개최하면서 백범을 명예주석단에 추대하였다. 또 1942년 11월 조선독립동맹 진서북분맹晉西北分盟 성립대회 때에는 손문, 장개석, 모택동과 함께 백범의 초상화를 내걸 만큼 조선독립동맹은 이념적으로는 임시정부와 노선을 달리하면서도 백범의 지도력을 존중하고 있었다.[6]

백범은 1944년 3월 조선독립동맹 김두봉 위원장에게 서

■■■ 6   염인호, 『조선의용군의 독립운동』, 나남출판.

한을 보내어 임시정부와 독립동맹의 통일 문제를 논의하고
자 자신이 직접 연안으로 갈 뜻을 밝혔다. 이와 관련해 김두
봉은 그해 10월 16일 백범의 연안행을 환영하면서 "지역 파
벌을 불문하고 성심 단결할 것과 서로 연락을 취하여 압록
강에서 군대를 조직할 수 있다면 자신이 나서서 알선하겠
다."[7]는 내용의 답장을 보내왔다.

백범은 임시정부 국무위원 장건상을 연안에 특사로 파견
하였다. 장건상은 1945년 5월 서안西安을 거쳐 연안에 도착
하여 김두봉을 비롯한 독립동맹 간부들을 만나, 중경에 모
여 통일 문제를 협의하기로 합의하였다. 그러나 시국이 급
진전하면서 김두봉의 중경행은 이루어지지 못하게 되었다.

백범은 국내공작위원회를 설치하여 직접 주관하면서 건
국동맹 등 국내와 연계를 위해 백창섭白昌燮, 문덕홍文德洪
등 국내 공작원을 국내에 잠입시켰다. 문덕홍은 국내에서
공작 활동을 하다가 부산에서 체포되었다. 건국동맹도 임시
정부와 연락을 위해서 최근우崔謹愚를 파견하였지만 중경에
까지 이르지 못하고 일제의 패망을 맞았다.

백범은 연안파를 비롯하여 국내 정치 세력까지 통일을 이
루고자 각고의 노력을 기울였다. 그러나 일제의 패망으로 연
안파와 건국동맹과의 통일 또는 연대가 이루어지지 못한 것
은 해방 후 정국의 진행에서도 대단히 안타까운 일이 되었다.

중경은 독립운동가들에게는 견디기 어려운 땅이었다.

아열대 지역이지만 9월부터 이듬해 4월까지 짙은 안개가 햇빛을 가리고 기압이 낮아 호흡기병이 많이 발생하여 중경 생활 7년 만에 동포 80여 명이 사망하였다. 백범의 장남 인仁도 1945년 3월 호흡기병으로 사망하였다. 아내, 어머니에 이어 장남까지 이역에서 잃었다. 백범 자신도 비좁고 습기찬 청사에서 집무하느라 몸이 통통 부어 있었다.

일군의 공습은 중경에까지 이어졌다. 중경에 온 임시정부는 처음에는 양류가楊柳街에 자리잡았는데, 폭격이 심해지면서 석판가石坂街로 옮겼다. 이 청사가 폭격으로 발생한 화재로 전소되면서 화평로 오사야항吳師爺巷으로 옮겼다가 중국 당국이 주선해 준 연화지蓮花池에 집을 얻어 환국할 때까지 임시정부의 청사로 사용하였다.

임시정부는 1944년 10월 23일 국무회의를 열어 '한국광복군 잠행暫行 조직조례'를 통과시켜 자주적인 국군의 체제를 갖추었다. 중국 정부에 보낸 '환문 초안'이나 '당면 요구조건' 등이 제대로 반영되지 않아서 독자적인 국군 체계를 갖추고 대일 항전에 전력하기로 하였다.

광복군의 항일전은 군사나 전비의 부족으로 정규전에 참여하기보다는 공작활동에 치중하였다. 부양阜陽 등지에 50여명의 공작요원을 파견한 데 이어 만주와 일본군 점령지에 50여 명의 공작원을 보내 선전, 조직, 초모招募 활동을 벌였

7 백범김구선생전집 편찬위원회 편, 『白凡金九全集』 제8권, 대한매일신보사.

다. 노하구老河口의 최전선에도 20여 명을 침투시키고, 10여 명의 공작대가 영국군과 함께 미얀마 전선에서 합동 작전을 전개하여 많은 전과를 거두기도 하였다.

1945년 1월 31일은 임시정부가 중경에서 활동한 이래 가장 경사스런 날이었다. 일본군 학병으로 끌려갔다가 탈출한 50여 명의 한국 청년들이 태극기를 들고 애국가를 부르며 임시정부 정청으로 행진해 왔다. 이들은 중국 전선에 배치되었다가 탈출하여 안휘성 부양의 광복군 제3지대로 찾아갔다가 지대장 김학규의 안내로 임시정부로 찾아온 것이다. 수십 년을 해외에서 오직 조국 독립운동에 몸을 바쳐온 백범 등 노혁명가들이 이 젊은이들을 맞는 감개는 형언하기 어려웠다. 김준엽金俊燁, 윤경빈尹慶彬 등도 끼어 있었다. 훗날 장준하는 임시정부에 도착하여 백범을 처음 만나게 된 감격을 유려한 필치로 다음과 같이 썼다.[8]

임시정부 청사 앞뜰은 우리들 50여 명을 2열 횡대로 정렬시키기에 충분했다. 누구의 지휘 구령도 없이, 우리는 오伍와 열列을 맞춰 섰다. 줄이 정돈되어 가자 우리는 침묵으로 감격을 억눌렀다.

1945년 1월 31일 하오가, 휘날리는 태극기의 기폭처럼 벅찬 감회에 몸부림치며, 시간의 흐름을 잠시나마 정지시켰고 나의 의식도 아련해졌다.

노하구를 떠난 후 해가 바뀌는 섣달 그믐의 낙조 속에

서 눈물겨워하던 설원의 추위는 우리들의 수족만을 얼렸지만, 오늘 이 임정 청사 앞에서의 대오정렬은 우리들의 가슴을 엄숙하게 동결시키고 있었다.

그때, 눈길 속에서 눈부신 45년의 첫 태양을 맞으며 녹이던 가슴이다. 반짝이는 설원의 햇살 속에서, 조국의 가슴에 걸 훈장을 생각하며, 그 찬란한 태양을 맨 가슴으로 들이받아, 일식日蝕된 지환指環처럼 눈부신 아시아의 태양을 나의 조국의 가슴에 걸어보자던, 그 뜨겁던 가슴이다.

지환처럼 동그렇게 뚫린 태양을 가슴에 아로새기며 새해 아침을 맞은 지 꼭 한 달 만에, 우리는 지금 숙연히 임정 지도자들을 기다리고 서 있었다.

"이 가슴의 기대를 뜨겁게 달래줄 지도자가 이제 걸어나온다."

나는 혼자 중얼거렸다.

동결의 가슴에 부어줄 기대는 뜨거울 것인가. 진정 용광로처럼 달아오를 수 있을 것인가? 시간과 의식의 정지는 견디기 어려웠다. 7개월의 대륙횡단 6000리의 길이 이제 정말 끝나는 것인가.

인솔 책임을 진, 우리의 진陳 교관이 대표로 청사 안으로 들어갔다. 펄럭이는 태극기의 몸부림이 우리를 아는 듯이 바람을 마음껏 안았다.

---

8 장준하, 『돌베개』 장준하 선생 10주기 간행위원회 편, 『장준하 문집』2, 사상.

저 깃대가 기를 놓아 주기만 한다면 저 처절한 기폭은 조국으로 날아갈 것이다. 가서 조국의 품을 감싸 안을 것이다.

일제의 신음 아래 허덕이는 조국의 얼굴, 공출, 징용, 징병, 징발의 아우성.

그러나 아름다운 산천의 정서, 나의 고향, 내 부모 형제, 그리고 아내.

기폭은 바람에 시달리면서 나에게 이런 환상을 담아 주었다.

신성한 기치에 죄스러운 것 같아, 나는 짐짓 경건하게 마음을 바로잡고자 하였으나, 그리웠던 기치는 이제 또 다른 그리움을 안고 나를 대신해서 몸부림치고 있었다.

조각조각 흩어져 흰눈처럼 조국의 산천에 쏟아져 내린다면, 동포들은 목을 놓아 울리라. 조각조각 하늘의 눈으로 불려가 이 마음을 전하면 그 산천에 한 가닥 생기라도 퍼질 것인가.

끝없는 환상은, 북받치는 설움과 기쁨이 섞인, 파동치는 가슴의 물결을 일게 하였다.

설움은, 나라 없는 새삼스러운 설움이다. 기쁨은, 나라 없는 설움을 디디고 일어설 수 있다는 자신의 결의에서 오는 기쁨이다. 그러나 이 두 가지 감정은 자꾸만 소용돌이치고 있었다. 울리지 않는 애국가의 여운이, 바람처럼 불려오는 듯싶다. 어서 이 숨 막힐 듯이 정지된 시간과 의식과 긴장이 풀려 주었으면….

마침 임정 청사의 2층 한 방문이 열리고 누런 군복에 역시 누런 색깔의 외투차림으로 50여 세 되어 보이는 위엄이 풍기는 한 분을 뫼신 진 교관과 그 뒤로는 중국 군복들을 입은 5, 6명의 장정들이 따라 나오고 있다.

우리는 부동자세를 취하며, 우리의 지사를 만나본다는 하나의 강렬한 집념 속에 숨을 죽였다.

뒤따르는 몇 명의 군인들을 대동하고 우리 앞에 위엄있게 걸어오는 분이 바로 그 이청천 장군이었다. 임천臨泉에 있었을 때 중앙군관학교 분교에서 이미 들어온 바로 그 인물이다. 광복군 총사령관의 모습이다. (중략)

우리를 돌아본 이 장군은 묵묵한 표정 같으면서도 침통한 얼굴로 사열을 마치고, 진 교관에 명하여 '열중쉬엇'의 자세로 분위기를 바꾸도록 했다.

"수고들 많이 했소이다. 여러분들이…."

그러나 이 장군은 말을 잊지 못하고 할 말 많은 감회 속에서 짧은 말을 골라내듯이 잠시는 침묵으로 이었다. (중략)

쉰이 넘었을 이 장군이 입은 광복군 사령관의 군복엔, 그러나 아무런 견장도 계급도 없었다.

"…앞으로 나와 함께 이곳에 여러분들이 있을 것이니까, 차차 많은 얘기를 하게 될 것이고, 오늘은 피로한 여러분에게 긴 얘기를 하지 않겠습니다. 곧 우리 정부의 주석이신 김구 선생께서 나오실 것입니다. 이만 끝."

이렇게 이 장군이 말을 맺자, 벌써 저 위층계에는 푸른 중국 두루마기를 입은 노인이 앞서고, 뒤에는 역시 머리가 희끗희끗한 일행 몇 명이 내려오고 있었다.

이 장군의 소개가 없더라도 저분이 김구 선생이시구나 하는 것쯤은, 육감으로 알 수 있었다. 아직 사진 한 번 본 일조차 없었지만, 거구에 중국 두루마기를 입은 노인이 우리 임시정부의 주석이신 것을 어떤 영감 같은 느낌이, 확신까지 하게 만들어 주었다.

아직까지 우리가 알기로는 윤봉길·이봉창 의사 등의 배후 조종인으로서 무서운 정략, 지략의 인물로만 생각했었다. 그러나 그 검소한 인품은 우리들에게 또 다른 충격을 주었다. 왜놈들의 간담을 서늘하게 하던 분이 바로 이 분일까.

엷은 미소를 담은 선생의 인상은, 검은 안경 속에 정중한 성격을 풍기는 아주 인자한 인상이었다.

깊은 침착과 높은 기개와 투박할 정도의 검소함을 표정에 숨기고 나오신 김구 선생은 좌우로 노인 일행을 거느리고 우리들 앞에 나서 섰다.

장엄한 예식의 주악이 울리듯, 파도 같은 바람의 주악이, 분명히 우리들 가슴마다에 물결을 일으키며 울려퍼졌다.

이 분을 찾아 6000리, 7개월의 행군의 귀항처럼 우리는 애국가를 듣고 싶었다.

한 발자국 한 발자국을 옮길 때마다 그 얼마나 갈망했는가. 지금의 이 순간을, 걸어온 중국의 벌판과 산길과 눈길 속에 뿌린 우리들의 땀과 한숨과 갈망이 들꽃으로 가득히 대륙에 피어나고, 그 들꽃에서 일제히 합창의 환영곡이 들려오는 듯한 환상의 곡 속에서 김구 선생을 맞았다.

근엄한 모습이, 잠시의 침묵을 썰물처럼 걷어내고, 이윽고 말문을 열었다.

백발이 성성한 노인들이 기특하다는 표정으로 우리를 두루 살피고 있었다.

김구 선생의 말씀은 의외로 간단하였다. 우리들의 노고에 대한 치하였다. 쩌렁쩌렁 심금을 울리는 훈시라면 가슴이 좀 후련했을는지도 모른다. 우리들 가슴을 좀 갈기갈기 찢어 놓든가 또는 파헤쳐 놓는 격려사라면 또 모른다.

김구 선생에 대한, 아니 민족의 지도자에 대한 기대는, 어색하게 충족되었다.

젊은 청년의 기대와, 해외 망명생활 삼십 년의 풍상을 겪은 지도자의 여유는 일치할 수 없는 것이었다. 아니 피곤한 우리를 보살피는 어버이의 심정이 그 여유 속에 담겨 있기에 간단히 끝맺었으리라. 고국을 떠난 지 삼십 년만에 만나보는 싱싱한 젊은이들, 얼마 전에 그리운 고국의 품에서 빠져나온 청년들에게 줄 감회가 어찌 김구 선

생의 가슴 속에 고이지 아니하였겠는가. (후략)

이날 저녁 임시정부 청사에서 이들에 대한 환영식이 열렸다. 백범을 비롯하여 임정 요인들이 사지를 헤치고 나온 젊은 용사들의 장거를 축하해 주었다. 백범은 환영사를 하였다.

조국 대한의 아들인 여러분! 여러분을 맞는 나의 가슴은 새로운 희망으로 가득 찼고 마음 또한 든든하기 짝이 없습니다. 우리는 해외에 나와 있기 때문에 국내 소식을 잘 모릅니다. 그동안 전국민이 아주 일본사람이 다 된 줄 알았는데 그들에 항거하여 용감하게 탈출한 여러분을 보니 고마울 뿐입니다. (중략) "결코 한인은 한인으로서 변하지 않는다. 일본인들은 한인은 모두 일본인이 되고 싶어 원하고 있다고 세계만방에 선전하고 있지만 한인은 어디까지나 한인이다" 하는 좋은 심중을 여러분은 보여 준 것입니다.

강제 징집되어 전선에 배치되었다가 탈출한 학병들의 탈출 경위와 광복군의 참여 소식은 중국 신문은 물론 세계 여러 나라에 알려지고 외국 기자들이 연일 취재하고 사진을 찍어갔다. 이 사건을 계기로 광복군은 연합국의 주목을 받게 되었다.

그러나 학병 출신 젊은이들의 임시정부 요인들에 대한 감격은 쉽게 허물어지고 말았다. 망명지에서 벌이는 파벌 싸움에 그들은 곧 좌절하였다. 장준하는 요인들에게 국내 소식을 보고하는 자리에서 "다시 일본군에 들어가 항공대에 지원하여 임정 청사에 폭탄을 던지고 싶다"라는 '폭탄 발언'을 할 만큼, 당시 임시정부는 무소속까지 7개의 파벌로 극심한 파쟁을 벌이고 있었다.[9]

■■■ 9 장준하,『돌베개』 장준하 선생 10주기 간행위원회 편,『장준하 문집』2, 사상.

광복군 국내 진입 작전 준비

학병 출신 청년들이 광복군에 편입되면서 광복군은 단연 활기를 띠게 되었다.

광복군은 당초 3개 지대로 편제되고 1개 지대를 증편하였지만 3개 지대의 병력은 각기 10명을 넘지 못하였다. 나중에 증편한 5지대만이 100여 명의 대원을 갖고 있었다.

이런 처지에서 젊고 훈련된 학병 출신 50여 명의 합류는 광복군의 대단한 발전이었다. 조선의용대의 편입도 광복군에는 큰 전력의 향상이 되었다. 전력의 향상뿐이 아니었다. 임시정부의 역사적 정통성과 정치적 권위 그리고 연합국의 신뢰에도 크게 기여하게 되었다.

이와 함께 임시정부 직속·직할의 '국군'으로서 광복군의 지위가 명실상부해지면서 초기에는 'Korean Indepen-dence Army'로 표기하던 영문 명칭을 1942년 군사 통일 이후에는 'Korean National Army'로 바꾸어 표기하게 되었다.

백범은 재중국 미군과의 사이에 군사합작 교섭을 벌여 1945년 4월 서안에서 광복군 제2지대(지대장 이범석)와, 부양에서 제3지대(지대장 김학규)가 미군의 전략첩보기구 OSS(Office of Strategic Services)와 합작을 통해 국내 진입 작전을 추진토록 하였다. 이에 앞서 중국군사위원회와는 임시정부가 줄기차게 요구해온 광복군의 독립성을 어느 정도 보장하는 '원조 한국광복군판법'援助韓國光復軍判法을 맺게 되었다. 양국간의 '군사 협정'이 맺어진 것이다. 그동안 임시정부가 줄기차게 요구해온 내용이 부분적으로 반영되었다.

5월 1일부터 시행을 보게 된 이 '판법'에 따라 광복군의 지위가 한국 국군으로서 인정을 받게 되면서 미군과 OSS 합동 훈련과 함께 국내 진입 작전을 수립할 수 있게 되었다. 이 협정으로 중국의 각 포로수용소에 갇혀 있던 한국인 포로를 석방하여 광복군에 편입시켜서 광복군의 전력에 많은 보탬이 되었다. 그러나 광복을 불과 4개월 앞두고 '판법'이 체결되어 광복군의 본격적인 대일전과 국내 진입 작전에는 크게 차질을 가져왔다.

백범은 광복군의 국내 진입 작전을 치밀하게 준비시켰다. OSS의 훈련과 함께 훈련반을 분대별로 조직하여 비행기, 잠수함 등을 통하여 국내에 진입시켜 서울을 위시하여 전국을 통한 각 지구에서 연합군의 상륙 작전에 대비하는 전초 기지를 마련한다는 전략이었다.

OSS 훈련반에게는 1945년 5월부터 3개월 과정의 강훈

련이 실시되었다. 서안에 있던 제2지대와 부양에 있던 제3
지대가 OSS 훈련을 받았다. 훈련을 받은 대원들은 국내 각
지구에 진입할 때 사용할 장비까지 마련하여 이제 출동 시
기를 정하는 것만 남겨두고 있었다.

백범은 8월 8일 총사령 이청천과 선전부장 엄항섭 등을
대동하고 서안으로 가서 중국 지역 OSS 총책임자인 윌리암
도노반William B. Donovan 소장과 호리웰 대령, OSS 훈련책
임자 싸전트Clyde B. Sargent 대위 등과 회담을 갖고, 훈련을
마친 광복군 대원을 한반도에 투입하는 문제 등을 논의하였
다. 회담이 끝나고 도노반 소장은 "금일 금시로부터 아메리
카합중국과 대한민국 임시정부와의 적 일본에 항거하는 비
밀 공작이 시작된다"고 하여 한미간에 공동 작전이 실행된
다는 것을 내외에 선언하였다.

미군 책임자들을 만나고 한국 청년들의 OSS 훈련받는
모습을 지켜보면서 백범은 만감이 교차되었다. 마침내 광복
군이 국내로 진입하여 일제와 싸우고 연합군이 들어올 진지
를 구축하게 된다는 데 대한 감회가 새로웠다.

서안 훈련소와 부양 훈련소에서 훈련받은 우리 청년들
을 조직적 계획적으로 각종 비밀 무기와 전기電器를 휴대
시켜 산동반도에서 미국 잠수함에 태워 본국으로 침입하
게 하여 국내 요소에서 각종 공작을 개시하여 인심을 선동
하게 하고 전신으로 통지하여 무기를 비행기로 운반하여

사용할 것을 미국 육군성과 긴밀히 합작하였다. (『백범일지』)

백범은 OSS 훈련대원들을 제주도를 거점으로 하여 국내에 진입시키겠다는 구상을 갖고 있었다. "미군이 제주도를 해방시켜주면 임시정부가 즉각 미군에 협조하여 제주도로 들어가 전 한국인을 영도하여 미군의 작전을 돕겠다"는 뜻을 중국군사위원회를 통해 미국의 중국전구사령관 웨드마이어Wedmeyer에게 전달하였다. [10]

백범은 두 차례나 직접 웨드마이어를 방문하여 한미 사이의 군사 협력 방안 등을 논의하였다. 4월 17일 외무부장 조소앙과 통역을 대동하고 중국전구사령부를 방문한 데 이어 5월 1일 두 번째로 전구사령부를 찾아 참모장 그로스와 만나 미군의 제주도 점령 문제 등을 논의하고 이런 뜻을 담은 서한을 웨드마이어에게 전달해 줄 것을 요청하였다.

제주도는 일본 본토를 공격하기 위한 기지로서, 또 한반도로 진입할 수 있는 교두보로서 중요한 지점이기에 백범은 한국 OSS 대원들을 제주도에 진입시키고자 외교적 노력을 기울였다. 그러나 이 전략은 일제가 갑자기 항복하는 바람에 성사되지 못하였다.

---

[10] 백범김구선생전집 편찬위원회 편, 『白凡金九全集』 제5권, 대한매일신보사.

서안에서 일제 항복 소식 들어

　　광복군이 크게 증강되고 OSS 합동 훈련을 받은 대원들이 국내 진입 훈련을 마치고 출동 시기를 기다리고 있었다. 이러는 사이에 전세는 하루가 다르게 일제의 패망을 재촉하고 있었다.

　　1945년 2월 26일 미군 전투기가 처음으로 일본 본토를 폭격한 이래 2월 29일에는 전략적 요충지 이오 섬을 점령하고, 4월에는 일제의 남방 방어선 오키나와에 상륙하여 완강히 저항하는 일본군을 섬멸하였다. 5월부터 적도 동경을 비롯하여 대도시에 대한 폭격이 개시되면서 일본의 패망은 시간 문제로 다가왔다. 유럽 전선에서도 연합군이 승승장구하여 5월 7일 독일이 무조건 항복하여 제2차 세계대전은 종전으로 치닫고 있었다. 8월 6일에는 미군이 일본 히로시마에 원자탄을 투하하고, 같은 날 소련은 대일 참전을 선언하면서 만주와 북한 방면으로 진공進攻을 개시하였다. 연합국이

7월 26일 일제에 항복을 권고하고 8월 9일 미군이 다시 일본 나가사키에 원자탄을 투하하면서 무조건 항복을 촉구하였다. 백범은 이와 같은 긴박한 전세를 자세히 알지 못한 채 OSS 훈련 대원들을 격려하고 미군 측과 한국 진입 작전을 협의한 후 서안에서 머물고 있었다.

백범이 서안에 체류할 때 서안시 정부는 그를 각별히 접대하였다. 성 주석 축소주祝紹周와는 막역한 사이라 그의 초청으로 사저에서 저녁을 하기로 하고, 먼저 성 당부省黨部에서 베푼 환영 만찬에 참석하였다. 서안 부인회에서는 특별히 연극을 준비하고 지방 신문에서는 환영회의 초청장을 보내왔다. 그러는 사이 마침내 1945년 8월 10일의 날이 밝았다. 이 날의 정경을 직접 백범의 육성으로 들어보자.

그날은 우리 동포 김종만 씨 댁에서 유숙하였다. 다음 날 서안의 명소를 대강 관람하고 축祝 주석 사랑에서 저녁을 마친 후, 날씨가 매우 더울 때이므로 객실에서 수박을 먹으며 담화하던 중 홀연 전화소리가 울렸다. 축 주석은 놀라는 듯 자리에서 일어나 "중경에서 무슨 소식이 있는 듯하다"며 전화실로 급히 들어가더니, 뒤이어 나오며, "왜적이 항복한답니다"고 하였다.

이 소식은 내게 희소식이라기보다는 하늘이 무너지고 땅이 꺼지는 일이었다. 수년 동안 애를 써서 참전을 준비한 것도 모두 허사로 돌아가고 말았다. 서안 훈련소와 부양 훈련소에서 훈련받은 우리 청년들을 조직적, 계획적으로 각종 비밀 무기와 전기를 휴대시켜 산동반도에서 미군 잠수함에 태워 본국으로 침입하게 하여 국내 요소에서 각종 공작을 개시하여 인심을 선동하게 하고, 전신으로 통지하여 무기를 비행기로 운반하여 사용할 것을 미국 육군성과 긴밀히 합작하였다. 그런데 그러한 계획을 한 번 실시해 보지도 못하고 왜적이 항복하였으니, 지금까지 들인 정성이 아깝고 다가올 일이 걱정되었다. (『백범일지』)

중국 당나라 중엽의 시인 가도賈島의 글에 '검객'劍客이란 시가 있다. 이때 백범의 심경이 이러했지 않을까.

十年磨一劍
霜刀未曾時
今日把賄君
誰有不平事
십 년을 한 칼로 갈아
서릿발 같은 칼날 써보지도 못 하였네
오늘 그것을 당신에게 드리노니
누가 있어 바르지 못한 일을 할 수 있으랴.

제 **13** 장

망명 27년 만에 개인 자격으로 환국

복국을 위한 당면 정책 제시

오늘과 내일과 그 다음날도 나는 내 길을 가야 하겠
다. (누가 13:31-33)

해방의 소식을 들은 백범은 서안에서 준비하고 있던 모
든 환영 행사를 사양하고 중경으로 돌아왔다. 서안으로 갈
때는 미국 군용기를 이용하였으나 중경으로 돌아올 때는 질
서가 문란하여 군용기를 타지 못하고 여객기로 귀환하였다.
중경의 사회는 어느새 전쟁 중의 긴장된 분위기가 돌변
하여 혼란한 상태에 빠져 있었고, 한인 사회는 향후 방향을
찾지 못하고 있는 형편이었다. 임시정부는 그 사이 의정원
회의를 열어 임시정부 입국 문제를 논의하였다. 회의에서는
국무위원 총사직, 임시정부 해체 등 논의가 정파 간에 분분
하여, 주석이 돌아올 때까지 휴회하고 기다리고 있었다. 8
월 21일 서안에서 돌아온 백범은 의정원회의에 참석하여 임

시정부 해산은 천만부당하고 국무위원 총사직도 불가하다면서, 임시정부가 서울에 들어가 전체 국민에게 정부를 바치고 난 뒤 국무위원이 총사직하는 것이 옳다고 주장하여 그대로 결정되었다.

의정원회의는 환국 후의 정국 수습 방안 '14개조 원칙'을 마련하여 주석 명의로 발표하고, 임시정부의 환국을 준비하였다. 이에 따라 중국전구사령관 웨드마이어 장군에게 귀국 후 국내 치안 유지는 임시정부에 맡길 것과 미군정은 임시정부의 정치활동에 대해 간섭하지 말 것 등 4개 조건을 제시하고 회답을 기다렸다. 그러나 미국 측은 미군정이 서울에 있으니 임시정부는 개인 자격으로 들어오도록 통보하였을 뿐이다.

미국무성은 "북위 38도선 이남의 지역이 미군에 의해 군정을 받고 있다는 사실을 인정하며, 군정이 끝날 때까지 정부로서 행사하지 않으며 군정 당국의 법과 규칙을 준수할 것에 동의한다"라는 서약서를 백범과 임시정부 측이 받아들일 것을 일방적으로 통보하였다.

백범이 중경으로 돌아온 후 서안에서는 8월 18일 이범석, 장준하 등 4~5명과 미군 몇 명이 선발대로 미군 비행기를 타고 여의도에 도착하였으나 일본 군대와 대치하다 임무를 완수하지 못하고 서안으로 돌아왔다. 일본군들이 상부의 지시가 없다는 이유로 이들의 활동을 차단했던 것이다.

임시정부는 미국 측의 임시정부 불인정, 개인 자격 귀국의 소식이 전해지면서 큰 충격에 빠졌다. 개인 자격으로의 귀국을 반대하는 요인 중에는 걸어서 만주를 거쳐서라도 임시정부의 간판을 들러 메고 가자고 주장하는 사람도 있었다. 미국이 임시정부를 개인 자격으로 귀국할 것을 결정함으로써 해방 정국에서 한국의 정치 풍향이 바뀌고, 임시정부의 역할이 크게 위축되었다. 또 이 문제로 인해 임시정부의 환국이 여러 날 늦어지게 되었다.

귀국이 결정되면서 백범은 가죽상자 8개를 구하여 정부 문서를 수습케 하고 중경의 500여 명 교포의 선후 문제와, 임시정부가 중경을 출발한 이후 중국 정부와 연락 관계를 갖기 위해 주화대표단駐華代表團을 설치하고 단장에 박찬익, 각 부에 민필호閔弼鎬, 이광李光, 이상만李象萬, 김은충金恩忠 등을 선임하였다.

백범은 중경을 떠나기 앞서 화상산에 있는 모친 묘소와 아들 인의 묘소를 찾아가 준비해 간 꽃을 바치고 축문을 읽은 후 묘지기를 불러 돈을 후하게 주며 분묘 관리를 부탁하였다.

중경을 떠날 무렵 중국 공산당본부에서 주은래, 동필무 등이 임시정부 국무위원 전원을 초청하여 송별연을 열어주고, 국민당 정부에서도 장개석 주석을 비롯하여 중앙 정부와 중앙당부 각계 명망가 수백 인이 모여 송별연을 열었다. 국민당 주최의 송별연에는 장개석 주석과 송미령宋美齡 여사가 "장래 중한의 영구 행복을 도모하자"고 연설하였고 백범의 답사가 있었다.

장개석 주석의 백범에 대한 환송은 각별하였다. 백범과

장개석은 오랜 세월 동안 항일 전선의 두 맹주로서 우의를 맺어왔다. 임시정부가 중국에서 활동하고 광복군이 자리잡을 수 있었던 것은 장 주석의 도움에 힘입은 바 컸다. 한국의 독립을 최초로 보장한 카이로 선언도 장 주석의 리더십에서 기인하였다. 미국의 임시정부에 대한 냉대는 따지고 보면 해방 후 한국에 대한 중국의 역할을 경계하고자 한 측면도 있다.

임시정부가 귀국 준비를 서두르고 있을 때인 9월 2일 일본은 정식으로 연합국에 항복 문서를 조인하였다. 백범은 대한민국을 대표하여 국내외에 해방의 기쁨을 표시하고, 임시정부의 과도적 노선을 천명하는 역사적 문서를 발표하였다.[1]

국내외 동포에 고함.

친애하는 국내외 동포 자매 형제여! 파시스트 강도의 최후의 누벽壘壁을 고수하던 일본 제국주의자는 9월 2일에 항서降書에 서명하였다.

일본 제국주의자의 패망으로 인하여 거세舉世가 기뻐 뛰는 중에 있어서, 조국의 해방을 안전에 목도하면서 3천만 한국 민족이 흔희작약欣喜雀躍 하는 중에 있어서, 본 정부가 근 30년간에 주야로 그리던 조국을 향하여 전진하려는 전석前夕에 있어서, 일찍이 조국의 독립을 완성하

1 『매일신보』, 1945. 11. 9.

기 위하여 본 정부를 애호하고 독려하던 절대다수의 동포와 또 이것을 위하여 본 정부와 유리전전하면서 공동분투하던 동포 앞에 본 정부의 포부를 고하려 할 때에 본 주석은 비상한 감분을 금하지 못하는 바이다. (중략)

그러므로 우리가 조국의 독립을 안전에 전망하고 있는 이때 있어서는 마땅히 먼저 선열의 업적을 추상하여 만강의 경의를 올릴 것이며, 맹군의 위업을 선양하여 열렬한 사의를 표할 것이다.

우리가 처한 현 단계는 건국 강령에 명시한 바와 같이 건국의 시기로 들어가려 하는 과도적 단계이다. 다시 말해서 복국復國의 임무를 아직 완전히 끝내지 못하고 건국의 초기가 개시되려는 단계이다. 그러므로 현재 우리의 임무는 번다하고 복잡하며 우리의 책임은 중요한 것이다. 따라서 우리가 우리 조국의 독립을 완성함에는 우리의 일언일구와 일거수일투족이 모두 다 영향을 주는 것을 명백하게 인식하고, 매사에 임할 때에 먼저 치밀하게 분석하여 명확한 판단을 내리고 명확한 판단 위에서 용기 있게 처리하여야 한다.

본 정부는 이때 당면 정책을 여좌如左히 제정하여 반포하였다. 이것으로써 현 단계에 처한 본 정부의 포부를 중외에 천명하고자 함이며, 이것으로써 전진노선의 지침을 삼고자 함이다. 또한 이것으로써 동포 여러분의 당면 노선의 지침까지 삼으려 하는 것이다. (중략)

〈임시정부의 당면 정책〉

1. 본 임시정부는 최속 기간 내에 곧 입국할 것.

2. 우리 민족의 해방과 독립을 위하여 혈전한 중·미·소·영 등 우방 민족으로 더불어 절실히 제휴하고, 연합국 헌장에 의하여 세계일가의 안전과 평화를 실현함에 협조할 것.

3. 연합국 중의 중요 국가인 중·미·소·영·불 등 5개국에 향하여 먼저 우호 협정을 체결하고 외교도경外交途徑을 전개할 것.

4. 맹군盟軍 주재 기간에 필요한 사의事宜를 적극 협조할 것.

5. 평화회의 및 각종 국제 집회에 참가하여 한국의 응유應有한 발언권을 행사할 것.

6. 국외 임무의 결속과 국내 임무의 전개가 서로 접속됨에 필수한 과도조치를 집행하되, 전국적 보선普選에 의한 정식정권이 수립되기까지의 국내 과도정권을 수립하기 위하여 각 계층, 각 혁명당파, 각 종교집단, 각 지방대표의 저명한 각 민주영수회의를 소집하도록 적극 노력할 것.

7. 국내 과도정권이 수립된 즉시 본 정부의 임무는 완료된 것으로 인정하고 본 정부의 일체 직능 및 소유 물건은 과도정권에게 교환할 것.

8. 국내에서 건립된 정식정권은 반드시 독립국가·민주정부·균등사회를 원칙으로 한 신헌장에 의하여 조직

할 것.

9. 국내의 과도정권이 성립되기 전에는 국내 일체 질
서와 대외일체 관계를 본 정부원책政府員責 유지할 것.

10. 교포의 안전 및 귀국과 국내외에 거주하는 동포
의 구제를 신속 처리할 것.

11. 적의 일체 법령의 무효와 신법령의 유효를 선포
하는 동시에 적의 통치하에 발생된 일체 벌범罰犯을 사면
할 것.

12. 적산을 몰수하고 철교撤僑를 처리하되 맹군과 협
상 진행할 것.

13. 적군에게 피박출전被迫出戰한 한적 군인을 국군으
로 편입하되 맹군과 협상 진행할 것.

14. 독립운동을 방해한 자와 매국적에 대해서는 공개
적으로 막중히 처분할 것.

이것은 임시정부와 백범이 생각하고 있는 당면 정책이고
복국의 비전이었다. 그러나 임시정부가 '개인 자격'으로 입
국하게 되면서 이와 같은 당면 정책과 비전은 대부분 무산
되고 말았다.

해방 3개월 후 쓸쓸한 환국

백범과 임시정부 요인들은 11월 5일 중국 정부가 내준 비행기를 타고 5시간 만에 상해에 도착하였다. 7년간의 중경 생활을 마치고 임시정부가 처음 태어난 본거지에 해방의 기쁨을 안고 돌아온 백범에게 상해는 제2의 고국과도 같은 곳이었다. 감격스럽기 그지없었다.

상해에 도착한 것은 그날 오후 6시였다. 비행장에는 환영 동포 6000여 명이 아침부터 그때까지 도열하여 백범 일행이 오기를 기다리고 있었다. 비행기가 착륙한 곳은 홍구 신공원이었다. 13년 전 윤봉길 의사가 왜적 시라카와白川 등을 폭살한 바로 그 장소였다. 백범은 일제가 그곳을 기념하기 위하여 군사 훈련 장교들의 지휘대로 사용하였다는 사실을 듣고 또 한번 만감이 교차함을 느꼈다. 그때 백범을 수행하여 상해에 온 장준하는 다음과 같이 썼다.[2]

상해 홍구공원에는 6, 7천을 헤아리는 교포들이 공원 광장을 메웠다. 환영식이었다. 김구 선생이 단에 오르자 교포들은 만세를 외치고 또 외쳤다. 백범 김구가 올라선 그 단은 바로 그 자신이 윤봉길 의사를 시켜 일본 시라카 와 요시노리 일행에게 폭탄을 던지게 한 그 자리였기에 그 만세 소리는 더욱 우리들 가슴을 뒤집어 놓았다.

"정말 역사가 바뀌어 저 어른이 저 단에 서셨구나" 하 는 생각은 뜨거운 감회가 아닐 수 없었다. 그치지 않던 만세소리는 그날 그때 그 자리에서 흐느끼는 감격으로 계속 연결되어, 모두들 울어버리고 말았던 것이다. 김구 선생도 목이 메어 그 말씀을 몇 번이나 끊고 끊었다. 그 동안 갖가지 고생과 모진 괴로움이 이날 그 뜻있는 모임 에서 울음으로 터진 것이었으리라.

상해에서 백범은 혹독한 일제의 압박 속에서도 끝가지 민족혼을 지키며 어렵게 살아온 선우혁鮮于爀, 장덕로張德櫓, 서병호徐炳浩, 한진교韓鎭敎, 조봉길曹奉吉, 이용환李龍煥, 하상 린河相麟, 한백원韓栢源, 원우관元宇觀 등 10여 명의 동포들을 위해 서병호의 집에서 만찬회를 열어 그들의 지조와 조국애 를 격려하였다.

안중근 의사의 아들 안준생安俊生이 중간에 사람을 넣어 몇 차례 백범을 면담하고자 하였다. 안준생은 고국에 돌아와 이 토 히로부미 후손에게 부친의 죄를 사죄하고 조선총독 미나미지로南次郞에게 애비라고 부르는 등 망나니짓을 한 것으로 알려져, 백범은 면담을 단호히 거부하였다. 오히려 중국 관헌에게 "민족반역자로 변절한 안준생을 체포하여 교수형에 처하라"[3]고 부탁하였으나 중국 관헌들은 이를 실행하지 않았다.

백범은 귀국을 앞두고 프랑스 조계 공동묘지를 찾았다. 부인의 묘지는 10여 년 전에 이장되어 그곳은 분묘의 흔적조차 없었다. 새로 이장한 묘지를 찾아 분향하면서 어려웠던 상해 시절을 되새겼다.

귀국 날이 하루하루 늦어졌다. 미국이 마련해 주기로 한 비행기편이 지연된 까닭이었다. 상해에서 듣는 고국의 소식은 미·소의 한반도 분할 점령이라는 어두운 뉴스였다. 백범이 우려하던 그대로였다. 상해에 머문 지 18일 만인 11월 23일 미군 수송기편으로 환국이 결정되었다. 이날 오후 1시 백범 일행을 태운 미군 C-47 중형 수송기가 상해 비행장을 이륙하였다. 다시 장준하의 기록이다.[4]

환국 제일진의 일행 전원이 모두 자리를 잡고 앉았다. 기내가 갑자기 조용해지는 듯했다. 숙연한 분위기 속에 누구의 기침 소리가 이 적막을 마지못해 깨곤 하였다. 꿈을 꾸고 있는 것은 아닐까. 허벅지를 꼬집어보았다.

━━ 2 장준하, 『돌베개』 장준하 선생 10주기 간행위원회 편, 『장준하 문집』2, 사상.
━━ 3 도진순 주해, 『백범일지』, 돌베개.
━━ 4 장준하, 『돌베개』 장준하 선생 10주기 간행위원회 편, 『장준하 문집』2, 사상

"벨트를 다 매주시오."

미공군의 한 하사관이 어떤 한 분의 국방색 허리띠를 매어 주면서 우리 일행에게 알려주었다. 담담한 심정으로 허리띠의 고리를 걸었다. 눈을 무겁게 감았다. (중략) 노혁명 투사의 안면에서도 무엇인가 말로 형언할 수 없는 긴장이 흐르고 있었다. (중략)

"아, 떠난다."

누군가 이렇게 감격의 소리를 질렀다. 저만치 옆으로 몇 자리 건너 앉으신 백범 선생도 감았던 눈을 뜨셨다. 일행은 또 한 번 대화 없는 무언의 결의를 나눈 것이다. 이제 그 몽매에도 잊지 못하는 고국으로 날아간다.

"나는 불과 이 년이지만, 이삼십 년을 나라 밖에서 투쟁하던 혁명가들이 이제 고국의 품으로 안기려 움직이기 시작한다."(중략)

"광복 강토로 날아가는 하나의 정부와 그 정신이 이제 바다를 건너고 있다" 하는 뿌듯한 자부심이 벅차게 가슴속에 담긴 감회를 포화 상태로 만들었다. 나는 천천히 이 날아가는 하나의 정부를 살폈다.

김구 주석, 김규식 부주석, 이시영 국무위원, 김상덕 문화부장, 유동열 참모총장, 엄항섭 선전부장 등의 정부 요인들과 김규식 박사의 아들이며 비서일을 보던 김진동 金鎭東씨, 그리고 주석의 시종의무관인 유진동 박사, 수행원으로는 나, 이영길李永吉, 백정갑白正甲, 윤경빈, 선우진

鮮于鎭, 민영완閔泳琬, 안미생安美生 이렇게 15명이 모두 우리 일행이었다. (중략)

수송기의 쾌음이 상쾌하게 들리고 바다 물빛이 변화하면서 기체가 흔들렸다. 시간은 어느새 세 시가 가까워졌다. 그러나 이 격정의 시간 3시간에 말 한마디 없이 황해를 나는 우리들의 회포는 그대로 사그라질 수만은 없는 것이었다. 그때 누군가 크지 않은 소리로 외마디를 외쳤다.

"아 … 아, 보인다, 한국이!"

보인다, 한국이? 모두들 옹색한 기창으로 쏠렸다. 손바닥만한 셀룰로이드 기창 밖으로 아련히 트인 초겨울의 황해가 푸른 잠을 자고 있었고, 그 광활한 푸르름 아래 거뭇거뭇한 섬들이 나타나기 시작하였다.

"아, 조국의 땅이 우리를 맞으러 온다. 우리를 마중하러." 나는 이렇게 소리치고 싶었다. (중략)

기체 안에는 애국가가 합창되었고, 목이 멘 것을 느낀 순간부터 나도 그 애국가를 나도 모르게 따라 부르고 있었다. 가슴은 끓고 눈은 흐려졌으며, 귀는 멍멍했다. 누가 먼저 애국가를 부르기 시작했으며, 나의 귀는 어떻게 애국가를 들은 것인가. (중략)

노래를 부르는 입모양인지, 울음을 억누르는 모습인지, 분간할 수 없는 표정으로 발음을 못하고 입술을 깨무는 노혁명가의 감격. 감상을 내어 버린 지 오래고 울음을 잊어 버린 지 이미 옛날인 강인한 백범 선생, 그의 두꺼운 안경알에도 뽀오얀 김이 서리고 그 밑으로 두 줄기 눈물이 주르르 번져 내린다.

"조국을 찾고 눈물도 찾으셨구나."

나는 마치 한 소년처럼 여울지는 가슴을 느끼며 어깨를 두 팔로 감싸안았다. 그러나 김구 선생은 눈물지는 눈을 지그시 감은 채 뒤에 기대고 있을 뿐, 눈물을 닦으려 하시지도 아니했고, 입을 비죽거리지도 않았으며, 고개를 숙이지도 않았다. 하나의 거대한 돌부처처럼, 우는 돌부처처럼, 그런 모습으로 주먹을 쥐어 무릎 위에 얹은 채 새로운 앞일을 감당하고 있었다. (중략)

인천이 발 아래로 깔리고 우리는 김포의 활주로를 돌고 있었다. 정각 4시. (중략) 이제 조국에 돌아왔다. 곧 땅을 밟고 그리운 동포의 그 표정을 보리라. (중략) 김구 주석이 앞서고 그 뒤를 따라 엉거주춤하고 서 있었다.

미공군 하사관이 기체의 문을 열어 제쳤다. (중략) 시야에 들어온 것은 벌판뿐이었다. 일행이 한 사람씩 내렸을 때 우리를 맞이한 것은 미국 '지아이G·I'들 뿐이었다. 우리의 예상은 완전히 깨어지고 동포의 반가운 모습은 허공에 모두 사라져 버렸다. 조국의 11월 바람은 퍽 쌀쌀하였고, 하늘도 청명하지가 않았다.

백범과 임시정부 요인, 수행원들은 이렇게 국민이 모르는 사이 공항에 도착하여 미군의 밀폐된 장갑차에 분승되어 김포 비행장을 빠져 나와 오후 5시가 조금 지나 서대문 경교장京橋莊으로 들어섰다. '임시정부 환영준비위원회'도 환국 사실을 모르고 있었다.

미군정 당국은 백범의 환국을 냉대하였다. 해방이 되고 3개월이 지난 후에야 비행기를 보낸 것도 그렇거니와 환국 일과 시간을 국민에게 밝히지 않은 것도 그러하다. 이승만은 10월 16일 미국 태평양 방면 육군총사령관 맥아더Douglas MacArther가 주선한 비행기를 타고 동경을 경유해 서울에 도착하였다. 미 육군 남조선주둔군 사령관으로 임명된 존 하지J. R. Hodge 중장이 이승만이 동경에 도착했을 때 그를 만나러 동경까지 가서 맥아더 장군과 3인 회담을 가진 데 이어 대대적인 귀국환영대회를 연 것과는 크게 비교가 되었다.

이승만은 중국에 있는 백범이 장개석의 지원을 받아 자기보다 먼저 서울에 와서 정치기반을 닦는 것이 아닌가 하고 불안을 느낀 나머지 누구보다도 먼저 귀국했던 것이다.[5]

백범은 해방 3개월이 지난 후에야 쓸쓸하게 환국하였다. 그는 당시의 심경을 이렇게 썼다.

상해 출발 3시간 만에 김포 비행장에 착륙하였다. 착륙 즉시 눈앞에 보이는 두 가지 감격이 있으니, 기쁨이 그 하나요, 슬픔도 그 하나이다. 내가 해외에 있을 때 우

▄▄▄ **5** 임건언, 『한국현대사』, 최현 옮김, 삼민사.

리 후손들이 왜정의 박정에 주름을 펴지 못하리라 우려
하였던 바와는 딴판으로, 책보를 메고 길에 줄지어 돌아
가는 학생의 활달 명랑한 기상을 보니 우리 민족 장래가
유망시되었다. 이것이 기쁨의 하나이다. 반면 차창으로
내다보이는 동포의 사는 가옥을 보니, 빈틈없이 이어져
집이 땅같이 낮게 붙어 있었다. 동포들의 생활 수준이 저
만치 저열하다는 것을 짐작한 것이 유감의 하나였다. 동
포들이 여러 날 우리를 환영하려고 모였더라는데, 비행
기 도착시일이 분명히 알려지지 못하여 이날에는 우리를
맞아주는 동포가 많지 못하였다. 늙은 몸을 자동차에 의
지하고 서울에 들어오니 의구한 산천이 반갑게 나를 맞
아주었다. (『백범일지』)

경교장에 숙소 정하고 건국 준비

백범 일행이 서대문 경교장에 도착한 것은 오후 5시가 조금 지나서였다. 미군 장갑차는 일행을 경교장에 내려놓고 곧 철수해버렸다. 임시정부 환영준비위원회는 기업인 최창학崔昌學의 집 죽첨장竹添莊과 충무로에 있는 한미호텔을 백범과 요인들의 숙소로 마련하였다. 백범은 환국 이후 줄곧 경교장에서 머물다가 이곳에서 암살되었다.

최창학은 1939년 금광으로 돈을 벌어 1584평의 대지에 지하 1층, 지상 2층의 265평의 저택을 지어 일본식 이름으로 죽첨장이라 불렀다. 해방 후 이 집을 주석의 거처로 제공한 것을 백범이 근처에 있는 개울 이름을 따서 경교장으로 개명하였다. 백범 암살 후 다시 최창학에게 반환되었다가 현재 삼성재단에서 매입하여 강북삼성병원 본관으로 사용되고 있다. 2001년 4월 6일 서울 유형문화재 제129호로 지정되었다.

미군정청 공보과는 6시경 백범 일행이 서울에 도착하였

다는 하지 중장의 성명을 라디오 방송으로 발표하였다. "오늘 오후 김구 선생 일행 15명이 서울에 도착하였다. 오랫동안 망명하였던 애국자 김구 선생은 개인 자격으로 서울에 돌아온 것이다"라는 간단한 공식 발표문이었다. '개인 자격'을 유난히 강조한 내용이다.

이승만 박사가 경교장으로 백범을 찾아왔다. 두 사람은 1920년 상해에서 만나고 헤어진 이후 25년 만에 만난 재회였다. 이승만은 백범이 환국하기 며칠 전 서울중앙방송을 통해 "나는 임시정부의 한 사람이다. 임시정부가 들어와서 정식 타협이 있기 전에는 아무런 데도 관여할 수 없다. … 며칠 안 되서 그들이 귀국하게 되면 전 국민이 대환영할 줄 믿는다"라고 말한 적이 있었다.

백범 일행의 환국 소식이 전해지면서 시내 도처에 환영하는 벽보가 나붙고 환영 인사들이 경교장으로 몰려들었다. 취재 기자들도 찾아왔다. 백범은 엄항섭을 통해 귀국 성명을 발표하였다.

27년간 꿈에도 잊지 못하던 조국 강산을 다시 밟을 때 나의 흥분되는 정서는 형용해서 말할 수 없습니다.

나는 먼저 경건한 마음으로 우리 조국의 독립을 전취하기 위하여 희생하신 유명무명의 무수한 선열과 아울러 우리 조국의 해방을 위하여 피를 흘린 허다한 연합군 용사들에게 조의를 표합니다.

다음으로는 충성을 다하여 3천만 부모 형제자매와 우리나라에 주둔하고 있는 미소 등 우방군에게 위로의 뜻을 보냅니다.

나와 나의 동사同事들은 과거 20~30년간을 중국의 원조 하에서 생명을 보지하고 우리의 공작을 전개하여 왔습니다.

더욱이 금번에 귀국하는 데에 중국의 장개석 총통 이하 각층 각계의 덕택을 입었습니다. 그러므로 나와 동사는 중미 양국에 대하여 최대한 경의를 표하는 바입니다. 또 우리 조국의 북부를 해방하여 준 소련에 대하여도 동량同量의 경의를 표하는 바입니다.

금번 전쟁은 민주를 옹호하기 위하여 파시스트를 타도하는 전쟁이었습니다. 그런데 이 전쟁에 승리를 얻은 원인은 연합이라는 약속을 통하여 호상단결 협조함에 있었습니다. 그러므로 금번 전쟁을 영도하였으며, 따라서 큰 공을 세운 미국으로도 승리의 공로를 독점하려 하지 않고 연합국 전체에 돌리고 있는 것입니다. 우리는 미국의 겸허한 미덕을 찬양하거니와 동심육력한 연합국에 대하여도 일치하게 사의를 가지고 있습니다.

그들의 작품은 다 우리에게 주는 큰 교훈이라고 확신합니다. 나와 나의 동사는 각각 일개의 시민으로서 입국하였습니다. 동포 여러분의 부탁을 맡아가지고 27년간을 노력하다가 결국 이와 같이 여러분과 대면하게 되니,

대단히 죄송합니다. 그러나 여러분은 나에게 벌을 주시지 아니하고 도리어 열렬하게 환영하여 주시니 감격한 눈물이 흐를 뿐입니다.

나와 나의 동사는 오직 완전 통일된 독립자주의 국가를 완수하기 위하여 여생을 바칠 결심을 가지고 귀국하였습니다.

여러분은 조금이라도 가림 없이 심부름을 시켜 주시기 간절히 바랍니다.

조국의 통일과 독립을 위하여 유익한 일이라면, 불 속이나 물 속이라도 들어가겠습니다. 그러나 우리는 미국과 또 소련의 도움으로 말미암아 북쪽의 동포도 기쁘게 대면할 것을 확신합니다.

여러분, 우리와 함께 이 날을 기다립시다. 그리고 완전히 독립 자주하는 통일된 신민주국가를 건설하기 위하여 공동 분투합시다.

경교장에서 첫 밤을 지낸 백범은 다음날부터 찾아오는 인사들을 맞기에 쉴 틈이 없었다. 송진우宋鎭禹, 정인보鄭寅普, 김병로金炳魯, 안재홍安在鴻, 권동진權東鎭, 김창숙金昌淑 등이 찾아오고 유명무명의 인사가 인산인해를 이루었다.

귀국 후 첫 기자회견을 가졌다. 환국 첫 밤을 지낸 감상을 묻는 질문에 "내가 혼이 왔는지 육체가 왔는지 분간할 수 없는 심경"이라 말하고, '개인 자격 환국'과 관련해서는 "군정이 실시되고 있는 관계로 대외적으로는 개인 자격이 된 것이나 우리나라 사람 입장으로 보면 임시정부가 환국한 것이다"라고 밝혔다.

미군정 당국은 백범의 목소리를 직접 듣고자 하는 국민의 여론을 외면할 수 없어서였는지 이날 저녁 백범의 육성 방송을 허락하였다. 그러나 단서가 붙었다. 2분 이내라는 조건이었다.

친애하는 동포 여러분!

27년간이나 꿈에서도 잊지 못하고 있던 조국강산에 발을 들여놓게 되어 감개무량합니다.

나는 지난 5일 중경을 떠나 상해로 와서 22일까지 머물다가 23일 상해를 떠나 당일 서울에 도착하였습니다. 나와 나의 각원閣員 일동은 한갓 평민의 자격을 갖고 들어왔습니다. 앞으로는 여러분과 같이 우리의 독립 완성을 위하여 진력하겠습니다.

앞으로 전국 동포가 하나가 되어 우리의 국가 독립의 시간을 최소한도로 단축시킵시다.

앞으로 여러분과 접촉할 시간도 많을 것이고 말할 기회도 많겠기에 오늘은 다만 나와 나의 동사일동同事一同이 무사히 이곳에 도착하였다는 소식을 전합니다.

백범은 25일 일요일 정동 예배당에서 첫 귀국 예배를 드

린 다음날부터 촌분의 휴식도 없이 활동에 나섰다. 미군정
청 회의실에서 내외 기자단과 회견한 것을 필두로 하지, 이
승만과 3인 요담을 갖고, 별도로 돈암장에서 이승만과 국내
외 정세를 논의하였다. 당시 국내 정치 판도를 대변하는 한
국민주당의 송진우, 한국국민당의 안재홍, 인민당의 여운형
呂運亨, 조선인민공화국의 허헌許憲 등과도 만나 국내 정치
문제를 파악하고 의견을 나누었다.

미군정 수립과 해방 정국의 동요

미국은 일본이 항복한 후에도 20여 일이나 지난 1945년 9월 8일 인천을 통해 남한에 상륙하였다. 연합군 총사령부는 이보다 앞서 9월 2일 「일반 명령 제1호」를 발령하여 일본군의 항복 절차를 명시하면서 북위 38도 이남 일본군의 무장해제를 위한 미군의 역할을 밝혔다.

하지 중장이 이끈 미군은 제24사단 소속 4, 6, 7 보병사단 약 7만여 명으로 11월까지 남한 주요 지역에 배치되었다. 9월 7일에 맥아더는 「조선 인민에 고함」이라는 포고 제1호를 발표하여 "북위 38도 이남의 조선 영토와 조선 인민에 대한 통치의 전체 권한은 당분간 본관의 권한에 시행된다"면서 "점령군에 대한 반항 행위나 질서를 교란한 자는 가차 없이 엄벌에 처한다"고 선언하였다.

미군이 진주한 다음날인 9월 9일 진주군 사령관 하지와 조선 총독 아베阿部信行는 항복 조인식을 가졌고, 이로부터 3

년간 미군정이 실시되었다. 미군은 남한에 군정을 선포하면서 아놀드G. A. V. Anold 소장을 군정장관에 임명하였다. 군정 실시에 필요한 준비와 사전 지식을 갖지 못한 채 남한에 진주한 미군은 미군정을 제외한 임시정부와 인민공화국은 물론 어떤 권력 기관도 인정하지 않았다.

미군정은 해방 직후 전국 각지에서 자발적으로 생겨난 인민위원회, 치안대 등 각종 자치기구들을 강제로 해산시켰다. 대신에 일본의 식민지 통치기구가 남한을 효율적으로 다스리는 데 매우 적합하다고 보고, 그 통치기구와 조선인 행정관리들을 그대로 인계받아서 통치하였다. 미군정 당국은 과거의 친일 관료, 경찰, 지주 등 반민족 인사들을 재등용하는 반면에 임시정부와 사회주의 계열 인사들을 배제하였다. 여운형 등이 1944년 8월 10일 일제의 패전을 예견하고 민족 해방을 준비하기 위하여 조직한 '건국동맹'은 8월 14일 조선총독 아베로부터 행정권의 인수 제안을 받고 8월 15일 '건국준비위원회'를 발족하여 활동을 벌이고 있었다. 미군정은 건준도 인정하려 하지 않았다.

임시정부가 환국하기 전의 정치 세력은 크게 둘로 갈라져 있었다. 건준과 일제 치하에서 부일협력자, 타협주의자, 지주 계급으로 구성된 한민당 세력이었다. 한민당은 건준에 도덕적 명분이 밀리게 되면서 '임시정부 봉대론'을 들고 나왔다. 임시정부를 적극 지지하여 임정 중심의 건국 정부를 수립하겠다는 주장이었다. 그러나 임시정부와 한민당은 친일파 처리 문제로 사이가 벌어졌다. 한민당 측 인사들은 상당수가 미군정의 정치 고문으로 들어가면서 반임정의 노선을 분명히 하다가 이승만과 손을 잡았다.

건준은 8월 말까지 전국에 지부격인 인민위원회 145개를 결성하였으며, 9월 6일에는 전국인민대표자대회를 열어 국호를 조선인민공화국이라 결정함과 아울러 이승만 주석, 여운형 부주석, 국무총리 허헌許憲, 내무부장 김구, 외무부장 김규식, 군사부장 김원봉, 재무부장 조만식曺晩植, 사법부장 김병로, 문교부장 김성수金性洙, 체신부장 신익희로 하는 조각 명단을 발표하였다. 그러나 우익 진영에 의해 '벽상조각'壁上組閣이라는 비난을 받고 내부에서 좌익의 영향력이 확대되어 안재홍 등 민족주의자들이 탈퇴하면서 건준 조직은 좌경화로 치달았다.[6]

백범은 각계 정치지도자들을 만나 정국 정세를 논의하는 한편 손병희, 안창호 선생 등의 묘소를 참배하고 임시정부의 환국을 보고하였다. 백범의 환국 소식이 알려지면서 각 정당과 사회단체에서 임시정부를 지지하는 성명이 쏟아져 나오고, 연일 환영대회가 열렸다. 12월 1일에는 서울운동장에서 범국민적인 '임시정부 환국봉영회'가 개최되었다. 경성대학 등 대학과 500여 단체, 일반 시민 등 3만여 인파가 모여 "임시정부 만세!" "김구 선생 만세!"를 외치며 백범의

---

6 김삼웅, 『해방 후 정치사 100장면』, 가람기획.

귀국을 환영하고 정치 노선을 지지하였다.

임시정부 제2진은 12월 2일 군산 비행장에 도착하여 다음날 경교장으로 백범 주석을 찾아왔다. 2진 인사는, 홍진, 조성환, 황학수, 장건상, 김붕준, 성주식, 유림, 김성숙, 조경한, 조완구, 조소앙, 김원봉, 최동오, 신익희 등 임정 요인과 안우생, 이계현, 노능서, 서상열, 윤재현 등 수행원을 합쳐 19명이었다.

제2진이 도착한 것을 계기로 환국 후 처음으로 백범 주제로 경교장에서 임시정부 국무회의가 개최되었다. 주미 외교위원회 위원장의 자격으로 이승만도 참석한 이날 회의는 언론에 대서특필되고 국민의 큰 관심을 모았다.

건준이 탈바꿈하여 조직된 인민공화국은 임시정부 측에 두 정부를 해체하고 반반으로 합작하자는 제의가 있었다. 이에 대해 임정 측은 정부 명칭을 버리고 정당으로 재조직할 것을 요구, 이를 거부하였다.

이승만은 '독립촉성중앙협의회'를 발족하면서 점차 독자 세력을 키워 나갔다. 12월 19일에는 다시 대규모적인 임시정부 개선 환영식이 열렸다. 홍명희의 환영사가 있었고 군정 장관 러치G. A. Lerch가 축사를 하였다. 백범은 답사에서 "남북 조선의 동포가 단결해야 하고 좌파, 우파가 단결해야 하고 남녀노소가 단결해야 한다"라고, 민족적 대단결을 역설하였다.

해방 정국이 좌우로 분열하게 되면서 백범은 분열된 민

족세력을 총집결하기 위한 기구로 특별정치위원회의 구성을 준비하게 되었다.

해방 첫 해의 정국이 정파 간의 분열과 좌우 세력으로 대립되어 갈 때 모스크바 3상회의에서 한국에 대한 신탁통치를 결의했다는 외신 보도가 전해지면서 남한 정국은 거대한 폭풍우에 휩쓸리게 되었다.

반탁운동에 앞장, 미군정의 추방 위기

해방의 감격으로 온 국민이 희망과 기대에 부풀어 있던 12월 27일, 전후 문제를 처리하기 위해 소련의 수도 모스크바에서는 미국의 번즈James F. Byrnes 국무장관, 소련의 몰로토프Vyacheslav M. Molotov 외상, 영국의 베빈 외상이 한국 문제에 대한 4개항에 합의하고 다음날 이를 세 나라 수도에서 동시에 발표키로 하였다. 내용은 다음과 같다.[7]

① 일제 청산과 모든 시설을 취할 임시 조선민주주의 정부를 수립한다.

② 조선 임시정부 구성을 원조할 목적으로 미소 점령군의 대표로 공동위원회를 설치한다. 공동위원회는 조선의 민주주의 정당 및 사회단체와 협의한다.

③ 독립국간의 수립 원조·협력할 방안을 작성함에는 또한 조선 임시정부와 민주주의 단체의 참여 하에 공동

위원회가 수행하되 공동위원회의 제안은 최고 5년 기한으로 4개국 신탁통치의 협략을 작성한다.

④ 2주일 이내에 조선에 주둔한 미소 양군 사령부 대표로써 회의를 소집한다.

모스크바 3상회의는 뜻밖의 내용이었지만, 우리에게 절대적으로 불리한 것만은 아니었다.

③항의 '5년 기한 4개국 신탁통치안'이 제시되었지만, ①항의 '임시 조선민주주의 정부 수립'이나 ②항의 미소 점령군 대표의 '조선의 민주주의 정당 및 사회단체와 협의'가 포함되었기 때문에 한국의 정파, 지도자들이 합의하기에 따라서는 탁치 기간을 줄이고, 통일 정부를 세울 수도 있었던 것이다. 또 모든 민주주의 정당과 사회단체들이 힘을 모아서 미소공동위원회와 협력하면서 합의 내용을 수정·조정할 수도 있었다.

그런데 12월 27일 『동아일보』가 1면 머리 기사에서 '소련은 신탁통치 주장, 미국은 즉시 독립 주장'이란 제목의 외신 보도를 전하면서 국내 정국은 일거에 신탁통치 반대로 바뀌었다.[8] 실제로 소련은 신탁통치를 반대하고 미국은 찬성하였지만 국내에는 이와 반대로 보도되면서 상황이 바뀐 것이

■■■ 7 　김삼웅, 『해방 후 정치사 100장면』, 가람기획.
■■ 8 　김삼웅, 『한국사를 뒤흔든 위서』, 인물과 사상.

다. 즉각적인 자주 독립만을 생각했던 국민에게 신탁통치란 상상할 수도 없는 청천벽력이었다.

이에 대해 백범은 물론 이승만과 한민당, 조선인민당과 조선공산당 등 모든 정치 세력이 한 목소리로 탁치반대로 나왔다.

신탁통치는 미국의 일관된 정책이었다. 소련이 한반도를 단독으로 장악하는 것을 우려하여 신탁통치안을 밀고나갔다. 1943년 10월 루스벨트는 식민지 상태에 있는 한민족을 강대국 보호 하에서 자치 능력을 키워 독립 자격을 갖춘 다음에 독립시킨다는 구상을 스탈린에게 통고하였다. 그 후 테헤란 회담에서 "한국은 독립하기 전에 약 40년간의 훈련을 거쳐야 한다"는 안을 스탈린에게 제의하였다. 1945년 2월 얄타회담에서는 역시 스탈린에게 "미·소·중 3국 대표를 구성해 한국을 신탁통치할 구상"이라면서 그 기간은 "필리핀을 독립시키는 데 30년이 걸렸으나 한국은 20~30년이면 된다"는 구체안을 제시하였다.

미국의 제안을 받은 소련이 3상 회담에서 4개항의 문안으로 정리하여 제출한 것이다. 정치 지도자들과 국민은 잘못된 보도로 소련이 신탁통치를 제안한 반면 미국은 반대한 것으로 알고 격렬한 반탁·반소운동을 벌였다.

백범은 '제2의 독립운동'을 하는 자세로 반탁운동에 나섰다. 경교장에서 이시영과 같이 신탁통치 소식을 전해들은 백범은 급히 야간 국무회의를 소집하고, "전 민족을 건 투쟁

의 길만이 있다"면서 국무회의를 주제하였다. 회의 결과는
다음날 4개항의 조치를 취한다는 성명으로 발표되었다.

내용은 ① 임시정부는 전 국민과 더불어 신탁통치를 반
대하고 ② 즉시 각 정치단체를 소집하여 탁치 반대 투쟁을
벌이며 ③ 중·미·소·영 4개국에 탁치 반대 전문을 보내고 ④
즉시 미·소 군정 당국에 질문하고 우리의 태도를 표명할 것.

백범은 ③항과 관련하여 외무부장 조소앙의 명의로 별도
로 4개국 원수에게 4개항의 결의문을 발송케 하였다.[9]

(1) 민족자결의 원칙을 고수하는 한국 민족의 총의에
절대로 위반된다.

(2) 제2차 세계대전 중 누차 선언한 귀국의 약속에 위
배된다.

(3) 연합국 헌장에 규정한 3국 통치 적용 용례의 어느
항도 한국에 부합되지 않는다.

(4) 한국에 탁치를 실시함은 원동遠東의 안전과 평화
를 파괴한다.

백범은 반탁운동을 효율적으로 전개하기 위하여 '신탁통
치 반대 국민총동원위원회'를 결성하였다. 12월 31일에는 임
시정부가 주도하는 반탁 시위가 눈 덮인 서울운동장에서 성

■■■ 9   동아일보, 『광복 30년 자료집』.

대하게 거행되었다. 좌우익 각 정당, 사회단체, 시민, 학생 등 수만 명이 참여하여 반탁을 외치고, 시가 행진에 들어갔다.

31일에는 내부장 신익희에게 「국자國字」 제1, 2호의 임시정부 포고문을 발령하도록 하였다. 미군정과 정면 대치하는 결단이었다. 「국자」 1호와 2호의 내용은 다음과 같다. [10]

「국자」 제1호

① 현재 전국 행정청 소속의 경찰기구 한국인 직원은 전부 본정부(임시정부) 지휘 하에 예속케 함.

② 탁치 반대의 시위운동은 계통적·질서적으로 할 것.

③ 돌격 행위와 파괴 행위를 절대 금함.

④ 국민의 최저 생활에 필요한 식량, 연료, 수도, 전기, 교통, 금융, 의료기관 등의 확보 운영에 대한 방해를 금함.

⑤ 불량 상인들의 폭리 매점 등은 엄중 취체함.

「국자」 제2호

이 운동은 반드시 우리의 최후 승리를 취득하기까지 계속함이 요要하며 일반 국민은 우리 정부 지도 하에 제반 사업을 부흥하기를 요망한다.

백범의 「국자」 1, 2호 선포는 신탁통치 문제를 계기로 미군정을 상대로 하는 임시정부의 '주권 회복 선언'이었다. 전국의 군정청 소속 경찰과 한국인 직원을 임시정부의 지휘

하에 두겠다는, 독립 선언이었다. 이 포고문이 전국 방방곡곡에 나돌게 되자 독립을 열망하는 국민의 환호와 격려가 쇄도하고, 서울 지역 경찰관 대표들이 경교장을 방문하여 백범 주석에게 앞으로 모든 경찰은 임시정부의 지도 하에서 치안과 국가의 질서 유지에 나서겠다고 결의를 표명하였다. 미군정청의 한인 직원들도 백범의 지휘에 따르겠다는 뜻을 밝히고 총파업을 준비하였다.

하지는 크게 당황하고 있었다. 한국 통치의 전권을 장악하고 있었던 그에게 백범의 행위는 엄청난 도전이었다. 하지는 임시정부가 미군정의 권한을 접수하겠다는 의미로 받아들이면서, 이를 '백범의 쿠데타'로 간주하여, 백범과 그 일행을 인천 소재 전 일본 포로 수용소에 감금했다가 중국으로 추방하려는 계획을 세웠다.

이 같은 미군정의 기도는 조병옥趙炳玉 미군정 경무부장이 애국자들의 국외 추방은 한민족의 민심을 이탈시키는 결과를 초래하게 된다는 만류로 해서 취소되었다.[11] 백범은 하마터면 또 한 번 중국으로 망명할 뻔하였다.

미군정의 백범에 대한 견제는 날이 갈수록 심해졌다. 미국은 순수하고 정열적인 민족주의자 백범을 다루기 어려운 인물로 여겨 견제를 강화하였다. 남한의 반공 기지 건설을

---

10 신창현, 『신익희』, 태극출판사.
11 조병옥, 『나의 회고록』, 어문각.

위해서는 백범과 같은 민족주의자보다 호락호락한 친미파들을 선호하게 되었다.

하지의 정치고문 베닝호프H. W. Benninghoff는 국무장관 애치슨Dean Acheson에게 서신을 보내 "공산주의자들조차 중경의 조직(임시정부)을 부인하지 못하는 상황이므로 김구 세력을 활용하는 것이 미군정에 매우 유리하다"면서, 이를 본국 정부에 주지시켜 줄 것을 요청하였다. 그러나 미국무성은 극동국장 빈센트J. C. Vincent의 "한국인들이 그들의 장래 지도자를 선택하기 위한 의사표시 기회가 주어지기 전에 이루어지는 특정 개인 내지 집단에 대한 지지는 군정이 당면하고 있는 정치적 문제를 더욱 복잡하게 만들 뿐 아니라, 소련 군사령관을 자극하여 자기네 지역(북한)에 유사한 개인 내지 집단을 후원케 함으로써 통일한국의 건설을 지연시킬 것"이란 이유가 받아들여져서, 하지 장군에게 그러한 유의조치를 삼가도록 촉구하였다. [12]

미국은 한국민의 여론이나 지지보다는 소련에 대한 대응책과 자국 이해의 논리에서 한국 문제, 한국 지도자의 선택을 처리하고자 하였다. 미국이 백범을 집권자 대열에서 제쳐버린 것은 신탁통치 과정의 '국자 사태'도 한 요인이 되었다.

---

12 김삼웅, "백범 중국 추방 계획 세운 미군정의 음모는?" 『한국현대사 뒷얘기』, 가람기획.

제 **14** 장

좌절된 통일국가 수립의 꿈

3 의사 유해 봉환, 전국 순회

백범은 서울에 도착하여 우선 윤봉길, 이봉창, 김경득金
卿得 의사의 유가족을 찾았다. 신문에 이 사실이 보도되면서
윤 의사의 자제가 충남 덕산에서 올라오고, 이 의사의 질녀
가 서울에서 찾아왔다. 김경득 의사의 아들 윤태潤泰는 이북
에 있어서 오지 못하고 딸과 친척이 찾아와서 백범의 따뜻
한 격려를 받았다.

백범이 환국하였을 때에는 이미 38선이 분계선이 되어
서 고향을 떠난 지 27년 만에 고국에 돌아와서도 고향땅을
찾아가지 못하였다. 남한에서 살고 있는 재종형제들과 사촌
누이 가족이 상경하여 만나보았을 뿐이다.

1946년 새해가 밝으면서 남도 순회를 시작하였다. 신탁
통치 문제로 정세가 소연하였지만, 보고 싶던 동포들과 그
리운 강산을 직접 밟아보고 싶었다. 옛날 도움을 주었던 분
들, 애국 지사들의 유가족을 찾아보고 싶었다. 그래서 백범

은 길을 떠났다.

젊은 날 가장 인연이 깊었던 인천이 첫 행선지였다. 갇혔던 인천 감옥과 피와 땀이 배인 축항 공사장을 둘러보았다. 다음으로 공주 마곡사행에는 10여 만 충청도 동포들이 운집하여 환영하였다. 마곡사 승려들은 공주까지 마중 나와 대대적으로 환영해주었다. 이를 두고 백범은 "옛날 일개 승려의 몸으로 일국의 주석이 되어 오신다는 감격 때문"[1]일 것이라고 해석하였다.

공주에서는 홍성에서 을미의병을 일으켜 일제와 싸우다 순국한 김복한金福漢 선생의 영정을 찾아 헌화하고 유가족을 위문하였다. 마곡사에 무궁화와 향나무 한 그루씩을 심었다. 그때 심은 향나무가 지금도 마곡사 대광보전 앞에서 자라고 있다.

예산 윤봉길 의사의 본 댁을 방문하여 윤 의사 부인과 친지가 모인 가운데 14주년 추도식을 거행하고 의사의 높은 뜻을 주민들과 기렸다. 이 자리에서 추도사가 미처 끝나기도 전에 백범은 제단 앞에 엎드려 크게 통곡하였다. 이것이 계기가 되어 3의사의 유해 봉환 사업을 본격화하게 되었다.

해방 이듬해 백범이 가장 역점을 두고 추진한 사업은 3의사三義士의 유해 고국 봉환이었다. 일황 부자를 폭살하려다가 체포되어 복역 중 해방을 맞아 석방되어 일본에 체류중이던

■■ 1　도진순 주해, 『백범일지』, 돌베개.

499

박열朴烈에게 부탁하여 3의사 유해를 봉환하도록 하였다.

　　나는 즉시로 일본에 체류하고 있던 박렬 동지에게 부
탁하여 조국 광복에 몸을 바쳐 무도한 왜적에게 각각 학
살당한 윤봉길, 이봉창, 백정기 3열사의 유골을 환국시
키게 하고, 국내에서 장례준비를 진행하였다. 그러던 중
"유골이 부산에 도착하였다"는 기별을 듣고, 영접차 특별
열차(해방호)로 부산을 향하였다. 3열사의 말 없는 개선에
유골 봉환식을 거행하고, 영구를 서울로 봉환하기 위해
부산역을 출발하였다.

　　부산역 앞에서 서울까지 각 역전마다 사회단체와 교
육기관은 물론이고 일반 인사들까지 운집 도열하고 추도
식을 거행하니, 산전초목도 슬퍼하듯 감개무량하였다.

　　서울 도착(1946년 6월 16일) 즉시 영구를 태고사太古寺에
봉안하고, 유지 동포들은 누구를 가릴 것 없이 경의를 표
할 수 있게 하였다. 장례에 임하여 봉장위원회(장례위원
회) 책임자들이 장지를 널리 구하였으나 여의치 못하여,
결국 내가 직접 잡아놓고 용산 효창원 안에 안장하였다.

　　그것은 서울 역사 이래 처음 보는 장례식이었다. 미군
정 간부들도 전부 참석하였으며, 미국 군인도 호위차 같
이 출동하겠다는 것을 이것만은 중지시켰다. 그러나 조
선인 경관은 물론 지방 각지에 산재한 육해군 경비대까
지 집합하고, 각 정당 단체와 교육기관이며 각 공장 부문

인사들이 총출동하여, 태고사로부터 효창원까지 인산인해를 이루어, 전차·자동차 등 각종 차량과 일반 보행까지 일시 정지하였다.

슬픈 곡조를 연주하는 음악대를 선두로 사진반 기자는 사이사이에 늘어섰고, 그 다음은 제전을 드리는 화봉대花峰隊, 창공에 흩날리는 만장대가 따랐고, 그 뒤 여학생대가 3의사 상여를 모시니, 옛날 국왕 인산因山 때 이상으로 공전의 대성황을 이루었다. 장지에는 제일 앞머리에 안 의사의 유골을 봉안할 자리를 비워놓고, 그 아래로 3의사의 유골을 차례로 모셨다.

당일 임석한 유가족의 애도하는 눈물과 각 사회단체의 추도문 낭독으로 해는 빛을 잃는 듯하였다. (『백범일지』)

백범은 3의사 장례식에 앞서 단장의 추모사를 발표하였다.

그 세 사람을 보낸 나만이 살아 있으면서 아직 독립을 이루지 못하고 있으니 3열사에 대하여 부끄럽기 한량없고 회한을 금할 수 없다. 조국을 위하여 심령을 바치고 지하에 잠드신 선열과 충의지사가 어찌 3열사뿐이랴만, 대담 무쌍히 왜적의 심장을 향하여 화살을 던져 조선 민족의 불멸의 독립혼을 중외에 떨친 것은 아마 이 세 분이 으뜸이리라. 나는 지금 유골을 모심에 있어 스스로 부끄러운 생각을 억제할 수 없으며, 그들 지하에 불귀의 손이 된 수만 수천의 동지들의 사심 없는 애국의 지성을 본받아 하루바삐 통일된 우리 정부 수립이 실현되기 위하여 3천만과 같이 분골쇄신 노력하겠다.

백범은 유서 깊은 효창원에 3의사를 안장하고, 중국 여순에서 순국한 안중근 의사의 허묘를 모신 데 이어 1948년 9월에는 망명 시절 중국에서 순국한 임시정부 의정원 의장 이동녕 선생과 국무원비서장 차리석 선생의 유해와 환국 후 서거한 군무부장을 역임한 조성환 선생을 동남쪽 언덕에 안장하였다. 그리고 1949년 6월 26일 암살당한 본인은 서북쪽 언덕에 안장되니, 이 일대가 선열 묘역이 되었다.

백범은 3의사를 안장한 후 다시 삼남 지방의 순회에 나섰다. 제주도를 거쳐 진해로 가서 해안경비대의 열병식을 거행하고 충무공 이순신 장군의 제승당을 찾아 참배하였다. 일제 때에 떨어져 뒹굴고 있던 제승당 현판을 찾아 다시 걸도록 일렀다. 인천 감영에서 탈옥하여 삼남을 유랑할 때 수 개월씩이나 머물렀던 보성군 득량면 득량리 김광언金廣彦의 집을 찾아 불귀의 객이 된 고인을 추모하고, 광주에서는 학동 전재민촌戰災民村에 위문금품을 전달하였다.

전재민촌은 일본, 만주로 징용에 끌려갔다가 돌아와 마련된 난민촌이었다. 백범은 호남인들이 마련해 준 정치 후원금품을 이들에게 전달하여 삶의 터전을 일구도록 하였다. 나주, 함평을 거쳐 김해에서 수로왕릉 추향秋享에 참석하고, 창원으로 가서 상해 임시정부 때 본국으로 파견하여 임무를 수행하다가 일경에 체포되어 고문을 받고 그 여독으로 순국한 이교재李教載 지사의 유가족을 방문, 위로하였다. 진주에서는 촉석루를 찾아 논개의 혼령을 위로하고, 다시 전주로 돌아와 안진사 댁에서 만난 김형진의 아들, 조카, 생질을 만났다.

목포, 군산, 강경을 거쳐 9월 12일 강원도 춘천 가정리에 들러 의병대장 유인석 선생의 묘지를 찾아 제문을 바치고 분향하였다. 이보다 앞서 4월 23일에는 임시정부 요인들과 함께 충남 청양의 모덕사를 찾아 임시정부의 환국고유제還國告由祭를 지냈다. 모덕사는 면암 최익현을 기리는 사당이다. 다음은 '고유제문'의 요지이다.

후생 김구는 삼가 맑고 깨끗한 술을 따르고 향을 지피어 제사를 올리며 아뢰오니, 춘추의 대의시며 일월같이 높은 충절이었습니다. 외로운 소자는 어렸을 때 스승의 가르침에 선생의 말씀을 받잡고 내내 잊지 못하였습니다. 나라 잃고 안팎의 난리 속을 헤매다가 지쳐 쓰러질 때마다 선생의 위대한 훈업에 격려된 일이 한두 번이 아니었습니다. …선생이시여! 이제야 저의 힘을 다하여 산 넘고 물 건너서 여기 선생의 봉롱封隴 가까이 왔사옵고 산같이 높으신 뜻을 받들고 조촐한 차림으로 모시옵니다.

삼남 일대 시찰을 마치고 얼마간 휴식을 취한 후, 이번에는 38선 이남 서부 일대를 시찰하였다. 개성에 이어 배천, 연안에서는 효자 이창매李昌梅의 묘비를 찾고, 청단靑丹에 가서 고향 해주 지역을 멀리서 바라보았다. 잃었던 나라도 되찾았는데, 두 동강으로 갈려서 고향을 찾지 못한 백범의 심경은 어땠을까. 저녁 늦게 배천에 도착하여, 평안·황해 지역에서 명성이 자자했던 최항복 선생의 유댁을 찾아 주민, 유지들과 옛 기억을 돌이켰다.

서울로 돌아오는 길에 장단 고랑포에서 경순왕릉에 참배하고 문산을 거쳐 귀경하였다. 가는 곳마다 열렬한 환영회가 열리고, 그때마다 백범은 새나라 건설에 온 겨레가 합심할 것을 당부하였다.

좌우 분열과 반탁투쟁

국내 정세는 '모스크바 3상회의'를 계기로 찬탁과 반탁으로 투쟁과 소요가 갈수록 심화되었다. 좌익 세력은 당초 반탁을 주장하다가 찬탁으로 돌아서면서 신탁통치 문제는 좌우익 간의 이념투쟁으로 변질되었다. 찬탁과 반탁 시위대가 연일 서울 거리를 뒤덮고 충돌하여 사회는 극도로 혼란해졌다.

국민들의 시선은 백범에게 집중되었다. 백범과 임시정부는 반탁의 확고한 입장을 견지하였다. 해방된 조국이 또 다른 외세의 신탁통치를 받는다는 것은 어떠한 이유로서도 용납될 수 없다는 신념이었다. 30여 년을 해외에서 독립운동에 헌신해 온 이들에게는 당연한 입장이었을 것이다.

조선공산당 등 좌익 계열은 소련의 지침에 따라 반탁에서 찬탁으로 돌아서서 격렬한 찬탁투쟁을 벌이면서 백범을 비난하였다. "대중을 기만하는 정책을 쓰고 있다"는 것이었다. 그러나 백범은 이에 대해 초연한 태도로 민족 통합의 대

명분 아래 그들을 포용하는 방책을 강구하고 있었다.

백범은 점점 극우적으로 나아가는 이승만의 독립촉성중앙협의회와 좌파 계열 정파들까지 끌어들여 민족통일전선의 완성을 이루고자 조소앙, 김붕준, 김성숙, 최동오, 장건상, 유림, 김원봉 등 6인을 특별정치위원회 중앙위원으로 임명하여 활동케 하였다. 친일파와 반민족자를 제외한 남북한의 좌우 각 정당과 문화, 종교, 기타 대중조직과 국내외의 모든 혁명 인사를 총망라하여 민족 통합을 이루자는 뜻이었다. 이를 위해 비상정치회의를 열 것을 제의한 것이다.

혼미한 정국을 타개하고 통일 정부를 세우기 위해서는 비상정치회의가 국민대표회의를 소집하여 정식 정권을 수립하자는 것이 백범의 생각이었다. 이 과정에서 임시정부를 강화시킨다는 포부도 갖고 있었다. 백범은 이에 앞서 1946년 2월 비상국무회의를 소집하고 의장에 선출된 데 이어 4월에는 한독당, 국민당, 신한민족당을 한독당으로 통합하고 중앙집행위원장에 선출되었다.

10월에는 좌우합작 7원칙을 지지하는 성명을 발표하여 통일정부 수립의 의지를 분명히 하였다. 그러나 백범의 의지와는 달리 정세는 점점 다른 방향으로 전개되고 있었다. 1946년 6월 이승만이 정읍에서 처음으로 남한 단독 정부 수립에 관해 발언하여 해방 정국에 큰 충격파를 일으켰다.

이승만은 6월 3일 정읍에서 남한만의 단독 정부 수립을 공식적으로 주장하고 나섰다. 미소 공동위원회 1차 회의가 결렬되고 좌우합작운동이 전개될 무렵, 미군정이 남한만의 단독 정부 수립을 계획하고 있다는 소식이 국내 신문에 보도되었다. 그 후 지방 여행에 나선 이승만은 "무기 휴회된 미소 공동위원회가 재개될 기색도 보이지 않으며 통일 정부를 고대하나 여의케 되지 않으니, 남한만이라도 임시정부 혹은 위원회 같은 것을 조직하여 38선 이북에서 소련이 철퇴하도록 세계 공론에 호소해야 할 것"이라는 충격적인 발언을 하였다.

이승만은 이 발언을 한 후 남한 단독 정부 수립의 준비에 본격적으로 나섰고, 그 해 12월부터 1947년 4월까지 미국에 건너가 단독 정부 수립을 촉구하는 외교활동을 벌이고 돌아왔다. 백범에게 이와 같은 상황 전개는 충격이 아닐 수 없었다. 그는 어떤 이유나 명분으로도 단정 수립은 받아들일 수 없는 일이었다. 이 과정에서 백범과 이승만의 합작운동이 전혀 없었던 것은 아니다. 한민당 계통의 인사들이 백범이 주도하는 비상정치회의와 이승만의 독립촉성중앙협의회와의 합작을 추진하여 기구를 비상국민회의로 바꾸고 두 사람을 영수로 만드는 데 성공하였다.

비록 이승만의 참여를 이유로 한국동지회, 조선민족당, 무정부주의연맹 등이 잇따라 탈퇴하여 한때 진통을 겪었지만, 두 지도자의 합작으로 이끌어 간 비상국민회의는 국민에게 과도정부 수립을 위한 모체라는 인식을 주게 되면서 기대를 모았다.

비상국민회의 결성은 사분오열되었던 해방 정국에서 새

로운 구국의 비전이었다. 두 영수 외에도 김규식, 권동진, 오세창, 김창숙, 조만식, 홍명희 등을 비롯하여 임시정부 의정원 대표 14명, 각 정당 사회단체 대표 90명, 지방 대표 65명, 준비회 위원 18명 등 167명이 참석하여 창립대회를 열고 비상국민회의를 발족하였다.

비상국민회의가 민족진영의 대동단결체로 출범하게 되면서 하지와 미군정은 이를 탐탁히 여기지 않고, 미군정이 추진한 민주의원民主議院의 한 자문기관으로 하대하였다. 백범은 미군정이 내정한 민주의원 부의장을 사임하였다.

좌우익 세력이 비상국민회의로 기세를 올리게 되자 이에 맞서 좌익에서는 또다른 좌우익 29개 정당 대표 60여 명이 모여 민족통일전선(민전)을 결성하였다. 여운형, 박헌영, 허헌, 백강희, 장건상, 김원봉, 이극로, 홍남표洪南杓, 이여성李如星, 이강국李康國, 한빈, 백남운白南雲, 오지영, 이태준李泰俊 등 15명이 의장단에 선출되었다. 이후 민전은 신탁통치를 적극 지지하면서 좌익운동의 총본산이 되었다.

좌우합작을 위한 민족진영의 대동단결 작업이 결국 좌우파로 다시 분열되는 촉진제가 되고 말았다. 백범은 갈수록 벌어지는 좌우 세력의 분열 앞에 울분을 금치 못하였다.

좌우합작 노력도 물거품 되고

해방 정국은 크게 비상국민회의와 민전의 좌우익 두 개 진영으로 양분되어 각기 세력을 정비해가고 있었다. 그 사이에 미소 공동위원회가 열렸지만 공전을 거듭하였다.

소련 대표 스티코프T. Shtykov가 공동위원회에서 백범을 '반동적·반민주주의적'이라 비난하면서 "앞으로 수립될 민주주의 임시정부는 모스크바 3상회의 결정을 지지하는 민주주의 정당과 사회단체를 망라한 대중단결의 토대 위에서 창설되어야 한다"고 하여 사실상 백범과 그의 지지 세력을 배척하는 발언을 하였다. 백범은 이에 격노하여 하지와 만나 이를 따졌다. 다음은 두 사람의 대화 내용이다.[2]

백범 : 장군, 단도직입적으로 말하겠는데 당신들은 우리

2　백범김구선생전집 편찬위원회 편,『白凡金九全集』제5권, 대한매일신보사.

나라를 전략적으로 점령한데 불과하오, 우리 민족은 지금 자주독립 정부를 세워야 할 것이 절실한 당면 과제인데 미소 양국이 한국에 신탁통치를 실시한다는 것은 잘못이 아니겠소.

하지 : 김구 선생, 신탁통치안은 어디까지나 잠정적인 조치에 불과할 뿐입니다. 우리 역시 한국의 자주정부 수립을 희망하고 있는 것은 사실입니다.

백범 : 아니 잠정적인 조치일 뿐이라니, 물론 장군도 소련 스티코프란 자의 개회사를 기억하고 있을 것이 아닙니까. 분명히 말해두겠지만 이번에 열리는 미소 공동위원회는 한민족 전체의 염원을 짓밟는 강대국의 처사라고 아니할 수 없소. 따라서 신탁통치를 반대하는 것은 우리 민족의 당연하고도 엄숙한 의사표시인 것이오.

백범은 하지와 언성을 높이며 다투게 되고, 두 사람의 관계는 더욱 멀어져갔다. 백범의 반탁투쟁은 강도를 더하여 반탁투쟁위원회의 조직을 강화시켰다. 각 도에 책임자를 선정하고, (경기도—신익희, 충청도—조완구, 경상도—조소앙, 전라도—조경한, 강원도—엄항섭) 지방에 파견하여 반탁 조직을 정비하였다. 이와 같은 조처는 한국에 신탁통치를 노리는 미국과 소련에 대한 정면 도전이기도 하다.

미국은 미소 공동위원회가 결렬되면서 본격적으로 좌우합작운동을 추진하였다. 반탁운동에 앞장 선 이승만과 백범을 배제하고, 미군정과 원만한 관계를 유지할 수 있을 것으로 보이는 중간 노선의 인물에 관심을 보였다. 우파 쪽에서는 김규식, 좌파 쪽에서는 여운형을 중심으로 하여 좌우합작을 이루어 보려는 심산이었다. 그런 중에서도 좌우합작운동은 꾸준히 추진되어서 민전에서는 좌우합작 7원칙을, 우익 측에서는 8원칙을 각각 발표하고, 김규식과 여운형은 공동명의로 합작 7원칙을 발표하였다.(요약)

주요 내용은 ① 남북을 통한 좌우합작으로 민주주의 임시정부 수립 ② 미소 공동위원회 속개 요청 ③ 토지 개혁은 몰수한 토지를 농민에게 무상분여하고 주요 산업 국유화, 정치적 자유 보장과 지방자치 실시 ④ 친일파·민족반역자 처리 위한 조례 마련 ⑤ 남북한 정치범 석방과 테러 행위 제지 ⑥ 입법기구 구성 실행 ⑦ 언론·출판·집회·결사·교통·투표 등의 자유 보장 등이다.

우여곡절 끝에 좌우합작 대표들에 의해 7원칙에 합의가 되었지만, 대구 10·1 사건이 발생하고, 한민당이 7원칙에서 제시한 토지 분배 원칙을 비난하고 나서면서 합작운동은 결렬되고 말았다.

좌우합작운동이 좌초되면서 미군정은 군정 자문기관이던 민주의원과는 별도로 입법의원立法議員이라는 기구를 창설하였다. 민주의원 대신에 새로운 입법의원을 만든 것은 백범과 이승만의 영향력을 봉쇄하려는 하지의 의지를 드러낸 것이었다.

관선의원 45명과 민선의원 45명으로 구성된 입법의원에 백범과 이승만은 민선의원으로 출마하지 않았고, 미군정 측은 그들을 관선의원으로 위촉하지도 않았다. 민선의원 선거는 군정의 경찰력과 사법권을 장악하고 있던 한민당계와 이승만의 독립촉성계에서 31석을 차지하고, 미군정이 적극 후원한 김규식이 의장에 선출되었다.

입법의원 의장에 김규식이 선출된 것과 관련하여 항간에는 백범과 김규식 양김 사이에 분열이 생긴 것처럼 소문이 나돌았다. 이와 관련 백범은 두 사람의 우호를 재확인하는 해명서를 내게 되었다.

미국과 소련, 좌익과 우익이 각각 단독정부 수립 쪽으로 분위기를 몰아갈 때도 백범은 시종일관 좌우합작을 통해 통일 정부를 수립해야 한다는 노선을 견지하였다. 1947년 정국의 혼미와 대결 속에서 7월에 여운형이 피살되고, 9월에는 한국 문제가 유엔으로 이관되었다. 12월에는 한민당 총무 장덕수張德秀가 암살되었다. 이미 1945년 12월에는 한민당 수석총무 송진우가 서울 원서동 자택에서 피살된 바 있다. 정적에 대한 테러와 암살이 난무한 가운데 백범을 향한 암살 음모가 서서히 작동하고 있었다.

미소 공동위원회도 결실 없어

해방 정국에서 한국 문제 처리의 가장 큰 변수의 하나는 미소 공동위원회였다. 백범은 공동위원회가 지나치게 자국 이해의 입장에서 운영되고 있는 것을 지켜보면서 크게 실망하였다.

더 이상 공동위원회에 의해서 통일 정부가 수립되리라는 가능성에 기대를 갖지 않았다. 결국 대국들의 야합 아래 한국을 굴욕적인 식민지 상태로 이끌어 가는 계기를 만들어 주는 것으로 인식하였다. 무기 휴회로 들어간 지 12개월 만에 재개된 공동위원회가 어떤 형태로든지 소련이 한국 정치에 개입할 통로를 열어주게 될 것이라고 생각하면서 공위 재개를 탐탁하게 여기지 않았다.

미소 공동위원회는 모스크바 3상회의 결정에 따라 한반도 문제 해결을 위해 미소 양군의 대표자가 1946년 3월 20일 제1차 회의를 열었지만, 5월 6일 결렬되었다. 결렬 이유

는 △조선의 정당·사회단체와 협의한 임시정부 수립 △임시
정부 참여 아래서 4개국 신탁통치 협약 작성이었으나 함께
협의할 정당과 사회단체를 선택하는 데서 난관에 부딪쳤다.

소련은 3상회의 결정을 반대하는 정당·사회단체는 협의
대상에서 제외시켜야 한다고 주장하면서 미국이 제출한 남
한 측 초청 대상 20개 중 우익이 17개이며 이들이 모두 3상
회의 결정을 반대하고 있다는 점, 60만 노조원을 가진 조선
노동조합전국평의회 등 전국적 대중단체가 빠져 있다는 점
을 지적하였다. 이로 인해 회의는 결렬되고 말았다.

우여곡절 끝에 1947년 5월 21일 제2차 공동위원회가 개
최되었으나 임시정부 참여 세력 문제를 두고 의견 차이가
좁혀지지 않았다. 남북한에 각각 입법기관을 설치하고, 그
대표로 임시정부를 구성하자는 미국의 제안을 남북 분열을
조장하는 일이라 하여 소련이 거부함으로써, 10월 21일 제2
차 회의도 결렬되었다.

미국 측은 미소가 대립하는 공동위원회를 통해서는 한국
문제의 해결이 어렵다고 판단하여 미·소·영·중 4국 회담을
열어 해결하자고 제안하였다. 미소 두 나라가 점령하고 있
는 남북 양 지역을 완전히 대표할 수 있는 임시입법원을 선
거하기 위하여 남북 두 지역에서 선거를 실시할 것을 주장
하였다. 선거는 보통, 비밀투표로 하자는 내용이었다.

백범은 미국의 제안을 전폭적으로 지지하였다. 남북이
선거를 통한 통일 독립 정부의 수립이라는 일관된 주장과

일치하였기 때문이다. 그러나 이 제안은 소련 측이 거부하면서 논의는 다시 원점으로 돌아가게 되고, 미국은 한국 문제를 유엔에 넘기고 말았다.

미국 측은 1947년 11월 14일 제2차 유엔 총회에 "유엔한국임시위원단을 설치하여 그 감시 하에 1948년 3월 말까지 자유 선거를 실시, 국회 및 정부 수립 후 미소 양군이 철수한다"는 결의안을 제출하였다. 소련 측은 이는 모스크바 3상회의 결정을 위반하는 것이며, 한국 문제는 미소 양군이 철수한 후 조선인 스스로 해결하게 하는 것이 가장 바람직하다고 반대하였다.

당시 미국의 절대적 영향력 하에 있던 유엔은 "유엔 한국임시위원단 설치, 신탁통치를 거치지 않는 독립, 유엔 감시 하의 남북 총선거 실시"를 가결하고, 오스트레일리아·프랑스·인도·필리핀·시리아 등 8개국으로 구성된 위원단이 입국하게 되었다. 그러나 소련 측이 38도선 이북의 입국을 거부하자, 유엔은 소총회를 열어 "가능한 지역만의 총선거"를 가결하였다. 이에 따라 38도선 이남에서만 선거를 실시하게 되었다.

백범이 그토록 바라던 좌우합작을 통한 남북한 통일 정부 실현의 꿈은 물거품이 되고 말았다. 좌우익의 대립을 결정적으로 격화시킨 것은 신탁통치 문제에 있었다. 이를 둘러싸고 이승만 계열은 신탁통치 반대와 남한 단독 정부 수립을, 백범 계열은 신탁통치 반대와 남북 통일 정부 수립을,

좌익 계열은 신탁통치 찬성과 남북 통일 정부 수립을, 중도 세력은 신탁통치 문제를 일단 보류하고 우선 통일된 임시정부 수립을 각각 주장하였다.

1차 미소 공동위원회가 휴회로 돌아가고 좌우익의 대립이 격화되는 가운데 이승만을 중심으로 하는 일부 우익 세력의 단독 정부 수립 계획이 본격화되자, 이를 저지하기 위해 여운형·김규식 등은 좌우합작위원회를 발족하고 이를 중심으로 합작운동을 전개하였다. 좌우합작운동은 결국 정파 간의 갈등과 미소 두 나라의 이해가 상충하면서 결국 미국 측의 방안대로 남한만의 단독 정부 수립론이 현실화되었다.

유엔의 남한 단독 정부 수립 계획이 발표되자 백범은 이를 반대한다는 뜻을 분명히 밝혔다.[3]

(1) 남조선 단독 선거에 대하여 단정하單政下의 대의원 선거는 결의권이 없는 이상 아무 효과가 없을 뿐더러 그 결과는 민족 분열을 초래할 뿐이다. 또 소련 측 거부로 인하여 남조선에만 유엔 결정에 의한 선거를 실시하는 것은 국토를 양분하는 비극이 될 것이다.

(2) 유엔의 조선 문제 결정에 대하여서는 우리 대표의 참가가 없어 자세한 내용을 알 수 없으나 구체적 표시가 있을 때까지 태도를 보류하겠다.

(3) 각 정당협의회는 각 정당, 단체간의 협의가 있을 때까지는 구체적 기구를 조직할 필요가 없다고 본다.

이 무렵 백범은 정치적으로 크게 고민하고 갈등에 직면한다. 그리고 미국과 소련의 행위에 분노한다. 정치지도자들의 극심한 분열과 이해타산에도 실망하고 개탄한다. 미국과 소련은 한반도의 통일 정부 수립보다 반쪽 정부라도 세워서 자국의 영향력 확보를 기정사실화하고자 하였다. 남북 지도자들은 이에 영합하여 각기 자신들의 정치적 이해를 좇고 있었다. 통일 정부론만을 일관되게 추구해온 백범은 찢기는 해방조국, 분열되는 국민을 지켜보면서, 이상과 현실 사이에서 심한 갈등과 번민을 한다. 그래서 한때 이승만의 단독 정부 노선에 동조하는 것이 아닌가 하는 세간의 오해도 나왔다. 1947년 12월에 발표한 한 성명 때문이었다. 문제가 된 부문은 다음과 같다.[4]

만일 일보를 퇴退하여 불행히 소련의 방해로 인하여 북한의 선거를 실시하지 못할지라도 추후 하시何時에든지 그 방해가 제거되는 대로 북한이 참가할 수 있게 하는 것을 조건으로 하고, 의연히 총선거의 방식으로서 정부를 수립하여야 한다. 그것은 남한이 단독 정부와 같이 보일 것이나 좀더 명백히 규정하자면 그것도 법리상으로나 국제 관계상으로 보아 통일 정부일 것이요, 단독 정부는 아닐 것이다.

3, 4 백범김구선생전집 편찬위원회 편, 『白凡金九全集』 제5권, 대한매일신보사.

이와 관련하여 백범은 "혹자는 한국 문제에 대하여 소련이 보이코트를 하였다 해서 한국 자신이 유엔을 보이코트하지 않는 이상, 유엔이 한국에 대하여 보이코트할 이유는 존재하지 아니할 것이다" 하면서 '세인이 오해'하고 있다고 주장하였다.[5]

백범은 1947년 12월 성탄절을 맞이하여 단독 정부 수립을 반대하는 자신의 입장을 거듭 천명하였다. "우리가 원하는 바도 자주통일 정부요, 여하한 경우에서든지 단독 정부는 절대로 반대할 것이다. 유엔 위원단의 임무는 남북 총선거를 감시하는 데 있다"고 하였다.

또 유엔 한국임시위원단의 방한에 대해 이를 환영하면서 유엔 위원단의 역할에 대해 분명한 어조로 못을 박았다.

"우리는 그들을 충심으로 환영하는 동시에 그들로 하여금 우리에게 대한 정당한 인식을 가지고 우리가 원하는 자주독립의 통일 정부를 수립하는 임무를 완수하도록 우리의 최선을 다하여야 한다. 그들도 남북 통일 정부 수립을 목적으로 하거니와 우리도 단독 정부는 반대할 것이다. 유엔 위원단의 임무는 남북 총선거를 감시하는 데 있다"[6]

■■■■ 5, 6 백범김구선생전집 편찬위원회 편, 『白凡金九全集』 제5권, 대한매일신보사.

3천만 동포에게 읍고함

1948년 새해가 밝으면서 유엔 한국임시위원단의 활동이 본격적으로 시작되었다. 같은 시기에 하지 장군은 남한만의 총선거에 대비해서 단계적인 조치를 취함과 아울러 공산당의 파괴적 활동에 강경하게 대처하였다. 이승만은 하지의 이러한 행동을 적극 지지하면서 그동안의 비판적 언행을 접고, 하지의 단정 수립을 적극 지지하고 나섰다.

백범은 1월 26일 유엔 위원단의 초청을 받아 이들과 현안을 논의하고 나서, "미소 양군이 철수하지 않고 있는 현재 상태로서는 자유스러운 분위기를 가질 수 없으므로 양군이 철퇴한 후 남북 요인 회담을 통하여 총선거를 준비한 후 선거를 통해 통일 정부를 수립해야 한다"는 성명을 발표하였다.[7]

이 같은 내용의 '의견서'를 유엔 위원단에 서면으로 제출

7　백범김구선생전집 편찬위원회 편, 『白凡金九全集』 제5권, 대한매일신보사.

하였다.

백범이 '유엔 한국임시위원단에 보내는 의견서'는 자신의 통일 정부 수립에 관한 내용 등을 6개항으로 정의한 것이다. 요약하면 ① 전국을 통한 총선거로 통일된 완전 자주정부의 수립 ② 총선거는 인민의 절대 자유 의사에 의해 실현 ③ 북한에서 소련이 입경을 거절한다는 구실로 유엔이 임무를 태만히 하지 말 것 ④ 북한에서 연금된 조만식 선생 등 남북한의 일체의 정치범 석방 ⑤ 미소 양군의 즉시 철퇴와 일시 진공 상태의 치안은 유엔에서 부담할 것 ⑥ 남북한 지도자회의 소집 등이다.

한국 문제는 한인이 해결해야 한다면서 소련군뿐 아니라 미군도 철수해야 한다는 백범의 주장은 미국의 영향력에 힘입어 단정 노선을 추구하고 있던 세력들에게 비난의 빌미가 되었다.

위대한 독립운동 지도자로서 많은 국민의 추앙을 받고 있는 백범을 공격할 수 있는 기회를 잡은 단정 세력은 격렬한 어조로 비난을 퍼부었다. 한민당이 중심이 되어 결성한 한국독립정부수립대책협회 등 우익 진영의 단체들은 "그것은(백범의 성명) 소련 대표의 주장과 꼭 일치한 것으로서, 소련은 조선의 김구 씨에 있어서 그 충실한 대변인을 발견하였다. 김구 씨가 평소에 주장하여 오던 민족주의적 입장과는 판이한 것으로서 결국 조선을 소련의 위성국화하려는 의도를 표현한 것으로 밖에 볼 수 없는 것이다. 우리는 금후에는 김구 씨를 조선 민족의 지도자로서 보지 못할 것이고 크렘린궁의 한 신자라고 규정하지 않을 수 없음을 유감으로 생각한다."[8]라는 격렬한 비난 성명을 발표하였다.

백범은 일제에 협력하였던 사람들까지 나서서 자신을 향해 '크렘린의 신자' '소련의 적화노선을 지지하는 자'라는 등의 욕설과 비난을 쏟아내는 데도 개의치 않으면서 유엔 위원단의 메논K. P. S. Menon 의장에게 남북 요인 회담 개최에 적극 협조해 줄 것을 바라는 서한을 보내는 한편, 주한 중국 대사 유어만劉馭萬을 통해 이승만, 김규식과 3인 회담을 가졌으나 합일점을 찾지 못하였다. 이승만의 단정 노선을 바꿀 수가 없었던 것이다.

대세는 단독 정부 수립 쪽을 향해 흘러가고 있었다. 조국 분단의 가능성과 무력 충돌의 위기를 안고 있는 단독 정부의 수립을 한사코 막아보려던 백범은 통일 조국 수립에 자신의 모든 것을 바치겠다는 신념으로 2월 10일 「3천만 동포에게 읍고함」이라는 제목의 논설을 발표하였다. 이 글은 백범의 해방 후의 심경과 특히 통일 정부 수립에 관한 집념 그리고 나라 사랑의 의지가 배인 대문장이다. 몇 부분을 발췌한다.[9]

우리가 기다리던 해방은 우리 국토를 양분하였으며 앞으로는 그것을 영원히 양국의 영토로 만들 위험성을

8 백범김구선생전집 편찬위원회 편, 『白凡金九全集』 제5권, 대한매일신보사.
9 백범김구선생전집 편찬위원회 편, 『白凡金九全集』 제8권, 대한매일신보사.

내포하고 있다. 이로써 한국의 해방이란 사전 상에 새 해석을 올리지 아니하면 아니 되게 되었다.

미군 주둔 연장을 자기네의 생명 연장으로 인식하는 무지몰각한 도배들은 국가 민족의 이익을 염두에 두지도 아니하고 '박테리아'가 태양을 싫어함이나 다름이 없이 통일 정부 수립을 두려워하는 것이다. 그리하여 그들은 음으로 양으로 유언비어를 조출하여서 단선 단정의 노선으로 민중을 선동하여 유엔 위원단을 미혹하게 하기에 전심력을 경주하고 있다.

통일하면 살고 분열하면 죽는 것은 고금의 철칙이니 자기의 생명을 연장하기 위하여 조국의 분열을 연장시키는 것은 전 민족을 사갱死坑에 넣는 극악극흉의 위험한 일이다. 이와 같은 위기에 있어서 우리는 우리의 최고 유일의 이념을 재검토하여 국내외에 인식시킬 필요가 있는 것이다.

지금에 있어서도 전쟁이 폭발되기만 기다리고 있는 자는 '파시스트' 강도 일본뿐일 것이다. 그것은 그놈들이 전쟁만 나면 다시 살아날 수 있다고 믿는 까닭이다.

내가 불초하나 일생을 독립운동에 희생하였다. 나의

연령이 이제 칠십유삼七十有三인 바 나에게 남은 것은 금일금일하는 여생이 있을 뿐이다. 이제 새삼스럽게 재화를 탐내며 명예를 탐낼 것이랴! 더구나 외국 군정 하에 있는 정권을 탐낼 것이랴! 내가 대한민국 임시정부를 주지하는 것도 한독당을 주지하는 것도 일체가 다 조국의 독립과 민족의 해방을 위하는 것뿐이다.

그러므로 내가 국가 민족의 이익을 위하여는 일신이나 일당의 이익에 구애되지 아니할 것이요. 오직 전민족의 단결을 달성하기 위하여는 삼천만 동포와 공동 분투할 것이다. 이것을 위하여는 누가 나를 모욕하였다 하여 염두에 두지 아니할 것이다.

현시에 있어서 나의 유일한 염원은 삼천만 동포와 손목 잡고 통일된 조국, 독립된 조국의 건설을 위하여 공동 분투하는 것뿐이다. 이 육신을 조국이 수요한다면 당장에라도 제단에 바치겠다. 나는 통일된 조국을 건설하려다가 삼팔선을 베고 쓰러질지언정 일신에 구차한 안일을 취하여 단독정부를 세우는 데는 협력하지 아니하겠다. 나는 내 생전에 38선 이북에 가고 싶다. 그쪽 동포들도 제 집을 찾아가는 것을 보고서 죽고 싶다. 궂은 날을 당할 때마다 삼팔선을 싸고도는 원귀怨鬼의 곡성이 내 귀에 들리는 것도 같았다. 고요한 밤에 홀로 앉으면 남북에서 헐벗고 굶주리는 동포들의 원망스러운 용모가 내 앞에 나타나는 것도 같았다.

노혁명가 백범의 우국충정은 지금 읽어도 우리의 가슴을 후비면서, 현시의 열망으로 연결되는 과제가 담겨 있음을 살피게 된다.

통일의 꿈을 안고 북행길

　단독 정부 수립을 막기 위하여 '3천만 동포에게 읍고'하고, 유엔 위원단에 남북 지도자 회의 주선을 요청도 하였지만, 거대한 국내외 분단 세력의 도전을 막기에는 역부족이었다.

　최후의 방법으로 남북 지도자가 직접 회담하여 통일 정부 수립 문제를 논의하기로 결심하고, 2월 16일 북한 김일성金日成과 김두봉에게 서한을 보내 회담을 제의하였다. 김두봉과는 중경 임시정부 시절에 서로 서한을 주고받은 사이기도 하여 생소한 처지는 아니었다. 서한은 서울의 소련군 대표부와 유엔 위원단을 통해 북쪽에 전달되었다. 백범의 서한은 단정 노선에 반대하는 김규식과 공동 명의로 발송되었다.

　북쪽의 회신을 기다리고 있는 동안 남쪽에서는 단독 정부 수립으로 가는 길목에서 총선거 일정이 제시되었다. 주위에서는 총선에 참여하지 않을 경우 이승만과 한민당 계열의 1개 정당에 의해 정권이 장악될 우려가 있다는 이유로 선거 참여를 권유하기도 하였다. 백범은 그때마다 자신은 "정의를 논할 뿐이지 정권을 다투는 것이 아니다"라고 이를 물리쳤다.

미군정청 법정에서 장덕수 암살 사건의 증인으로 출석하라는 통보를 받고 3월 12일 법정에 나가는 수모를 겪었다. 법정에 나가기 앞서 "미국 대통령 트루먼Harry Truman의 명의로 불렀으므로 국제 예의를 존중하기 위해 나가는 것이지, 증인될 만한 사실이나 자료를 가지고 있기 때문에 나가는 것은 결코 아니다"라는 성명을 발표하여 자신의 입장을 정리하였다.

미군정청은 장덕수 암살범 박광옥朴光玉의 배후 관련자로 한독당 중앙위원 김석황金錫璜이 체포되면서 백범을 배후 관련자로 지목한 것이다. 백범은 공판정에서 장덕수와 관련, "한때 상해에 데려다 공부까지 시킨 일이 있다"고 밝히면서, 미군 검찰관의 집요한 연루성 질문에 화를 내면서 문을 박차고 법정을 나왔다.

피고인 중의 하나가 한독당원이라는 이유만으로 백범을 암살 사건의 증인으로 소환하고, 혐의를 덧씌우고자 하는 음모라고 하겠다. 장덕수 사건에 대한 재판은 백범이 관련되었다는 아무런 증거도 발견되지 않은 채 끝났다.[10]

미군 검찰청을 나온 백범은 그 길로 효창원 3의사 묘소를 참배하고 돌아오는 길에 자신이 설립한 건국실천원양성소에 들러 학생들을 위로, 격려하였다. 50여 명의 양성소 학생들은 미군정이 무례하게 스승을 공판정에 출두시키자 손가락을 잘라 혈서를 써 가지고 군정청으로 가려던 참이었다.

3월 25일 평양방송은 북조선민주주의 민족전선, 북조선 노동당, 조선민주당 등 6개 단체의 공동명의로 「남조선 단독정부 수립을 반대하는 남조선 정당·사회단체에 고함」이라는 초청장을 한독당과 남로당 등 17개 단체에 보낸다는 방송을 하였다.

백범과 김규식이 보낸 서한에 대해서는 한마디도 언급하지 않고 일방적으로 4월 14일 평양에서 남북한 연석회의를 하자는 것이었다. 백범이 분단 정권의 수립을 막아보자는 충정에서 보낸 서한에 대한 답신은 그로부터 이틀 후 김일성과 김두봉의 이름으로 백범에게 전달되었다. 4월 초에 평양에서 남북 지도자 연석회의를 열자는 것으로, 격식과 예의를 갖춘 내용이었다.

백범은 북측에 남북 요인 회담을 제의하였는데 북측은 정당·사회단체의 연석회의를 열자고 역제의하였다. 수십 명 또는 수백 명이 참석하는 연석회의가 실질적인 문제를 다루기 어렵다는 것을 알면서도, 그러한 북측의 의도를 꿰어보면서도 우선 만나는 것이 중요하다고 판단하여 북행을 결심하였다.[11]

북행 결정이 알려지면서 하지 장군은 "남북 협상이라는

■■■ 10 백범김구기념사업협회 백범전기 편찬위원회, 『백범 김구 : 생애와 사상』, 교문사, 1982.
■■■ 11 김삼웅, 『해방 후 정치사 100장면』, 가람기획.

것은 조선의 총선거를 방해하려는 공산계의 간계이니 조선 국민은 이에 속지 말고 5월 10일의 역사적 총선거에 총 참가하여 중앙 정부 수립을 게을리하지 말라"는 성명을 발표하였다.

이승만도 이에 동조하면서 백범의 북행 계획의 '무모함'을 힐난하였다. 백범은 이런 비난에도 아랑곳하지 않고 측근 안경근安敬根과 권태양權泰陽을 평양에 파견하여 그쪽 사정을 알아오도록 하였다. 평양을 다녀온 이들이 낙관적인 보고를 하면서 백범의 북행은 움직일 수 없는 일로 추진되었다.

북행을 앞두고 경교장에는 연일 이를 저지하려는 청년, 학생들의 시위대가 몰려들었다. 반대로 북행을 지지하는 지식인 108명이 남북 협상을 지지하는 성명도 발표되었다. 경교장에 몰려든 청년, 학생 중에는 진정으로 백범을 아껴서, 자칫 그들에게 이용만 당하지 않을까 하는 우려에서 만류하러 온 사람도 있었지만, 서북청년단 등 정치적 목적으로 몰려온 세력도 적지 않았다. 백범은 이들에게 "평양에 가지 않아도 좋을 만한 현책賢策이 있으면 말해보라"고 그들을 설득하였지만 막무가내였다.

백범은 4월 19일 오후 경교장 뒷문을 통해 비서 선우진鮮于鎭과 아들 신을 대동한 단촐한 모습으로 북행길에 올랐다. 날이 어둑해질 무렵에 38선에 도착하여 38선 경계 푯말 앞에서 기념사진을 찍고 소련군 초소를 거쳐 김일성이 보냈다는 승용차에 몸을 싣고 북으로 달려 황해도 남천에서 하룻

밤을 묵었다.

　다음날 사리원에서 점심을 먹고 저녁 무렵에 평양에 도착하였다. 숙소인 상수리 특별호텔에서 저녁식사가 끝나고 있을 때 김두봉이 찾아왔다. 북조선 임시최고인민위원회 위원장인 김두봉과는 윤봉길 의거로 상해에서 철수할 때 헤어진 지 10여 년 만의 재회였다. 그때 백범은 진강으로, 김두봉은 중국 공산당이 있는 연안으로 가서 두 사람의 행로가 크게 바뀌게 되었다.

● 평양에서 열린 4김 회담

백범은 김두봉의 안내로 김일성을 방문하였다. 김일성은 정중하게 백범을 맞았다. 백범과 김일성의 관계는 특이한 사연이 있었다. 백범은 중경 망명 시절에 김일성의 존재를 알고 있었던 것 같다. 『백범일지』 원본에는 다음과 같은 구절이 있다. (이 내용은 이승만과 군사독재 시대에 반공 논리가 판치면서 『백범일지』에서 대부분 삭제된 채 발간되었다.)

정세로 말하면 동삼성(東三省, 만주) 방면에 우리 독립군은 벌써 자취를 감춘 터이나 30여 년 된 오늘날까지 김일성金一聲 등 무장부대가 의연히 산악지대에 엄존해 있다. 이들이 압록강, 두만강을 넘어 왜병과 전쟁할 수 있었던 것은 중국의 의용군과도 연합 작전을 하며, 아국(俄國, 소련)의 후원도 받아서 현상을 유지하는 정세이고, 관내 임시정부 방면과의 연락은 극히 곤란하게 되었다.

여기서 '金一聲'은 김일성金日成으로 추정된다.[12]

백범은 태평양 전쟁이 발발하자 임시정부와 모든 항일단
체의 통합을 추진하는 과정에서 만주 지역에서 항일 투쟁을
전개하고 있던 김일성 부대와도 합작을 시도하였으나 종전
으로 성사되지 않았다.

또 다른 사연은 이렇다. "1946년 초 남한에서 좌우대립
의 탁치 논쟁으로 정국이 소용돌이칠 때, 백범과 임시정부
를 추종하는 특별행동대원들이 대북 공작을 전개한 적이 있
다. 그 대표적인 것이 '백의사결사대'白衣社決死隊의 활동이었
다. 염응택廉應澤 지휘 하에 있던 백의사결사대는 2월 중순
평양으로 올라가 46년 3월 1일 평양역 앞 광장에서 열린 북
한의 3·1절 기념 행사에서, 김일성을 암살하기 위해 수류탄
을 투척하였으나 소련군 노비첸코의 방어로 실패하였다"[13]
는 것이다. 이런 연유로 당시 북한의 출판물에서는 백범의
이름을 '개 구자' '김구'金狗로 부르며 매도하였다.

평양에 도착한 백범은 북녘 동포들에게 "꿈에도 그리던
이북의 땅을 밟아 내 고향의 부모, 형제, 자매를 만날 수 있
게 된 것을 생각하면 광환狂歡에 넘칠 뿐이다"라는 성명을
발표하였다. 백범은 민주 자주의 통일 독립 국가를 건설하
기 위하여 의견을 교환하고자 이곳에 오게 되었다고 밝히

▬▬ 12, 13   도진순, "백범 김구 남북 연석회의 ①", 『문화일보』 제1291호.

고, 남북 동포가 합심하여 통일 독립 국가를 건설하자고 피력하였다. 김규식도 평양에 도착하였다.

백범은 4월 21일부터 23일까지 평양에서 열린 연석회의에 참석하고 '4김 회담'에도 참석하였다. 4김 회담에 앞서 '남북한 정당사회단체 지도자협의회'란 이름으로 열린 요인 회담에는 남측 대표로 김구, 김규식, 조소앙, 조완구, 홍명희, 김붕준, 엄항섭, 북측 대표로는 김일성, 김두봉, 최용건, 박헌영, 주영하, 허헌, 백남운 등이 참석하였다.

이 요인 회담은 해방 후 좌우익과 중도계 인사들이 한 자리에 모여 외국군을 철수시키고 통일 민족 국가를 수립하고자 하는 최초이자 최후의 모임이었다. 남북 협상에 비판적인 이승만과 소련군의 연금 상태에 있던 조만식이 불참하기는 하였지만 15명의 요인이 참석한, 그야말로 남북 지도자들이 한 자리에 모이게 된 절호의 기회였다.

이 회담에서는 김규식이 북행에 앞서 김일성에게 제시한 5개항의 원칙을 놓고 토의를 진행하였다. 5개항은 △진정한 민주국가 건설 △사유재산 제도의 승인 △통일 중앙 정부 수립 △외국에 군사기지 불제공 △미소 양국군 철수 등이었다.

이 회담은 5개항의 원칙을 축조심의逐條審議하여 5월 1일 4개항의 성명서 초안을 채택하였다.

첫째, 우리나라에서 외국군이 철수하는 것은 우리 문제를 해결하는 유일한 방법이다.

둘째, 외국군이 철수해도 내전은 일어날 수 없으며 반통일적인 무질서의 발상도 허용치 않음을 확인한다.

셋째, 여러 정당·단체들은 국민을 대표하는 민주주의 임시정부를 수립할 것이며, 이 정부는 비밀투표로 통일적인 입법기관을 선거한다.

넷째, 남한의 단정 단선을 반대하며 동시에 이를 지지하지 않는다.

15인 요인 회담에 앞서 평양에서는 남북 정당, 사회단체 대표자 합동회의가 4월 19일 개막되어 8일 동안 계속되고 있었다. 첫날은 남북한 정당사회단체 인사 545명이 참석하여 모란봉극장에서 개최되었다. 이 회의는 군중대회 식으로 진행되어서 백범이 주장한 남북고위정치협상과는 점점 거리가 멀어져갔다.

회담이 변질되면서 백범은 연석회의에 참석하지 않고 울적한 심회도 달랠 겸해서 평양 근교의 대보산을 찾았다. 대보산에는 영천암이라는 조그마한 암자가 있었는데, 백범이 50여 년 전 일본인 스치다를 죽이고 인천 감옥을 탈옥하여 몸을 숨기고 있었던 바로 그 곳이었다. 영천암 순방에는 안창호의 여동생 안신호도 동행하였다. 젊은 시절 한때 약혼설이 있었던 그 여성이다. 만경대도 찾았다.

첫 '4김 회담'이 열린 것은 4월 30일 김일성의 관저 2층이었다. 백범은 이 자리에서 △남북한을 통하여 어떠한 형태의 단독 정부도 세워서는 안 된다 △조만식 선생을 모시고 갈 수 있도록 해달라 △연백저수지의 통수通水와 단전 상태의 남한 송전을 계속할 것 △중국 여순에 있는 안 의사의 유해를 모시고 갈 수 있도록 주선을 바란다는, 4가지 조건을 김일성에게 제시하였다.

그러나 김일성은 두 가지는 가능하지만 조만식 선생과 안 의사의 유해 문제는 당장 실현하기 어렵다고 언급하였다.

●단독 정부는 세워지고

회담을 마친 백범은 5월 5일 서울로 돌아왔다. 귀환 성명을 통해 이 회담이 민주적 조국 통일을 수립하기 위해 남북의 단선·단정을 반대하는 데 있으며, 미소 양군 철수를 요구하는 데도 의견이 일치했고, 북쪽이 절대로 단정 수립을 하지 않겠다는 약속을 하였으며, 송전과 연백저수지 개방에 동의한 점 등을 설명하였다.

그러나 하지는 남북 정당·사회단체대표 합동회의 결정에 대한 불찬성 성명을 발표하고, 5·10 선거가 남한만의 참여로 치러지면서, 4김 회담을 비롯한 남북 협상파의 노력은 민족 통일을 염원하는 겨레의 소망과는 달리 물거품이 되고 말았다.

예정대로 남한에서는 5월 10일 총선거가 실시되고 7월 17일 이승만의 주장대로 대통령 중심제의 헌법이 제정되었다. 7월 20일에는 국회에서 정부통령 선거를 실시하여 이승만이

180표를 얻어 당선되었다. 단독 정부 참여를 거부한 백범에게도 13표가 나왔고, 부통령 선거에서는 60여 표가 나왔다.

1925년 상해 임시정부에서 '위임통치론'을 이유로 탄핵을 당하여 쫓겨났던 이승만이 신탁통치 정국의 분단정부 수립론을 들고 나와 대통령이 된 것은 역사의 아이러니였다. '치매의 역사 현상'이라 하겠다. 8월 15일에는 대한민국 정부가 수립·선포되었다.

남한에 단독 정부 수립을 반대하며 참여를 거부해온 백범은 반쪽 정부가 수립된 이후에도 남북 협상과 통일 정부 수립의 꿈을 접지 않았다. 틈을 내어 어려운 동포들을 돕고 50여 명의 고학생들에게 학자금을 나누어 주었다. 기금은 아들 신의 결혼식과 어머니와 부인의 이장식 때에 들어온 부조금을 모아두었던 것이었다.

환국 후 백범의 사생활과 정치활동은 근검하고 청렴했던 것으로 알려졌다. 많은 국민과 재력가들이 그를 존경하여 금품을 보내왔지만 대부분 돌려보냈다. 정치활동에 적지 않은 돈이 필요하였을 터인데도 그는 부정한 돈을 받지 않았다. 특히 친일파들이 구명의 조건으로 독립운동가들에게 거액을 헌납하고, 이에 대해 비난 여론이 일기도 하였다. 그러나 백범은 철저하게 주변을 관리하고 자신도 청렴성을 견지하였다. 백범의 청렴성에 관해서는 한 가지 비화가 있다. 백범의 개인 비서였던 선우진 씨의 증언을 리영희李泳禧 교수가 전한다.[14]

김구 선생이 환국한 지 얼마 안 된 어느 날 경교장에 전화가 걸려왔다. 선우 비서가 받으니 유명한 친일파 박 모 씨가 김구 선생을 숙소로 찾아뵙고 싶어한다는 뜻을 전하면서 선생의 허락을 요청하였다. 선우 비서가 선생께 그 뜻을 전하자 선생은 한마디로 거절했다.

그런데도 불구하고 잠시 뒤에 박씨는 승용차를 타고 경교장 정문에 나타났다. 안내하고 들어온 비서의 손에는 녹색 보따리가 들려 있었다. 선우 비서가 선생에게 아뢰자 역시 돌려보내라는 명령을 했다. 그래도 막무가내로 간청하니 선생이 못 이겨 허락하였다. 집안에 들어온 박씨는 온갖 아첨 끝에 비서가 들고온 보따리를 풀어놓고는 정치자금으로 헌납하니 받아달라고 청원하였다. 지폐로 300만 원이었다고 한다. 그때로서는 거액이다. 그것을 본 김구 선생은 낯이 붉어지더니 대갈일성하였다.

"나를 왜놈으로 착각하는가! 친일파의 근성을 바로잡지 못하거든 썩 물러가시오!"

박씨는 비서로 하여금 돈 보따리를 챙겨들게 하여 총총히 문 밖으로 사라졌다. 박씨는 그길로 이화장에 머물고 있던 이승만을 찾아갔다. 대문에 들어선 박씨가 이씨의 개인 비서를 통해 내방의 뜻을 전하자 곧 이씨가 몸소 현관까지 마중나왔다. 그는 만면에 웃음을 지으며 반갑

---

14 리영희, 『자유인 자유인』, 범우사.

게 맞이했다.

"미스터 박, 반갑습니다. 어서 올라오시오."

두 사람의 대좌의 자리에서는 유쾌한 웃음이 터지고, 백년지기와 같은 오랜 대담 끝에 박씨는 이승만과 다정한 악수를 나누고 물러났다. 뒤에는 돈 보따리가 남겨졌다.

리 교수는 또 '목격자로부터 들은' "김구 선생의 정신과 풍모에 관하여 내가 들은 일화 두어 가지를" 다음과 같이 기술하였다.[15]

이승만과 그를 떠받드는 친일파는 말할 것도 없고 공산당의 극좌 세력으로부터도 끊임없이 생명의 위협을 받고 있던 험악한 그 시기의 어느 날에 어떤 이가 임시정부 요인들과 국내 정치 지도자들을 위로하는 주연을 베풀었다고 한다. 그때에 남한에는 전력이 태부족이어서 북한에서 전력이 공급되고 있었다. 전기보다는 남폿불이나 촛불이 차라리 조명의 주종이었다.

얼마쯤 연회가 진행되고 있을 무렵에 갑자기 전깃불이 나갔다. 장내가 암흑이 되는 순간에 그 어둠 속에서 좌석은 혼란에 빠졌다. 그도 그럴 것이 백범 노선을 따르는 정치인들에게는 쉼 없이 생명의 위험이 가해지고 있을 때였으니까. 그러나 정전은 잠깐이었다. 곧 전기가 들어왔다. 좌석은 텅 비어 있었다.

그런데 김구 선생만이 홀로 그 자세대로 그 자리에 태연하게 앉아 계시더라는 것이다. '테러의 괴수'였기 때문이었을까? 아니다. 김구 선생은 진실로 하늘을 우러러 부끄러움이 없고, 땅을 굽어보아 두려움이 없는 삶을 살고 있었기 때문이었을 것이다.

---

15 리영희, 『자유인 자유인』, 범우사.

제 **15** 장

백범의 문화국가 건설론

●건국강령에 나타난 문화주의

성현이나 선철先哲의 말과 글이 수십, 수백 년이 지나도록 사람들에게 공감과 감동을 불러일으키는 것은 그것이 시간과 공간을 초월하여 진리이고, 먼 앞날까지 내다보는 안목이 있기 때문이다. 백범의 '문화국가 건설론'은 반세기가 훨씬 지난 지금도 우리가 지향하는 국가적인 과제일 뿐 아니라 모든 나라의 궁극적인 바람이고 이상이기도 하다.

조국 독립을 위해 외적과 싸우느라 생애의 대부분을 바친 백범은 독립운동의 상징적 인물이다. 당연히 해방된 조국에서 건국사업의 중심에 서고 '건국방략'을 제시하게 된다.

해방 정국의 중심 인물인 백범은 분망한 일정 속에서도 독립국가 건설을 위한 여러 가지 정책과 비전을 제시한다. 반탁운동, 미국과의 갈등, 이승만과의 대결, 통일 정부 수립 운동 등 벅찬 도전 앞에 영일이 없으면서도 민족의 미래상을 제시하는 데 결코 태만하지 않았다.

당시의 정국은 국내파와 해외파, 독립운동 세력과 친일 세력, 단독정부 세력과 통일 정부 수립 세력, 우익과 좌익 그리고 중도파, 친미파와 친소파가 얽히고 섞여 치열하게 대결, 대치하면서 혼란상이 극에 이르렀다. 이념투쟁과 권력투쟁으로 정국이 극도로 혼란하고 암살과 테러가 일상적으로 이루어졌다.

정치 지도자들은 새나라 건설의 비전이나 정책을 제시하기보다 당면한 정치 노선에 따라 좌충우돌, 이합집산을 거듭하였다. 정국은 반탁과 찬탁, 단독정부 수립과 통일 정부 수립의 큰 흐름으로 전개되었다. 당시의 시대적 상황 논리를 배제하기 어렵다 치더라도 정치 지도자들의 이념투쟁과 '정치 편향성'은 지나쳤다.

그러나 백범의 경우는 달랐다. 중국 망명 시절부터 「대한민국건국강령」[1]을 마련하면서 해방에 대비하여 왔기 때문에 해방 정국에서도 기회 있을 때마다 건국에 대한 여러 가지 '방략'을 제시하였다. '건국강령'은 대한민국 임시정부 외무부장 등을 지낸 조소앙趙素昻의 삼균주의에 기초하여 제정한 이름 그대로 임정의 정강 정책이고 건국의 원칙을 구체화한 내용이다.

삼균주의三均主義는 손문의 삼민주의三民主義와 사회주의 영향을 받아 1930년대에 조소앙에 의해 제창되고 이것을 임정이 건국강령의 핵심 이론으로 수용하였다. 삼균이란 개인간·민족간·국가간 균등을 말하고, 정치적 균등·경제적 균등·교육적 균등의 실현으로 삼균을 이루어 세계일가의 이상사회를 건설한다는 평등주의 사상이다. 정치적 균등은 토지 국유와 대생산기관 국유제, 교육적 균등은 국비 의무교육제 실시로 실현되며, 이를 통해 개인간 균등을 이루어낸다는 것이다. 또 민족간 균등은 소수민족, 약소민족의 독립에 의해, 국가간 균등은 식민 정책과 제국주의를 부정하는 모든 국가들이 상호 침략을 하지 않음으로써 이루어진다고 하였다.

삼균주의의 특징 중 하나는 정치·경제·교육의 균등과 독립·민주·균치의 동시 실시의 7개항으로서, 임정이 건국강령으로 삼게 되었다. 임정은 건국의 과정을 3단계로 설정하였다. 첫째가 중앙의 정부와 의회가 삼균제도의 강령과 정책을 추진하는 과정이며, 둘째는 삼균제도의 헌법을 응용 실시하며, 선거가 이루어지고, 민주적 문화생활이 보장되는 과정이며, 셋째는 건국에 대한 기초적 시설이 상당 수준 성취될 시기로써 민주적이고 복지적인 혁명의 새 국가 건국을 이상형 모델로 삼고 있었다.[2]

백범의 문화국가 사상은 이와 같은 임정의 건국강령에서 비롯되었다. 백범은 해방을 맞아 환국하여 발표한 「나의 소원」에서 문화국가 건설의 절실한 비원을 다음과 같이 제시하였다.

　　내가 원하는 우리 민족의 사업은 결코 세계를 무력으

로 정복하거나 경제력으로 지배하려는 것이 아니다. 오직 사랑의 문화, 평화의 문화로 우리 스스로 잘 살고 인류 전체가 의좋게 즐겁게 살도록 하는 일을 하자는 것이다. 어느 민족도 일찍이 그런 일을 한 이가 없었으니 그것은 공상이라고 하지 말라. 일찍이 아무도 한 자가 없길래 우리가 하자는 것이다. 이 큰 일은 하늘이 우리를 위하여 남겨 놓으신 것임을 깨달을 때에 우리 민족은 비로소 제 길을 찾고 제 일을 알아본 것이다. 나는 우리나라의 청년 남녀가 모두 과거의 조그맣고 좁다란 생각을 버리고 우리 민족의 큰 사명에 눈을 떠서 제 마음을 닦고 제 힘을 기르기로 낙을 삼기를 바란다. 젊은 사람들이 모두 이 정신을

---

1 대한민국 임시정부는 대한민국 23년(1941년) 11월28일 임시정부의 정강 정책인 「대한민국 건국강령」을 공포하였다. 민족 독립을 앞두고 건국원칙 방침을 삼균주의에 기초하여 구체화 한 것이다. 이는 임시정부의 최종 헌법인 1944년의 제5차 개정 임시약헌의 이념적 기초가 되었다. 1장 총강(1~7항), 2장 복국(復國:1~8항), 3장 건국(1~7항)의 22개항으로 구성되었다. 1장 총강에서는 ① 민족 공동체로서 한국 ② 삼균제도의 역사적 근거 ③ 토지 국유제의 전통 ④ 주권 상실 당시 순국선열들의 유지 ⑤ 혁명으로서 3·1운동과 이를 계승한 민주제도 건립으로서 임시정부 ⑥ 삼균제도의 발양 확대 ⑦ 혁명적 삼균제도인 정치·경제·교육의 균등과 독립·민주·균치均治의 동시 실시의 7개항이다. 삼균주의가 고유한 건국정신임을 분명히 하였다.
제2장에서는 복국의 단계를 3기로 나누어 ① 제1기, 독립을 선포하고 기타 법규를 반포하여 적에 대한 혈전을 계속하는 과정 ② 제2기, 국토를 회복하고 당·정·군이 국내에 들어가는 과정 ③ 제3기, 국토·인민·교육 문화 등을 완전히 되찾고 각국 정부와 조약을 체결하는 과정이라 하였다.
제3장에서는 건국의 단계를 역시 3기로 나누어 토지와 주요 산업의 국유화·무상 의무 교육 실시 등 삼균제도를 실시하는 과정을 구체화하였다. 이로써 건국강령은 민주공화국 정체와 토지·주요 산업 국유화를 혼합한 일종의 민주사회주의 체제를 표방하였다.

2 이현희,『대한민국임시정부사연구』, 혜안, 2001.

가지고 이 방향으로 힘을 쓸진대, 30년이 못하여 우리 민족은 괄목상대하게 변할 것을 나는 확신하는 바이다.

　　백범의 이와 같은 문화주의와 평화 사상은 평생을 항일 독립전쟁을 지도해온 혁명가의 철학과는 다소 생소하게 보일지 모른다. 그러나 이것은 백범의 또 다른 면모이고 임정 이래 다듬어온 새나라 건국강령의 중심 테마이기도 하다.

　　백범의 「나의 소원」은 망명지에서부터 집필해온 자서전 『백범일지』에 수록하고자 특별히 준비한 글이다. 따라서 그만큼 순수하고 체계적이다. 백범의 문화국가 사상을 이해하기 위해서는 다음의 구절을 살펴보는 것이 순서일 것이다.

　　나는 우리나라가 세계에서 가장 아름다운 나라가 되기를 원한다. 가장 부강한 나라가 되기를 원하는 것은 아니다. 내가 남의 침략에 가슴이 아팠으니 내 나라가 남을 침략하는 것을 원치 아니한다. 우리의 경제력은 우리의 생활을 풍족히 할 만하고, 우리의 강력은 남의 침략을 막을 만하면 족하다. 오직 한없이 가지고 싶은 것은 높은 문화의 힘이다. 문화의 힘은 우리 자신을 행복하게 하고 나아가서 남에게 행복을 주겠기 때문이다. 지금 인류에게 부족한 것은 무력도 아니요, 경제력도 아니다. 자연과학의 힘은 아무리 많아도 좋으나 인류 전체로 보면 현재의 자연과학만 가지고도 편안히 살아가기에 넉넉하다.

인류가 현재에 불행한 근본 이유는 인의가 부족하고, 자비가 부족하고, 사랑이 부족한 때문이다. 이 마음만 발달하면 현재의 물질력으로 20억이 다 편안히 살아갈 수 있을 것이다. 인류의 이 정신을 배양하는 것은 오직 문화이다. 나는 우리나라가 남의 것을 모방하는 나라가 되지 말고, 이러한 높고 새로운 문화의 근원이 되고 목표가 되고 모범이 되기를 원한다. 그래서 진정한 세계의 평화가 우리나라에서, 우리나라로 말미암아서 세계에 실현되기를 원한다.

'높은 문화의 힘'을 국가의 최고의 가치로 설정한 백범의 문화철학은 구체적 방법론까지 제시한다. 즉 "남의 것을 모방하지 말고, 높고 새로운 문화의 근원이 되고, 목표가 되고, 모범이 되기를" 기대하는 것이다. 그리고 이것이 진정한 세계 평화가 되고 세계 평화는 한국에서 말미암기를 추구한다.

인재양성, 건국실천원양성소

    환국한 백범은 해방 정국에서 국가 건설을 위한 인재 양성이 절실하다는 사실을 인식하였다. 일제 식민지시대에 고등교육을 받은 사람의 대부분이 친일파 자손이거나 민족 반역자의 가문 출신이었다.

    실제로 항일 인사나 독립운동 집안에서는 고등교육을 받을 처지가 되지 못하였다. 또한 일반 국민의 절대 다수는 끼니도 제 때에 때우지 못하는 실정에서 자식의 고등교육에 학비를 부담하기란 사실상 불가능하였다. 이러다 보니 해방 공간에서 건국과업에 나설 인재가 부족할 수밖에 없었다. 건국과정의 인재군에는 소수의 독립운동가와 어느 날 갑자기 애국자로 변신한 기회주의자 그리고 친일 세력이 뒤섞이게 되었다. 독립운동가들은 오랜 망명생활과 은거활동 때문에 행정 경험이 부족한 반면 친일파들은 왜정에 이어 미군정의 요직에 참여하면서 각 분야에서 '주류 세력'으로 행세하기에 이르렀다.

이러한 정황에서 백범은 1947년 3월 자주정부 수립을 위한 인재 양성을 목적으로 '건국실천원양성소'를 설치하였다. 서울시 용산구 원효로에 소재한 원효사를 본부로 하여 인재 양성소를 설립하였다. 건국실천원양성소는 1940년 9월 중경重慶에서 제정 공포한 「대한민국 건국강령」을 기초로 삼았다. 독립운동의 과정에서, 복국의 단계에서, 광복군이 필요했던 것처럼, 건국의 단계에서는 건국의 동량이 필요하였고, 이와 같은 필요에 따라 양성소가 설립되었다. 백범은 양성소의 명예소장에 이승만을 추대하고 자신은 소장을 맡았다. 그리고 전국 각지의 우수한 애국 청년들을 선발하여 건국운동의 중견 간부로 양성하고자 교육 프로그램을 준비하였다.

백범의 이와 같은 인재 양성 준비는 투철한 교육 사상과 문화주의 정신에서 출발한다. 해방된 조국에서 애국 청년들에게 새로운 교육을 통해 민족 문제와 민주주의 그리고 문화국가 건설의 역군으로 삼고자 하였던 것이다.

양성소의 교육 기간은 당시의 사회 환경 때문에 단기 일수밖에 없었다. 매기의 교육 인원은 100명 내외이고 교육은 9기까지 이어졌다. 그러니까 900명 내외의 애국 청년들이 양성소에서 교육을 받은 것이다.

교육 내용은 독립운동사를 비롯하여 정치, 경제, 법률, 헌법, 역사, 선전, 민족문화, 국민운동, 농촌 문제, 협동조합, 사회학, 약소민족 문제, 청년운동, 여성 문제 등과 특별

강의가 중심을 이루었다. 강사진에는 조소앙, 조완구, 신익희, 지청천, 나재하羅在夏, 김성주金成柱, 김경수金敬洙, 최호진崔虎鎭, 엄항섭, 김정실金正實, 민영규閔泳珪, 엄상섭嚴祥燮, 양주동梁柱東, 김학규, 설의식薛義植, 김기석金基錫, 이상조李相助, 주석균朱碩均, 홍병선洪秉璇, 김하선, 김석길金錫吉, 안재홍安在鴻, 정인보鄭寅普, 황기성黃基成, 이인李仁, 김활란金活蘭, 김법린金法麟, 박순천朴順天, 이은상李殷相 등 각계의 인사들이 초빙되었다.[3] 그러나 문화국가 건설의 웅대한 꿈을 안고 출발하여 적지 않은 인재를 교육한 양성소는 백범이 암살된 뒤 1949년 8월에 본부인 원효사를 홍익대학에서 인수하면서 2년 5개월 만에 해체되었다.

백범은 양성소에서 몇 차례 강의를 하였지만 구체적인 자료는 전하지 않는다. 다만 1948년 3월 12일 미군재美軍裁에 장덕수 암살 사건의 증인으로 출두한 뒤 법정에서 나오는 길로 건국실천원양성소를 방문, 창립 1주년을 축하하며 다음과 같은 요지의 연설을 하였다. 백범이 양성소에 얼마나 애정을 가졌는가를 보여준다.[4]

나는 미군 법정에서 나오는 길로 효창원 3열사 묘소에 참배하고, 선열의 영 앞에서 참회의 묵도를 올렸다. 돌아오는 길에 양성소에 들렀을 때에 나는 소원所員 여러분이 손가락을 쳐 맨 것을 보고 이상히 여겼더니, 나중에 50여 명 소원들이 손가락을 베어서 혈서를 써 가지고 나의 억울한 것을 변백辨白하러 군정청으로 가려던 길이라는 것을 알았다. 나는 이 순간에 곧 교직원 제위의 과거 1년 동안의 훈육의 업적은 과연 훌륭한 것이라고 느끼며, 여러분의 불타오르는 듯한 애국 정열에 대하여 무한한 만족과 감사를 표하였다. 여러분! 조국은 지금 위기에 처하였다. 진정한 애국자는 궐기하여 조국을 구하지 않으면 안 된다.

백범은 미군정과 친일 세력이 자신을 장덕수 암살 사건에 연루시켜 미군정 재판소에 증인으로 소환할 때에 양성소의 원생들이 혈서를 쓰면서 억울함을 변백하려는 움직임을 고맙게 생각하면서 위기에 처한 조국을 구할 것을 촉구한다. 다음의 내용도 살펴보자.

이 중에서도 중용을 읽은 이가 있는지 모르나 '윤집궐중 택선고집'允執厥中 擇善固執이란 말이 있는데, 이것은 정의는 반드시 최후에 승리한다는 것이다. 38선 이북은 내놓고라도 반쪽 정부를 세우자는 사람들은 남북 통일 정부 주장은 공염불이니 관념론이니 비방하지마는, 기독교인들은 천당에 가 본 일이 없고 예수를 보지 못했지만 예수의 이름으로 하나님 앞에 기도를 드리고 그 분의 뜻대

■■■ **3** 윤세원, "건국실천원양성소", 『한국민족문화대백과사전』, 한국정신문화연구원.
■■■ **4** 『나라사람』제21집, 백범김구선생 특집호, 외솔회.

로 행하면 천당에 갈 수 있다고 믿는다. 우리는 5천년 역사를 통하여 우리나라는 독립국이고 자유민임을 확신하는 것이니, 우리의 주장은 공염불이 아니라 3천만 동포의 일관된 신조이며 민족 절대 명령이다. 두 동강 정부를 주장하는 사람들은 선거를 실시하여 남조선 정부를 수립하고 군대를 양성하여 북쪽으로 쳐들어가겠다고 말하는데, 이것은 위험한 말이다. 남으로 넘어온 450만 동포들은 자기의 부모, 처자, 친척들이 북한에 아직도 남아 있다.

그 사람들이 남쪽에서 총을 메고 쳐들어갈 때에 북한 공산당들이 먼저 이 사람들을 강박하여 38선에 내세우고 북쪽에서 마주 쳐 온다면 우리의 할아버지와 아버지와 어머니와 동생들을 향하여 총으로 쏘고 칼로 찔러서 죽이고 싸워야 한단 말인가? 이것이 이북인의 자손의 도리인가? 민족의 양심이 허락할 것인가? 동족상잔과 망국멸족의 참극을 조장시키는 자의 정체가 참으로 우리 한국 사람인가를 생각해 보라.

백범은 양성소 학생들을 상대로 정의의 승리와 분단 정부 수립이 얼마나 반민족적인 행위인가를 역설하였다. 특히 분단 정부가 동족상잔의 참화를 불러오게 된다는 사실을 정확하게 예상하고 있다. 백범의 이와 같은 '예언'은 1950년 6·25 참변으로 나타나고 자신은 분단 세력의 희생양으로 쓰러지는 비운을 겪어야 했다.

험난한 교육과정에서 문화 사상 싹터

사회적으로 미천한 신분의 가정에서 태어난 백범은 12세에 마을 아이들과 훈장을 초빙하여 서당에서 글공부를 시작하였다. 그러나 얼마 후 아버지의 병환으로 중단하였다. 아버지의 병세 회복과 동시에 공부를 다시 시작했지만 이번에는 훈장이 마음에 차지 않아서 서당공부를 중단하였다. 그러다가 15세 때부터 10리 길이나 떨어진 서당에 훈료면제訓料免除로 통학의 길을 찾았다. 백범의 생각은 열심히 공부하여 과거에 급제하고 양반이 됨으로써 부모의 소원을 풀어드리겠다는 일념이었다. 17세 되던 해 해주에 나가 임진경과任辰慶科에 응시하였다. 해주까지 가는 데 노자가 없어 과거 중에 먹을 만큼 좁쌀을 지고 나가 응시하였다. 그러나 당시 문란해질 대로 문란해진 과거제도는 먼저 합격자를 결정해 놓고 형식적으로 치르는 행사에 불과했다.

타락한 과거제도에 실망한 백범은 아버지의 권유에 따

라 관상과 풍수공부를 하게 된다. "너 그러면 풍수공부나 관상공부를 해 보아라. 풍수를 잘 배우면 명당을 얻어서 조상님네 산소를 잘 써서 자손이 복락을 누릴 것이오, 관상에 능하면 사람을 잘 알아보아서 성인군자를 만날 수 있을 것이다"(『백범일지』)라는 아버지의 뜻에 따른 것이다.

이와 같은 아버지의 권유에 따라 『마의상서』를 빌려다 거울을 앞에 놓고 석 달 동안 꼼짝 않고 관상공부를 하였다. 그러나 그 결과는 과거에 실패한 것보다 더 큰 낙심을 안겨 주었다. 자기의 얼굴에서 찾아낸 것은 천격, 빈격, 흉격뿐이었고, 귀격貴格이나 부격富格은 없었기 때문이다. 다만 '상호불여신호, 신호불여심호'相好不如身好, 身好不如心好, 즉 "얼굴 좋음이 몸 좋음만 못하고, 몸 좋음이 마음 좋음만 못하다"라는 한 구절을 발견하고 '마음 좋은 사람'이 되기를 결심한 것이 『마의상서』를 읽고 얻은 수확이라면 수확이었다.[5]

백범은 이 외에도 『손자』『오기자』『삼략』『육도』등 각종 병서를 읽으면서 1년 동안 일가 아이들을 가르쳤다. 백범은 『마의상서』와 각종 병서에서 얻은 지혜와 감동의 일생을 통하여 행동지표가 되었다고 술회하였다.[6]

백범의 인격 형성 시기에 정신적, 학문적으로 가장 큰 영향을 준 이는 20세에 동학혁명을 계기로 알게 된 안중근 의사의 아버지 안태훈 진사와 유학자 고능선이었다. 백범은 6개월 동안 청계동 안 진사의 집에 머물면서 고능선의 훈도를 받았다. 백범은 후일 이때의 배움이 일생을 통한 정신적

지주의 하나가 되었다고 『백범일지』에 기록하였다. 전통적인 주자학 사회에서 살아온 백범이 서양문화에 접하게 된 것은 1896년 국모 살해의 보복으로 일본군 장교 스치다를 죽이고 인천 감영에 수감되었을 때의 일이다. 감리서 관리의 호의로 중국에서 발간된 『태서신사』와 『세계지지』를 비롯한 서양 문물을 소개한 책들을 읽으면서 신문화와 접촉하게 되었다. 백범은 이때 "내, 20평생에 꿈도 못 꾸던 새로운 책들을 읽게 되고"(『백범일지』) 따라서 '척양척왜'의 사상을 바꾸어 신문물을 수용하는 계기가 되었다.

백범의 문화주의 사상을 이해하기 위해서는 동학에 입도하면서 인식의 변화를 겪게 되고 불교에 이어 기독교에 입교하여 또 한 차례 서양 문물의 세례를 받게 되는 과정을 알아볼 필요가 있겠다. 백범은 우연한 기회에 동학에 입도하면서 느끼게 된 소회의 일단을 다음과 같이 밝혔다.(『백범일지』)

내 상호相好가 나쁜 것을 깨닫고 마음 좋은 사람이 되기로 맹세한 나에게는 하늘님을 몸에 모시고 하늘 도를 행하는 것이 가장 요긴한 일 뿐더러 상놈된 한이 골수에 사무친 나로서는 동학의 평등주의가 더할 수 없이 고마웠고 또 이씨의 운수가 진하였으니 새 나라를 세운다는 말도 해주의 과거에서 본 바와 같이 정치의 부패함에

▬▬▬ **5, 6** 손세일, 『이승만과 김구』, 일조각, 1979.

실망한 나에게는 적절하게 들리지 아니할 수가 없었다.

동학에 입도하여 19세의 젊은 접주가 되어 700명의 총군
을 거느리고 동학군의 선봉에 섰던 백범에게는 비록 동학혁
명은 실패하고 말았지만, 척양척왜와 만민평등의 사상적 기
초는 후일 민족주의적 사상 형성에 크게 영향을 끼쳤다. 백
범은 동학혁명의 좌절 이후 일군 장교를 죽이고 인천 감영
에 갇혔다가 탈옥 후 삼남 지방을 방랑하면서 공주 마곡사
의 중이 되는 등 1년여 동안 불도의 길을 걸었다. 그리고 얼
마 후 환속하여 기독교에 입교한다.

백범이 기독교에 입교한 것은 1903년이다. 진사 오인형
의 집에 학교를 열고 아이들에게 기독교와 신학문을 가르쳤
다. 백범이 교육사업에 종사한 것은 이것이 시초가 되었다.
이어 진남포에서 엡윗청년회 총무가 되어 서울의 교회대표
자회의에 참석하고 1907년 양산학교의 교원이 되었으며 해
서교육총회를 조직, 학무총감이 되어 황해도 내를 순회 강
연하는 등 계몽운동에 앞장섰다가 1911년 안악 사건으로
다시 투옥되었다. 백범에게 교원생활과 기독교 사상은 자기
변혁과 사회 참여의 수단이 되고 후일 민족의 독립과 통일
정부 수립의 사상적, 종교적 신념의 바탕이 되었다. 이와 관
련 백범은 후일 다음과 같이 밝혔다. (「나의 소원」)

나는 공자, 석가, 예수의 도를 배웠고 그들을 성인으

로 숭배하거니와 그들이 합하여서 세운 천당, 극락이 있다 하더라도 그것이 우리 민족이 세운 나라가 아닐진대 우리 민족을 그 나라로 끌고 들어가지 아니할 것이다. … 우리가 세우는 나라에는 유교도 성하고 불교도 예수교도 자유로 발달하고, 또 철학으로 보더라도 인류의 위대한 사상이 다 들어와서 꽃이 피고 열매를 맺게 할 것이니 이러하고서야만 비로소 자유의 나라라 할 것이오, 이러한 자유의 나라에서만 인류의 가장 크고 가장 높은 문화가 발생할 것이다.

백범은 전통 유학, 동학(천도교), 불교, 기독교의 정치사회적, 종교적 변화의 과정을 겪으면서 문화와 교육에 대한 갈증과 애착은 남달랐다. 그래서 1919년부터 1932년 사이 상해에 인성학교라는 초등교육기관과 3·1중학을 세워 동포 자제들에게 민족교육을 실시하였다.

백범은 해마다 3·1절에는 동포 자제들과 태극기 밑에서 놀기도 했으며 환국 후 총망悤忙중에도 불우한 아동들을 위한 학교를 두 개나 세워 민주주의와 문화교육의 요람으로 육성하고자 하였다.

임시정부의 교육문화 사상

백범의 문화주의, 문화입국론은 임정의 '교육 균등' 건국강령에서 기원한다. 임정은 1919년 망명 정부 수립 이후 시정 방침에서 독립운동을 진행시켜 나가는 동안에도 교육에 진력하고자 여러 가지 방책을 마련하였다. 그 중에서도 1941년 11월 28일 3장 22항으로 구성된 대한민국 건국강령을 들 수 있다. 건국강령은 임정이 이제까지 걸어온 길과 향후 걸어 나가야 할 길을 체계적으로 집약한 내용이다. 삼균주의의 구체적 실현이기도 하다.

임정이 마련한 삼균제도, 다시 말해서 건국강령의 핵심은 정치·경제·교육의 균등을 목표로 하였다. 삼균제도는 1931년 임정에서 발표한 「대외 선언」에서 이미 그 원칙이 천명된 바 있다. 즉 "보통선거 제도를 실시하여 정권을 균均하고, 국유 제도를 채용하여 이권을 균하고, 공비 교육으로서 학권學權을 균하며, 국내외에 대하여 민족자결의 권리를 보장하여서 민족과 민족, 국가와 국가와의 불평등을 혁제革除할지니 이로써 국내에 실현하면 특권 계급이 곧 소망하고 소수민족의 침몰을 면하고 정치와 경제와 교육 전제를 고로히 하여 헌질軒輊이 없게 하고 동족과 이족에 대하여 또한 이러한다[7]는 내용을 담고 있다.

교육 균등의 이념은 건국강령 제1장 총강 2장에 잘 명시되고 있다. 즉 "우리나라의 건국정신은 삼균제도의 역사적 근거를 두었으니 선민先民이 명명한 바 수미균평위首尾均平位하면 흥방보태평興邦保泰平 하리라 하였다. 이는 사회 각계 각층의 지력과 권력과 부력의 형유를 균평하게 하여 국가를 진흥하여 태평을 보유하라 함이니 홍익인간과 이화세계理化世界하자는 우리 민족이 지킬 바 최고공리"[8]라 하였다.

'홍익인간'과 '이화세계'가 임정 교육 이념의 핵심이었음을 말한다. "널리 사람을 이익케 함과 진리로 세계를 화합을 교육의 종지로 삼은 것은 근대 시민으로서 자유와 평등에 입각한 사회를 이룩하기 위한 목적"[9]이었음을 알 수 있다.

임정이 교육 부문을 중요시한 것은 긴 설명이 필요하지 않을 것이다. "국가의 주권이 적에게 빼앗긴 상태에서 교육과 문화를 되찾는 방도로 혈전을 수행하기 위한 민족의 혁

7 추헌수 편, 『자료 한국독립운동』제1권, 연대출판부, 1971.
8 조소앙, 『소앙素昻선생 문집』상, 삼균학회, 1979.
9 김호일, "대한민국 임시정부의 교육사상", 『한국사론』10, 국사편찬위원회, 1981.

명의식을 환기시키고 민족의 역량을 결집시키는 의지를 갖게 하는 데 있었던 것이다."[10] 임정의 이와 같은 건국 이념과 교학 정신의 근본은 조소앙이 삼균주의에 기초하여 마련한 내용이지만 백범의 교육 정신과 문화 국가 건설이라는 이상과도 일치한다. 백범은 당시 임정을 이끌고 있는 영수로서 모든 문건과 노선을 주도하고 있었기 때문이다.

임정은 1919년 시정 방침에서 독립운동을 진행시켜 나가는 동안에도 교육에 진력하기 위하여 다음과 같은 방법의 시행을 공포한 바 있다.

一. 교과서 편찬
국정 교과서를 편찬하여 아동에 공급한다.
二. 의무교육 실시
각지 가능한 지점에 학교 설립을 장려하고 의무교육제를 실시케 한다.
三. 관리 양성
임시 관리 양성소를 분치하고 정무를 담임할 인재를 준비한다.
四. 긴요 사용에 관한 기술의 습학을 위하여 외국에 유학생을 파견한다.
五. 서적 간행
직접 혹은 간접적으로 위인 열사의 전기와 모험급 애국적 소설 등을 간행하여 국민의 충열한 지기志氣를 조장

시킨다.[11]

　건국강령은 의무교육제의 시행을 명시하였다. 6세부터 12세까지 초등교육과 12세 이상의 고등 기본교육에 관한 일체 비용을 국가가 부담하고 의무로 시행한다고 규정하였다. 임정의 초중등학교 의무제는 잔혹한 일제 식민지 교육정책에 의해 날로 문맹화 되어가는 민족의 장래를 생각하여 마련된 대단히 현명한 조처였다.

　국민의 문맹률을 줄이고 문화민족, 문화국가로 발전하기 위해서는 교육 수준의 향상이 필요하다는 인식에서 중등교육까지 국비 의무교육제를 주장한 것이다.

　건국강령의 교육 부문은 교육 기관의 설치 기준과 지역적 안내까지도 구체적으로 명시하였다. 지방의 인구, 교통, 문화, 경제 등 형편에 따라 일정한 균형 비율로 교육 기관을 설치하고, 최소한 1읍, 1면에 5개 소학교와 2개 중학교, 모든 군과 도에 2개의 전문학교, 모든 도에 1개 대학을 설치할 것을 규정하였다.

　전 국민에게 교육의 기회 균등을 주고 의무교육을 거친 후 재능만 있으면 고등 교육을 받을 수 있도록 제도화한 것

10 김호일, "대한민국 임시정부의 교육사상", 『한국사론』10, 국사편찬위원회, 1981.
11 "조선독립운동 국외정보 67시정방침 공표의건(대정 9년 5월22일 고등제 14529호)", 김호일, 앞의 글에서 재인용.

이다. 교과서 편찬과 공급도 정부가 맡도록 하고 교과서의 편집과 발행을 국영으로 하고 학생에게 무료로 나눠준다고 하였다.

임정은 교과서 편찬에 지대한 관심을 보였다. 그것은 "일제에 의하여 나라를 빼앗긴 것이 물론 무력에 의한 것이지만 투철한 민족정신과 민족의식 속에 실력이 있었다면 쉽사리 그러한 비극이 초래되지 않았을 것이라고 믿고 민족의식을 북돋고 민족관을 가진 국민을 걸러내는 데는 민족의 전통과 사상을 근거로 한 교과서에 있음을 알았기 때문이다."[12]

건국강령은 군사 교육에도 특별한 내용을 마련하였다. "국민병과 상비병의 기본 지식에 관한 교육은 전문 교육으로 하는 이외에 매 중학교나 전문학교는 필수과목으로 함"이라는 대목이 이를 말해준다.

임정의 교육입국론은 비록 망명 정부의 교육 이념이고 문화 정책으로서 햇빛을 보지는 못하였지만, 그것 자체로써 훌륭한 비전임은 분명하다. 홍익인간과 이화세계의 교육 이념은 바로 광복한 대한민국의 건국 이념이 되고 교육 정책으로 실현되기에 이르렀다.

대한민국 정부는 뒤늦게나마 중학교 의무교육제를 실현하여, 이 또한 임정의 꿈이 실현된 것이다. 건국강령에 나타난 교육 이념과 문화 정책은 곧 백범의 철학이고 사상인 셈이다.

---

12 김호일, "대한민국 임시정부의 교육사상", 『한국사론』10, 국사편찬위원회, 1981.

해방 공간의 교육문화 정책

　　백범이 젊은 시절이나 망명기나 환국하여서나 일관되게 추구해온 가치관은 이상적인 문화국가의 건설이었다. '독립 사상'을 백범의 기본 철학이라 볼 수도 있겠지만, 독립 사상은 민족주의와 자유민권 사상, 문화주의라는 세 바퀴로 얼개가 짜여지고, 민족주의와 자유민권 사상은 문화국가 건설을 위한 수단이라고 할 때 기본 가치는 문화국가의 건설이었다고 하는 편이 정확할 것이다. 해방을 맞아 백범의 문화국가 건설의 이상은 더욱 구체화되고 실천적인 방향으로 제시되었다.

　　백범은 1945년 중국 중경에서 해방의 소식을 듣고 8월 28일 한국독립당(한독당) 제5차 임시대표 대회를 열어 당강과 당책을 발표하였다. 「한국독립당 제5차 대표대회 선언」은 백범과 임정의 건국정강이 집약된 내용이다. 이 '선언'은 임시정부 시절의 '건국방략'을 정리한 것이지만 내용은 좀

더 구체적이다. '선언'에서 "특히 건국과 치국의 전 과정을 통하여 본당의 일관된 목표는 정치, 경제, 교육의 균등을 기초로 한 신민주국을 건립하는 동시에 족여족族與族 국여국國與國의 평등을 실현하고 나아가 세계일가의 진로로 향함에 있는 것이다"[13]라고 신민주국가 건립의 목표는 정치, 경제, 교육의 균등을 기초로 한다고 분명히 하였다.

환국한 백범은 1945년 12월 27일 서울중앙방송국 방송을 통해 「3천만 동포에게 고함」이란 제목의 방송을 하였다 (실제 방송은 임정의 엄항섭 선전부장이 대독). 백범은 이 귀국방송에서 첫 과제를 '완전히 자주독립하는 통일된 조국 건설'을 역설하고, 두 번째 과제로서 "정치, 경제, 교육의 균등을 기초로 한 신민주국을 건설하자"고 제의하였다. "국민 각개의 균등한 생활을 확보하지 못하면 신민주국을 건설할 수는 없는 것입니다. 그러므로 우리는 가장 진보된 민주주의를 실현하기 위하여 정치, 경제, 교육의 균등을 주장합시다. … 교육의 균등을 실시하기 위해서는 조속히 의무교육을 국비로써 실시하지 아니하면 아니 된다고 생각합니다"[14]라고 의무교육의 실시를 주장하였다.

해방 공간에서 임정과 백범의 건국 이념은 삼균주의에 따른 교육 중시의 정책이었다. 임시정부 외무부장으로서 삼균주의 이론가인 조소앙은 1946년 1월 22일 모스크바 3상 회담 등 당면 문제에 관해 언명하면서 "조선의 민족운동의 현 단계에서는 비록 복수당이 있어도 공동의 목표는 ①

독립 국가 ② 민주정권 ③ 정치, 경제, 문화, 교육 등 문제를 균등 기초 위에 두려는 데 있다"[15]라고 교육의 중요성을 강조하였다. 이것은 백범의 뜻을 대변한 것이다.

미군정은 1946년 8월 서울에 종합대학을 설치하고자 '종합대학안'을 발표하였다. 이에 백범은 한독당 선전부장 엄우룡嚴雨龍을 통해 통일 정부 수립 후에, 학원 자유정신에서 민주주의 원칙을 토대로 건립할 것을 요구하였다. "종합대학 안에 관해서는 선진국가의 학제로서 이미 그 성과로 보아 무조건으로 그 제도를 반대할 의사는 없다. 그러나 국가교육 문제의 중대성에 감하여 동 문제는 우리 통일 정부 수립 후 조선적 입장에서 신중 검토하여 입안되어야 할 것이다. 그 운영이 기개 관료 손에서 좌우될 가능성이 있다면 이는 당연 경계하지 않으면 안 된다. 부득이 종합대학안을 실시한다면 학원 자유정신에서 민주주의 원칙을 토대로 하여야 할 것이다"[16]라고 역설한다. 백범의 철저한 '민주주의 교육 원칙' 정신을 살피게 한다.

백범은 1948년 새해를 맞아 연두사를 발표하였다. 백범은 이 연두사에서 해방 정국의 혼란상과 민생의 도탄, 남북 분단 상태를 개탄하면서 총선을 앞두고 삼균주의 국가 건설을 위해 귀중한 한 표를 유효하게 던질 것을 호소하였다.

■■■ **13** 『전단』, 『신조선보』, 1945. 11. 10, 『白凡金九全集』, 제8권, 제1부 신문자료.
■■■ **14, 15, 16** 『동아일보』, 1945. 12. 30, 『白凡金九全集』, 제8권, 제1부 신문자료.

"우리는 마땅히 신년 벽두에 있어서 과거 2년 동안의 모든 과오를 깨끗이 청산하고 먼저 우리 민족끼리 단결하자. 정치, 경제, 교육의 균등 사회를 건설하기 위하여 단결하자"[17]고 역설하였다.

이상에서 살펴 본 대로 백범과 임정은 시종 일관하여 교육을 정치, 경제와 더불어 국가의 3대 기본으로 여기면서 민주주의 교육, 의무교육제를 주창하였다. 백범은 문화국가 건설이 국민의 민주교육과 의무교육제 실시를 통해 가능하다고 인식하고, 바로 그 전 단계로써 민주주의 교육, 의무교육제의 중요성을 역설한 것이다.

---

17 『동아일보』, 1945. 12. 30, 『白凡金九全集』, 제8권, 제1부 신문자료.

교육문화 사상의 평가

　백범의 문화 사상이나 문화국가 건설론에 관한 연구는 아직 초보 단계에 머물고 있다. 백범과 관련한 수많은 연구 논문 중에 이 분야는 극소수에 불과하다. 백범 생애의 주요 활동 영역이 독립운동이고 해방 후에는 정치, 통일운동에 몸 바친 까닭에 연구가 한 쪽으로 편향된 것은 어쩌면 당연할 수도 있지만, 이것이 백범의 진면모는 아니다.

　'문화국가관'은 19세기 초엽 독일의 철학자 피히테(1762~1814)에서 시작한다. 그는 1807년 나폴레옹 프랑스 군의 침입으로 패배한 프로이센의 위기에 직면하여 「독일 국민에 고함」이라는 연설을 통해 국민 교육이 국가 부흥의 원동력이 된다면서 독일 국민의 도덕적·교육적 분기奮起를 촉구하였다. 피히테는 국민의 도덕적 교육을 강조하고 정치가 국민의 문화적 지도성을 장악함으로써 비로소 국가의 운명을 힘차게 이끌어 나갈 것이라고 주장하였다.

백범이 피히테의 문화국가관을 직접 이해한 흔적은 어디에서도 나타나지는 않는다. 실제로 조선의 망명 독립운동가에게 피히테는 너무 먼 곳에 있었다. 그러나 민족국가의 위기에 대처하려는 선각자의 철학 사상은 시공을 뛰어넘는다. 백범의 문화국가 건설론은 피히테의 사상과 유사점이 적지 않다. 백범은 "오늘의 인류의 불행은 인의와 자비와 사랑의 부족에 기인한다고 믿고 도덕의 결핍은 문화의 배양에, 문화의 배양은 교육의 힘에 의존하지 않으면 안 된다고 강조하였다."[18]

　　백범은 식민지 해방 투쟁이라는 시대 상황에서 극단적인 민족주의 노선을 선택하지 않을 수 없었다. 그러나 "그의 민족주의는 소극적으로는 침략의 배제로 나타났지만, 적극적으로는 끝없는 민족문화의 발전으로 이어졌다. 그의 민족주의 이상은 세계의 동산에 아름다운 문화의 꽃을 피우는 것이었다. 그 이상 실현의 열쇠는 곧 자유의 보장 여하에 달려 있다"[19]고 생각하였다. 이런 의미에서 백범의 문화국가 건설론은 피히테의 문화국가관과 유사점을 찾게 된다.

　　백범의 구국 교육 사업의 의지는 21세 때인 1896년 인천 감옥 옥중생활에서도 잘 나타난다. 감리서의 젊은 관리가, "우리나라가 옛 사상, 옛 지식만 지키고 척양척왜로 외국을 배척만 하는 것으로는 도저히 나라를 건질 수 없다" "널리 세계의 정치·문화·경제·과학 등을 연구하여 좋은 것은 받아들여서 우리 힘을 길러야 할 것이다. 창수와 같은 의기남아로는 신학식을 구하여서 국가와 국민을 새롭게 할 것이니 이것이 영웅의 사업이지 한갓 배외 사상만을 가지고는 나라가 멸망하는 것을 막을 수 없지 않는가"[20] 하고, 중국에서 발간한 『태서신사』와 『세계지지』의 중국어판 번역본을 건네준 것이 백범이 서양 문명과 정세에 눈을 뜨게 되는 직접적인 계기가 되었다.

백범은 이와 같은 과정을 거쳐 감옥에 갇힌 죄수들의 교화에 나섰다. "김창수가 인천 감옥에서 죄수들에게 글을 가르치므로 감옥은 학교가 되었다"라고 『황성신문』이 보도할 정도로 백범의 교육 열의는 대단하였다.[21] 나라를 잃고 망명생활을 하면서 백범의 교육에 대한 인식은 중요성이 더하여 대한민국 임시헌법에 국민의 교육받을 의무를 규정하고, 건국강령에서 교육 종지宗旨는 삼균제도를 원칙으로 삼아서 ① 국민도덕과 생활 기능과 자치 능력 ② 의무교육의 범위 ③ 교육에 대한 사회보장 ④ 교육 기회 균등 ⑤ 교육 자료의 무상 공급 등을 규정하고 있다.[22] 이와 같은 원칙 아래 모든 국민은 남녀노소 빈부귀천 차별 없이 법률적으로 공교육을 받을 권리를 보장하고 해방 후에는 건국의 방략으로 이를 제시하였다.

백범은 해방 공간에서 정치 투쟁을 하면서도 사설 교육기

━━ 18, 19 조일문, "김구의 독립 사상 개관", 『백범연구』 제1집, 교문사, 1985.
━━ 20 홍순옥, "김구 선생의 정치 노선", 『백범연구』 제1집, 교문사, 1985.
━━ 21 『백범일지』, 교문사, 1984.
━━ 22 성의정, "백범 김구의 교육 사상", 1993.

관을 설립하여 "내 나이 이제 70을 넘었으니 몸소 국민교육에 종사할 시일이 넉넉하지 못하거니와 나는 천하의 교육자와 남녀 학도들이 한번 크게 마음을 고쳐먹기를 빌지 아니할 수 없었다"[23]고 말함으로써 교육의 역할, 즉 교육의 힘에 대한 믿음이 가히 절대적이었음을 알 수 있다. "국민성을 보존하는 것이나 수정하고 향상하는 것이 문화와 교육의 힘이요. … 교육으로 결정됨이 큰 까닭이다. … 나는 우리의 힘으로 특히 교육의 힘으로 반드시 이 일이 이루어질 것을 믿는다"[24]라는 말에서도 그의 교육에 대한 믿음과 가치를 확인하게 된다.

백범의 교육 사상을 연구한 성의정 교수(명지실업전문대)는 백범의 기본 사상을 자유·평등·민족·사랑이라고 규정하고, "자유에 기초한 민주주의, 평등에 입각한 민중주의, 사랑이 전제된 교육을 통해서 민족의 꿈인 민족문화를 형성하는 방향으로 민족주의를 전개하고 있다"[25]고 평가하였다.

그러나 백범의 교육·문화 사상은 백범 자신의 발언에서 가장 적확하게 집약된다. "우리나라가 세계에서 가장 아름다운 나라와 높은 문화의 힘을 가진 나라가 되기를 희망"한다. 그 이유를 "문화의 힘은 자신뿐 아니라 남에게도 행복을 주기 때문"(「나의 소원」)이다.

"내가 원하는 우리 민족의 사업은 결코 세계를 무력으로 지배하거나 경제적으로 지배하려는 것이 아니다. 오직 사랑의 문화, 평화의 문화로 우리 스스로 잘 살고 인류 전체가 의좋게 즐겁게 살도록 하는 일을 하자는 것이다."(「나의 소원」)

이와 같은 백범의 「나의 소원」은 바로 오늘 우리의 소원이고 대한민국이 추구해야 하는 이상이다.

백범은 사상가이거나 철학자 이전에 혁명가이고 독립운동가이다. 생사를 다투는 망명생활중에 심오한 학문과 사상을 탐구할 겨를이 없었다. 그러나 이 혁명가는 전지戰地에서도 틈나는 대로 건국 후 조국의 미래상을 그리고 특히 해방후에는 많은 연설과 언론 기고를 통해 자신의 신념과 사상을 표명하였다. 여기서는 백범의 어록語錄 중에서 문화 사상과 관련한 부분을 발췌하여 백범의 애국정신, 민주주의 정신, 통일 사상과 궁극적으로 한국이 지향해야 할 '문화국가론'의 편린을 살펴보기로 한다.

무릇 한 나라가 서서 한 민족이 국민생활을 하려면 반드시 기초가 되는 철학이 있어야 하는 것이다. 이것이 없으면 국민의 사상이 통일되지 못하여, 더러는 이 나라의 철학에 쏠리고, 더러는 저 민족의 철학에 끌리어 사상의 독립, 정신의 독립을 유지하지 못하고, 남을 의지하고 저희끼리는 추태를 나타내는 것이다. 나는 우리의 힘으로, 특히 교육의 힘으로 반드시 이 일이 이루어질 것을 믿는

■■■ **23** 백범김구기념사업협회 백범전기 편찬위원회, 『백범 김구 : 생애와 사상』, 교문사, 1982.
■■■ **24, 25** 성의정, "백범 김구의 교육 사상", 1993.

다. 우리나라의 젊은 남녀가 다 이 마음을 가질진대 아니
이루어지고 어찌 하랴.　　　　　　　　－『백범일지』 머리말

　세계 인류가 네요, 내요 없이 한 집이 되어 사는 것은
좋은 일이요, 인류의 최고요 최후인 희망이요, 이상이다.
그러나 이것은 멀고 먼 장래에 바랄 것이요, 현실의 일은
아니다. 사해 동포의 크고 아름다운 목표를 향하여 인류가
향상하고 전진하는 노력을 하는 것은 좋은 일이요, 마땅히
할 일이나, 이것도 현실을 떠나서는 안 되는 일이니, 현실
의 진리는 민족마다 최선의 국가를 이루어 최선의 문화를
낳아 길러서 다른 민족과 서로 바꾸고 서로 돕는 일이다.
이것이 내가 믿고 있는 민주주의요, 이것이 인류의 현 단
계에서는 가장 확실한 진리다.　　　－「나의 소원」 '민족국가'

　세상에 가장 현실적인 방법과 수단이 어찌 한두 가지
에 그칠 것인가. 땀을 흘리고 먼지를 무릅쓰며 노동을 하
는 것보다 은행창고를 뚫고 들어가 금품을 도취하여서 안
일한 생활을 하는 것도 현실적이라고 할 수 있고, 청빈한
선비의 정실이 되어 곤궁과 싸우기보다 차라리 모리배나
수전노의 애첩이 되어서 호사스러운 생활을 하는 것도 가
장 현실적인 길일지 모를 것입니다. 그러나 우리는 현실
적이냐 비현실적이냐가 문제가 아니라 그것이 정도냐 사
도냐가 생명이라는 것을 명기하여야 하는 것입니다. …

외국의 간섭이 없고 분열 없는 자주 독립을 쟁취하는 것은 민족의 지상명령이니, 이 지상 명령에 순종할 따름입니다. 우리가 망명생활을 삼십여 년이나 한 것도 가장 비현실적인 길인 줄 알면서도 민족의 지상명령이므로, 그 길을 택한 것입니다. ―「신민일보 사장과의 회견기」

나는 오늘날의 인류의 문화가 불안전함을 안다. 나라마다 안으로는 정치상·경제상·사회상으로 불평등·불합리가 있고 밖으로 국제적으로는 나라와 나라의, 민족과 민족의 시기·알력·침략, 그리고 그 침략에 대한 보복으로 작고 큰 전쟁이 그칠 사이가 없어서 많은 생명과 재물을 희생하고도 좋은 일이 오는 것이 아니라, 인심의 불안과 도덕의 타락은 갈수록 더하니 이래 가지고는 전쟁이 그칠 날이 없어 인류는 마침내 멸망하고 말 것이다. 그러므로 인류세계에는 새로운 생활 원리의 발견과 실천이 필요하게 되었다. 이야말로 우리 민족이 담당한 천직이라고 믿는다. ―「나의 소원」'민족국가'

과거의 유명한 정치가는 말하기를 국제간에는 영원한 우인도 없고 영원한 적인도 없다고 하였지만, 우리가 앞으로 영구한 평화를 수립하려면, 피차간에 영원한 우인이 됨에 있어서만 그 목적을 달성할 수 있는 것이다. 그러므로 현시에 있어서도 우리는 모두 우리의 우방에 대하여 똑같이 친선을 도모할 것뿐이다. 그런데 상호우인互相友人이 되는 요결은 무력의 강약, 재물의 빈부, 또는 피부색(인종)의 여하에 구애됨이 없이 절대 평등한 지위에서 상호 동정·양해·협조함에 있다.

―「3천만 동포에게 읍고함」 '국제관계'

내가 원하는 우리 민족의 사업은 결코 세계를 무력으로 정복하거나 경제력으로 지배하려는 것이 아니다. 오직 사랑의 문화, 평화의 문화로 우리 스스로 잘 살고 인류 전체가 의좋게 즐겁게 살도록 하는 일을 하자는 것이다. 어느 민족도 일찍이 그러한 일을 한 이가 없었으니 그것은 공상이라고 하지 말라. 일찍 아무도 한 자가 없길래 우리가 하자는 것이다. 이 큰 일은 하늘이 우리를 위하여 남겨 놓으신 것임을 깨달을 때에 우리 민족은 비로소 제 길을 찾고 제 일을 알아본 것이다. ―「나의 소원」

우리 민족으로서 하여야 할 최고의 임무는, 첫째로 남의 절제도 아니 받고 남에게 의뢰도 아니하는 완전한 자주독립의 나라를 세우는 일이다. 이것이 없이는 우리 민족의 생활을 보장할 수 없을 뿐더러, 우리 민족의 정신력을 자유로 발휘하여 빛나는 문화를 세울 수가 없기 때문이다. 이렇게 완전 자주독립의 나라를 세운 뒤에는 둘째로 이 지구상의 인류가 진정한 평화와 복락을 누릴 수 있는 사상을 낳아 그것을 먼저 우리나라에 실현하는 것이다.

—「나의 소원」

나는 어떠한 의미로든지 독재 정치를 배격한다. 나는 우리 동포를 향하여서 부르짖는다. 결코 독재 정치가 아니 되도록 조심하라고, 우리 동포 각 개인이 십 분의 언론 자유를 누려서 국민 전체의 의견대로 되는 정치를 하는 나라를 건설하자고, 일부 당파나 어떤 한 계급의 철학으로 다른 다수를 강제함이 없고, 또 현재의 우리들의 이론으로 우리 자손의 사상과 신앙의 자유를 속박함이 없는 나라, 천지와 같이 넓고 자유로운 나라, 그러면서도 사랑의 덕과 법의 질서가 우주 자연의 법칙과 같이 준수되는 나라가 되도록 우리나라를 건설하자고.

—「나의 소원」 '정치이념'

38선 때문에 우리에게는 통일과 독립이 없고 자주와 민주도 없다. 어찌 그 뿐이랴, 대중의 기아飢餓가 있고 가정의 이산離散이 있고 동족의 상잔相殘까지 있게 되는 것이다. 마음속에 38선이 무너지고야 땅 위의 38선도 철폐될 수 있다.

—「3천만 동포에게 읍고함」

독재의 나라에서는 정권에 참여하는 계급 하나를 제외하고는 다른 국민은 노예가 되고 마는 것이다. 독재 중에서 가장 무서운 독재는 어떤 주의, 즉 철학을 기초로 하는 계급 독재다. 군주나 기타 개인 독재자의 독재는 그 개인만 제거되면 그만이어니와, 다수의 개인으로 조직된 한 계급이 독재의 주체일 때에는 이것을 제거하기는 심히 어려운 것이니, 이러한 독재는 그보다도 큰 조직의 힘이거나 국제적 압력이 아니고는 깨뜨리기 어려운 것이다.

ㅡ「나의 소원」'정치이념'

우리는 개인의 자유를 극도로 주장하되, 그것은 저 짐승들과 같이 저마다 제 배를 채우기에 쓰는 자유가 아니오, 제 가족을, 제 이웃을, 제 국민을 잘 살게 하기에 쓰이는 자유다. 공원의 꽃을 꺾는 자유가 아니라 공원에 꽃을 심는 자유다. 우리는 남의 것을 빼앗거나 남의 덕을 입으려는 사람이 아니라, 가족에게, 이웃에게, 동포에게 주는 것으로 낙을 삼는 사람이다. 우리말에 이른바 선비요 점잖은 사람이다. 그러므로 우리는 게으르지 아니하고 부지런하다. 사랑하는 처자를 가진 가장은 부지런할 수밖에 없다. 한없이 주기 위함이다. 힘드는 일은 내가 앞서 하니 사랑하는 동포를 아낌이요, 즐거운 것은 남에게 권하니 사랑하는 자를 위하기 때문이다. 우리 조상네가 좋아하던 인후仁厚의 덕德이란 것이다.

ㅡ「나의 소원」'내가 원하는 우리나라'

통일하면 살고 분열하면 죽는 것은 고금의 철칙이니 자기의 생명을 연장하기 위하여 조국의 분열을 연장시키는 것은 전 민족을 사갱死坑에 넣는 극악극흉의 위험한 일이다. 이와 같은 위기에 있어서 우리는 우리의 최고 유일의 이념을 재검토하여 국내외에 인식시킬 필요가 있는 것이다. 내가 UN 위원단에 제출한 의견서는 이 필요에서 작성된 것이다. 우리는 첫째로, 자주독립의 통일 정부를 수립할 것이며 이것을 완성하기 위하여 먼저 남북 정치범을 동시 석방하며, 미소 양군을 철퇴시키며, 남북 지도자 회의를 소집할 것이니, 이 철과 같은 원칙은 우리의 목적을 관철할 때까지 변하지 못할 것이다. 우리는 이 불변의 원칙으로써 순식만변瞬息萬變하는 국내외 정세를 순응 극복하여야 할 것이다. 이것이 중국 장 주석蔣主席의 이른바 '불변으로 응만변'不變 應萬變이라는 것이다. 독립이 원칙인 이상 독립이 희망 없다고 자치를 주장할 수 없는 것을 왜정 하에서 충분히 인식한 것과 같이, 우리는 통일 정부가 가망 없다고 단독정부를 주장할 수 없는 것이다. 단독 정부를 중앙 정부라고 명명하여 위안을 받으려 하는 것은 군정청을 남조선 과도 정부라고 하는 것이나 다름이 없는 것이다. 사사망념邪思妄念은 해인해기害人害己할 뿐이니 통일 정부 수립만 위하여 노력할 것이다.

—「3천만 동포에게 읍고함」

한국이 있고야 한국 사람이 있고, 한국 사람이 있고야 민주주의도 공산주의도 또 무슨 단체도 있을 수 있는 것이다. 그러면 우리의 자주독립 통일 정부를 수립하려 하는 이때에 있어서 어찌 개인이나 자기의 집단의 사리사욕을 탐하여 국가민족의 백년대계를 그르칠 자가 있으랴. 우리는 과거를 한 번 잊어버려 보자. 갑은 을을 을은 갑을 의심하지 말며 타매唾罵하지 말고 피차에 진지한 애국심에 호소해 보자! 암살과 파괴와 파공罷工은 외군의 철퇴를 지연시키며 조국의 독립을 방해하는 결과를 조출할 것뿐이다. 악착한 투쟁을 중지하고 관대한 온정으로 임해 보자!　　　　　　　　　−「3천만 동포에게 읍고함」

나는 통일된 조국을 건설하려다가 삼팔선을 베고 쓰러질지언정 일신에 구차한 안일을 취하여 단독정부를 세우는 데는 협력하지 아니하겠다. 나는 내 생전에 38선 이북에 가고 싶다. 그쪽 동포들도 제 집을 찾아가는 것을 보고서 죽고 싶다. 궂은 날을 당할 때마다 삼팔선을 싸고도는 원귀怨鬼의 곡성이 내 귀에 들리는 것도 같았다. 고요한 밤에 홀로 앉으면 남북에서 헐벗고 굶주리는 동포들의 원망스러운 용모가 내 앞에 나타나는 것도 같았다.　　　　　　　　　−「3천만 동포에게 읍고함」

우리는 진실로 국제적으로 평등한 입장에서 서로 친

선을 촉진하면서, 우리가 우리 삼천만의 이익을 위하여 우리 마음대로 살아갈 수 있는 정치·경제·교육의 균등을 기초로 한 자주독립의 조국을 가지기만 원하는 것이다. 더구나 반쪽의 조국만이 아니라, 통일된 조국을 원하는 것이다. 혹자는 우리에게 강한 무기가 없는 것을 걱정하고 낙심한다. 그러나 예로부터 강한 무기를 가지고 독립을 성공한 나라는 적다. 지금에도 중국 같은 나라는 자기가 본래부터 강한 무기를 가졌을 뿐 아니라, 미국에서 정예한 무기를 다량으로 얻어 오면서도 공산군을 진압하지 못하고, 정치의 부패로 인하여 그 자신이 위경危境에 빠지고 있다. 그러므로 우리의 뜻만 굳고 우리의 노력만 꾸준하면 반드시 성공할 때가 있는 것이다. 우리가 정의를 위하여 여론을 환기하며 정의를 위하여 투쟁을 전개하는 데는 무서울 것이 없는 것이다. 부귀도 우리를 흔들지 못할 것이요, 위무威武도 우리를 굴복시키지 못할 것이다. 그러므로 우리의 나가는 길은 탄탄대로이며, 우리의 앞에는 성공이 있을 뿐이니 다같이 기쁜 맘으로 새해를 맞자. 우리의 자주·민주 통일 독립은 오고야 말 것이다. 왜 그러냐하면 우리 삼천만이 다 이것을 위하여 분투 노력하는 까닭이며, 또 이것이 인류의 정당한 요구인 까닭이다.

— 「단결로 새해를 맞자」 '1949년 신년사'

우리나라의 양반 정치도 일종의 계급 독재이어니와

이것은 수백 년 계속되었다. 이탈리아의 파시스트, 독일의 나치스의 일은 누구나 다 아는 일이다. 그러나 모든 계급 독재 중에도 가장 무서운 것은 철학을 기초로 한 계급 독재다. 수백 년 이조 조선에 행하여 온 계급 독재는 유교 그 중에도 주자학파의 철학을 기초로 한 것이어서, 다만 정치에 있어서만 독재가 아니라 사상·학문·사회생활·가정생활·개인생활까지도 규정하는 독재였다. 이 독재 정치 밑에서 우리 민족의 문화는 소멸되고 원기는 마멸된 것이다. 주자학 이외의 학문은 발달하지 못하니 이 영향은 예술·경제·산업에까지 미치었다. 우리나라가 망하고 민력이 쇠잔하게 된 가장 큰 원인이 실로 여기 있었다. 왜 그런고 하면, 국민의 머리 속에 아무리 좋은 사상과 경륜이 생기더라도 그가 집권 계급의 사람이 아닌 이상, 또 그것이 사문난적斯文亂賊이라는 범주밖에 나지 않는 이상 세상에 발표되지 못하기 때문이었다. 이 때문에 싹이 트려다가 눌려 죽은 새 사상, 싹도 트지 못하고 밟혀 버린 경륜이 얼마나 많았을까. 언론의 자유가 얼마나 중요한 것임을 통감하지 아니할 수 없다. 오직 언론의 자유가 있는 나라에만 진보가 있는 것이다.

—「나의 소원」 '정치이념'

제 **16** 장

민족의 큰 별 떨어지다

경교장의 살인마… 하늘도 울고 땅도 울고

그들은 당신을 살해했고
당신이 어디 묻혀 있는지
우리에게 말하지 않았다.
그렇지만 이제 민족의 땅은
당신의 무덤,
아니 당신이 없는 곳
이 땅의 모든 먼지 속에서도
당신의 생명으로 살아난다.
'사격!'이란 명령으로
당신을 죽일 수 있다고
그들은 믿고,
당신을 땅 속에 묻어버릴 수 있다고
그들은 생각해도
그러나 그들은 땅 속에

오직 발아할 씨앗을 심을 뿐이다.

나카라과의 수도승이자 혁명가인 에르네스또 까르디날이 1954년 조국의 해방을 위해 싸우다 죽어간 싼디니스트들에게 바친 시「아돌프 바이즈 보네를 위한 비문」이다.

조국의 해방 독립을 위해 싸우다 죽은 애국지사들과 뜻을 같이 한, 한국 국민이 백범에게 드리는 헌사라고 해도 무방할 것 같다.

1949년 6월 26일, 경교장에도 초여름의 밝은 햇살이 눈부시게 쏟아지고 있었다. 백범은 2층 거실에서『중국시선中國詩選』을 읽고 있었다.

이날 주일 예배에 참석할 예정이었으나 차가 없어서 교회에 가지 못하고 집에서 무료를 달래며 책을 읽고 있었다. 이 무렵 집에 있는 시간이 많아서 가끔 예의 떨림체로 휘호를 썼다. 자주 쓴 휘호에는 서산대사가 지은 이른바 '답설야' 踏雪野라는 시구도 있었다.

踏雪野中去 不須胡亂行
今日我行跡 遂作後人程
눈 덮인 들판을 걸어갈 때 함부로 어지럽게 걷지 말라
오늘 내가 가는 이 발자취는 뒷사람의 이정표가 될 것이다.

운명의 날 오전 11시가 조금 지나 포병 소위 안두희安斗 熙가 경교장에 나타나 백범을 뵙기를 요청하였다. 백범은 먼저 방문한 창암학원의 여선생과 면담중이었다. 잠시 뒤 여선생이 돌아가자 비서 선우진은 안두희를 백범의 방에 안내하고 아래층으로 내려갔다. 미처 2~3분이 채 못 되어 2층에서 총소리가 울리고 백범은 쓰러졌다. 총소리에 놀라 아래층 응접실에 있던 비서 이풍식李豊植, 이국태와 독립운동가 출신으로 대광고등학교 교장인 박동엽朴東燁, 그리고 경비원 2명이 튀어 올라갔을 때는 이미 운명한 후였다. 이때 시간이 12시 45분경, 향년 74세였다.

조국의 독립과 통일 정부 수립을 위해 단 하루도 편한 날이 없는 평생을 살아 온 백범은 이날 안두희가 쏜 4발의 흉탄에 쓰러졌다. 일제가 거액의 현상금을 걸고 체포와 암살에 혈안이 되었지만 끝내 목적을 달성하지 못했던, 민족의 지도자가 해방된 조국에서 동족의 흉탄에 파란만장한 생애를 마감한 것이다.

백범 암살의 하수인은 육군 포병 소위 안두희이지만, 그의 배후에는 이승만 정권의 핵심, 친일파, 분단 세력, 외세 등이 조직적·심정적으로 연계된, 철저하게 준비된 암살이었다. 그리고 암살의 진상은 지금까지도 명확하게 밝혀지지 않고 있다.

백범의 장례식은 7월 5일 서울운동장(현 동대문운동장)에서 국민장으로 거행되었다. 해방 후 국민장은 처음이었다. 100

만 조객이 운집한 가운데 진행된 장례식은 분노와 애통과 오열로 뒤범벅이 되었다. 수천 개의 만장이 서울 시가지를 뒤덮고 소복단장한 여인들의 호곡號哭은 하늘에 메아리쳤다. 장례 기간 동안 경교장을 찾은 조문객이 124만여 명에 이르고 영전에 혈서를 하거나 혈서로 조문을 한 청년, 할복을 기도하는 사람도 있었다. 노산鷺山 이은상李殷相이 짓고 김성태가 작곡한 조가가 방방곡곡에서 끝없이 이어졌다.[1]

   1. 오호 여기 발구르며 우는 소리, 지금 저기 아우성치며 우는 소리, 하늘도 땅도 울고 바다조차 우는 소리 끝없이 우는 소리, 임이여 듣습니까, 임이여 듣습니까.

   2. 이 겨레 나갈 길이 어지럽고 아득해도 임이 계시오매 든든한 양 믿었더니 두 조각 갈라진 땅 이대로 버리고서 천고의 한을 품고 어디로 가십니까. 어디로 가십니까.

   3. 떠도신 70년을 비바람도 세옵드니 돌아와 마지막에 광풍으로 지시다니 열매를 맺으려고 지는 꽃이 어이리까. 뿜으신 피의 값이 헛되지 않으리라. 헛되지 않으리라.

   4. 삼천만 울음 소리 임에 몸 메고 가오. 편안히 가옵

---

1 백범김구선생전집 편찬위원회 편, 『白凡金九全集』 제10권, 대한매일신보사.

소서 돌아가 쉬옵소서. 뼈저리 아픈 설움 가슴에 부드안
고 끼치신 임의 뜻을 우리 손으로 이루리다. 우리 손으로
이루리다.

시인 박두진朴斗鎭은 「오! 백범 선생」의 시 마지막 절에서
이렇게 썼다.

> 뒷 날에 뉘 있어 스스로 나라를
> 사랑했다. 이를 양이면
> 스스로의 가슴에
> 조용히 손을 얹고
> 이제 白凡 가신 이의
> 생애에다 물어보지 않고는
> 스스로
> 아무나 나라를 사랑했다 생각하지 말아라.

시인이자 학자인 조지훈趙芝薰은 「마음의 비명—김구 선
생의 영여靈轝를 보냄」의 시 후반에서 다음과 같이 적었다.[2]

> 겨레의 깨우치는 값있는 희생으로 한갓 육신을 故土에
> 묻으시고 당신의 영혼은 왜 또 상해 중경의 그 옛날로 다
> 시 돌아가십니까.
> 아! 이제 여기 남을 것은 차운 산 한 조각 돌에 새긴

'大韓民國臨時政府 主席 白凡 金九'가 아니라 삼천만 겨 레의 가슴 깊이 대대로 이어갈 비바람에도 낡지 않을 마음의 비명입니다.

당신의 너무나 소박한 순정을 우리가 압니다. 당신의 피 어린 슬픔을 우리가 압니다. 보람을 우리가 압니다.

중국 망명 시절에 누구보다도 서로 의지하고 아끼던 자 유중국 총통 장개석은 백범의 비보를 듣고 만사輓詞를 영전 에 보내왔다.[3]

추성이 하룻밤에 떨어지니
하늘과 땅은 놀라고 슬퍼하며 물도 우는도다
가신 님 생각에 눈물도 많고 많고
분한 마음 쌓이고 쌓여 태산도 가벼우이
당당한 의기는 생전의 일
열렬한 정신은 사후에 이름을 더하네
천추의 원한은 누구에게 물어볼까.
적막한 황릉에 백일白日만 밝았더라.

▬▬ 2 『조지훈 전집』 2, 일지사.
▬▬ 3 한문으로 된 원문을 김은용·김신형이 『한시작법』에서 번역한 것. 명문당.

월인천강, 3천만 동포의 가슴마다에

7월 5일 장례식 날 서울 하늘은 흐렸다. 장례식에는 여러 사람이 조사를 하고 수많은 만장이 있었지만, 영결식장에서 낭독한, 망명생활 내내 백범과 함께해 온 한독당 대표 엄항섭의 조사 「울고 다시 웁니다」는 조문객을 오열하게 하는 단장의 비가였다.[4]

울고 다시 웁니다.

선생님! 선생님! 선생님은 가셨는데 무슨 말씀 하오리까. 우리들은 다만 통곡할 뿐입니다. 울고 다시 울고, 눈물밖에 아무 할 말도 없습니다. 하늘이 선생님을 이 땅에 보내실 적에 이 민족을 구원하라 하심이니, 74년의 일생을 통하여 다만 고난과 핍박밖에 없습니다.

청춘도 명예도 영화·안락도 다 버리고 만 리 해외로 떠다니시며 오직 일편단심 조국의 광복만을 위하여 살으셨습니다. 선생님의 일생 행적을 헤아려보면 오늘의 민족해방이 결코 우연한 일이 아니오, 역대 충의의 피를 흘린 모든 의열사와 함께 거기 선생님의 지대한 공로가 들어 있음을 부인할 자 아무도 없습니다. 검은 머리로 고국을 떠나셨다가 머리에 백발을 이고 옛 땅을 찾아오시던 그날, 기쁨이 얼굴에 가득 차고 춤을 추시는 듯 좋아하시던 그 모양을 우리는 잊어버리지 못합니다.

그러나 어찌 뜻하였으리오, 조국의 강토 남북으로 양단되고, 사상의 조류는 좌우로 분열된 채 민족상잔이 나날이 치열하고, 전도의 광명이 각각으로 희박해 가되, 그럴수록 선생님은 국토 통일과 완전 자주, 이것만을 위하여 혀가 닳도록 절규하였고, 나물국 한 그릇에 쓴 김치 한 공기로 국민 최저의 생활을 몸소 맛보시며 지냈습니다.

선생님의 고난 일생 지성일념이 이러했거늘 마지막에 원수 아닌 동족의 손에 피를 뿜고 가시다니오. 그래 이것이 선생님에게 바친 최후의 보답입니까. 동포 형제여, 가슴을 치며 통곡하십시오. 선생님에게 드릴 선물이 이것밖에 없습니까.

선생님! 선생님! 민족을 걱정하시던 선생님의 말씀을 저녁마다 듣자왔는데, 오늘 저녁부터는 뉘게 가서 그 말씀을 듣자오리까. 선생님! 선생님! 민족을 걱정하시던

---

4 백범김구선생전집 편찬위원회 편,『白凡金九全集』제10권, 대한매일신보사.

선생님의 얼굴을 아침마다 뵈 왔는데, 내일 아침부터는 어디 가서 그 얼굴을 뵈오리까. 선생님은 가신대도 우리는 선생님을 붙들고 보내고 싶지 아니합니다.

남은 우리들은 목자 잃은 양떼와 같습니다. 이런 민족을 버리시고, 차마 가실 수가 있습니까. 천지가 캄캄하고 강산이 적막합니다. 분하고 원통한 생각이 우리 가슴을 채우고 넘쳐흘러 파도같이 출렁거립니다. 여기 천언만어千言萬語가 부질없습니다. 선생님은 가셨는데 무슨 말씀 하오리까. 우리들은 다만 통곡할 뿐입니다. 울고 울고 다시 울고, 울음밖에 아무 말도 없습니다.

여기서 잠깐 우리들은 '월인천강'月印千江이란 말을 생각합니다. 다시금 헤아려 보면 선생님은 결코 가시지 않았습니다. 3천만 동포의 가슴마다에 계십니다. 몸은 무상하여 흙으로 돌아가시고, 영혼은 하늘의 낙원에 가셨을 것이로되, 그 뜻과 정신은 이 민족과 이 역사 위에 길이길이 계실 것입니다.

그리하여 시대마다 새싹이 돋고 새움이 틀 것입니다. 민족을 위하여 고난 핍박의 일생을 보내신 선생님이 결코 헛되이 그냥 가실 리가 있습니까. 선생님의 거룩한 희생으로 민족의 대통일 대화평 자유민주에 의한 새 역사의 첫 페이지는 열릴 것입니다.

선생님! 우리들은 선생님의 끼치신 뜻을 받들어 선생님의 발자국을 따라 최후의 일각까지 민족을 위하여 삶

으로서 선생님의 신도되었던 아름답고 고귀한 의무를 다
하기로, 선생님의 위대하신 영전에 삼가 맹서합니다.

촛불 켜들고 하관식, 반 년 후 비석 세워

장례식은 이날 저녁 9시 10분경 서울 용산 3의사 묘역이
있는 효창원 장지에서 거행되고, 10시 5분 촛불을 켜놓고
하관식을 마쳤다. 수십 자루에 켜진 촛불이 어둠을 밝히면
서 하늘로 하늘로 타올랐다. 그것은 백범의 불꽃 같은 생애
를 상징하는 듯하였다.

하관식이 끝난 효창원 여기저기에는 수많은 조문객이 백
범과의 마지막 작별을 아쉬워해서인지 집으로 돌아갈 줄을
모르고 서성이고 있었다. 밤하늘에는 구름도 걷히고, 교교
한 반달이 비추어 더 한층 비장감에 잠기게 하였다.

장례위원회는 반 년이 지난 12월 24일 백범의 묘지에 비
석을 세웠다. 비문은 백범의 파란만장한 생애를 압축한다.[5]

〈비문〉
백범 김구 선생은 사천이백구년 병자 음 칠월 십일일

자시 해주 백운방 터골 안동 김순영 현풍 곽낙원의 외아들로 나 해주 최춘례 맞어 인, 신 형제 두니라.

글을 즐겨 십칠세에 과거보다. 아버님 임종에 살어여 먹이더니 늙어도 어머님 가르침 받더라. 의에 굳음이 인격의 터러라.

갑오동학에 선봉장으로 해주성 치니 십구세라. 선비 고능선께 충의 배우다. 이십일세 치하포의 한 칼로 국모 원수 갚고 사형받더니 광무황제 분부로 살아 중 되니라.

이십오세 예수 믿어 새 교육 일으키며 신민회하다. 삼십육세 안명근 일과 양기탁 일에 걸려 십칠년 형을 지다가 오년 만에 나오다.

기미 삼일 운동에 상해 나가 우리 정부 문지기 원하니 사십사세라.

오십이세 대한민국임시정부 주석 되어 끝내 태극기를 지키다.

오십오세 한국독립당 꾸며 이끌다 오십육세 한인애국단 만드니 이듬해 이봉창 윤봉길 나다, 이에 중국 장개석 주석과 알아 국빈 대접 받다.

이차대전으로 정부와 동지를 중경으로 옮기니 육십삼세라.

육십오세 한국광복군 꾸며 훈련하다.

육십칠세 대한민국임시정부 주석으로 일본에 선전하다. 카이로 회담에서 장개석 주석이 우리 독립 말하니라.

을유 팔일오 해방으로 갈린 만세 속에 서울 오니 칠십세라. 그해 대한민국 임시정부 주석으로 반탁운동 일으키다. 국민의회 끌어 미·소 군정 말고 우리 정부 좋다.

칠십삼에 평양 남북 협상에 화평 통일 외치다. 백범일지의 나의 소원은 민족의 말이러라.

기축 유월 이십육일 오시 서울 경교장 서실에서 총 맞으니 칠십사세라.

항공중령 신이 이으니 한간 집 한 뙤기 밭 물림 없더라.

국민장으로 칠월오일 서울 효창원에 모시니 태백의 정기가 서리더라.

백범 암살의 진상

군사 독재가 물러나고 1995년 제13대 국회는 '백범김구 선생암살진상규명조사위원회'를 구성하고 조사 활동을 벌였다. 다음은 조사위원회(위원장 강신옥姜信玉)가 1995년 12월 18일 국회에 보고한 「진상조사 보고서」중 암살의 배후에 관한 부분이다.

(1) 국내의 배후

백범 암살의 배후에 대한 진상규명은 사건 직후부터 지금까지 계속되어 왔다. 이를 규명하는 데는 범인 안두희의 증언만으로는 부족하다. 그것은 일반적으로 조직적 정치 암살의 경우 몇 단계의 계통이 있고, 암살 하수인으로서는 알 수 없는 상부 세계가 존재할 수 있기 때문이다. 따라서 사건 당시 관련자들의 소재와 활동, 사건의 뒤처리에 대한 개입과 태도, 안두희의 이후 활동에 대한 지원과 보장 등에 대한 간접적인 증거들을 동원해야만 어느 정도 윤곽을 잡을 수 있다.

안두희의 회고에서 볼 때 암살을 총괄 지휘한 사람은 '의혹의 모략군' 김지웅金志雄이었다. 김지웅은 사건 당시 안두희와 홍종만에게 자금을 제공하였을 뿐 아니라, 사건 후 안두희를 면회 와서 겸연쩍어하면서 돈 봉투를 주고 가기도 하였다. 그런데 안두희는 김지웅의 '눈부신 부상'에는 배후가 있으며, 그것은 국가 고위층이라고 확신하였다.

결국 안두희는 암살 사건의 배후에 김지웅 이상의 선이 있다고 분명하게 짐작하고 있었지만, 그 상부의 동향에 대해 구체적으로 알 수 없는 지위에 있었다. 그러나 그는 회고를 통해 암살의 배후 인물로 국방장관 신성모申性模, 외무장관 임병직林炳稷, 서울시경국장 김태선金泰善, 수도경찰청장 장택상張澤相, 경무국장 조병옥趙炳玉 등을 거론하고 있다. 그런데 여기서 유의할 점은 월남 이후 자신의 활동 전반과 관련되어 이들이 거론된다는 사실이다. 서북청년회 시절 도움을 준 이들과 암살 사건에 직접 관련된 이들을 구별할 필요가 있는 것이다.

거론된 사람들과 관련하여 먼저 경찰 쪽을 보면, 안두희는 서북청년회 시절 평소 노덕술盧德述·최운하崔雲霞 등과 정보를 교환하였으며, 장택상·조병옥 등 경찰 수뇌부와도 잘 알고 있었다. 그러나 장택상과 조병옥은 안두희의 백범 암살과는 아무런 관련이 없는 것으로 보인다. 김태선 서울시경국장은 김지웅에게 자금을 지원한 사실이 있고 그 돈을 지원받은 김지웅은 홍종만洪鍾萬 등과 같은 암살 관련자들에게 지급한 사실이 인정된다.

사건 당시 안두희가 소속되어 있는 군부를 보자. 먼저 포병사령관 장은산張銀山은 서울대병원에 입원하여 암살을 직접 명령·지휘하였다. 안두희의 '마지막 증언'은 장은산의 구체적인 지시와 개입을 너무나 생생하게 회고하고 있다. 장은산은 사건 후 미국으로 유학갔으며, 전쟁 발발 직후 미국에서 돌아와 "내가 안두희의 보스"라며 백범 암살 사건에 대해 잘 안다고 주장하다 김창룡金昌龍에 의해 '적전 이탈' 혐의로 구속되어 유죄 판결을 받고 복역 중 부산 육군형무소에서 옥사했다. 사망의 원인은 확실하지 않다.

당시 헌병사령관은 장흥張興이었으나, 마침 사건 당일 성묘를 하러 시골에 갔기 때문에 헌병부사령관 전봉덕田鳳德이 안두희의 신병을 인수하고 안두희가 폭행으로 많이 다쳤기 때문에 조사는 하지 못한 채 치료만을 해주었다. 또한 암살 당일 헌병들이 경교장 일대에 미리 배치된 것도 의혹을 받을 수 있는 대목이다. 헌병사령부의 당직사관이었던 오석만吳錫滿 중위와 사령관실에 근무하던 장석인 소위의 증언에 따르면, 헌병사령부 순찰과장 김병삼金炳三 대위가 암살 사건이 일어나기 1시간 전인 오전 11시 30분경 사령부에 비상을 걸었으며, 사령부 본관

뒤에 지프와 스리쿼터에 헌병 15~16명이 승차대기하고 있었다고 한다. 또한 12시 40분경 김병삼 대위가 장석인에게 전화하여 백범 암살 사건을 사령관에게 보고해 줄 것을 요청했으며, 전봉덕 부사령관은 보고 전에 이미 사령부에 나와 있었다고 증언했다.

전봉덕 부사령관이 이승만 대통령에게 사건을 보고하자 수사를 맡게 될 장흥 헌병사령관은 임정 계통이고 김구와 가까우니까 사령관직에서 해임하고 전봉덕 부사령관을 사령관으로 승진 발령한 것도 의심이 가는 대목이다.

안두희는 특무대로 이송되어 특별 대우를 받게 되는데, 이에 개입한 사람은 총참모장 채병덕蔡秉德과 특무대의 김창룡이었다. 안두희는 그의 회고에서 사건 전에 김창룡을 만난 적이 있다고 언급했지만, 그의 사전 개입은 아직 명백하게 밝혀져 있지 않다. 현재로서는 김창룡이 사건의 뒤처리에서 누구보다 직접 개입하였다는 점은 명백하다.

김창룡과 더불어 군부 고위층에서 적극 개입한 사람은 채병덕이다. 그는 헌병사령관 전봉덕에게 전화로 안두희의 특무대 이송을 지시하였다. 그는 또한 안두희가 이송되자 특무대를 방문하여 이 사건 수사는 노엽盧燁과 이진용李珍鎔이 하도록 명령하였으며 홍영기洪英基 검찰관에게 구형은 10년만 하면 적당하다는 압력을 넣은 사실도 있다.

다음의 인물은 원용덕元容德이다. 홍영기 검찰관은 총살형을 구형하였으나, 재판장 원용덕을 비롯한 재판관들은 종신형으로 선고하였고, 그 후 원용덕은 안두희 암살 사건을 잘 알고 있는 김성주金聖柱를 죽였다(1954. 4. 17).

결국 군부에서는 장은산이 사전에 직접 명령·지휘하였고, 김창룡은 사건의 뒤처리에 적극 개입하였다. 그외 전봉덕, 김창룡, 채병덕, 원용덕, 김병삼 등은 외곽에서 나름의 역할을 하였다. 이러한 윤곽의 범위로 볼 때 국방장관 신성모는 당연히 의혹의 대상이 된다. 신성모에 대해서는 고정훈高貞勳이 이미 폭로한 바 있고, 암살 사건을 보고받고 "이제 민주주의가 되겠군" 하며 반겼다는 최대교崔大敎 당시 서울지검장 등의 증언이 있다. 뿐 아니라 신성모는 김창룡과 더불어 안두희의 수감생활을 보호하고, 그의 감형, 잔형 정지, 잔형 면제, 석방과 육군 복귀를 주도하였으며, 전쟁 중 부산에서 안두희를 불러 모윤숙毛允淑과 김활란金活蘭이 보는 앞에서 생활비까지 제공하였다. 신성모의 개입과 관련하여 세간에서는 그가 주도하는 '88구락부'가 암살 사건의 진정한 배후였다고 주장하기도 한다. 신성모가 내무장관에서 국방장관으로 자리를 옮긴 직후, 군부와 경찰관계의 핵심분자들이 상호간의 정보 교류란 명목으로 만든 것이 '88구락부'였다. 여기에는 신성모 이외에 채병덕 육군총참모장, 포병사령관 장은산, 김창룡 소령, 서울시경국장 김태선, 정치인 김준연

金俊淵, 모략군이자 정치 브로커 김지웅 등이 참여하였다는 것이다. 이들은 백범 암살 사건의 기획과 뒤처리에 나름의 역할로 적극 개입한 사람들이라는 것이다. 신성모는 4·19 직후 고정훈이 자신을 백범 암살의 배후로 지목하자 충격을 받고 뇌일혈로 쓰러져 1960년 5월 29일 사망했다. 그런데 신성모가 사망한 이 날은 공교롭게도 이승만 박사가 하와이로 망명한 날과 같은 날이었다.

미국의 그레고리 헨더슨Gregory Henderson은 한국의 이상돈李相敦 국회의원이 미국 보스턴을 방문하였을 때, 이 의원 일행을 초청한 자리에서 이상돈 의원에게 왜 이승만 박사가 하와이로 망명했는지 아느냐고 묻고 자기가 알기에는 김구 암살 사건의 책임을 피하기 위해 도망온 것이다는 말을 한 사실이 있는 것을 이상돈 의원이 회고록에 밝힌 것이 있다. 헨더슨은 암살 당시 미국 대사관에서 근무했던 경력이 있는 사람이다.

한독당에 대한 와해 공작과 암살 사건의 계획, 실행에 깊숙이 개입한 것은 김지웅이었다. 그는 안두희가 수감된 후 재판 과정에서 어떻게 답변할 것인가까지 조언해주는 등 사건의 마무리에도 깊숙이 개입하였다. 그는 1950년대 중요한 정치적 사건을 조작한 자였고 4·19 직후 백범 암살 진상규명 요구가 거세지자 60년 8월 22일 밀항으로 일본의 복강福岡으로 도망쳐 '내가 김구 암살의 주모자'라는 이유로 정치 망명을 요청하였다. 일본 정부에서는 그의 망명 요구를 받아주지 않고 밀입국자로서 처벌받고 풀려났다. 일본 중의원에서도 김지웅 문제가 제기되어 많은 논란도 있었다(1966년 3~4월).

백범 암살 사건의 배후에 가장 쟁점이 되는 것은 역시 이승만 대통령의 관련 여부이다. 이 문제에 관한 안두희의 증언은 '오락가락'하고 있다. 그는 1961년 4월 김용희金龍熙에게 체포되었을 때, '이태원 육군형무소에 있을 때 이 박사가 날 잘 봐주라고 했다'는 말을 들었다고 증언한 바 있다. 또한 권중희權重熙에 의한 1992년 9월 증언에서 사건 발생 일주일 전인 1949년 6월 20일경 경무대에서 이승만을 만났으며, 그 자리에서 이승만은 "국방부 장관에게 얘기 많이 들었다. 높은 사람 시키는 대로 일 잘하고 말 잘 들어라"고 격려한 적이 있다고 증언하였다. 그러나 그 직후 안두희는 이 진술을 부인해 버렸다.

이승만의 개입에 대한 다른 사람의 증언과 주장을 들어보자. 이승만의 고문이었던 올리버Robert T. Oliver 같은 사람은 이승만이 이 사건과 관련 없다고 주장하였다. 물론 이승만이 직접 암살을 지시한 증거나 증언은 없다. 그러나 관련되는 간접적인 증언은 적지 않다. 조소앙은 사건 며칠 전 경무대로 이승만을 방문하였는데, 그 자리에서 이승만은 '백범이 공산당과 내통하고 있으며, 그 주변에 빨갱이가 잠입했다'는 보고를 받았으며, '백범이 몸가짐을 신중히 해야 한다'고 경고한 적이 있다고 증언하였다. 다음으로 최대교의 증언이 있다. 최대교의 증언 요지는 홍종만 등 7명에 대한 영장이 당시 서울지검장이던 자신을 통하지 않고 김익진金翼鎭 검찰총장이 직접 청구하였으며, 한격만韓格晚 서울지방법원장이 영장을 발부했는데, 이것이 이승만 대통령의 지시라는 것이었다. 최대교의 증언은 적어도 사건의 뒤처리에서는 이승만 대통령이 개입하였다는 것을 증언하고 있다. 그러나 최대교의 증언 내용은 법조계의 영장 처리 방식에 비추어 신뢰하기 어렵고 이승만 대통령이 그러한 일에 관여되었다고 볼 근거로서는 이해하기 어려운 증언이어서 믿기 곤란한 것이다.

한편 김성주의 죽음도 백범 암살과 밀접한 관계가 있었으며, 이승만의 사후 개입을 보여주는 중요한 사건이다. 안두희 재판 당시 서북청년단 부단장이었던 김성주는 "애국자 안두희를 석방하라"는 삐라를 법원 근처에 붙여 놓는 등 안두희의 구명운동을 벌이기도 했다. 한국전쟁 중 유엔군의 북진 시 유엔군의 임명으로 잠시 평남지사를 역임했지만, 이 때 이승만 대통령은 김병연金炳淵을 임명하여 이 대통령과 사이가 좋지 않았다. 그후 1952년 대통령 선거 때는 조봉암의 선거운동을 돕는 등 반이승만 활동을 벌이기도 했다. 그는 김구 암살의 배후자인 김지웅의 허위 정보로 1953년 6월 25일 국제공산당원 혐의와 이승만 암살예비죄로 헌병총사령부에 구속되었다. 그러나 군법회의에서 7년형이 구형되자 이승만 대통령이 원용덕 헌병총사

령관에게 영문으로 된 메모를 보내 김성주를 사형에 처하
도록 명령했던 것이다. 다음은 영문 메모의 내용이다.

General Won

Kim Sung Ju, 김성쥬 now in jail must be sentenced to
capital punishment - 극형. He was appointed governor
of 평양 by 외국인 and tried to kill Moon Bong je 문
봉제 whom the Government appointed as police chief.
It is clearly treason case and must be treated as such.
To prevent any such traitor in the future he must be
punished according to the law. I told the Defense
Minister and I am telling you now. Please see to that
without delay and without much noise.

S. R.

원장군

지금 감옥에 있는 김성주는 반드시 극형에 처해야 한
다. 그는 외국인이 임명한 평양지사였고 우리 정부가 치
안국장으로 임명한 문봉제를 죽이려 했다. 이는 분명히
반역 사건이기 때문에 응분의 처벌을 받아야 한다. 장래
에 그런 반역자가 없도록 하기 위해서도 반드시 법에 따
라 처벌되어야 한다. 나는 국방부장관에게도 말했지만,
당신에게도 명령한다. 신속하고 아주 조용하게 그렇게

되기를 바란다.

리승만

  위 메모는 이승만 대통령 자신의 필체로 쓴 것으로 대
통령의 서명이 되어 있었는데, 4·19 후 원용덕에 대한 재
판에서 원용덕이 스스로 법원에 제출한 것이고 그 재판
기록 중에 있는 것이다. 이 메모를 받은 원용덕은 고민
끝에 부하인 김진호와 상의하였더니 김진호가 처리하겠
다고 하면서 7년 구형을 받고 선고를 기다리던 김성주를
구치소에서 더 조사할 게 있다고 불법적으로 끌어내 원
용덕 사령관 자택으로 데려와서 1954년 4월 17일 새벽
그 자택에서 권총으로 살해하고 방공호에 암장했다.

  이 사건은 7년 구형을 받은 김성주가 법률상으로는 사
형을 받을 수 없다는 것을 알고 대통령의 메모에 따라 살
인을 저지른 것으로 볼 수밖에 없다. 그 당시 김성주의 가
족들은 구치소에 면회를 갔으나, 사람이 없다고 하여 면
회도 할 수 없었고 선고기일이라고 하여 법정에 나갔으나
재판이 무기 연기되었다는 통고를 받았을 뿐인데, 1954년
5월 경 신문에 김성주가 사형선고를 받고 그 집행을 당하
였다는 기사가 나와 있어 가족들은 그 소식을 듣고 국회
에 청원을 내어 당시 제3대 국회에서 조사위원회까지 설
치되어 조사한 바 있다. 당시 김성주의 죽음이 판결에 의
한 사형집행이 아니고 불법한 것이라는 것은 확인했으나,

그 때 여당인 자유당의 비협조로 유야무야 끝나고 말았다. 결국 이 문제는 4·19 혁명 후에 김성주 가족들의 고소에 의해서 원용덕, 김진호 등이 구속되어 재판을 받게 되자 모든 것이 드러났고 그 과정 중에 이 메모가 제출되었던 것이다. 이 사건으로 원용덕은 징역 15년을 선고받았고, 문봉제도 위증죄로 처벌받게 되었다. 결국 원용덕은 김성주를 죽인 후 판결문을 위조하고 그 집행을 한 것처럼 모든 서류를 작성한 것이 백일하에 드러났던 것이다.

그러면 이승만이 왜 김성주를 없애라고 지시했을까 하는 의문이 제기된다. 그 당시 신문 보도에 의하면 포병사령부 대령 이기련이 증언하기를, "김성주는 김구 선생 암살 사건의 내막을 알고 있기 때문에 이 박사가 죽였다고 본다"라고 하였고, 김성주를 밀고한 사람은 김지웅으로서 그는 김구 선생 암살에서 중요한 역할을 한 사람임은 앞에서 말한 바와 같다. 김성주 자신도 스스로 "내가 안두희를 시켜 김구를 살해한 것"이라는 사실을 친구들에게 공언한 일도 있듯이 김성주도 김구 선생 암살과는 밀접한 관계를 가진 사람인 것은 분명하다. 다만 이승만과 사이가 나빠지자 김지웅은 그를 국제공산당원으로 몰고 이승만과 김지웅, 문봉제, 김태선 등을 차례로 암살하겠다는 허위 정보를 제공하여 김성주를 살해하게 된 것이다. 이승만의 메모 내용을 보면, 법에 따라서 사형에 처하라고 되어 있지 않느냐고 반문하는 사람들이 있는 것은 사실이지만, 그 때 7년형을 구형받은 사람이 사형선고를 받지 못할 것은 상식에 속하고, 원칙대로 하자면 재수사를 하여 사형을 선고받을 만한 죄로 추가 기소가 되어서 새로운 재판을 받아 몇 개월 후에나 법적으로 사형 선고를 할 수 있을 것인데, 김진호가 이승만의 메모에 따라서 살해한 것은 김진호가 스스로 이승만의 생각에 반하여 감히 범한 범죄라고는 보기가 어렵다.

이러한 증언들과 아울러 위에서 검토한 암살 사건 이후 안두희의 행적과 군부 등의 보호가 적어도 이승만의 묵인 없이는 불가능한 것이었다고 보아야 한다. 이상의 것들을 고려할 때 적어도 이승만은 암살 사건에 대해 도덕적 정치적 책임을 져야 할 위치에 있었던 것만은 분명하다. 그는 직접 명령은 내리지 않았지만, 부하들이 자신이 원하는 것이 무엇인지를 알아차리고 그 부하들은 이승만의 뜻에 맞추어 알아서 암살을 감행했다고 볼 수밖에 없다.

(2) 미국과의 관계

백범 암살과 미국의 관련은 해방 후 한국 정치를 이해하는 데 매우 중요한 문제이다. 안두희는 1992년 4월 13일자 『동아일보』에 보도된 증언에서 미국의 관련성을 구체적으로 언급하였지만, 바로 다음날 문화방송과의 인터뷰에서 이를 권중희의 강압에 의한 증언이라고 전면 부인한 바 있다.

먼저 4월 13일자 안두희의 증언 개요를 정리하면, 안두희는 경무부장 조병옥과 수도청장 장택상 등의 소개로 OSS의 한국 책임자 모 중령 등을 소개받았고, 미군 OSS 한국 담당 장교와 안두희의 서북청년단은 긴밀하게 정보를 교환하였으며, 미군 장교는 백범을 제거되어야 할 'Black Tiger'라고 부르며 백범 암살의 필요성을 암시했다는 것이다.

안두희의 이러한 증언은 본인의 말대로 강압에 의해 잘못된 것이라고 판단된다. OSS는 1945년 10월초 해체되었고, 해방 후 한국에 진주한 미육군 24군단의 정보기관은 G‐2와 CIC가 있었을 뿐이다. 다만 안두희는 미국 정보원들과 교분이 있었고 그들이 백범을 싫어하는 것을 알게 되어 그것이 백범 암살에 한 동기를 주었을지는 모르겠다.

또한 '미외교문서'에는 백범 암살건과 관련하여 미국 무성에 보낸 전문 하나가 공개되어 있다. 그것이 1949년 6월 27일 오후 5시발의 2급 비밀 지급(Confidential Priority) 「전문 788호」이다. 미대사관의 공식 보고인 이 전문에는 특별한 내용은 없다. 전문은 '공식 비공식의 여러 정보에 의하면 안두희는 한독당원이며, 암살 동기는 대한민국에 대한 지지를 거부하고 북한과의 합작을 주장한 백범의 정치 노선에 대한 불만'이라 밝히고 있다. 요컨대 암살 사건을 한독당내 노선 대립의 일환으로 보고 있는 것이다. 전문은 또한 김구 선생이 국민적 추앙을 받고 있고 암살 사건에 대해 모든 사람이 비난하고 있기 때문에 장례식에서 큰 혼란이 예상되나, 경찰과 군대의 주도면밀한 준비로 한국 정부는 이를 충분히 수습할 수 있을 것으로 밝히고 있다.

안두희의 그간의 증언, 미군의 정보자료, 미대사관의 공식 보고 등을 면밀하게 분석해보면, 미국이 암살 사건에 대해 상당한 정보와 지식을 가지고 있었던 것으로는 보이지만, 암살 사건에 개입했다는 증거는 현재로서는 없다. 미국의 암살 사건 개입 여부는 미국이 혹시나 가지고 있을 CIC 관계 자료나 CIA 자료 등이 공개된 후에나 밝혀질 것으로 보일 뿐이다.

(3) 맺음말

백범 암살 사건은 한국현대사에서 한 획을 긋는 중요한 사건이었다. 1950년대 이승만 정권 시기에는 암살자 안두희가 정권의 비호 아래 백범 암살의 정당성을 공공연하게 주장하였다. 1960년 4월 학생혁명 이후 민간 차원의 진상 규명 과정에서 다양한 증언들이 폭발적으로 나타났고, 국민과 여론은 안두희 체포와 진상 규명을 촉구하였다. 그러나 곧이어 5·16 군사 쿠데타로 그 진상 규명을 위하여 국가 차원의 협조는 기대할 수 없었다. 정부는 진상 규명을 위하여 아무런 행동을 보여주지 못했지만, 진실을 파헤치려는 신문기자들, 역사학자들, 백범시해진상규명위원회 등의 희생적인 활동으로 사실은 거의 밝혀졌다고 볼 수 있다. 다만 민간 차원의 노력들은 다방면에서 있었지만, 그들이 원하는 것은 정부 스스로 왜곡된 역사를 바로잡는 데 앞장서 줄 것을 요구해 왔고 그 요구가 이번 국회 조사활동으로 어느 정도 달성되었다고 볼 수 있다.

암살범 안두희의 마지막 증언을 면밀하게 분석하면 백범 암살 사건은 안두희에 의한 우발적 단독 범행이 아니라 면밀하게 준비 모의되고 조직적으로 역할 분담된 정권적 차원의 범죄였다. 안두희는 그 거대한 조직과 역할에서 암살자에 지나지 않았다. 김지웅은 암살 사건 전반을 계획 조율하였으며, 홍종만은 암살 하수인들을 관리하였다. 이들은 모두 정권적 차원의 비호를 받았지만, 그 일차적 배후는 군부 쪽이었다. 장은산은 암살을 명령하였고, 사건 이후 김창룡이 적극 개입하였고, 채병덕 총참모장, 전봉덕 헌병부사령관, 원용덕 재판장, 신성모 국방장관 등이 사후 처리를 주도하였다.

백범 암살에서 가장 큰 쟁점은 역시 이승만과 미국의 관련성이다. 이승만의 경우 정권적 차원의 범죄라는 차원에서 우선 도덕적 책임이 있다. 또한 사건 뒤처리에서 개입한 것이 확인된다. 다만 암살 사건에 대한 사전 개입과 지시는 불투명한 편이다.

　미국의 경우 우선 백범의 정치 노선에 대한 거부감을 가지고 있었고, 암살 사건의 내막을 알 수 있었을 것으로 판단된다. 다만 미국 역시 백범 암살에 대한 구체적 지시나 명령을 한 흔적은 보이지 않는다.

　암살 사건에서 최고위층의 개입을 구체적인 지시 명령의 대목까지 확인할 수 있는 경우는 극히 드물다. 다만 최고위층 자체가 하나의 상황을 만들기 때문에 도덕적 책임, 상황적 책임을 물을 수 있다. 이제 백범 암살 사건의 전반적 윤곽은 잡혔다고 할 수 있다. 좀더 정확하고 확실한 진상규명은 역사가들이 할 일이다. 그들의 할 일은 왜곡된 한국 현대사를 하루빨리 바로잡아 민족정기를 세워야 할 것이다.

　백범이 비명에 간 이후 백범의 정치적 기반인 한독당은 이승만 정권의 탄압으로 해체되고, 독립운동 진영은 사분오열되었다. 백범 노선은 불온의 대상이 되고 기피되었다. 백범이 그토록 우려하던 6·25 동족상잔에 이어 남북한의 극심한 냉전 논리와 적대 정책은 한반도를 아시아의 화약고로 만들었다.

　이승만 정권은 국민이 효창원 백범의 묘지를 찾는 것도 차단하고, 암살범 안두희의 이름으로『시역의 고민』이란 책을 내어, 백범 정신을 '부관참시'하는 만행을 저질렀다. 책은 김창룡의 특무대 공작팀에서 만들었다.

1960년 4월 혁명으로 이승만 정권이 붕괴된 후 '백범김구선생시해진상규명투쟁위원회'가 구성되고 40여 개 애국단체가 연계하여 진상규명 활동에 나섰다. 그러나 5·16쿠데타로 이 또한 무산되었다. 1969년 8월 23일에야 서울 남산에 백범 동상이 건립되고 주변 지역을 백범광장으로 이름하였다. 1999년 6월 26일 50주기에 『백범김구전집』12권이 발간된 데 이어 2000년 6월 국고보조금과 국민성금으로 백범기념관 기공식을 가진 지 약 28개월의 공사기간 끝에 2002년 10월 22일 웅장한 기념관이 개관되었다.

효창원 백범 묘소 근처에 건립된 기념관은 개인 기념관으로는 규모나 진열 자료에 있어서 국내 최고의 수준이라는 평가를 받는다. 백범과 관련한 국내외의 많은 자료가 정리돼 있다. 2001년 1월 현대사 연구학자들과 백범 연구가 등 10여 명으로 '백범기념관전시기획위원회'가 구성되어 자료발굴과 정리를 하였다. 저자도 위원회의 말석에 참여하여 작업을 도운 바 있는데, 전시실에는 「백범의 사상」을 다음과 같이 정리하여 게시하고 있다.[6]

---

6 「백범의 사상」은 조동걸 교수가 초안한 것을 전시기획위원회에서 심의한 내용이다.

백범의 사상

백범은 평민 가정에서 태어나 어려서부터 양반과 다른 자신의 신분을 깨달았다. 소년기에 과거로 입신출세할 꿈을 세워『통감』『사략』『대학』등의 고전과 시문과 과문을 익혔다. 그 뜻을 버리고, 도가사상에 심취한 때도 있었다. 실용적인『마의상서』와『지가서』를 외우기도 했고,『육도』『삼략』『손자』『오기자』등의 병서를 읽으며 젊음의 꿈을 키우기도 했다. 이렇게 다양한 변화는 전환기를 살아가던 소년의 지성적 고민의 단면으로 이해된다.

동학 : 18세(1893)에 동학에 입도하여 접주가 되고 김창수라 개명했는데 새 삶을 연다는 뜻이리라. 이듬해 전국에서 동학농민이 봉기할 새, 백범은 충청도 보은에 가서 최시형 교주로부터 접주의 첩지를 받고 팔봉접주로 농민전쟁에 참전하였다. '애기접주'의 애칭을 들으며 싸웠다. 여기서 그

동안의 사상을 실천한 백범의 행동주의를 엿보게 한다.

유학 : 동학농민전쟁에서 패전하고 신천군 청계동에 은신하여 성리학자 고능선으로부터 위정척사 노선을 전수받고, 김형진과 함께 만주 통화현과 심양 일대를 답사하고, 삼도구에서 을미사변에 항거한 김이언의 의병을 만나 의병전쟁에 참전하였다. 강계로 진군하다가 패전하고 국내로 들어와 연중의병聯中義兵을 일으키다가 무산되고, 단신으로 대동강변 치하포에서 일본인 스치다를 처단하였다. 여기서 백범의 애국주의와 정의감을 남김없이 발휘한 강인한 정열과 혈성을 확인할 수 있다.

불교 : 그 후 해주와 인천 감옥에서 옥고를 치르던 중, 『세계역사』『세계지지』『태서신사』등을 읽었다는 것은 백범 사상의 새로운 개척을 의미한다. 1898년 탈옥한 백범은 공주 마곡사에서 중이 되고, 평양 영천암에도 잠시 머물렀으나 줄곧 탁발승 생활로 23, 4세를 보냈다. 25세(1900)에 이름을 구라 고치고 자를 연상, 호를 연하라 한 것을 보면 짧은 인연인데도 불제자의 길에 매혹되었던 것 같다.

기독교 : 아버지의 3년상을 마친 1903년(28세)에 기독교에 입문하였다. 그 후 교회활동, 선교학교 교원, 엡웟청년회, 상동청년회, 신민회 등에 관여하며 기독교 선교운동과

교육을 통한 계몽운동에 헌신하였다.

이상과 같이 다양한 여러 갈래의 뿌리 위에 자란 거목처럼 거인의 사상은 다원적이었다. 새로운 사상에 접해도 기왕의 사상을 버리지 않아 중층적이었고, 다양한 사상을 자기 사상으로 수용하여 용해시켰다는 점에서 포괄적이었다. 그래서 백범은 해방 후 환국해서 옛 서당과 사찰을 찾았고, 고인의 무덤을 찾아 자신을 다시 채찍질했던 것이다. 그렇게 다원적이요, 중층적이요, 포괄적인 사상의 뿌리를 지킨 백범이었으므로 50년간의 폭풍과 격랑 속에서도 흔들리지 않았고 인자한 웃음을 잃지 않았다.

'마침표' 없는 백범의 길

　민족적인 운명과 개인적인 운명을 분리시키지 않는 삶을 살기로 결심하고 또 그렇게 살아온 사람이 백범 김구 선생이다. 흔히 지도자라는 사람들이 선공후사先公後私를 내세우고 멸사봉공滅私奉公을 다짐하지만 사심私心과 공심公心이 뒤바뀌는 경우를 자주 지켜보게 된다. 사심이 앞을 가려 공심의 눈을 멀게 만드는 것이다. 초심初心은 좋아 보였는데 종심終心은 형편없는 사람이 너무나 많다.

　백범은 상민 출신으로 입신하여 임시정부의 주석이 된 후에도 초심과 종심이 다르지 않았고, 사심과 공심이 뒤섞이지 않는 비범한 삶을 살았다. 세계식민지 사상 가장 악독한 일제와의 투쟁에서 한번도 한눈을 팔거나 사욕을 보인 적이 없었다. 오로지 민족 해방과 통일조국 건설이라는 대의와 정도를 당당하게 걸었다.

　위에서는 비가 새고 아래에서는 습기가 오른다는 '상누

하습'上漏下濕의 간고한 망명생활에서도 결코 사도邪道에 눈
길을 돌리지 않았다. 독일의 문호 괴테가 "인류의 불행을 생
각하고 밤을 새워 울었다"고 했다지만 백범이야말로 중원中
原 천지를 누비면서 조국의 불행과 백성의 비참함을 생각하
면서 날밤을 새워 울었다.

　일찍이 중국의 범중암范仲淹이『악양누기岳陽樓記』에서 시
한 수를 남겼다.

　　先天下之憂而憂
　　後天下之樂而樂
　　천하의 근심을 앞세운 뒤에야 제 걱정을 하고
　　천하의 즐거움을 세운 뒤에야 자기의 즐거움을 누린다.

　백범의 생애는 어떠했는가. 그는 조국의 근심을 앞세운
뒤에도 자신을 걱정할 틈이 없었고, 조국의 즐거움을 세운
뒤에도 자기의 즐거움을 누릴 여가를 갖지 못하였다. 옛 사
람이, 눈물로 먹을 갈아 쓴 글이 아니면 읽지를 말고 눈물로
밥을 말아 먹어보지 못한 사람과는 국사를 논하지 말라고
했듯이 백범은 눈물로 먹을 갈아『백범일지』를 쓰고 눈물로
밥을 말아 먹으면서 민족 해방투쟁을 지휘하였다. 뼈 저리
는 그 고난을 오늘에 뉘라서 헤아릴 수 있을까.

　백범은 임시정부가 위기에 몰리고 정체성이 흔들릴 때
한인애국단의 윤봉길 의사와 이봉창 의사로 하여금 적도들

을 폭살케 하고, 광복군을 창군하여 연합군의 일원으로 일제와 싸웠다. 국제 정세를 예리하게 포착하여 장개석 중화민국 총통을 통해 미·영·소 3국 회담에서 한국의 독립을 다짐받았다.

우리는 해방 후 백범의 행적에서도 초심과 정도의 순결성을 다시 만나게 된다. 그에게 신탁통치와 분단 정부는 사도일 수밖에 없었다. 그 길이 비록 현실적이라 해도 민족사의 사도를 백범은 수용할 수가 없었던 것이다.

현실적이냐 비현실적이냐가 문제가 아니라 그것이 정도냐 사도냐가 생명이라는 것을 명기하여야 하는 것이다. …외국의 간섭이 없고 분열 없는 자주 독립을 쟁취하는 것은 민족의 지상명령이니, 이 지상명령에 순종할 따름이다. 우리가 망명생활을 30여 년이나 한 것도 가장 비현실적인 길인 줄 알면서도 민족의 지상명령이므로 그 길을 택한 것이다.

백범의 초심과 종심의 중심이 이랬다. 현실적이냐 비현실적이냐보다 그 길이 정도냐 사도냐를 더 소중히 여기고 그대로 행동했던 백범의 사상은, 민족 해방전쟁을 지도한 혁명가이면서 '문화국가론'을 제시한 선구자의 길이기도 하다. 백범이 70평생 줄기차게, 일관하여 추구해온 백범 사상의 정수는 앞의 '정도·사도론'과 함께 다음의 두 문장에 모두

함축된다고 생각한다.

　나는 통일된 조국을 건설하려다가 38선을 베고 쓰러질지언정 일신의 구차한 안일을 취하여 단독 정부를 세우는 데는 협력하지 아니하겠다.

　내가 원하는 우리 민족의 사업은 결코 세계를 무력으로 지배하거나 경제적으로 지배하려는 것이 아니다. 오직 사랑의 문화, 평화의 문화로 우리 스스로 잘 살고 인류 전체가 의좋게 즐겁게 살도록 하는 일을 하자는 것이다.

"뒷사람이 따르게 될 터이니 눈 덮인 길도 함부로 걷지 말라"던 가르침 앞에 후인들의 삶이 부끄럽다. 원칙이나 정도를 헌신짝 버리듯 하면서 권세를 좇는 정상배들, 소 갈 길 말 갈 길 가리지 않고 양지 쪽만 찾는 지식인들의 염량세태炎凉世態 앞에 백범의 생애는 여전히 '마침표' 없는 정도의 표지판이다.

1876년(1세)

8월 29일(음 7월 11일) 황해도 해주 백운방 텃골에서 아버지 김순영과 어
　　　　　머니 곽낙원의 외아들로 태어남. 아명은 창암昌巖.
　2월　강화도조약 조인.

1887년(12세)

　　　　서당공부 시작.

1892년(17세)

　　　　황해도 향시鄕試에 응시, 낙방.
　　　　매관매직의 타락상을 보고 서당공부 중단.
　12월　동학교도, 전라도 삼례에서 회집.

1893년(18세)

　　　　동학에 입도, 창수昌洙로 개명.
　3월　동학교도, 보은에서 집회.

1894년(19세)

　9월　황해도 동학농민군 선봉장으로 해주성 공격.
　3월　백산에서 동학농민군 봉기.
　11월　동학농민군, 공주 우금치에서 대패.

1895년(20세)

　2월　신천군 청계동 안태훈에게 몸을 의탁.
　　　　유학자 고능선을 만나 유학을 배움.
　11월　김이언 의병의 고산리 전투에 참가.
　8월　일제, 명성황후 시해.
　11월　단발령 공포.

1896년(21세)

　3월　안악 치하포에서 일본인 밀정 스치다土田讓亮를 명성황후 시해
　　　　에 대한 복수로 처단.

10월　사형 확정, 광무 황제의 특사(전화)로 형 집행정지. 일제의 방해
　　　　로 계속 투옥.

　1월　을미의병 일어남.

　4월　『독립신문』창간.

　7월　독립협회 창립.

1897년(22세)

　　　　감옥에서 서양 학문을 접함.

10월　대한제국 선포.

1898년(23세)

　3월　탈옥, 삼남 지방으로 도피.

늦가을　공주 마곡사에서 승려가 됨. 법명은 원종圓宗.

　3월　만민공동회 개최.

　7월　동학 2대 교주 최시형, 체포 순교.

1899년(24세)

　5월　대보산 영천암 주지.

　가을　환속, 해주로 귀향.

　8월　대한제국 국제國制 반포.

1903년(28세)

　2월　기독교에 입문.

　　　　장련읍 사직동에 장련학교 세움.

　　　　교원이 됨.

1904년(29세)

12월　최준례崔遵禮와 결혼.

　2월　러일전쟁 발발.

　7월　의병항쟁 재봉기.

1905년(30세)

11월	진남포 엡윗청년회 총무로 상동교회에서 열린 전국 대회에 참가.
	전덕기, 이준, 이동녕 등과 을사조약 파기 청원 상소.
	공개연설 등 구국운동.
1월	일제, 독도 침탈 강점.
11월 17일	일제, 을사조약 강요.

1906년(31세)

	장련에 광진학교 세움.
	종산 서명의숙 교사.
11월	안악면학회 조직.

1907년(32세)

	신민회 가입, 황해도 총감.
여름	안악면학회와 양산학교, 하기 사범 강습회 주최.
4월	신민회 조직.
7월	군대 해산.
	전국으로 의병전쟁 확산.
8월	광무 황제 퇴위.
	융희 황제 즉위.

1908년(33세)

가을	해서교육총회 조직, 학무총감.
	황해도 각군 순회, 민족교육운동 전개.

1909년(34세)

10월	안중근 의거에 연루, 체포됨.
12월	재령 보강학교 교장 겸임.
	나석주, 이재명과 만남.
10월 26일	안중근, 이토 히로부미 처단.
12월	이재명, 이완용을 응징.

1910년(35세)

11월	신민회 회의 참석, 도독부 설치, 만주 이민, 무관학교 창설을 결의.

| 8월 29일 | 국권 침탈. |
| 12월 | 안명근, 군자금을 모집하다 체포됨. |

1911년(36세)
1월	안악 사건(안명근 사건)으로 체포, 서울로 압송, 혹독한 고문을 당함.
7월	징역 15년 선고받고 서대문 감옥에 수감.
1월	일제, 안악 사건으로 황해도 일대 민족 지도자 총검거.
9월	105인 사건 조작.
10월	중국, 신해혁명.

1912년(37세)
| | 이름을 구九로, 호를 백범白凡으로 고침. |
| 6월 | 105인 사건 공판. |

1915년(40세)
| 8월 | 가출옥. |
| 2월 | 105인 사건 전원 가석방. |

1917년(42세)
| 2월 | 동산평농장 농감, 학교 설립, 소작인 계몽. |
| 11월 | 러시아, 소비에트 정부 수립. |

1919년(44세)
3월	29일 중국 상해로 망명.
9월	임시정부 경무국장.
3월	3·1운동.
4월	상해에서 대한민국 임시정부 수립.
9월	통합 임시정부 수립.

1920년(45세)
| 6월 | 봉오동 전투. |
| 10월 | 청산리 전투. |

1922년(47세)

  9월   임시정무 내무총장.

10월   한국노병회 조직, 초대 이사장.

1923년(48세)

  6월   내무총장 명의로 국민대표회의 해산령 내림.

  1월   상해에서 국민대표회의 개최.

  9월   일본에 관동대지진, 한국인 대학살.

1924년(49세)

  1월   부인 최준례, 상해에서 별세.

1925년(50세)

11월   어머니 곽낙원, 차남 신과 귀국.

  3월   임시정부, 국무령제로 개헌.

1926년(51세)

12월   임시정부 국무령.

  6월   6·10 만세운동.

12월   나석주 의거.

1927년(52세)

  3월   임시정부 국무위원.

  8월   임시정부 내무장.

  2월   신간회 조직.

  3월   임시정부, 집단지도 체제인 국무위원제로 개편.

1928년(53세)

  3월   『백범일지』 상권 집필 시작.

10월   장개석, 국민정부 주석 취임.

1929년(54세)

11월   광주학생 항일운동.

1930년(55세)

1월   이동녕, 안창호, 조완구, 조소앙, 이시영 등과 한국독립당 창당.

11월   임시정부 재무장.

1931년(56세)

한인애국단 창단.

9월   일제, 만주 침공.

1932년(57세)

1월 8일   이봉창, 일왕 히로히토裕仁를 저격.

4월 29일   윤봉길, 상해 홍구공원에서 일왕 생일 경축식장에 폭탄을 던져
시라카와白川 등을 처단.

5월   상해 탈출, 가흥, 해염으로 피신.
임시정부 군무장.

6월   임시정부에서 사임.

1월   일제, 상해 침공.

3월   만주국 성립.

5월   임시정부, 항주杭州로 옮김.

11월   한국대일전선통일동맹 조직.

1933년(58세)

5월   남경에서 장개석과 회담, 중국 군관학교에 한국독립군 훈련반
설치 합의.

3월   일본, 국제연맹 탈퇴.

1934년(59세)

2월   중국 중앙육군군관학교 낙양분교에 한인특별반 설치.

12월   한국 특무대 독립군 조직.

10월   중국 공산당, 대장정 시작.

1935년(60세)

10월   임시정부 국무위원.

11월   임시정부 옹호를 위해 이동녕·조완구·차리석 등과 한국국민당
조직.

7월 　 민족혁명당 결성.

　　　 임시정부, 진강鎭江으로 옮김.

1937년(62세)

8월 　 한국광복운동단체연합회 결성.

7월 　 노구교蘆構橋 사건, 중일전쟁 발발.

8월 　 임시정부, 장사長沙로 옮김.

12월 　 중국 국민당, 중경重慶 천도 선언.

1938년(63세)

5월 　 장사에서 한국국민당·한국독립당·조선혁명당 합당 논의중 이

　　　 운환의 저격으로 중상.

4월 　 일제, 국가총동원령 공포.

7월 　 임시정부, 광주廣州로 옮김.

10월 　 임시정부, 유주柳州로 옮김.

10월 　 김원봉 등 조선의용대 조직.

　　　 일본군, 한구·무창·광동 등 점령.

1939년(64세)

4월 　 어머니 곽낙원 여사, 중경에서 작고.

5월 　 김원봉과 좌우합작에 합의.『동지동포에게 보내는 공개신』성

　　　 명 발표.

5월 　 임시정부, 기강으로 옮김.

9월 　 2차 세계대전 발발.

10월 　 국민징용령 실시.

1940년(65세)

5월 　 민족진영 3당이 통합하여 한국독립당 결성.

　　　 중앙집행위원장에 피선.

9월 　 한국광복군 창설.

10월 　 헌법 개정, 주석에 피선.

2월 　 창씨개명 실시.

9월 　 일본·독일·이태리 삼국 동맹 결성.

　　　 임시정부, 중경으로 옮김.

1941년(66세)

10월 『백범일지』하권 집필.

11월 임시정부, 「대한민국 건국강령」 공표.

12월 임시정부, 일본에 선전포고.

12월 일제, 진주만 기습으로 태평양 전쟁 발발.

1942년(67세)

5월 임시정부, 조선의용대를 광복군에 편입.

10월 좌파 진영, 임시정부에 참여.

7월 김두봉 등 연안에서 조선독립동맹 결성.

1943년(68세)

5월 중경에서 자유한인대회 개최.

국제관리설 성토.

7월 장개석과 회담.

카이로 회담에 한국 독립 지원 요청.

9월 이탈리아, 연합국에 항복.

11월 카이로 선언 발표.

1944년(69세)

4월 임시정부 주석으로 재선. 부주석 김규식.

2월 일제, 조선인에 대한 징병제 시행.

4월 임시정부 5차 개헌, 주석제 채택하고 좌우합작 연합정부 수립.

8월 여운형, 조선건국동맹 결성.

1945년(70세)

2월 임시정부, 독일 나치정부에 선전포고.

4월 광복군 OSS 훈련 승인.

8월 서안에서 미군 도노반과 광복군, 국내진공작전 합의.

8월 10일 일본의 항복 소식 들음.

9월 3일 「국내외 동포에게 고함」 발표.

11월 23일 환국.

12월 임시정부 환국 환영대회.

서울운동장에서 귀국 연설.

신탁통치반대국민총동원위원회 조직, 국자 1,2호 발표.

2월　얄타 회담 개최.

5월　독일, 연합국에 항복.

7월　포츠담 선언.

8월 15일　일본, 무조건 항복.

12월　모스크바 3국 외상회의, 한국의 신탁통치 결의.

1946년(71세)

1월　주한미군사령관 하지와 담판.

2월　남조선대한국민대표민주의원 부의장.

4월　한국독립당 중앙집행위원장.

6월　한국독립당, 남한 단독정부 수립 반대 담화 발표.

7월　이봉창·윤봉길·백정기 3의사 유해를 효창원에 안장.

10월　좌우합작 7원칙 지지 성명 발표.

3월　1차 미소 공동위원회 개최.

5월　여운형·김규식, 좌우합작운동 추진.

6월　이승만, 남한 단독정부 수립 발언.

12월　남조선과도입법의원 개원.

1947년(72세)

1월　반탁독립투쟁위원회 조직, 2차 반탁운동 전개.

2월　비상국민회의 확대, 국민의회 조직.

3월　건국실천원양성소 개소.

10월　한국독립당, 남북대표회의 조직 의결.

12월　『백범일지』 간행.

5월　2차 미소공동위원회 개최.

9월　한국 문제, 유엔에 이관.

11월　유엔, 유엔 감시 하 총선 실시 가결.

1948년(73세)

1월　유엔 한국위원단에 통일 정부 수립 요구 6개항 의견서 제출.

2월　통일 정부 수립을 절규하는 「3천만 동포에게 읍고함」 발표.
　　　김규식과 남북협상 제안 서신을 북한에 보냄.

4월　남북협상 참가, 공동성명서 발표.

7월	북한의 단정 수립에도 반대 표명.
1월	유엔 한국임시위원단 입국.
2월	유엔 소총회, '한반도에서 가능한 지역 선거' 가결.
5월	5. 10 총선거, 제헌국회 개원.
8월	대한민국 정부 수립.
11월	반민족행위 특별조사위원회(반민특위) 설치.

1949년(74세)

1월	백범학원 세움.
3월	창암학원 세움.
6월 26일	경교장에서 안두희 흉탄에 서거.
7월 5일	국민장으로 효창원에 안장.
6월	이승만 정권, 반민특위 습격.

화 보

젊은시절 백범에게 성리학으로 큰 영향을 끼친 후조後凋고능선高能善. 백범은 안중근의 부친 안태훈의 호의로 신천 청계동으로 이거한 후 고능선의 지도를 받았다.

안중근安重根(1879~1910).
천주교 입교, 을사보호조약이 체결되자 강원도에서 의병을 일으킴, 블라디보스토크로 망명, 대한의군 참모중장으로 일본군과 교전, 이토 암살 후 체포되어 순국하였다.
해주성 공격 후 백범은 안태훈의 호의로 그의 부모와 함께 신천 청계동으로 이거하였다. 백범은 이곳에서 무예에 출중한 어린 안중근을 만난 적이 있다.

강화 김주경의 집을 찾아서.
백범은 치하포 사건으로 인천 감옥에
갇혔을 때 석방운동을 벌이다 가산마
저 탕진한 김주경(김경득)의 집을 방문
하였다.

해서 교육총회 학무총감 시절

아내 최준례와 단란했던 시절

상해 대한민국 임시정부 청사.
3·1 운동 직후 이곳 상해에 대한민국 임시정부가 수립되었다.
윤봉길 의사 의거 직후인 1932년 5월에 임시정부는 일본의 탄압을 피해 정강성 행주로 청사를
옮겼으며, 1937년 강소성 진강으로 옮겼다가 그해 11월에 중국 국민당 정부를 따라 중경으로 옮
기면서 장개석과 협력하여 일본에 맞서 싸웠다.

임시정부 경무국장 시절의 백범

단재丹齋
신채호申采浩(1880~1936).
성균관 박사,
황성신문 논설기자,
대한매일신보 주필,
「조선혁명선언」 발표,
『조선상고사』
『조선사연구초』 집필,
1936년 2월에
여순감옥에서 순국

도산島山 안창호安昌浩(1878~1938).
홍사단 설립, 교육운동 전개,
만민공동회 개최 참여,
임시정부 내무총장 및 국무총리 서리,
독립신문 발행, 동우회 사건으로 옥고

성재誠齋 이동휘李東輝(1873~1935).
도산과 신민회 설립,
1911년 데라우치 총독 암살 모의 사건
연루 옥고, 대한국민회의 조직,
임시정부 국무총리,
고려공산당 조직 주도,
임시정부를 떠난 후 시베리아에서 병사

대한민국 임시정부
신년축하식(1920년 1월 1일)

大韓民國三年一月一日

臨時政府及臨時議政院新年祝賀式紀念撮影

임시정부와 임시의정원 신년축하식(1921년 1월 1일)

한인애국단원 최흥식, 유상근과 함께

동오東吾 안태국安泰國 선생 장례식(1920년 4월).
선생은 신민회 서도총감을 지냈으며, 데라우치 총독 암살모의 사건에 연루되어 7년간 옥고,
중국으로 건너가 독립운동에 헌신하다가 상해에서 병사

보물 제 1245호로 지정된 친필 『白凡逸志』

윤봉길 의사 의거 시 폭탄을 만들어준 상해 병공창의 중국인 왕백수 부부(앞줄)와
엄항섭·박찬익(뒷줄 왼쪽·오른쪽)

윤봉길 의사 의거 시 폭탄제조의
교섭을 맡은 김홍일
(뒷줄 오른쪽)과 제조기술자
중국인 왕백수(뒷줄 왼쪽)

이봉창 의사 선서문

이봉창李奉昌(1900~1932). 1931년 상해로 건너가 한인애국단 가입, 백범의 지도를 받아 의거를 자원함, 의거 후 체포되어 1932년 10월 10일 사형당함.

A이봉창 의거를 알리는 『東京朝日新聞』의 호외(1932년 1월 8일)

號
外

昭和七年一月八日

東京朝日新聞

觀兵式還幸の鹵簿に
朝鮮人兇漢、爆彈を投ぐ
御行列は御無事還御
犯人は直ちに捕はる

御沈着なる御態度
近侍者みな恐懼す

犬養內閣總辭職決行
今夕闕下に辭表捧呈

首相御前を退下す

大命再降下せん

윤봉길 의사 선서문

선서문을 목에 걸고 수류탄을 쥐고 있는
윤봉길尹奉吉(1908~1932).
18세 때 상해로 건너가 모직공장 직공, 세탁소
영원사원으로 일하다가 한인애국단에 가입,
백범의 지도로 거사를 단행, 체포되어 오사카
형무소로 이감된 후 순직하였다.

윤봉길 의거를 알리는
『東京朝日新聞』과 『東京日日新聞』의 호외
(1932년 4월 29일, 5월 1일)

윤봉길 의사 의거 후
모친과 아들 인·신과
재회한 백범(1934년)

윤봉길 의사 의거 후 백범에게 처음 피신처를 제공한 피치 선교사가 해방 후 경교장을 방문했다.

백범과 윤봉길

가흥에서 도움을 준 중국인들과 자리를 함께한 백범

백범, 진동생, 이동녕, 엄항섭(왼쪽부터)

가흥시절의 임정 요인과 그 자녀들

가흥시절의 임정 요인

유주에서 한국광복진선청년공작대(1939년 4월 4일)

한국청년전지공작대 환송 기념(1939년 11월 17일)

어머니 곽낙원 여사 장례식(1939년)

장남 인仁과 함께(1945년)
왼쪽부터 김인, 백범 선생, 김동수

한국광복군총사령부 성립전례식 기념
(1940년 9월 17일 가릉빈관)

운남성 곤명시 당계요 장군 묘 앞에서(1945년 8월)

大韓民國臨時政府返國紀念
大韓民國二十七年十一月三日

대한민국임시정부 환국 기념(1945년 11월 3일)

상해 홍구 비행장에 도착한
임시정부 요인들
(1945년 11월 5일)

임시정부 귀국 환영식

張俊河君收覽 王緖君來渝之因하야 一四를

握悉하얏으며 君等飛安하야 諸般食作이 漸

入佳境하야 學等生活의 精神에 頤養이 可知며 將

來大業成就에 重要役割을 擔任할 技能修術

을 學得함은 果是神助天佑니 君等의 戱

身殺國의 良模이니 바라건덴 諸君은 誠力誠心을 基하야

古人所云에 人一己千의 實勤을 擧하기를

老身도 事情을 許하건 君等의 業을 擧하고 實地

工作을 必要하건데 ... 一次 長安을 經하야 ... 君等을 ...

... 對面할가 하오며 ... 同志들 ...

白凡書 七二.

장준하張俊河에게 준 편지

임시정부 환국봉영회(1945년 12월 1일)

환국 후 윤봉길 의사 가족과 함께(1946년 4월 26일)

환국 후 김형진 가족과 함께(1946년)

하지 장군과 회담(1946년 1월 30일 창덕궁 인정전)

김규식 박사(오른쪽), 아놀드 장군(가운데)과 함께

민주의원 회의를 마치고 인정전 앞에서 이승만과 함께(1946년 여름)

死於大義名分
生於民族正氣

대의명분을 위하여 죽고
민족정기를 위하여 산다.

백범의 친필 휘호

661

신탁통치 반대 전국대회

3의사 유해 봉환과
이를 마중하는 백범
(1946년 5월 15일,
위·아래 사진)

대한순국열사 유골 봉환회장(1946년 6월 15일 부산)

군산 방문(1946년 9월 90일)

아들(신) 손녀(효자)와 단란했던 한 때(1947년)

큰며느리 안미생과 함께

건국실천원양성소 제2기생 일동과 함께(1947년 11월 30일)

미군정청 월버 장군과의 환담(1947년 3월 13일)

개성 선죽교에서(1947년)

엄항섭과 여운형(1947년)

장덕수 장례식(1947년 12월 8일)

피치 박사 부부와 함께(1948년, 위·아래 사진)

백범 친필 휘호

踏雪野中去 不須胡亂行
今日我行跡 遂作後人程

눈덮인 광야를 지날 때에는,
모름지기 함부로 걷지 말라.
오늘 나의 발자국은,
마침내 뒷 사람들의 길이 되리니.

38도선 표지판 앞에 선 백범.
그 좌우에 김신(사진 오른쪽)과
선우진(사진 왼쪽)이 서 있다.
(1948년 4월 19일)

남북협상에 다녀온 대표자들을 환영하는 한국독립당 간부들(1948년 5월 20일 경교장)

남북협상을 마치고 돌아오는 백범(1948년 5월 5일 여현)

남북연석회의에서 인사말을 하는 백범(1948년 4월 22일 모란봉 극장)

이동녕·차리석 선생 유해 봉환식(1948년 9월 22일 휘문중학교)

신생계 창립 기념(1948년 12월 26일)

백범학원 개원 기념(1949년 1월 17일)

창암학원 개원 기념(1949년 3월 14일)

곽낙원 여사의 동상 앞의 김신 부부

백범(1949년 6월 22일)

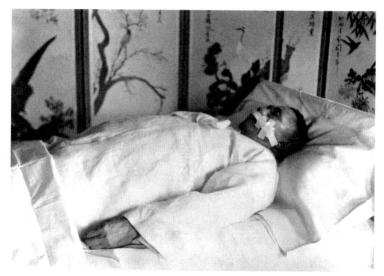

서거했을 때의 모습(1949년 6월 26일)

백범의 빈소

水不波則自定 鑑不翳則自明
無可清去其混之者而清自
必尋去其苦之者而樂自存

백범 친필 휘호

水不波則自定 鑑不翳則自明
故心無可淸 去其混之者而淸自現
樂不必尋 去其苦之者而樂自存

물은 파도를 일으키지 않으면
저절로 잠잠해지고,
거울은 더럽히지 않으면 저절로
맑아진다. 그러므로 마음은 맑게
할 수 없으되 어지럽게 하는 것을
없애면 맑음은 저절로 드러나고,
즐거움은 반드시 찾을 수는
없으되, 그 괴롭히는 것을 없애면
즐거움은 스스로 있다.

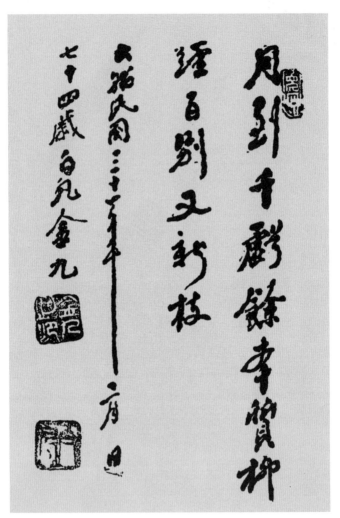

月到千虧餘本質 柳經百別又新枝　　　　　백범 친필 휘호

달은 천번이나 이지러져도 그 본바탕이 남고,
버드나무 가지는 백 번 꺾여도 또한 새 가지가 돋는다.